요한계시록

요한계시록

2018년 8월 20일 초판 1쇄 인쇄
2018년 8월 25일 초판 1쇄 발행

지은이 | 이한수
펴낸이 | 박영호
교 정 | 주종화
펴낸곳 | 도서출판 솔로몬

주소 | 서울시 동작구 사당로 155, 신주빌딩 B1
전화 | 599-1482
팩스 | 592-2104
직영서점 | 596-5225

등록일 | 1990년 7월 31일
등록번호 | 제 16-24호
E-mail | solcp1990@gmail.com

ISBN 978-89-8255-566-4 03230

2018 © 이한수
Korean Copyright © 2018
by Solomon Publishing Co., Seoul, Korea

저작권법에 의하여 한국 내에서 보호를 받는 저작물이므로
무단전재와 복제를 금합니다.

● 이 한 수

요한계시록

Commentary on Revelation

이 예언의 말씀을 읽는 자와 듣는 자와 그 가운데에 기록한 것을 지키는 복이 있나니 때가 가까움이라 _ 계 1:3

솔로몬

차 례

들어가는 말

계시록 소개하기

저작자와 저작연대 ⋯⋯ 14
저술상황과 저술목적 ⋯⋯ 15
계시록의 문학적 장르 ⋯⋯ 16
계시록의 상징 해석 ⋯⋯ 19
계시록의 주요 해석 패턴들 ⋯⋯ 28
인, 나팔, 대접 심판의 삼중 반복 ⋯⋯ 33
1260일, 삼년 반, 마흔 두 달 ⋯⋯ 34

계시록 해설하기

1. 서 론 (1:1-8) ⋯⋯ 39
    A. 프롤로그(1:1-3) ⋯⋯ 39
    B. 인사말과 송영(1:4-8) ⋯⋯ 44

2. 아시아의 일곱 교회에 나타난 인자(1:9-3:22) ⋯⋯ 52
    A. 일곱 촛대 가운데 거니는 인자의 환상(1:9-22) ⋯⋯ 52
        가. 요한의 사명(1:9-11) ⋯⋯ 52
        나. 인자의 환상(1:12-20) ⋯⋯ 56

B. 아시아의 일곱 교회에 보낸 편지들(2:1-3:22) ······ 63
　　가. 에베소 교회에 보낸 편지(2:1-7) ······ 64
　　나. 서머나 교회에 보낸 편지(2:8-11) ······ 70
　　다. 버가모 교회에 보낸 편지(2:12-17) ······ 73
　　라. 두아디라 교회에 보낸 편지(2:18-29) ······ 78
　　마. 사데 교회에 보낸 편지(3:1-6) ······ 84
　　바. 빌라델비아 교회에 보낸 편지(3:7-13) ······ 88
　　사. 라오디게아 교회에 보낸 편지(3:14-22) ······ 94

3. 본론 메시지: 심판과 구속(4:1-20:15) ······ 109
　A. 하늘 성전 보좌 환상(4:1-5:14) ······ 110
　　가. 하늘 성전 보좌(4:1-14) ······ 110
　　나. 봉인된 두루마리와 어린 양(5:1-14) ······ 117
　B. 일곱 인, 나팔, 대접 심판(6:1-16:21) ······ 128
　　가. 일곱 인 심판(6:1-8:5) ······ 132
　　　　(1) 처음 여섯 인 심판(6:1-17) ······ 132
　　　　(2) 첫 번째 막간(7:1-17) ······ 147
　　　　　　a. 144,000명의 이스라엘 백성(7:1-8) ······ 147
　　　　　　b. 흰옷을 입은 무리들의 천상예배(7:9-17) ······ 153
　　　　(3) 마지막 일곱째 인 심판(8:1) ······ 162

나. 일곱 나팔 심판(8:2-11:19) …… 163

 (1) 천사와 금향로(8:2-5) …… 164

 (2) 처음 여섯 나팔 심판들(8:6-9:21) …… 167

 (3) 두 번째 막간(10:1-11:14) …… 186

  a. 열려져 있는 작은 책(10:1-11) …… 186

  b. 두 증인(11:1-14) …… 192

 (4) 마지막 일곱째 나팔 심판(11:15-19) …… 211

다. 하나님과 악의 세력들의 영적 전쟁(12:1-14:20) …… 218

 (1) 여인과 용(12:1-17) …… 219

 (2) 두 짐승들(13:1-18) …… 237

 (3) 어린 양과 144,000명(14:1-5) …… 259

 (4) 땅의 추수(14:6-20) …… 263

라. 일곱 대접 심판(15:1-19:10) …… 278

 (1) 일곱 천사가 지닌 마지막 일곱 재앙들(15:1-8) …… 279

 (2) 일곱 대접 재앙들을 쏟아 부음(16:1-21) …… 289

 (3) 큰 음녀와 짐승(17:1-18) …… 305

 (4) 큰 성 바벨론의 멸망(18:1-24) …… 325

 (5) 바벨론 멸망에 대한 찬양(19:1-5) …… 343

 (6) 어린 양의 혼인에 대한 찬양(19:6-10) …… 347

C. 악의 삼두체제의 심판(19:11-20:15) …… 353

　　　　가. 백마 탄 자와 두 짐승의 심판(19:11-21) …… 353

　　　　나. 용의 결박과 천년왕국(20:1-6) …… 364

　　　　다. 용의 놓임과 종말(20:7-10) …… 379

　　　　라. 크고 흰 보좌 심판(20:11-15) …… 385

4. 결론 메시지: 새 창조와 새 예루살렘(21:1-22:9) …… 392

　　A. 새 하늘과 새 땅의 도래(21:1-8) …… 392

　　B. 성취된 지성소로서 새 예루살렘(21:9-27) …… 401

　　C. 마지막 에덴동산으로서 새 예루살렘(22:1-5) …… 415

5. 에필로그: 내가 속히 오리라(22:6-21) …… 422

　　A. 도입(22:6-9) …… 422

　　B. 중심내용(22:10-20) …… 425

　　C. 마지막 인사말(22:21) …… 433

참고문헌 …… 435

| 들어가는 말 |

    신약성경 중에서 가장 낯설고 다가서기가 쉽지 않지만 언젠가 한번은 꼭 배워보고 싶은 책이 요한계시록이다. 고도의 상징성을 지닌 환상 장면들로 기록된 이 책은 1세기 묵시문헌에 익숙하지 않은 현대 독자들에게는 낯선 책일 수 있다. 그래서 종교개혁자 칼뱅이 신구약의 모든 책들을 다 주석하는 책들을 썼으면서도 계시록만큼은 주석 책을 쓰지 않았을 것이다. 하지만 계시록은 제대로 이해할 수만 있다면 여전히 기독교 진리의 보고를 담은 책이다. 또한 영상시대에 시각적 이미지에 친숙한 청소년과 젊은이들에게 그것은 더 친근한 책일 수도 있다.

    계시록은 필자가 평생에 한 번은 꼭 주석을 써보고 싶었던 신약 저술들 중 하나였다. 바울서신을 전공한 필자가 한 번도 탐구해본 적이 없는 묵시문헌을 다룬다는 것은 전에 걸어본 적이 없는 길을 걷는 것과 같은 망설임을 갖게 했지만, 은퇴를 앞두고 계시록을 주해하는 책의 집필로 교수생활을 마감했으면 좋겠다는 생각은 늘 있었다. 그러다가 필자가 계시록에 관심을 갖게 된 것은 수년 전부터다. 소위 계시록 전문가로 알려진 이광복 목사를 만나 대화를 나눈 것이 계기가 되었다. 그는 내게 바울연구에만 머물지 말고 말세를 만난 시기에 계시록에 관심을 가져보라고 격려해주었다. 그 후 필자는 비록 계시록이 전공분야는 아니지만 은퇴하기 전에 계시록 주석을 집필하여 교수생활을 멋지게 마감하는 것도 의미가 있겠다 하는 용기를 갖게 되었다. 필자가 수년 전부터 계시록을 연구하기 시작할 때 이광복 목사님이 여러 유익한 통찰과 자극을 준 것에 대해 고맙게 생각한다. 동시에 계시록을 연구하면 연구할수록 그의 해석 관점이 필자의 것과 여러 면에서 다를 수밖에 없구나 하는 생각을 갖게 된 것도 사실이다. 그에게 영향을 받아 해석학적 입장을 바꾼 부분은 20:1-6에 담긴 천년왕국 본문이다. 필자는 총신에서 한두 차례 신학대학원 학생들을 위해 계시록 선택 강좌를 개설한 적이 있었는데, 당시 본인은 무천년설에 대한 신념을 갖고 있었다. 천년 통치에 대한 명시적 교훈을 하지 않는 바울의 편지들을 전공한 학자로서 무천년설이 신약성경에 대한 바른 해석이라고 생각했었기 때문이다. 하지만 바울서신과 관계없이 계시록 자체의 이야기 흐름에 주목하면서 적어도 17-21장의 논지 흐름이 연대기적 순서를 따라 점진적으로 전개된다는 강한 인상을 받게 되면서 기존에 채택한 무천년설을 접어두고 역사적 전천년설을 굳히게 되었다. 따라서 본서는 역사적 전천년설의 전망을 좇아 주해한 책이라고 할 수 있다.

오늘날 계시록은 각종 기독교 이단들이 그들의 사이비 교리를 세우기 위한 본문으로 즐겨 사용하는 책이 되어버렸다. 본서는 이단들이 계시록을 왜 잘못 해석하고 있는지 밝히는 계기를 제공해줄 뿐만 아니라 후현대주의와 세속주의 물결 속에서 재림에 대한 기대가 희미해져 가는 시대에 주님이 속히 오기를 고대하는 모든 사람들에게 그들의 소망을 격려하고 밝히는 안전한 길잡이 역할을 할 수 있기를 고대해 본다.

2018년 5월 23일,
필자 이한수

계시록 소개하기

Commentary on Revelation

요한계시록은 1세기 묵시문헌에 익숙하지 않은 현대 기독교인들에게 언제나 쉽게 다가가기 어려운 책이다. 종교개혁자 요한 칼뱅이 신구약 전체를 주석하면서도 유독 계시록을 주석하는 책을 쓰지 않은 것은 그것의 난해한 상징적 본문들을 임의로 주해할 수 없다는 중압감 때문이었다. 공교롭게도 기독교의 많은 이단들이 선호하는 책이 계시록이란 사실은 상징적 언어의 다중적인 해석 가능성이 그들의 교리적 지경을 넓혀주는 구실을 했기 때문이다. 계시록은 이렇게 기독교 이단들이 기생하는 이론적 발판으로 악용되어온 것이 사실이지만, 계시록을 연구하는 많은 사람들은 조심스럽게 접근하기만 한다면 그것은 여전히 기독교의 중요한 교훈들을 담은 보고라는 사실에 동의한다(Swete, 1906: viii).

계시록이 현대 기독교인들에게 낯설게 보이는 이유는 묵시적인 언어로 쓰인 그 성격 때문이다. 요한 당대의 독자들은 묵시문헌의 상징세계에 대해 비교적 친숙한 환경에서 살았기 때문에 그들은 현대 기독교인들이 계시록을 읽을 때 느끼는 당혹감을 훨씬 덜 받았을 것이다. 구약 저술들 중에도 다니엘서나 에스겔서와 같은 묵시적 저술들이 존재했고 유대교에도 다양한 묵시문헌들이 유행했기 때문에, 그런 저술들에 상대적으로 친숙했던 요한의 독자들은 현대 기독교인들보다 더 용이하게 계시록의 메시지가 무엇을 전달하고자 하는지를 이해했을 수 있다. 더욱이 요한은 1세기 현실 속에서 고난당하는 독자들을 위로하고 격려하기 위해 시간 여행을 통해 현재에서 미래를 내다보게 하고 공간 여행을 통해 지상에서 천상을 바라보게 하려면 묵시적인 환상언어만큼 유용한 것이 없었을 것이다. 상징적인 환상언어는 현대 독자들에게 모호함과 좌절감을 안겨주기도 하지만, 그것이 일반적인 서술 언어보다 보이지 않는 영적 실재들을 꿰뚫어보게 하는 훨씬 유용하고 효과적인 의사소통의 방식이다(Johnson, 1981: 400). 그것은 한편으로 믿음의 눈을 결여한 세속적 정치가들의 공격을 무마하는 효과도 있고 영적인 눈을 가진 신앙공동체에게는 환상언어를 통해 전달하고자 하는 영적 메시지를 각인시키는 효과도 있다. 따라서 현대를 살아가는 기독교 독자들이 계시록을 보다 잘 이해하기 위해서는 계시록의 시대적 배경, 문학적 장르, 저술목적, 해석방법 등에 대해 잘 숙지하고 있어야 한다.

저작자와 저작연대

계시록의 서문은 그것을 쓴 저자를 '요한'으로 동일시한다(1:1). 그는 아시아의 교회들에게 잘 알려진 인물이었고 자신을 그들의 형제로 부르면서 그들과 함께 "예수의 환란과 나라와 참음에 동참하는 자"(1:9)라고 생각했다. 하지만 학자들은 이 요한이 구체적으로 누구를 지칭하는지에 대해 의견이 분분하다. 저작자의 후보로 거명되는 사람들은 사도 요한, 장로 요한, 마가 요한, 익명의 인물로서 요한 등이 거명되지만, 내증과 외증의 무게 중심은 계시록의 저자가 사도 요한이라는 데 기울어 있다. 계시록의 문체를 볼 때 저자는 구약의 사상과 언어에 친숙한 유대 기독교인인 것이 분명하다. 초대교회는 일반적으로 저자를 예수 그리스도의 사도였고 제4복음서를 저술한 요한으로 받아들였다. 이것은 저스틴 마터(AD 150)가 증언한 내용이었고, 이레니우스(AD 200)가 증언한 내용이기도 했으며, 속사도 시대의 교부들이 널리 받아들인 견해이기도 했다(Ladd, 1972: 7). 어떤 학자들은 요한복음과 요한계시록의 문체와 언어가 서로 다르다는 사실에 주목하고 이들 저술이 동일 저자에 의해 저술된 것에 의문을 품기도 하지만, 이런 차이점들은 이들 저술이 다루는 주제가 다르고 채택된 문학적 장르가 다르기 때문에 나타난 현상일 수도 있다.

계시록의 저작연대에 관해서는 지금까지 크게 네 가지 견해가 제시되어 왔다. 그것은 글라우디오 황제(AD 41-54), 네로 황제(AD 54-68), 도미티안 황제(AD 81-96), 또한 트라잔 황제(AD 98-117) 때 기록되었다는 견해들이다. 이들 네 견해 중에 최근 학자들 대부분이 선호하는 학설은 계시록이 도미티안 황제 시절에 기록되었다고 보는 것이다. 계시록의 내용을 살펴보면 소아시아의 교회들이 황제숭배를 강요당하고 있었고, 그로 인해 요한의 독자들이 극심한 박해를 받고 있었으며, 소아시아의 일부 교회들은 초기 열심을 상실하고 영적인 나태에 빠져 있었다는 사실 등은 계시록이 황제숭배와 기독교 핍박이 본격적으로 추진되던 도미티안 황제의 시대적 상황을 뒷받침한다(Ladd, 1972: 8; Beale, 1999: 5-17).

저술상황과 저술목적

만일 계시록이 황제숭배와 기독교 박해가 본격적으로 진행되던 도미티안 황제의 통치 기간에 저술된 것이라면, 소아시아의 교회들은 그들이 처한 시대상황에 대해 큰 영적 혼란을 겪고 있었을 것이다. 교회는 하나님의 나라가 이미 도래하였고 하나님이 역사를 주관하고 계시며 그리스도께서 곧 오셔서 세상역사에 종지부를 찍게 될 것을 가르쳤지만, 요한의 독자들은 한 발자국만 교회 밖을 나가면 세상이 여전히 악의 세력들에 의해 지배당하고 있었고 그들의 탄압 아래 갖은 고초를 당하고 있다는 사실로 인해 심한 혼란을 겪었을 것이다.

이런 상황에서 요한이 글을 썼다면 그의 독자들이 겪고 있었던 영적인 혼란을 극복하게 하려는 목적으로 계시록을 쓴 것이 분명하다. 지상의 관점에서 보면 세상은 로마 황제가 통치하는 것으로 보이겠지만 천상적인 관점에서 보면 세상의 궁극적 주권자는 오직 천상보좌에 앉으신 하나님과 어린 양 그리스도뿐이며, 현재의 관점에서 보면 세상은 악의 세력들이 다스리는 영역으로 보이지만 종말의 관점에서 보면 어린 양 그리스도가 역사의 심판주로 오셔서 악의 세력들을 멸하고 이 땅에 하나님의 나라를 세우실 것을 확신시킴으로써 요한은 환란을 겪고 있는 독자들이 그들의 영적인 혼란을 극복하고 세상 가운데서 믿음을 견고하게 지키며 예수의 증인으로서 충성되게 살아가도록 독려할 필요를 느꼈을 것이다.

더욱이 예언자로서 요한은 독자들을 박해하는 주류 세상 정치세력 자체의 부패한 성격에 대해 날카로운 예언적 비평을 가한다(Beale, 1999: 32; cf. Bauckham, 1993b: 38). 계시록을 조심스럽게 들여다보면 그는 바벨론으로 불리는 세상 체제의 폭력성과 사치성, 도덕적 부패에 대해 적나라하게 지적하면서 그의 독자들이 화려하고 사치스러운 옷차림을 한 음녀 바벨론과 달리 어린 양의 신부공동체로서 어떤 도덕적, 영적 정체성을 갖고 살아가야 할지를 교훈하는 것도 계시록의 저술목적들 중에 포함되어 있다.

결국 사도 요한이 계시록을 쓰게 된 목적은 황제숭배를 강요하는 로마제국의 압력에 무릎을 꿇지 않고 적대적인 세상 속에서 신앙의 순수성을 지키도록 독자들을 격려하며, 영적인 안일함과 나태에 빠져서 세상과 타협하려는 그리스도인들을 흔들어 깨우고 그들이 처한 영적 위기의 본질을 깨닫게 하여 회개하게 함으로써 세상 속에서 예수의 신실한 증인으로 살도록 독려하는 데 있다. 누구든지 요한의 교훈과 경고에 귀를 기울이지 않는 자들은 결국 하나님의 진노의 심판만을 자초하고 말 것이다 (Beale, 1999: 33).

계시록의 문학적 장르

계시록의 서문을 읽어보면 요한이 그것을 작성할 때, 묵시, 예언, 서신이라는 세 장르를 활용했다는 사실을 발견하게 된다. 무엇보다도 계시록은 아시아에 있는 일곱 교회에 쓴 편지였다(1:4). 발신자는 사도 요한이었고 수신자는 소아시아의 특정 지역에 있는 교회들에게 보낸 역사적인 편지이다. 편지는 보통 특정한 목회적 문제들에 직면해 있는 교회들을 권면하고 경고하며 격려하는 목적으로 기록되기 때문에 서신 장르에 속한 계시록도 특정한 상황에 처한 특정한 독자들에게 특정한 목적으로 보낸 상황성과 적합성을 지닌 편지라고 할 수 있다.

둘째로, 계시록은 요한이 기독교 예언서로 쓰인 책이다(1:3). 이 구절에서 그는 "이 예언의 말씀을 읽는 자와 듣는 자와 그 가운데에 기록한 것을 지키는 자는 복이 있다"고 말한다. 계시록의 저자는 자신을 기독교 예언자로 부른다. 그는 소아시아의 지역 교회들 가운데 활동하던 예언자들 중의 하나였을 것이다(22:6). 소아시아 교회들 중에는 요한을 대적하는 거짓 선지자들도 활동하고 있었는데, 이를테면 두아디라 교회의 여선지자가 그런 사람이었다(2:22). 초대교회에서 선지자들은 보통 예배 모임에서 자신에게 임한 계시를 회중들에게 선포하는 일을 담당하기도 했는데, 그들은 계시로 받은 예언의 말씀을 하나님이나 그리스도의 이름으로 선포하곤 했다. 예언 계시가 임할 때 종종 환상 경험들을 동반한 것처럼, 요한도 예언 계시를 받았을 때 환상 경험들을 통해 그것을 표현한다. 그가 기독교 예언자라는 것은 교회들에게 예언 계시를 선포할 때 구약의 광범위한 예언 전승들을 활용하여 어린 양 되시는 예수께서 악의 세력들에 대한 승리를 쟁취하시고 지금 하늘 보좌에 앉아 다스리고 계신다는 사실을 역설한다는 사실을 통해 잘 드러난다. 요한은 구약에서 약속된 것이 지금 그리스도 안에서 성취되고 있음을 강조한다는 점에서 초대교회의 다른 기독교 예언자들과 동일한 전통에 서있다.

셋째로, 계시록은 기본적으로 묵시문헌에 속한다(1:1). 전통적으로 신약 학자들은 예언과 묵시의 차이점에 관심을 가지고 그것들을 구분하려고 노력해 왔다. 구약과 유대교의 묵시문헌에는 다니엘서를 포함해서 제1에녹서, 제4에스라서, 제2바룩서와 같은 유대교 문헌들이 포함되어 있다. 사실 예언과 묵시는 엄격하게 구분하기 힘들 정도로 서로 중첩되는 면들이 많다. 묵시는 예언의 한 형태이지만 그것보다 천상여행이나 상징적 환상 장면들을 더 많이 사용하고 계시의 신적 출처에 더 많은 관심을 기울인다는 점에서 묵시는 예언을 심화시킨 형태라고 보는 것이 옳은 것 같다(Beale, 1999: 37).

그렇다면 계시록의 장르 성격을 올바로 규정한다면 그것은 "묵시적인 틀을 갖추고 있고 편지 형태로 기록된 예언서"(Beale, 1999: 39)라고 할 수 있다. 그것이 이런 독특한 형태를 띤 것은, 비일이 잘 지적한 것처럼, "계시록 메시지가 담고 있는 초월적인 실재에 비추어 독자들의 삶과 행위를 변화시키려고 그들을 동기부여하려는" 목적을 지녔기 때문이다. 편지라고 하기에는 계시록은 편지의 성격을 초월하는 면들을 갖고 있고, 묵시라고 하기에는 그것이 다른 묵시문헌과 다른 점들이 많고, 예언서라고 하기에는 구약과 유대교의 예언서들과는 다른 독특한 점을 많이 갖고 있다(Beale, 1999: 39; Michaels, 1992: 30ff). 이런 점에서 계시록은 형태상 묵시문헌이면서도 기능상 예언서인 혼합형 저술이다.

계시록이 묵시-예언의 혼합형 저술이지만 그 기본적인 성격은 아무래도 묵시에 가깝다. 묵시에 대한 학자들의 정의는 다양하지만, 그 중에서도 콜린스의 정의가 가장 적합한 것 같다. "묵시는 해설체의 틀을 가진 계시문학의 한 장르로서 타계적인 존재에 의해 인간 수용자에게 계시가 주어지되 종말적 구원을 내다보는 의미에서 시간적 초월을 나타냄과 동시에, 또 다른 초자연적인 세계와 관련된다는 의미에서 공간적인 초월의 실재를 나타내 보이는 장르"(Collins, 1979: 9)이다. 그의 정의에 따르면 계시록은 두 종류의 초월 방식을 사용하는 계시문헌 장르이다. '시간적 초월'이란 것은 마치 사진기의 줌(zoom) 기능을 활용하여 요한의 독자들로 하여금 미래 종말의 구원을 끌어당겨 지금 여기서 볼 수 있게 하는 서술방식을 말하고, '공간적 초월'이란 것은 마치 사진기의 줌 기능을 활용하여 요한의 독자들로 하여금 하늘 성전보좌에서 결정되고 집행되는 것들을 끌어당겨 지금 지상에서 볼 수 있게 하는 서술방식을 말한다. 요한이 이런 특정한 묵시적 서술방식을 채용한 것은 고난당하는 요한의 독자들로 현재나 지상의 관점에서만 사태를 바라보지 말고 미래와 천상의 관점에서 바라보게 함으로써 그들을 격려하려는 목적이 있기 때문이다. 악의 세력이 지배하는 현재와 지상의 관점에서만 보면 그들은 낙심할 수밖에 없지만 미래와 천상의 관점으로 볼 수만 있다면 희망을 갖게 될 것이다.

계시록의 상징 해석

계시록은 요한이 보고 들은 상징적 환상장면들을 고도로 활용하는 묵시 장르의 문헌이기 때문에 그것을 올바로 해석하는 방법을 확립하는 것은 무엇보다도 중요하다. 요한은 그의 책에서 채용하는 환상장면들은 문자적으로 해석해야 하는가, 아니면 상징적으로 해석해야 하는가? 계시록의 언어들을 문자적인 의미로 해석하는 방식은 주로 세대주의 학자들에 의해 선호된다. 이를테면, 월부드는 "상징들과 그 해석들이 그 정상적인 방식대로 성취된다고 생각되어야 한다"(Walvoord, 1966: 21)고 주장한다. '정상적'이란 말은 계시록의 언어를 그 문자적이고 직접적인 의미로 해석하는 것을 말한다. 언어적 차원의 의미와 지시적 차원의 의미가 일치하도록 문자적인 일대일의 방식대로 해석하는 것이 계시록의 정상적인 해석방식이란 것이다. 물론 계시록에는 환상언어를 상징적 의미로 해석해야 할 때가 있음을 월부드도 인정하지만, 그것은 어디까지나 계시록의 저자인 요한이 그렇게 할 때뿐이다. 반면에 저자가 상징적 해석을 제시하지 않는 곳에서 모든 본문은 "그 자연적인[즉, 문자적인] 의미를 따라" 정상적으로 해석되어야 한다고 주장한다(Walvoord, 1966: 30).

무천년설 학자들은 대체로 계시록의 언어를 상징적 의미로 해석하기를 선호한다. 그들은 계시록이 기본적으로 상징적 장르에 속한 문헌이기 때문에 그 속에 포함된 환상장면들은 당연히 상징적 의미로 해석되어야 한다고 본다(Beale, 1999: 50-58). 요한은 환상을 계시의 수단으로 받았지만 그것들은 문자적 의미의 실재들을 가리키지 않고 영적인 의미를 지닌 상징들이기 때문에 그가 본 환상들을 서술적 언어로 변환시키는 작업이 필요하다. 계시록에서 그가 채용하는 은유, 직유, 그리고 다른 비교 언어들은 모두 상징적 의미를 내포하고 있지만, 문제는 각 은유나 직유가 한 가지 이상의 비교점을 지닐 수 있어서 환상의 상징적 해석이 다중적일 수 있다. 이런 경우에 상징적 의미를 결정할 때 가장 중요한 요소는 계시록의 근접 문맥과 원접 문맥이며 한 걸음 더 나아가 상징 언어가 구약과 유대교 문헌에서 어떻게 사용되었는가를 확인하는 일이다(Beale, 1999: 55).

문제는 계시록의 모든 언어가 문자적 또는 상징적인 의미로 획일적으로 사용되지 않는다는 것이다. 계시록이 다양한 상징 언어들을 고도로 사용하는 묵시장르에 속하기 때문에 그것을 기본적으로 상징적으로 해석하는 것이 옳지만, 때로 어떤 언어들은 충분히 서술적이어서 특정한 역사적 또는 문자적 실재를 지칭한다고 판단되는 경우에는 문자적인 의미로 해석할 필요가 있다. 그래서 역사적 전천년설을 주장하는 학자들은 상징적 해석이 계시록을 접근할 때 요구되는 주된 접근방식이라는 것을 인정하면서도 근접문맥이 문자적 의미를 요구한다고 판단될 때는 문자적인 해석도 허용하는 중도적인 입장을 취하곤 한다. 그래서 오스본은 문자주의자와 상징주의자 사이에 그릇된 이분법을 세워서는 안 된다고 주장한다(Osborne, 2002: 15). 소위 자신을 문자주의자로 부르는 학자도 오직 선택적으로만 그렇게 할 뿐이다. 계시록은 상징적인 책이기는 하지만, 그렇다고 해도 상징들조차 어떤 때는 문자적인 사건들을 묘사할 때도 있어서 계시록의 모든 언어를 철저한 영적 차원의 의미로 산화시켜서는 안 된다.

주지하듯이 계시록은 신약 저술들 가운데 묵시문헌 장르에 속하는 가장 대표적인 저술이다. 묵시적 상징들의 해석이 얼마나 난해하고 복잡한가는 요한계시록 주석가들의 해석이 천차만별이라는 사실에서도 나타난다. 계시록과 같은 묵시문헌을 해석할 때 저자 요한의 의도를 오류 없이 정확하게 확인하는 것은 가능하지 않다. 그러나 해석의 혼선이나 오류를 최대한 줄이려면 다음과 같은 확립된 해석 규범들을 준수할 필요가 있다.

첫째, 본문의 '지시대상'(referent)과 그 '의미'(meaning)를 구분하는 것은 최근 해석학에서 확립된 원칙이다. 하지만 학자들 중에도 묵시문헌의 상징들을 해석할 때 그것들을 구분하지 못하고 혼동하는 일이 때로 발생한다. 이런 혼선을 줄이기 위한 포이드래스의 제안은 주목할 만하다 (Poythress, 1993: 41-43; Beale, 1999: 52-53). 그는 계시록의 상징 해석에서 네 가지 의사소통의 수준을 구분한다. 우리는 계시록 18:7-8의 본문을 가지고 그것을 예증할 수 있다. 첫째는 '언어적 수준'이다. 요한은 아시아의 일곱 교회의 청중들에게 문자로 된 계시록 18:7-8의 본문을 기록하였다. 그것은 단어와 문장으로 구성되어 있는 한에서 단어들의 의미와 그것들 간의 의미론적 관계를 분석하려면 문자적, 문법적 해석은 필수적이다. 둘째는 '환상적 수준'이다. 요한은 환상 속에서 빛나고 깨끗한 세마포 옷을 입은 어린 양의 신부를 보았다. 그는 어린 양의 신부를 보았지만, 그렇다고 그것은 실재 자체는 아니고 상징적 의미를 지닌 환상 장면일 뿐이다. 셋째는 '지시적 수준'이다. 요한이 본 어린 양의 신부 환상은 어린 양 되신 그리스도와 그의 성도들이 누리는 천상적 교제의 축복을 지시한다. 넷째는 '상징적 수준'이다. 이 천상적 교제의 축복과 연관하여 어린 양의 신부가 입은 "빛나고 깨끗한 세마포 옷"은 성도들의 옳은 행실을 상징한다 (계 19:8). 다행히 계시록 18:7-8은 문맥 속에 상징 해석이 미리 주어져 있기 때문에 학자들 간에 별다른 해석차이가 생겨나지 않지만, 더 복잡한 환상장면들의 경우에 그것들이 역사적으로 무엇을 지시하고 그 지시대상과 관련하여 세부 사항들이 무엇을 상징하는지를 해석할 때 학자들 간에 첨예한 의견 차이들이 발생된다. 주석가들이 계시록 본문을 다룰 때 다양한 해석들을 내어놓는 것은 대체로 그들이 어떤 해석학파의 견해를 채택하는가에 기인한다. 학자들은 의식적으로나 무의식적으로 자신의 학설을 입증하기 위해 계시록 본문을 주석하는 경향이 많다. 이것은 학자 개인이 채택한 견해가 추후에 그의 주석적 논증에 얼마나 지대한 영향을 미치는가를 단적으로 보여준다.

묵시문헌의 상징들은 워낙 신축적인 해석이 가능한 긴장상징 또는 활력상징들이기 때문에 저자의 본래 의도를 완벽하게 찾아내는 것은 쉽지 않다. 하지만 포이드래스가 제의한 네 가지 의사소통의 수준들을 조심스럽게 구분할 수 있다면 적어도 해석의 혼선을 어느 정도 미연에 방지할 수 있다. 계시록과 같은 묵시문헌을 해석할 때 자주 나타나는 혼선은 의사소통의 환상적 수준과 지시적 수준, 그리고 상징적 수준을 서로 혼합하거나 혼동하는데서 생겨난다. 요한이 본 것은 눈으로 본 가시적 환상 장면이었다. 하지만 그가 본 것은 실재 자체가 아니라 상징적 의미를 지닌 환상 장면에 불과하다. 따라서 상징적 환상을 의미 있는 언어로 바꾸는 '언어변환' 과정을 필요로 하게 된다(정훈택, 1991: 1). 만일 해석자들이 의사소통의 환상적 수준과 지시적 수준, 그리고 상징적 수준을 조심스럽게 구분할 수만 있다면 그런 해석적 오류와 혼선은 최소한 막을 수 있을 것이다(Beale, 1999: 52f).

보통 역사적인 이야기들은, 포이드래스가 잘 지적한 것처럼, 배후의 사건과 직접적인 관계를 맺지만 그 사건들의 신학적 의의에 대해서는 간접적인 관계만을 맺는다. 이와는 달리 계시록의 환상들의 경우에 그 관계가 거꾸로 뒤바뀐다. 환상 장면은 신학적인 의의를 직접적으로 표현하지만, 배후의 사건은 오직 간접적이고 암시적으로만 표현된다. 계시록 13장의 짐승을 묘사할 때 사용된 그림언어는 바로 이점을 잘 보여준다. 짐승에 관한 그림언어는 상징적이고 신학적인 의의를 직접 표현해준다. 이를테면, 여러 학자들은 짐승이 적그리스도적 형태의 어떤 존재라는 점에 동의한다. 그는 능력이 있고 성도들을 박해하며 마귀적이고 신성모독을 하며 사악한 존재이다. 하지만 동시에 그는 하나님의 주권적 통제 하에 있고 궁극적으로 멸망을 받을 운명을 향해 가고 있다. 반면에 주석가들은 짐승의 지시대상을 찾기 위해 또 다른 해석 영역으로 옮겨가야 한다. 이렇게 옮겨갈 때 계시록 해석 학파들 가운데 다양한 해석들이 생겨나게 된다. 이런 해석 차이들은 어쩔 수 없겠지만 그것들을 가능한 줄이기 위한 확립된 해석 기준들은 반드시 준수되어야 한다.

둘째, 묵시문헌의 상징들을 해석할 때 그 이미지가 전달하는 다양한 의미 차원들을 확인하고 해설하는 일부터 해야 한다(Koester, 1995: 24). 성경의 많은 상징들은 한 저자의 번뜩이는 독창적 통찰에 의해 처음 고안된 것들이라기보다 구약이나 유대교에서 긴 시간의 흐름을 거치면서 여러 연상적 의미들을 지닌 채 사용된 것들이다. 이런 의미 차원들을 확인하는 것은 중요할 수 있다.

셋째, 상징들을 해석할 때 해석자는 한 이미지나 행위에 대한 거짓된 이해가 무엇인지를 파악하는 일도 해야 한다. 상징들은 "여러 것들을 의미할 수 있지만, 그렇다고 어떤 것이라도 의미할 수 있는 것은 아니다"(Koester, 1995: 25). 어떤 상징적 이미지나 행위가 등장하는 문맥을 조심스럽게 살펴보면 어떤 해석들이 그릇된 것인지 발견하는데 도움을 줄 수 있다. 하지만 상징적 이미지나 행위를 정확하게 해석했는지 또는 그릇 해석했는지를 가늠하는 경계선은 항상 그렇게 분명하지 않다. 우리의 해석 작업을 복잡하게 만드는 이유가 여기에 있다.

윌라이트는 의미 있는 관찰을 했다. 많은 상징들은 "밝은 초점을 지닌 중심 의미를 지니면서도 동시에 쉽게 지워버릴 수 없는 모호함의 흐릿한 부분이 존재한다. 말하자면 모호함은 본래 의미를 왜곡하기 전에는 제거될 수 없다"(Wheelwright, 1968: 220). 은유나 상징 모두 여러 의미들로 해석될 수 있는 신축성을 지녔다. 이 때문에 어떤 학자들은 그것들을 해석하는 일이 전적으로 개별 해석자 자신에게 맡겨야 할 문제라고 생각하는 반면, 다른 학자들은 그것들을 사용한 저자 자신의 의도가 암시되어 있을 것이기에 문맥에서 그것을 가능한 찾아내야 한다고 생각하기도 한다. 때로 모호성은 이미지나 행동이 불러일으키는 다양한 연상들 때문에 발생하기도 한다. 이런 연상들은 이야기의 다른 부분에서 오기도 하고, 독자의 특정한 문화적 배경에서 오기도 하며, 성경 다른 곳의 용례 때문에 오기도 하고, 또는 인생 경험의 광범한 영역에서 오기도 한다. 이들 중 어떤 연상들은 문맥에 적합하게 보일 수도 있고, 다른 연상들은 부적절하게 보일 수도 있다. 또 다른 연상들은 좀 불확정적이어서 포함시켜야 할지 배제시켜야 할지 분명하지 않을 때도 있다. 이런 연상들이 상징해석에 미치는 영향은 겉으로 드러나기보다 해석자 마음에만 느껴질 수도 있다. 연상들은 해석자에게 대놓고 말한다기보다 속으로 속삭일 뿐이다.

상징을 항상 정확하게 해석할 수 있는 최선의 첩경은 존재하지 않는다. 그럼에도 성경, 또는 묵시문헌의 상징을 올바로 해석하려면 "밝은 초점을 지닌 중심의미"로부터 시작해서 "그늘진 모호한 부분"으로 옮겨가야 한다. 확립된 해석의 원리는 분명한 의미 측면들로부터 덜 분명한 측면들을 구분하고 전자로부터 시작해서 후자로 옮겨가는 것이다. 주변문맥에서 적합하다고 판단될 때 우리는 그것을 본문의 개연적인 의미 측면들로 고려할 수 있다. 상징적 이미지나 행동이 이야기의 다른 부분들과 쉽게 연결될 수 있다면 그것은 본문의 확실한 의미라고 여길 수 있다. 가능하지만 확실치 않은 의미들은 대개 본문의 다른 부분들과 좀 더 멀리 떨어진 연관성만을 가질 때 나타난다.

가능성이 높은 해석과 별 가능성이 없는 해석들을 구분하는 데는 두 가지 기준을 적용할 때 도움이 될 수 있다(Koester, 1995: 26). 하나는 상징어가 등장하는 문맥의 흐름을 조심스럽게 살피라는 것이다. 상징은 그것이 등장하는 근접문맥에 비추어 검토되어야 하며, 또한 계시록 전체에서 그것이 어떻게 발전되고 저자의 신학적 전망과 어떻게 부합하는지(Patte, 2009: 412), 또 그것이 책 전체의 다른 상징들과 무슨 관련이 있는지 등을 살피면서 검토되어야 한다. 무엇보다도 특정 상징어가 등장하는 문맥이 계시록 이야기의 전후 흐름에 어떤 관계를 맺고 있는지를 살피는 것은 결정적으로 중요하다. 다른 하나는 성경 저술의 상징들이 태동하게 된 사회, 문화적 환경에 주목해야 한다는 것이다(Patte, 2009: 412; Koester, 1995: 27). 예를 들면, 계시록 13장에서 언급된 '짐승'을 해석할 때 그것의 사회, 문화적 배경을 이루는 구약의 묵시문헌들, 그리고 중간사 시대의 다른 묵시문헌들을 살필 필요가 있다. 신약의 상징어들은 대개 신약 저자들이 독창적으로 사용한 것이라기보다 이전 묵시문헌에서 차용한 활력상징어인 경우가 많다. 이 경우에 계시록 13장의 해석자들은 구약과 유대교 묵시문헌에서 사용된 짐승의 의미와 그것에서 확장된 계시록 저자의 새 의미를 찾을 필요가 있다.

넷째, 묵시문헌은 눈으로 본 환상 장면들만 아니라 귀로 들은 소리나 메시지들로 구성되어 있다. 때로 이 둘은 결합되어 서로 해석해주는 역할을 하기도 한다. 예를 들면, 저자 요한은 계시록 5:5-6에서 하늘보좌 환상에서 '들은 것'(5:5)과 '본 것'(5:6)을 대조시킨다. 그가 들은 것은 "유대 지파의 사자 다윗의 뿌리가 이겼다"는 음성이다. 그는 '유대 지파의 사자'와 '다윗의 뿌리'란 구약의 두 메시아 칭호를 끌어다가 그리스도를 묘사한다. 이들 칭호는 메시아 예수를 이스라엘의 원수들을 멸하는 열방의 정복자로 묘사한다. 그런데 이런 군사적이고 정치적인 이미지가 요한이 '본 것'을 통해 재해석된다. 왜냐하면 그가 진작 본 것은 정복자로서 '사자'가 아니라 일찍 죽임을 당한 '어린 양'이었기 때문이다(9-10절). 두 대립되는 이미지들을 병행시킴으로써 요한은 어린 양의 희생적 죽음을 통해 정복한다는 새로운 상징을 만들어냈다(Bauckham, 1993b: 64). 그는 유대인들이 대망했던 메시아 기대를 거부하기보다(22:16) 그것을 새롭게 재해석한다. 요한계시록에는 시각적 환상과 청각적 메시지를 병치하거나 대조하는 방식을 통해 새로운 상징적 의미 세계를 추구하는 여러 실례들이 발견되기 때문에 요한이 채용한 독특한 문예적 기법을 관찰하는 것은 중요하다.

다섯째, 계시록의 한 이야기나 사건이 계시록의 전체 구조 속에서 어떤 위치를 차지하는가를 살피는 것 또한 매우 중요하다. 계시록의 구조에 대해 미래주의적 해석을 옹호하는 학자들은 계시록 1:19의 세 항목들이 계시록 전체 구조를 반영하는 것으로 해석하려고 한다(Ladd, Walvoord). "네가 본 것"은 예수 그리스도의 하늘 보좌 환상을 묘사한 계시록 1:9-20의 내용을 지칭하고, "지금 있는 일"은 일곱 교회에게 보낸 편지 메시지를 담고 있는 계시록 2-3장의 내용을 지칭하며, "장차 될 일"은 하늘 성전 환상과 일곱 심판 시리즈들을 기록한 4-21장의 내용을 가리킨다는 해석이 그것이다. 이런 해석을 취하게 되면 4장 이후의 이야기나 사건은 예외 없이 재림 직전 대환란 시기에 일어날 미래 이야기나 사건으로 해석될 수밖에 없다. 하지만 계시록 4-21장의 내용에도 과거와 현재 사건들이 내포되어 있고 1장의 내용에도 미래를 위한 교훈이 담겨 있기 때문에, 이런 기계적인 구조 분석은 계시록의 상징 해석에 도움을 주지 못한다. 계시록 1:19에 대해 가장 무난한 설명은 첫째 항목은 1:11의 명령을 반복한 것으로서 계시록 전체 내용과 연관되고, 둘째("지금 있는 일")와 셋째("장차 될 일") 항목은 첫째("네가 본 것") 항목의 구체적인 내용을 구성한다고 보는 것이다. 계시록의 전체 이야기 흐름은 재림이란 절정을 향해 움직이면서도 저자의 수사학적 의도에 따라 초림과 재림에 관한 내용을 점진적으로 반복하는 구조를 취하고 있음이 분명해 보인다(Beale, 1999: 121-26).

여섯째, 논란을 일으키지만 묵시문헌의 상징 해석에서 중요한 담론 하나가 있다. 그것은 '독자반응 접근'이다. 이 접근에서 상징을 읽는 독자들의 역할은 한층 더 중요해진다. 성경 저자들이 특정한 상징을 사용한 그들의 본래 의도도 중요하지만, 그것을 읽는 독자들이 어떤 반응을 보이는가도 상징 해석에서 고려해야 할 또 다른 중요한 측면일 수 있다. "상징주의는 의미를 확장함으로써 독자들의 전망을 넓히는 과정이다." 더욱이 "독자들이 그들 자신의 상징 세계와 더불어 본문의 상징 세계에 들어갈 때 상징은 살아있는 상징으로 작용하게 되고 그럴 때만 독자들과 궁극적 실재를 연결해주게 된다"(Patte, 2009: 415). 이것은 상징이 독자들의 삶의 상황과 연결되고 그들의 이전 경험들을 재구성하고 도전할 때만 죽은 상징에 머물지 않고 살아있는 상징이 된다는 것을 말해준다. 어떤 학자들은 이 때문에 은유와 상징이 역사적인 상황의 변화되는 빛 속에서 끊임없이 굴절되는 다양성을 가질 수 있으며 다른 상황들, 그리고 미래를 향하여 열려져 있다는 점을 인정한다.

독자반응 접근이 지닌 최대 약점은 독자들이 상징읽기를 통해서 찾아낸 의미가 본문의 통제를 벗어날 때 그것을 막을 방어책을 없애버린다는 것이다. 하지만 만일 독자들이 본문에서 찾아낸 새로운 의미가 본문 본래의 의미의 연장선상에 있거나 전자가 후자를 적용한 실천적 의의라고 한다면, 성경의 상징들은 독자들의 새로운 상황에 항상 새롭게 개방된 신축성을 허용하는 방식으로 해석될 수도 있다. 이광복은 그의 성경적 상징주의 해석에서 독자들의 해석적 자유를 훨씬 더 폭넓게 허용한다. 모형이나 상징의 신축적 의미 적용을 통해서 그는 전체 성경을 예수 그리스도의 초림과 재림, 그리고 그에 대한 신앙과 관련하여 극대해석을 하고자 한다. 이런 신축적 해석은 가능할 수 있다. 만일 그것이 상징을 담고 있는 본문의 본래 의미나 취지를 왜곡하거나 훼손하지 않고 독자들의 삶에 적용 해석한 것이라면 허용될 수도 있을 것이다.

묵시문헌의 환상들은 고도의 상징성을 띤 것들이기 때문에 그 지시대상과 의미를 정확하게 찾아내어 해석하는 일은 쉬운 일이 아니다. 그럼에도 그릇된 해석에 빠지거나 해석의 혼선을 줄이기를 원한다면, 우리가 위에서 지적한 것처럼, 확립된 해석의 규범들을 준수해야 한다. 이를테면, 상징이 등장하는 본문의 문맥, 그것이 계시록 전체에서 전개되는 방식, 그것이 계시록의 다른 상징들과 맺고 있는 관계, 그리고 그것이 태동하게 된 구약과 유대교, 1세기 지중해 사회의 사회문화적 배경, 포이드래스가 제안한 의사소통의 수준들을 구분하는 일 등을 조심스럽게 고려하는 것은 중요하다.

계시록의 주요 해석 패턴들

전통적으로 계시록을 해석하는 네 가지 주요 방식들이 존재해왔다. 첫 번째 해석 패턴은 계시록에 묘사된 사건들이 과거에 이미 실현되었다고 보는 것이고, 두 번째 해석 패턴은 계시록에 묘사된 사건들이 장차 재림 직전에 실현될 것으로 보는 것이며, 세 번째 해석 패턴은 계시록에 언급된 사건들이 전체 역사에 걸쳐 실현되었거나 실현될 것으로 보는 것이고, 네 번째 해석 패턴은 계시록의 사건들은 역사적 실현 차원을 떠나서 단순히 선과 악의 대립과 갈등을 이상적 차원에서 묘사한다고 보는 것이다.

첫째 해석 패턴은 과거주의 해석방식이다. 이런 접근을 취하는 학자들 중에 어떤 사람들은 계시록을 AD 70년에 발생한 예루살렘 멸망에 대한 예언으로 본다. 디도 장군이 로마 군대를 이끌고 와서 예루살렘을 파괴한 이후로 계시록의 모든 예언은 다 성취되었다면, 이 해석의 가장 큰 문제점은 계시록이 현대 기독교인들에게 직접적으로 적용될 만한 내용이 없다고 본다는 점이다. 이 해석을 취하게 되면 계시록은 AD 70년 이전에 저술된 것으로 볼 수밖에 없고, 또한 요한의 저술목적은 자연히 기독교인들을 박해하던 배교한 이스라엘이 AD 70년 예루살렘 멸망과 함께 심판을 당할 것이며 그들만이 참 이스라엘이라는 것을 확신시키는 데서 발견될 뿐이다(Swete, Beckwith, Mounce). 하지만 계시록이 묘사하는 최후심판 장면은 예루살렘 멸망과 이스라엘의 심판에 국한되지 않기 때문에 이 해석은 별 신빙성이 없다. 과거주의 해석의 또 다른 형태는 계시록을 AD 5세기에 있었던 로마제국의 멸망에 대한 예언으로 보는 것이다. 이 해석을 취하게 되면 '큰 성 바벨론'은 기독교인들을 박해하고 황제숭배를 강요했던 로마제국을 지칭하게 되고, 요한의 저술목적은 자연히 기독교인들을 박해하던 로마제국이 심판을 받아 멸망하게 될 것이기 때문에 1세기 독자들로 하여금 신앙을 지키고 신실한 증인으로 살도록 독려하는 데 있다. 물론 계시록에 담긴 예언은 일차적으로 로마제국의 멸망을 내다본 것은 부인할 수 없으나 필자는 본문 주석에서 바벨론 멸망에 관한 계시록의 묘사들이 로마제국의 멸망을 초월하는 면들을 갖고 있음을 강조한 바 있다.

두 번째 해석 패턴은 역사주의 해석방식이다. 이런 해석을 취하는 학자들은 계시록이 역사의 주요 사건들을 예언한 것으로서 요한 시대로부터 종말에 이르기까지 성취되어온 것으로 보기 때문에, 인, 나팔, 대접 심판들로 대변되는 역사적 사건들이 연대기적 순서대로 전개되는 것으로 생각한다(Wycliffe, Bengel, Alford, Elliott 등). 따라서 아시아의 일곱 교회들도 1세기 소아시아에 존재했던 지역교회들을 가리키지 않고 전체 역사에 걸쳐 각 시대의 교회들을 지칭하는 것으로 이해되었다. 이를테면, 에베소 교회는 사도시대의 교회를, 서머나 교회는 순교시대의 교회를, 버가모 교회는 타협시대의 교회를, 두아디라 교회는 로마 교황시대의 교회를, 사대 교회는 종교개혁시대의 교회를, 빌라델비아 교회는 부흥시대의 교회를, 라오디게아 교회는 세속주의시대의 교회를 가리킨다. 하지만 이런 해석은 계시록의 예언을 서구 교회들에 한정하는 오류를 범할 뿐만 아니라, 에베소 교회가 안고 있던 문제가 사도시대 교회에 국한되지 않고 각 시대에 보편적으로 발견되는 문제일 수 있고 라오디게아 교회가 안고 있던 문제가 현대교회만의 문제가 아니라 사도시대의 교회들 가운데서도 발견된다는 사실을 간과하고 있다.

세 번째 해석 패턴은 미래주의 해석방식이다. 이 해석을 취하는 학자들은 계시록의 본론 부분(4:1-22:5)이 재림 직전에 일어날 미래 사건들을 배타적으로 지칭하는 것으로 해석한다. 극단적인 미래주의 해석은 세대주의자들 가운데서 흔하게 발견된다. 그들은 4:1-22:5에 언급된 환상들을 문자적으로 해석하기를 선호할 뿐만 아니라 미래 사건들을 연대기적 순서를 따라 전개되는 것으로 해석한다. 세대주의자들은 1:19의 본문을 계시록의 근본구조로 파악하여 "네가 본 것"은 1장의 인자 환상을, "지금 있는 일"은 2-3장에 기술된 일곱 교회의 편지 메시지를, 그리고 "장차 될 일"은 4:1-22:5에 기술된 재림 직전의 종말 사건들을 지시하는 것으로 본다(Walvoord, Scotfield). 그들은 계시록의 사건전개가 대체로 다음과 같은 순서를 따라 이루어진다고 생각한다. 이스라엘 민족이 팔레스틴으로 돌아와 나라를 세우고, 그리스도께서 공중 재림을 할 때 성도들이 하늘로 휴거하며, 땅에는 7년 대환란 시대가 시작되지만 성도들은 7년 대환란 전에 휴거하기 때문에 그것을 겪지 않으며, 적그리스도가 나타나 땅을 다스리게 되고, 악한 나라들이 연합세력을 구축하여 이스라엘과 전쟁을 벌이지만 그리스도가 재림하여 이들 나라를 멸하고 지상에 이스라엘 중심의 문자적인 천년왕국 통치를 시작한다. 천년왕국이 마칠 때 즈음에 사탄과 그 세력들이 그리스도와 성도들을 대항하여 최후 전쟁을 일으키지만 하나님께서 그들을 심판하여 영원한 불 못에 던져 넣고, 그리스도께서 새 하늘과 새 땅에서 성도들과 영원토록 다스리게 된다. 하지만 세대주의 해석은 여러 가지 문제점들을 갖고 있다. 첫째, 성도들이 대환란을 거치지 않고 하늘로 휴거된다는 사상은 계시록 본문을 통해 뒷받침되지 않는다. 계시록은 성도들도 예외 없이 환난을 거치는 것으로 묘사한다(7:14). 또한 계시록에는 유대인과 이방인 간의 인종적 구분이 의미를 잃어버릴 만큼 각 나라와 족속에서 나온 보편 공동체가 중시되기 때문에(7:9; 11:15) 유대인 중심의 천년왕국을 상정하는 것은 계시록 본문의 뒷받침을 받기 어렵다. 또한 천년왕국이 되면 구약의 성전제사가 회복된다는 주장 역시 그리스도 안에서 도래한 새 언약 시대의 성격을 근본적으로 오해한 것이다.

미래주의 해석의 또 다른 형태는 수정된 미래주의 해석방식이다. 이런 해석을 취하는 학자들 중에는 세대주의자들처럼 문자적 해석을 고집하지도 않고 계시록의 사건들이 연대기적 순서를 따라 엄격하게 진행된다고 주장하지도 않는다. 그들은 성도들조차 마지막 환란시기를 통과하게 될 것으로 생각하기도 하고 7년 대환란 전 휴거를 인정하지도 않는다. 하지만 그들은 여전히 8:2-22:5이 마지막 대환란과 그 이후 사건들을 묘사한다고 본다(Mounce). 또 다른 미래주의 학자들은 인, 나팔, 대접 심판들 모두가 같은 시기에 발생할 일련의 사건들을 나타내지만 그것들은 재림 직전 대환란 시기에 발생할 사건들만 가리킨다고 주장한다(Beasley-Murray). 하지만 미래주의 해석은 여러 난점들을 갖고 있다. 무엇보다도 계시록 본론(4:1-22:5)에 묘사된 모든 사건들이 재림 직전에 발생할 사건들이라면 그것은 고난당하는 1세기 독자들에게 아무런 의미를 갖지 못하게 된다. 계시록은 1세기 독자들을 교훈하고 격려하기 위해 저술된 책이기 때문에 로마제국의 폭압통치 아래서 고통당하는 그들에게 적용될 수 있는 함의를 지닌 것이 분명하다.

네 번째 해석 패턴은 이상주의적 해석방식이다. 이런 해석을 취하는 학자들은 계시록이 단지 선과 악, 하나님과 사탄 간의 갈등과 투쟁을 상징적으로 묘사할 뿐 역사적 사건들에 대한 어떤 함의도 갖지 않는다고 주장한다. 이 해석의 가장 급진적인 형태는 선과 악의 투쟁을 무시간적이고 비역사적인 것으로 보는 것이다. 만일 계시록이 묘사한 하나님과 사탄 간의 투쟁을 이상적인 관점에서만 바라본다면, 악의 세력에 대한 하나님의 심판과 승리는 역사 속에서 이루어지는 최종적 완성과는 아무런 관계가 없는 것이 되어버리고 만다. 그렇다면 이상주의 해석은 역사 속에서 심판과 구원을 성취해가는 성경의 하나님을 심각하게 왜곡시키게 된다.

지금까지 제시해온 네 가지 주요 해석들은 나름대로 다 약점들을 갖고 있음이 분명하다. 계시록은 하나님의 구원과 심판 계획이 역사 속에서 마지막 완성을 향해 움직이고 있음이 분명하다. 이런 의미에서 그것은 종말이란 정점을 향해 움직이는 점진적인 진행의 구도를 내포한다. 특별히 17-21장의 내용들은 그리스도의 재림 전후로 긴박하게 전개될 미래의 사건들을 점진적 시간순서를 따라 전개한다는 점에서 미래주의 해석의 정당성을 뒷받침한다. 하지만 요한은 그의 이야기를 종말에 초점을 두고 진행하면서도 필요할 때마다 이곳저곳에서 그리스도의 죽음과 부활로 대변되는 초림 사건과 그로 인해 발생한 사건들을 반복해서 강조한다는 점에서 반복적인 서술전개 방식을 나타내기도 한다. 주목해야 할 점은 마지막 재림과 최후심판을 제외하고 계시록의 많은 예언들은 역사 속의 어떤 특정한 사건들과 동일시되지 않는 성격을 띤다는 사실이다. 계시록에 등장하는 많은 상징들은 전체 교회시대에 걸쳐 전개되는 사건들에 모두 적용될 수 있다는 점에서 초시간적이기 때문에 이상주의 해석이 다 틀린 것은 아닐 수도 있다. 그렇다면 역사주의 해석이나 과거주의 해석은 계시록의 어떤 내용이 특정한 역사적 사건이나 과거 사건에 적용될 수 있다는 점에서 때로 맞을 수도 있지만 그것을 오로지 하나의 역사적 사건에만 한정하여 일대일 방식으로 적용하려고 한다면 잘못된 것이다. 계시록은 분명히 미래의 예언을 담고 있지만, 그것의 메시지는 미래에만 적용되지 않고 과거와 현재와 미래에 걸쳐 포괄적으로 해석될 수 있는 다차원적 적용점을 갖고 있다. 예언자들이 눈앞에 곧 펼쳐질 역사적 사건을 내다보고 예언하지만 그 역사적 사건은 동시에 미래에 발생할 종말적 사건의 예표 구실을 한다는 점에서 미래적 시사점을 갖는다. 이를테면, 큰 성 바벨론의 멸망은 1세기 요한의 독자들에게는 로마제국의 멸망을 지칭하겠지만, 마지막 때를 사는 성도들에게는 재림 때 있게 될 세상 체제의 멸망을 가리킬 수 있다. 이런 의미에서 계시록의 상징들은 과거와 현재와 미래에 걸쳐 다층적인 함의를 갖는 복합 상징들이다.

인, 나팔, 대접 심판의 삼중 반복

계시록을 해석할 때 가장 난해한 부분들 중의 하나는 중심 부분(6:1-16:21)을 차지하는 세 심판 시리즈들 간의 관계를 밝히는 것이다. 요한은 하나님의 종말적 심판을 인 재앙, 나팔 재앙, 대접 재앙의 관점에서 제시한다. 재앙 시리즈에 대한 가장 전통적인 해석은 연대기적 해석이다. 세 재앙 시리즈가 연대기적 순서를 따라 전개된다고 보는 대표적인 학자는 래드이다(Ladd, 1972: 122). 그는 일곱째 인이 그 안에 일곱 나팔 재앙들을 내포하기 때문에 일곱째 인이 떼어질 때 일곱 나팔 재앙들이 전개된다고 본다. 하지만 이 해석의 한 가지 문제점은 여섯째 인 재앙(6:12 -17), 일곱째 나팔 재앙(11:15-19), 그리고 일곱째 대접 재앙(16:17-21)이 모두 최후심판 장면을 묘사한다는 사실을 설명할 수 없다는 것이다(김추성, 2015: 205). 여섯째 인 재앙은 "큰 진노의 날"을 언급하고, 일곱째 나팔 재앙도 "땅을 망하게 하는 자들을 멸망시킬 때"를 언급하고, 일곱째 대접 재앙도 "진노의 포도주 잔"을 쏟아 붓는 최후심판 장면을 언급하기 때문이다. 만일 세 심판 시리즈가 시간순서를 따라 진행된다고 가정하면, 각 재앙 끝머리가 최후심판 장면으로 장식되는 현상을 설명할 수가 없게 되고, 더욱이 첫째 나팔 심판(8:7)에서 각종 푸른 풀이 다 타버렸다고 했는데 다섯째 날판 심판(9:4)에서 땅의 풀이나 푸른 것이나 각종 수목은 해하지 말라고 한 것도 이해하기 어렵게 된다. 또한 여섯째 인 심판(6:12)에서 해가 검은 털로 짠 상복같이 검어지고 달은 피같이 되며 하늘의 별들이 땅에 떨어졌다고 했는데도 넷째 나팔 심판(8:12)에서 해와 달과 별의 삼분의 일이 타격을 받아 어두워졌다고 말하는 것도 불가해진다(김추성, 2015: 205).

물론 연대기적 진행순서를 주장하는 학자들은 세 심판 시리즈가 진행되면서 후반으로 갈수록 심판의 강도가 점점 세지는 현상을 주목한다. 인 심판에서는 재앙의 영향이 사분의 일에만 미치는 반면, 나팔 심판에서는 재앙의 영향이 삼분의 일로 강화되고, 대접 심판에서는 재앙의 영향에 전체에 미친다는 점에서 재앙의 강도가 점점 더 강화된다는 것은 사실이다. 하지만 각 심판 시리즈 자체가 여섯째와 일곱째에서 최후심판 장면으로 끝을 맺는다는 사실에 주목할 때 심판의 강도가 점차 강화된다는 것이 반드시 심판의 시간적 순서를 뒷받침해주지는 않는다. 김추성이 지적한 것처럼, 그것은 고난을 당하는 성도들에게 "하나님의 심판의 확실성을 강조하기 위한" 요한 자신의 수사적 장치일 가능성이 있다(김추성, 2015: 207). 그렇다면 세 심판 시리즈는 동일한 심판 기간에 일어날 사건들을 다른 측면에서 조명하는 예언으로 사료된다. 인 재앙을 거치면서 심판을 받지 않고 생존한 사람들이 나팔 재앙 때 심판을 받게 되는 것이 아니라, 요한은 인 재앙 심판을 나팔 재앙의 상징적 언어로 다시 반복해서 묘사하되 좀 다른 각도에서 좀 더 강화시키는 방식으로 사건을 전개한다. 우리는 이것을 점진적 반복기법이라고 부른다.

1260일, 삼년 반, 마흔 두 달

계시록에는 1260일(11:2-3; 12:6,14), 한 때와 두 때와 반 때(12:14), 그리고 마흔 두 달(13:6)이란 표현이 종종 등장한다. 이것은 모두 동일한 기간을 나타내는 요한의 종말론적 표현이다. 여기서 요한은 문자적인 기간을 염두에 두었는가, 아니면 상징적 기간을 염두에 두었는가? 어떤 학자들은 이들 표현이 다니엘 9:24-27에 등장하는 70이레를 배경으로 한다고 생각한다. '이레'(7)는 히브리어 '샤부임'을 가리키는데 보통 7 단위로 나눈 기간을 가리킨다. 그것은 7일로 된 한 주간을 가리킬 수 있지만, 많은 학자들은 샤부임을 7일 주간이 아니라 7년 주간을 가리키는 말로 이해한다. 하지만 샤부임의 실제 기간은 학자들 사이에 여전히 논란거리이다. 그래서 카일은 그것이 "7이란 숫자로 측정된 불확정한 기간"(Keil, 1971: 239)을 가리킨다고 주장하기도 했다.

문자적인 해석을 선호하는 세대주의 학자들은 1260일=삼년 반=42달이 다니엘서 9:24-27에 언급된 '70이레'와 연관된다고 해석해왔다(Walvoord, 1966: 178). 한 이레를 7년 주간으로 계산한다면 70이레는 490년의 기간을 가리키게 된다. 그들의 해석에 따르면, 고레스가 성전 중건명령을 내린 때부터(BC 457) 성전이 완공될 때까지 7이레(49년), 그 후 다니엘 9:25이 예언한 대로 기름부음을 받은 왕 메시아가 오실 때까지 62이레(434년)의 기간이 지나고, 그 후 메시아의 죽음, 디도 장군에 의한 예루살렘 성전의 파괴, 이스라엘의 멸망이 이루어지고(단 9:26), 2000년의 긴 신약시대가 지난 뒤에 마지막 한 이레, 즉 문자적인 7년 대환난 기간이 도래하는데 그 중에서도 후 삼년 반은 계시록 4:1-22:5에 언급된 심판이 집중적으로 임하는 기간이다.

하지만 계시록 자체의 문맥에서 볼 때 '1260일=삼년 반=42달'은 문자적인 기간이 아니라 상징적인 기간이다(Beale, 1999: 565). 왜냐하면 이 기간은 여인이 용의 공격과 박해를 피해 광야에서 양육을 받는 기간이기도 하고(12:14) 두 증인이 굵은 베옷을 입고 예언을 하는 기간이기도 하다(11:3). 대부분의 학자들은 12장이 메시아를 낳은 교회 공동체에 관한 이야기로 이해한다. 메시아는 여자로 상징되는 교회를 통해 나왔으나 하늘로 승천하고, 그 후 교회는 용의 집중적인 공격의 대상이 되지만 하나님이 1260일 동안 그녀를 광야에서 보호하고 양육하게 된다. 동일한 기간 동안에 두 증인으로 상징되는 교회 공동체가 적대적인 세상에서 박해를 당하면서 신실한 증거사역을 담당한다. 만일 교회 공동체가 사탄의 공격을 받지만 하나님의 특별한 보호와 양육을 받으면서 증인 사역을 감당하는 1260일 또는 42달이 초림부터 재림 때까지 전체 교회시대를 가리키는 것이 분명하다면, 70번째 이레를 문자적인 7년 대환난 기간으로 간주하고 전 삼년 반과 후 삼년 반을 나누는 방식은 계시록 본문의 뒷받침을 받을 수 없다(권성수, 2001: 640). 1260일=삼년 반=42달에 관해 계시록이 교훈하는 내용은 그것이 여인의 광야 양육, 용의 박해, 두 증인의 증언 활동이 이루어지는 기간으로서 교회 공동체가 광야와 같은 세상에서 사탄의 유혹과 공격에 노출되어 있지만 동시에 하나님의 특별한 보호와 양육을 받으며 재림 때까지 적대적인 세상에서 신실한 증인으로서 살 것을 요청받는 기간이기도 하다. 요한이 '광야'란 익숙한 이미지를 사용한 것은 이스라엘의 40년 광야 여행 기간 동안 하나님의 특별한 보호와 양육을 경험했던 사건을 연상시킨다(Beale, 1999: 565). 이스라엘 백성이 약속의 땅 가나안에 들어갈 때까지 40년간 척박하고 위험한 광야를 여행하면서 하나님의 보호와 양육을 경험한 것처럼, 교회 공동체도 천국에 들어갈 때까지 42달로 불리는 교회시대 기간 동안에 사탄의 공격에 노출된 광야세상을 지나면서도 하나님의 보호와 양육을 경험한다. 그렇다면 1260일=삼년 반=42달은 교회시대를 상징하는 요한의 종말론적 표현인 것이 분명하다.

계시록 해설하기

Commentary on Revelation

1. 서 론 (1:1-8)

서론은 크게 두 부분으로 되어있다. 첫째 부분(1-3절)은 보통 '프롤로그'로 불리는데 사도 요한이 저자라는 것, 그가 쓰는 글의 성격, 저술의 의도나 목적 등을 진술하고, 둘째 부분(4-8절)은 '인사말과 송영'으로 불리는 부분으로 저자는 여기서 편지의 수신자들을 언급하면서 그들에게 인사말을 덧붙인다.

A. 프롤로그(1:1-3)

본문

¹ 예수 그리스도의 계시라 이는 하나님이 그에게 주사 반드시 속히 일어날 일들을 그 종들에게 보이시려고 그의 천사를 그 종 요한에게 보내어 알게 하신 것이라 ² 요한은 하나님의 말씀과 예수 그리스도의 증거 곧 자기가 본 것을 다 증언하였느니라 ³ 이 예언의 말씀을 읽는 자와 듣는 자와 그 가운데 기록한 것을 지키는 자는 복이 있나니 때가 가까움이라.

주해

[1] 요한은 자신의 편지 글을 "예수 그리스도의 계시"로 부른다. 이 문구는 주격 소유격으로 취하면 예수 그리스도께서 주신 계시를 지칭하게 되고, 목적격 소유격으로 취하면 예수 그리스도에 관한 계시를 가리키게 된다. 둘 다 가능한 해석이다. 계시록에서 그리스도는 계시를 주시는 주체가 되기도 하지만, 또한 그리스도 자신이 계시의 주된 내용이기도 하다.

특히 '계시'란 말은 계시록의 주제와 성격을 잘 말해준다. 그것은 유대교 문헌에서 자주 '묵시'(默示)를 가리키는 말로 사용되곤 했다. 요한은 또한 2절에서 계시록을 "예언의 말씀"으로 묘사한다. 묵시와 예언은 서로 중첩되는 면들이 많아서 구분하기가 쉽지 않지만, 묵시는 천상여행이나 상징적 환상들을 많이 사용한다는 점에서 "예언을 심화시킨 형태"(Beale, 1999: 37)라고 보는 것이 좋다.

요한은 계시의 경로를 네 단계로 구분한다. 하나님은 계시의 궁극적 출처로서 그것을 그리스도에게 주셨고, 그리스도는 천사에게, 천사는 요한에게, 그리고 요한은 종들에게 주었다. 여기서 '종들'은 계시록의 일차적 수신자인 일곱 교회의 성도들을 가리키겠지만, 또한 역사 속에 존재하는 하나님의 모든 백성을 가리킬 수 있다. 요한은 계시를 받은 특별한 종으로 선정되었지만 그는 또한 그것을 하나님의 다른 종들에게 전해야 할 사명을 받았다.

하나님께서 계시를 그리스도에게 주신 목적은 그의 모든 종들에게 "반드시 속히 일어날 일들"을 알리는 데 있다. 이 문구 속에는 신적 필연성(must)을 뜻하는 '데이'(δεῖ) 동사가 들어있다. 이 동사는 구원계획이 하나님에 의해 확정되었기 때문에 반드시 일어나야 한다는 뜻을 담고 있다. 특별히 본 절과 다니엘 2:28은 깊은 연관성이 있다. 다니엘 2:28은 '말세'를 말한 반면, 계시록 1:1은 '속히'란 말을 사용한다. 다니엘이 예언한 내용들은 말세에 일어날 미래 일들에 관련되지만, 요한은 그런 일들이 지금 그리스도 안에서 성취되기 시작한 것으로 생각한다. 결국 "반드시 속히 일어날 일들"은 하나님의 구원계획이 먼 훗날이 아니라 '속히' 이루어져야만 하는 때가 온다는 것을 함축한다. 계시록의 내용으로 볼 때, 그것은 그리스도 안에서 '이미' 이루어진 사건들을 비롯해서 '아직' 실현을 앞두고 있는 미래의 일들을 포함한다. 이를테면, 예수의 십자가 죽음, 부활, 승천, 교회의 탄생과 같은 구원사건들만 아니라 그것에 근거해서 발생하게 될 악의 세력들에 대한 최후심판과 새 창조와 같은 구원사건들을 포괄적으로 지칭한다.

흥미로운 사실은 계시가 전달되는 대상마다 사용된 동사들이 다르다는 것이다. 그리스도에게는 '주다' 동사가 사용되고, 요한에게는 '알게 하다' 동사가 사용되며, 종들에게는 '보여주다' 동사가 사용된다. '주다' 동사는 계시의 궁극적 출처가 하나님에게 있음을 말해준다면, '보여주다'와 '알게 하다' 동사는 환상 장면을 수단으로 해서 전달된 상징들의 의미를 해석하여 알리는 행위를 지칭한다(Beale, 1999: 52). 하나님이 천사를 통해 주신 계시는 주로 상징적 환상 장면들을 통해 보여졌고, 요한은 다니엘처럼 그것을 하나님의 백성에게 해석하여 알게 해주었다. 이런 의미에서 계시록은 그 성격에 부합하도록 상징적으로 해석될 필요가 있다.

[2] 요한이 증언한 내용은 두 가지로 묘사된다. "하나님의 말씀과 예수 그리스도의 증거"가 그것이다. 또한 이 두 가지는 요한 "자신이 본 것"으로 서술된다. 계시록에는 '보다' 또는 '보았다'는 동사가 40회 이상이나 등장하는데, 이것은 계시록의 주된 내용이 요한이 본 시각적인 환상 장면들로 구성되어 있음을 뜻한다. 그런데 요한이 본 환상들은 "하나님의 말씀"으로 간주되고, 19:13에서 예수 자신은 "하나님의 말씀"과 동일시되기도 한다. 본 절에서도 "하나님의 말씀"은 "예수 그리스도의 계시"와 병행 관계에 있다. 후자의 표현은 "예수 그리스도에 관한 증거"란 뜻으로 이해될 수도 있고 또한 "예수 그리스도께서 주시는 증거"라는 뜻으로 이해될 수도 있다. 둘 다 가능한 해석이지만, 후자의 해석이 더 타당한 것 같다. "요한은 환상들로 받은 하나님의 말씀을 증언할 뿐만 아니라 그가 증언한 메시지가 예수 자신에게서 온 사실의 정당성도 증언하고 있다"(Johnson, 1981: 417).

[3] 요한은 자신이 증언한 메시지를 "예언의 말씀"으로 간주한다. 1절에서 등장한 '묵시'가 본문에서는 '예언'으로 바뀌어 언급된다. 묵시도 예언의 한 형태이지만 상징들을 많이 사용한다는 점에서 예언을 한층 더 심화시킨 형태라고 볼 수 있다. 예언은 사도 요한이 자신의 저술을 지칭할 때 즐겨 사용하는 방식인데(1:3; 10:11; 19:10; 22:7-10,18), 그것은 단순히 미래 사건들에 대한 예고만 아니라 과거, 현재, 미래까지 다 포함하는 말씀이며 동서고금의 독자들에게 언제나 윤리적이고 영적인 함축들을 담고 있다. 요한은 자신의 메시지를 "예언의 말씀"으로 규정함으로써 자신을 구약과 신약의 예언자들과 동일선상에 놓는다.

본 절에서 '복'(福)이 계시록 독자들에게 선포된다. 계시록에는 일곱 가지 복이 언급되는데(1:3; 14:13; 16:15; 19:9; 20:6; 22:7,14),[1] 본문의 복은 그중 첫 번째의 것이다. 요한은 자신이 증언한 예언의 말씀을 "듣는 자들과 지키는 자들", 그리고 "읽는 자"에게 복을 선포한다. 앞선 표현은 같은 정관사로 연결된 복수 동사들이고, 뒤의 표현은 정관사 없이 쓰인 단수 동사이다. 이렇게 단수와 복수 동사를 따로 쓴 것은 초대교회에서 한 사람이 편지를 낭독하면 여러 회중들이 그것을 듣는 데서 유래한 현상일 것이다. 예언의 말씀은 반드시 읽고 듣고 지켜야 할 윤리적이고 영적인 내용을 담고 있다. 그것을 읽고 듣는 데서 멈추지 않고 순종하고 행하는 데로 나아가는 것은 성경이 시종일관하게 교훈하는 내용이다(약 2:14-26). 예언의

---

1. 첫 번째 복: "이 예언의 말씀을 읽는 자와 듣는 자와 그 가운데 기록한 것을 지키는 자는 복이 있나니"(1:3); 두 번째 복: "지금 이후로 주 안에서 죽는 자들은 복이 있도다"(14:13); 세 번째 복: "보라 내가 도둑같이 오리니 누구든지 깨어 자기 옷을 지켜 벌거벗고 다니지 아니하며 자기의 부끄러움을 보이지 아니하는 자는 복이 있도다"(16:15); 네 번째 복: "어린 양의 혼인 잔치에 청함을 받은 자들은 복이 있도다"(19:9); 다섯째 복: "이 첫째 부활에 참여하는 자들은 복이 있고 거룩하도다"(20:6); 여섯째 복: "보라 내가 속히 오리니 이 두루마리의 예언의 말씀을 지키는 자는 복이 있으리라"(22:7); 일곱째 복: "자기 두루마기를 빠는 자들은 복이 있으니 이는 그들이 생명나무에 나아가며 문들을 통하여 성에 들어갈 권세를 받으려 함이로다"(22:14).

말씀을 지키는 자에게 복을 선언하는 내용이 계시록 처음과(1:3) 나중에 (22:14) 수미상관 형식으로 등장한다. 그것이 계시록을 독자들에게 쓴 중요한 저술 목적이라는 사실을 보여준다.

"때가 가깝다"는 표현은 신약성경에서 포괄적인 의미를 지닌다. 그것은 성취의 때가 그리스도 안에서 이미 시작되었다는 사실을 나타내기도 하고 또한 아직 완성의 때를 기다리고 있다는 뜻을 나타내기도 한다. 예언의 말씀을 읽고 경청하며 삼가 지키는 자가 복이 있는 이유는 신자의 현재만 아니라 미래의 삶에 지대한 영향을 미치기 때문이다. 주께서 재림하실 때 그런 신자들에게 최종적인 복을 선언하실 것이다.

해설

계시록의 프롤로그는 사도 요한을 계시록의 저자로 확인해 줄뿐만 아니라, 그가 받은 계시의 경로, 계시의 주제와 성격에 대해 설명하고, 자신이 증언한 계시의 메시지를 읽고 듣고 지키는 독자들에게 복을 선언한다. 요한이 받은 계시는 주로 상징적 환상 장면들을 '보는' 형태로 주어졌는데, 환상들을 수단으로 시각적으로 전달된 계시록의 메시지는 '묵시' 또는 '예언'으로 불린다. 후기 유대교 문헌에서 등장하는 '묵시'는 천상여행과 상징들을 많이 사용하는 특징을 지녔지만 그것은 엄격한 의미에서 '예언'의 한 형태이다. 따라서 묵시는 상징들의 사용을 통해 예언을 보다 심화시킨 형태라고 할 수 있다. 요한이 받은 예언 계시의 내용은 "하나님의 말씀"으로 동일시되고 그 중심 주제는 예수 그리스도에 관한 계시, 또는 예수 그리스도께서 주시는 계시를 주된 내용으로 삼는다. 시간적인 전망에서 볼 때 그것은 "반드시 속히 일어날 일들"이다. 혹자는 그런 일들이 재림 직전 대환난 기에 일어날 사건들에 국한된 것으로 생각하지만, 계시록 자체의 내용으로 볼 때 예수의 성육신, 고난, 죽으심, 부활, 승천, 그리고 재림으로 이어지는 하나님의 전체 구원계획을 포괄한다. 그 일들은 하나님의 주권적인 뜻 안에서 작정된 것이기 때문에 필연적으로 일어날 수밖에 없고 그 궁극적 완성은 악의 세력들에 대한 심판과 새 창조를 통해 최종적으로 실현된다. 계시록은 이러한 일련의 구원사건과 그것과 연관되어 파생된 내용들을 기록한 책이다.

요한이 기록한 계시록 메시지는 주관적인 상상을 통해 쓴 것이 아니라 하나님을 그 궁극적 출처로 삼는다. 하나님은 계시를 그리스도에게 주셨고, 그리스도는 그것을 천사를 통해 요한에게 보이셨고, 요한은 그것을 하나님의 모든 백성에게 알게 하였다. 요한이 증언한 하나님의 말씀은 주로 시각적인 환상 장면들로 전달된 것으로써 각 환상 장면은 고도의 상징성을 갖고 있어서 그 영적인 의미는 특별하게 해석되고 알려질 필요가 있다. 계시록의 이해가 쉽지 않은 것은 현대인에게 낯선 상징적 환상 장면들로 기록되어 있기 때문이다. 다행히도 요한은 때때로 중요한 부분에서 상징적 환상들을 해석하는 방식을 알려주기도 한다. 이렇게 그가 일러준 방식대로 계시록의 말씀을 이해하고 지키는 자들은 복이 있는 자들이다. 주께서 재림하실 때 주는 그들에게 최종적인 복을 선언하실 것이다.

B. 인사말과 송영(1:4-8)

본문

4 요한은 아시아에 있는 일곱 교회에 편지하노니 이제도 계시고 전에도 계셨고 장차 오실 이와 그의 보좌 앞에 있는 일곱 영과 **5** 또 충성된 증인으로 죽은 자들 가운데에서 먼저 나시고 땅의 임금들의 머리가 되신 예수 그리스도로 말미암아 은혜와 평강이 너희에게 있기를 원하노라 우리를 사랑하사 그의 피로 우리 죄에서 우리를 해방하시고 **6** 그의 아버지 하나님을 위하여 우리를 나라와 제사장으로 삼으신 그에게 영광과 능력이 세세토록 있기를 원하노라 아멘 **7** 볼지어다 그가 구름을

타고 오시리라 각 사람의 눈이 그를 보겠고 그를 찌른 자들도 볼 것이요 땅에 있는 모든 족속이 그로 말미암아 애곡하리니 그러하리라 아멘 **8** 주 하나님이 이르시되 나는 알파와 오메가라 이제도 있고 전에도 있었고 장차 올 자요 전능한 자라 하시더라.

주해

[4] 요한은 4-6절에서 삼위 하나님의 이름으로 아시아의 일곱 교회들에게 편지한다. 이것은 계시록이 묵시 형태로 기록된 예언의 말씀일 뿐만 아니라 또한 독자들에게 보내는 실제의 편지 글이라는 것을 말해준다. 그가 편지를 쓰는 독자들은 "아시아에 있는 일곱 교회들"이다. 이들 일곱 교회는 지정학적으로 소아시아에 위치한 역사적인 교회들이지만, 계시록에서 '일곱'이라는 숫자는 완전함이란 상징성을 갖고 있어서 지상의 모든 교회들을 포괄적으로 지칭한다고 봄이 옳다. 요한은 지상의 모든 교회들에게 "은혜와 평강"(5절)을 비는데, 이 은혜와 평강의 출처는 하나님(4b), 성령(4c), 그리고 성자(5a)이다. 우선 하나님은 "이제도 계시고 전에도 계셨고 장차 오실 이"로 묘사된다. 이것은 스스로 자존하시고 역사를 주관하시는 하나님에 대한 구약적 묘사에 뿌리를 두고 있다(출 3:14; 사 41:4; 44:6; 48:12). 다만 하나님의 영존성을 강조하는 구약의 표현과 달리 요한은 자신의 구원계획을 마무리하고 역사에 종지부를 찍기 위해 세상에 임하실 "하나님의 종말론적 오심의 역동성"(이필찬, 2006: 45)을 강조한다.

둘째로, 성령은 "그의 보좌 앞에 있는 일곱 영"으로 묘사된다(4c). 성령이 하나님의 보좌 앞에 있다는 말은 그가 역사 속에서 하나님의 왕적 통치를 집행하고 수행하는 영이라는 것을 말해준다. 사도행전에서도 하나님은 그의 우주적 통치권을 부활, 승천 이후에 하나님의 보좌 오른편에 앉으신 예수 그리스도에게 넘겨주셨고, 이 예수 그리스도는 성령을 통해 세상에 대한 그의 왕적 통치를 집행하신다. 그렇다면 성령은 하나님/그리스도의 왕적 통치를 세상 가운데서 집행하는 능력이라고 할 수 있다(행 2:32-35). 계시록에서 '일곱'이란 숫자는 항상 완전함을 상징하기 때문에 성령을 "일곱 영"으로 묘사한 것은 완전하고 충만한 성령의 사역을 함축한다. 성령은 하나님의 왕적 통치를 지상에서 한 치의 틀림도 없이 집행하고 수행하는 완전한 영이다.

[5] 본 절에서 요한은 예수 그리스도에 대해 세 가지 표현들을 사용한다. 첫째, 그는 "충성된 증인"이다. 계시록에서 자주 등장하는 것은 '증인' 모티브이다. 지상의 모든 교회가 순교를 각오하고 예수의 말씀을 증언해야 하는 이유는 인류 구원을 위한 하나님의 구원계획을 십자가 죽음으로 성취한 예수의 증인 사역을 본받아 살아가기 때문이다(11:3-13). 둘째, 그는 또한 "죽은 자들 가운데에서 먼저 나신" 분이다. 이 표현(πρωτότοκος)은 신약성경에서 여러 의미로 사용되지만, 본문에서 그것은 특별히 예수께서 죽음에 대해 승리하셔서 믿는 자들을 위해 부활의 첫 열매가 되신 사실을 나타내준다. 교회 공동체는 예수의 부활에 참여함으로써 첫째 부활에 참여할 자들이다(20:4-6). 그는 또한 "땅의 임금들의 머리가 되신" 분이다. 계시록에서 '땅'이란 말은 사탄의 영향을 받아 "하나님의 통치를 대적하는 세상의 세력들을" 가리킬 때 자주 등장한다(이필찬, 2006: 53).[2] 그렇다면 예수 그리스도는 하나님의 통치를 대적하는 모든 세상 세력들에 대한 궁극적 주관자가 되신다. 세상은 사탄의 영향을 받아 하나님의 통치를 거스르는 장소이지만, 사탄의 지배를 받는 세상의 모든 세력들은 그리스도의 왕적 주권 아래 놓여 있다.

요한은 5b-6절에서 하나님을 대신하여 구속사역을 행한 예수 그리스

---

2. 예를 들면, 계시록 6:10, 15; 8:13; 10:12; 11:10; 13:8, 11, 14; 14:3, 6, 18-29; 17:2, 5, 8, 18; 18:3, 9, 11, 23; 19:19; 21:24 등의 구절을 참조하라.

도에게 영광과 능력을 돌린다. "영광과 능력"은 본래 하나님의 신적 속성들을 반영한다. 하나님은 영광의 하나님이요 능력의 하나님이다. 계시록에서 그것들은 하나님께서 받으셔야 할 찬양의 내용으로 언급되지만(4:9, 11), 요한은 본문에서 그것을 그리스도에게 돌린다. 계시록에서 주목할 것은 경배와 찬양을 받는 일에 있어서 그리스도와 하나님을 동등된 분으로 묘사한다는 사실이다. 이것은 그리스도께서 하나님과 동일한 분으로 간주되고 있음을 뜻한다. 5절하의 송영에서 그리스도는 우선 "우리를 사랑하사 그의 피로 우리 죄에서 우리를 해방하신" 분으로 묘사된다. 이것은 그리스도께서 이루신 구속사역의 핵심 내용을 표현해준다. 다른 신약성경 저자들처럼 요한도 그리스도의 사랑을 그의 구속사역을 야기하는 역동적 동인으로 강조한다(요 3:16; 갈 2:10; 롬 5:8; 딛 3:4; 요일 3:16). 그리스도의 사랑은 말로만 전달된 사랑이 아니라 자신의 희생적 죽음이란 비싼 대가를 지불하고 우리를 죄의 권세로부터 해방하는 행동으로 나타난 사랑이었다. 값을 지불하고 어떤 사람을 사오거나 해방하는 것은 신약성경에서 자주 등장하는 속량 개념이다(막 10:45; 롬 3: 24 -25; 고전 6:20; 벧전 1:18-19). "그의 피로"란 말은 우리를 죄에서 해방하기 위해 지불된 예수 그리스도의 목숨 값, 즉 그의 십자가 죽음을 가리킨다. 그리고 본문에서 "죄에서 해방하다"는 표현은 죄가 사람들을 지배하는 권세라는 것을 시사해준다. 예수의 십자가 죽음만이 죄의 권세 아래 종노릇하는 사람들을 자유롭게 할 수 있다.

[6] 예수 그리스도는 또한 "그의 아버지 하나님을 위하여 우리를 나라와 제사장으로 삼으신" 분으로 묘사된다. "나라와 제사장"이란 표현은 본래 출애굽기 19:6에서 끌어온 표현으로서 하나님께서 이스라엘을 이집트에서 해방하여 그의 백성으로 삼으신 목적을 나타내준다. 그렇다면 신약의 교회는 이스라엘의 역사적 소명을 이어받은 공동체로서 하나님의 영

광을 위해 그의 구속의 은혜와 왕적 통치를 세상 가운데서 이루어야 할 "왕 같은 제사장들이요 거룩한 나라요 그의 소유가 된 백성"(벧전 2:9)이다. 구약의 이스라엘은 그러한 거룩한 소명을 수행하는 데 실패하였지만, 신약의 교회 공동체는 그 소명을 성취하도록 요구받고 있다. 이런 의미에서 교회야말로 새로운 이스라엘이다. 교회 공동체가 그 소명을 이룰 수 있게 된 것은 예수 그리스도의 십자가 죽음을 통해 죄의 권세로부터 자유하게 된 사건 때문이었다. 한글 성경은 5절하와 6절상이 뒤바뀐 문장구조로 번역하고 있지만, 헬라어 원문은 6절상의 진술이 5절하의 사건에 토대를 둔 것으로 진술한다. 다시 말해서, 예수 그리스도의 아버지 하나님께서 우리를 "나라와 제사장"으로 삼아주셨는데, 이것은 그리스도의 십자가 죽음을 통해 우리를 죄의 권세로부터 자유롭게 하신 구원사건의 결과로 나타난 것이다(5:9-10). 결국 예수 그리스도의 십자가 구속을 통해 사람들은 죄의 권세로부터 벗어날 수 있게 되었고 그 토대 위에서 하나님은 그들을 그의 "나라와 제사장"으로 삼아주셨다. "나라와 제사장"은 서로 설명해주는 역할을 한다. 다시 말해서 하나님은 십자가 구속을 경험한 교회 공동체로 하여금 세상 가운데서 제사장 역할을 하는 나라와 백성이 되기를 요구하신다. 세상 사람들에게 하나님의 구속의 은혜를 전파하고 그의 왕적 통치를 드러내고 이루는 백성이 되는 것, 바로 그것이 교회 공동체가 세상에서 이루어야 할 소명이다.

[7-8] 본문은 인사말을 마무리하는 역할을 한다. 이들 구절은 역사를 주관하는 그리스도의 왕권과 하나님 아버지의 주권을 강조한다. 바로 그것이 그리스도에게 영광과 능력을 돌려야 하는 기초가 된다. 우선 그리스도는 "구름을 타고 오시는" 분으로 서술된다. 신구약 성경에서 '구름'은 신적 임재를 나타내는 말로 자주 등장한다. 요한은 5절에서 예수를 "땅의 임금들의 머리"로 언급했기 때문에 결국 인자되신 예수께서 구름을 타고

오신다는 것은 역사를 주관하고 심판하는 하나님 자신의 신적 신분과 권세로 오신다는 것을 뜻한다. 주목할 것은 "구름을 타고 오다"는 표현에서 현재동사가 사용된다는 사실이다. 하지만 그것은 뒤따르는 미래 동사들('보리라'와 '애곡하리라')과 연결되기 때문에 심판주로 오시는 인자의 재림을 가리키는 것이 분명하다. 그는 초림에서 인류를 위한 구원을 위해 오셨지만 또한 그 모든 것을 마무리하고 완성하기 위해 마지막 재림 때에 다시 오실 분이다. "각 사람의 눈이 그를 보겠고"란 말은 지구상에 존재하는 모든 사람들이 인자 되신 예수께서 하나님 자신의 신적 권세를 입고 역사의 주관자요 심판자로 세상에 임하실 것을 친히 목도하게 될 것을 말해준다. "그를 찌른 자들도 볼 것이요"란 말은 일차적으로 예수의 십자가 죽음에 가담한 자들도 그가 역사의 주관자요 심판자로 임하실 것을 친히 목도하게 될 것을 시사할 수 있다. 그러면 예수를 찌른 자들은 누구인가? 그들은 일차적으로 예수를 창으로 찔러 죽인 로마 병사들을 지칭하겠지만, 본문은 "각 사람" 또는 "땅에 있는 모든 족속"을 언급하기 때문에 예수를 찔러 죽인 대상에 이스라엘 백성만 아니라 인류 전체를 포함시키고 있음이 분명하다. 그렇다면 그들은 왜 역사의 주관자요 심판자로 오시는 그리스도로 인해 "애곡하게 될" 것인가? 두 가지 의미로 이해될 수 있다. 첫째로, 예수 그리스도의 오심을 목도하고 땅의 모든 족속이 예수를 찔렀던 자신들의 행위에 대해 회개한다는 의미의 애곡을 뜻할 수 있다(이필찬, 2006: 57). 둘째로, 계시록에서 애곡은 때로 회한과 두려움으로 인한 것일 수도 있기 때문에(18:7-11, 15, 19) 본문에서도 사람들은 심판주로 오시는 인자를 보고 자신들의 악행에 대한 회한과 두려움으로 인해 애곡하는 것일 수 있다. 인자 되신 예수의 오심은 땅의 모든 백성들에게 두 상반된 반응을 불러일으킬 수 있다.

8절은 하나님을 역사의 주관자로 묘사한다. 7절과 함께 8절은 계시록의 전체 메시지를 함축적으로 표현해준다. 죽으시고 부활하셔서 하늘 보좌에 오르신 예수 그리스도는 "땅의 임금들의 머리"가 되어 자신을 찔러 죽인 자들의 악행을 심판하시는 심판주로 오실 것이며(7절), 역사의 주관자 되신 전능자 하나님은 모든 구원역사를 마무리하고 완성하기 위해 다시 임하실 것이다(8절). 이것이 요한계시록의 핵심 메시지이다. "알파와 오메가"란 말은 헬라어 알파벳의 첫 자와 끝 자를 가리키는데, 역사의 시작점과 종착점 사이에 존재하는 모든 것을 주관하시는 하나님이라는 사실을 강조하고, "이제도 있고 전에도 있었고 장차 오실 분"이라는 말은 역사의 과거와 현재를 주관하시는 하나님이 마지막 날에 다시 임하셔서 역사를 마무리하실 것이라는 역동적 사실을 강조해준다.

> 해설

요한은 성삼위 하나님의 이름으로 아시아의 일곱 교회들에게 편지를 쓴다. 소아시아에는 일곱 교회들 말고 또 다른 교회들도 있었기 때문에 요한이 왜 이들 특정교회만 선정하여 편지를 보냈는지 궁금하다. 일곱 교회가 위치한 지역들은 소아시아의 모든 지역들로 통하는 교통과 상업의 관문으로 유명했다. 요한이 이들 지역의 교회를 그런 이유 때문에 특별히 선정했을 수 있다. 하지만 계시록에서 '일곱'이란 숫자가 완전함과 충만함을 상징하는 뜻을 가졌다면, 요한은 소아시아의 일곱 교회를 빗대어 지구상의 모든 교회들에게 편지하고 있음이 분명하다. 그러나 요한이 보내는 편지 글은 단순히 개인적인 뜻을 전하는 사적 편지가 아니라 성삼위 하나님의 뜻과 권위를 담은 신적 메시지이다.

우선 하나님은 "이제도 계시고 전에도 계셨고 장차 오실 이"로 묘사된다. 이런 표현은 하나님에 관한 구약의 사상을 반영한다. 다만 요한의 하나님 묘사가 구약의 표현들과 다른 점은 하나님의 영존성만을 말하지 않고 역사의 주관자로 다시 오신다는 종말론적 역동성을 강조한다는 사실이다. 하나님은 스스로 영존하시는 분이실 뿐만 아니라 모든 역사를 마무리하고 완성하기 위해 오시는 분이시다. 둘째로, 성령은 하나님의 "보좌 앞에 있는 일곱 영"으로 묘사된다. 이것은 성령께서 하나님의 우주적 통치를 집행하시는 완전한 분이라는 것을 시사해준다. 하나님은 하늘 보좌에서 만유를 통치하시는데, 성령은 그의 우주적 통치를 세상 가운데서 이행하고 집행하는 신적 능력이다. 하나님의 통치는 성령을 통해 세상에서 집행된다. 셋째로, 예수는 이스라엘에게 부여된 사명을 십자가에서 죽기까지 충성스럽게 성취한 참 이스라엘로서 하나님에 대한 참 증인이시다. 그는 죽음에서 승리하고 부활의 첫 열매가 되셨기 때문에 자신에게 속한 모든 자들도 그의 구속의 은혜에 참여하여 첫째 부활에 참여하게 될 것이다. 죽으시고 부활하신 그리스도는 지금 하늘 보좌에 오르신 분으로서 "땅의 임금들의 머리", 즉 세상 권세자들의 궁극적 주관자가 되셨다. 그는 세상에 계실 때 자신의 죽음을 통해 그의 백성을 죄의 권세로부터 구속하셨고 그의 구속의 은혜를 입은 자들로 제사장 역할을 하는 나라와 백성이 되게 하셨다. 요한은 이런 놀라운 일을 하신 예수 그리스도에게 경배와 찬양을 드린다.

    계시록의 핵심 메시지는 7-8절에서 마무리된다. 이 구절에서 요한은 인자 되신 예수께서 세상 모든 사람들에 대한 심판주로 오신다는 사실과, 전능하신 하나님이 모든 역사를 마무리하고 완성하기 위해 임하실 것이라는 사실을 강조한다. 역사에 대한 아들 예수의 왕권과 아버지 하나님의 주권을 강조하면서 계시록의 서론을 마무리하는 것은 의미가 깊다. 지구상에 존재하는 모든 교회들은 환난과 박해 중에서도 이 사실을 명심하고 위로를 받아야 한다.

2. 아시아의 일곱 교회에 나타난 인자

(1:9-3:22)

본 섹션은 크게 두 부분으로 되어 있다. 첫째 부분(1:9-20)은 일곱 촛대 가운데 거니는 인자에 대한 환상 장면을 다루고, 둘째 부분(2:1-3:22)은 촛대 환상 가운데 나타난 인자가 소아시아의 일곱 교회들에게 보낸 편지 내용들을 다룬다. 인자 되신 그리스도는 죽음을 이기고 승리한 결과로 우주적 심판자, 인류 구속자, 그리고 교회의 통치자로 세움을 받으셨다. 때문에 요한은 그러한 신분과 권위를 지니신 그리스도께서 그의 교회들에게 어떤 말씀을 하시는지 편지 글 형식으로 쓰는 것은 자연스러운 일이다.

A. 일곱 촛대 가운데 거니는 인자의 환상(1:9-22)

가. 요한의 사명(1:9-11)

본문

⁹ 나 요한은 너희 형제요 예수의 환난과 나라와 참음에 동참하는 자라 하나님의 말씀과 예수를 증언하였음으로 말미암아 밧모라는 섬에 있었더니 ¹⁰ 주의 날에 내가 성령에 감동되어 내 뒤에서 나는 나팔 소리 같은 큰 음성을 들으니 ¹¹ 이르되 네가 보는 것을 두루마리에 써서 에베소, 서머나, 버가모, 두아디라, 사데, 빌라델비아, 라오디게아 등 일곱 교회에 보내라 하시기로

> 주해

[9] 요한은 편지 글을 써서 소아시아의 일곱 교회에 보내라는 명령을 받는다. 그는 자신을 "너희 형제요 예수의 환난과 나라와 참음에 동참하는 자"로 소개한다. "환난과 나라와 참음"이란 표현은 세상을 살아가는 그리스도인 삶의 특징을 말해준다. 그리스도인이 세상에서 경건하게 살고자 한다면 숱한 환난과 박해를 경험할 수밖에 없지만, 그는 참고 인내하는 삶을 통해 하나님의 나라에 참여하는 사람이다(딤후 2:11-12 참조). 요한은 계시록을 쓸 때 "하나님의 말씀과 예수를 증언하였음으로 말미암아 밧모라 하는 섬에 있었다." 그가 밧모라는 지중해의 한 외딴 섬에 있었던 이유는 복음을 증언하다가 체포되어 그곳에 유배를 갔기 때문일 것이다. 요한은 밧모라는 섬에서 짧은 기간 동안만 유배 생활을 했기 때문에 계시록 전체를 이 섬에서 다 쓰지 않았을 수도 있다.

[10] 계시록을 쓸 때 그는 "주의 날에 성령에 감동되어" 있었다. "주의 날"은 초대교회가 예수의 부활을 기념하여 예배를 드리던 주일을 지칭한다. 헬라어 원문의 표현을 따른다면 그는 주일에 "성령 안에 있었다." 이것은 성령의 감동을 받아 황홀경 상태에 있었다는 것을 뜻한다. 요한은 그러한 황홀경 상태에서 인자에 관한 환상을 보았다. 환상을 보기 전에 그는 먼저 "뒤에서 나는 나팔 소리 같은 큰 음성을 듣게" 되었다. 구약에서 나팔은 여러 상황에서 불곤 했지만 본문의 구약 배경은 왕이 출현할 때나(삼하 15:10) 율법 계시가 주어질 때(출 19:16-20)와 연관된 것으로 보인다. 인자 되신 예수께서 만유를 통치하실 뿐만 아니라 교회를 다스리시는 주권자로서 말씀하실 때 그의 음성이 나팔 소리와 같이 '큰 음성'으로 들리는 것은 당연하다.

[11] 인자 되신 그리스도께서 요한에게 기록할 것을 명령한 내용은 "네

가 보는 것"이다. 이것은 계시록 1-3장의 내용만 아니라 요한계시록의 전체 내용을 가리킨다. 계시록은 주로 계시가 시각적인 환상 장면으로 주어지기 때문에 그것이 "네가 보는 것"으로 묘사되는 것은 자연스럽다. 그런데 계시록의 실제 내용은 음성으로 듣는 것과 시각적으로 보는 것이 혼합되어 있다. 두 내용은 상호 보완적인 성격을 지니고 있어서 보는 환상 장면은 청자가 듣는 내용을 통해 해석되기도 한다.

 계시록이란 편지 글이 보내진 대상은 소아시아의 일곱 교회들이다. 어떤 학자들은 이들 교회가 일곱 단계의 교회 시대를 나타낸다고 보기도 한다. 이런 해석은 역사주의 해석을 취하는 학자들 가운데서 많이 발견되는데, 소아시아의 일곱 교회들이 역사에 등장하는 각 시대의 교회를 나타낸다는 것이다. 이를테면, 에베소 교회는 사도시대의 교회를, 버가모 교회는 타협시대의 교회를, 두아디아 교회는 로마교황시대의 교회를, 서머나 교회는 순교시대의 교회를, 사데 교회는 종교개혁시대의 교회를, 빌라델비아 교회는 부흥시대의 교회를, 그리고 라오디게아 교회는 현대 세속주의 시대의 교회를 가리킨다. 하지만 이 견해는 계시록의 예언들을 주로 서구 교회역사에 한정하는 오류를 범하고 있다. 아시아의 각 교회가 당면한 문제들은 특정시대의 교회에 국한되지 않고 전 시대에 걸쳐 나타날 수 있다. 에베소 교회가 당면한 문제가 어떻게 사도시대의 교회에만 국한되고, 라오디게아 교회가 겪었던 문제가 어찌 현대 세속주의 교회에만 발견되는 문제겠는가? 일곱 교회에 보낸 편지 말미에 등장하는 "성령이 교회들에게 하시는 말씀을 들으라"는 명령은 계시록의 편지 내용이 일곱 교회로 대표되는 지구상의 모든 교회들에게 보내진 것이라는 사실을 시사해준다. 이것은 일곱 금 촛대(=일곱 교회) 사이를 거니는 인자의 모습을 통해서도 증명된다. 그는 소아시아의 일곱 교회만을 관장하시는 분이 아니라 지구상의 모든 교회들을 다스리는 주권자이기 때문이다. 일곱 교회가 소아시아에서 교통과 통신의 중심지였고 황제숭배에 특별히 연루된 지역의 교회였으며 다른 지역 교회들이 지녔던 대표적인 문제들을 겪고 있었기 때문에 특별히 선정되었을 수 있으나, 요한은 분명히 인자 되신 그리스도를 대신하여 지구상의 모든 교회들에게 글을 쓰고 있다.

> 해설

  요한은 인자 되신 그리스도를 대신하여 편지를 쓸 때 자신을 독자들과 동일시한다. 그는 아시아의 일곱 교회의 성도들과 마찬가지로 예수를 믿는 것 때문에 환난과 박해를 당하지만 그것을 참고 인내함으로써 하나님의 나라에 참여하기를 소망하는 동료 형제들 가운데 하나다. 그는 "하나님의 말씀", 즉 그리스도를 증언하는 복음증거 사역을 하다가 밧모라는 섬에 잠시 유배 생활을 하고 있었는데, 어느 주일에 성령의 감동을 받아 인자에 관한 환상을 보게 되었다. 그는 나팔 소리와 같은 큰 음성으로 그가 본 계시록 전체의 내용을 글로 써서 소아시아의 일곱 교회들에게 보내라는 사명을 받게 되었다. 이들 교회가 위치한 곳은 소아시아에서 교통과 통신의 중심지였고 황제숭배에 특별히 연루된 지역이었다. 이들 지역에 세워진 교회들은 아마도 그리스도를 믿는 신앙 때문에 환난과 박해를 당하고 있었던 것으로 보인다. 이들 교회는 역사적으로 소아시아에 위치한 특정한 지역교회들이기는 하지만, 그들이 당면한 영적인 문제들은 역사 속에 존재하는 모든 교회들이 이 모양 저 모양으로 겪을 수밖에 없는 문제들이었다. 따라서 요한은 소아시아의 일곱 교회를 넘어서서 지구상에 존재하는 모든 교회들에게 인자 되신 그리스도의 메시지를 전달할 필요가 있었을 것이다.

나. 인자의 환상(1:12-20)

> **본문**
>
> **12** 몸을 돌이켜 나에게 말한 음성을 알아 보려고 돌이킬 때에 일곱 금 촛대를 보았는데 **13** 촛대 사이에 인자 같은 이가 발에 끌리는 옷을 입고 가슴에 금띠를 띠고 **14** 그의 머리와 털의 희기가 흰 양털 같고 눈 같으며 그의 눈은 불꽃 같고 **15** 그의 발은 풀무불에 단련한 빛난 주석 같고 그의 음성은 많은 물 소리 같으며 **16** 그의 오른손에 일곱 별이 있고 그의 입에서 좌우에 날선 검이 나오고 그 얼굴은 해가 힘있게 비치는 것 같더라 **17** 내가 볼 때에 그의 발 앞에 엎드러져 죽은 자 같이 되매 그가 오른손으로 내게 얹고 이르시되 두려워하지 말라 나는 처음이요 마지막이니 **18** 곧 살아 있는 자라 내가 전에 죽었었노라 볼지어다 이제 세세토록 살아 있어 사망과 음부의 열쇠를 가졌노니 **19** 그러므로 네가 본 것과 지금 있는 일과 장차 될 일을 기록하라 **20** 네가 본 것은 내 오른손의 일곱 별의 비밀과 또 일곱 금 촛대라 일곱 별은 일곱 교회의 사자요 일곱 촛대는 일곱 교회니라.

> **주해**

[12] 요한은 주의 날에 성령에 감동되어 등 뒤에서 나는 나팔 같은 큰 음성을 들었는데(10절), 요한은 본 절에서 그것을 "인자 같은 이"(13절), 즉 하늘 보좌에 올리심을 받은 예수 그리스도의 음성으로 동일시한다. 그가 그 음성을 알아보려고 몸을 돌이킬 때 본 것은 "일곱 금 촛대"였다. 구약의 성막에서 하나님은 모세에게 일곱 가지를 지닌 촛대를 만들도록 지시하셨는데(출 25:31-40), 그것은 본래 하나님의 백성인 이스라엘을 상징했다(Johnson, 1981: 426). 20절에서도 일곱 촛대는 일곱 교회들로 동일시되기 때문에 온 세상에 흩어진 모든 교회들, 즉 세상에 복음 계시의 빛을 발산해야 할 책임을 진 교회들을 가리킨다고 볼 수 있다. 스가랴 선지자가 본 환상에 따르면, 일곱 가지의 금 촛대는 일곱 개의 관으로 연결되어 있어

서 감람유를 계속 제공 받도록 되어 있을 뿐만 아니라 그는 또한 "일곱 등불"이 일곱 등대 위에 있는 것을 보았는데(슥 4:2), 이것은 교회가 빛의 근원이 되시는 그리스도와 성령에 연결되어 있을 때만 세상에 빛을 비추는 사명을 제대로 감당할 수 있다는 것을 뜻한다.

[13] 요한이 음성을 알아보려고 몸을 돌이킬 때 또한 본 것은 "촛대 사이에 계신 인자 같은 이"였다. 일곱 촛대가 온 세상에 흩어진 모든 교회들을 상징한다면 예수께서 일곱 촛대 사이에 계신다는 것은 그가 모든 교회의 주인이라는 것을 말해준다. 계시록의 중심주제 중 하나는 교회의 주인 되신 예수 그리스도이다. 이것은 계시록의 해석 열쇠가 교회에 있다는 것을 말해준다. 요한이 또한 환상 속에서 본 것은 "발에 끌리는 옷을 입고 가슴에 금띠를 띤" 인자의 모습이었다. "인자 같은 이"란 표현은 다니엘 7:13에서 천상적인 메시아를 지칭하는 말로 등장한다. 예수께서도 지상 사역 중에 자신을 자주 '인자'(人子)로 부르셨다. 이것은 예수께서 다니엘이 내다본 천상적 메시아의 사명을 수행하는 분으로 자신을 인식했다는 것을 보여준다. 그는 하늘에서 강림하셔서 땅 위에 하나님의 나라를 실현하실 메시아다. 복음서와 사도행전은 하나님의 통치가 인자 되신 예수 그리스도의 고난과 죽음, 부활, 승천, 올리심과 같은 일련의 구원사건들을 통해 완성되는 것으로 묘사한다(막 16:19-20; 행 2:33-34). 요한이 본 인자 되신 예수는 "발에 끌리는 옷을 입고 가슴에 금띠를 띠고" 있었다. 구약에서 이런 복장은 보통 제사장들이 착용하였다. 특히 출애굽기 28:4에 따르면 "발에 끌리는 옷"은 제사장들이 착용한 겉옷을 가리키는 것 같고, 가슴에 찬 금띠는 제사장들이 착용한 에봇이나 띠를 가리키는 것으로 생각된다. 요한이 인자 되신 예수를 신적인 위엄과 권위를 지닌 위대한 제사장 또는 제사장적 메시아로 이해한 것이 분명하다.

[14] 요한이 환상 중에서 본 인자 되신 예수는 "그 머리와 털의 희기가 흰 양털 같고 눈 같으며 그의 눈은 불꽃같은" 분이었다. 이런 묘사는 다니엘 7:9, 10:6에서 끌어온 것이다. 이들 구절에서 "옛적부터 항상 계신" 하나님은 하늘 보좌에 앉아 계신 분으로서 양털이나 눈 같이 흰 머리 털과 불꽃같은 눈을 가지신 분으로 묘사된다. 하나님을 묘사하는 다니엘서의 이런 표현들이 인자 되신 예수에게 이전 적용된다는 것은 요한이 예수를 하나님처럼 생각했음을 보여준다. 고대사회에서 흰 머리털은 존경과 위엄을 상징하고 불꽃같은 눈은 사물을 꿰뚫어 보는 혜안과 지혜를 상징한다(Johnson, 1981: 427). 그렇다면 본 절에 등장하는 인자의 모습은 올리심을 받으신 예수 그리스도의 신적 위엄과 지혜를 보여준다. 인자 되신 예수는 신적 위엄과 영광을 지니신 제사장적 메시아로서 만물을 불꽃같은 눈으로 감찰하는 분이다.

[15] 요한이 환상 중에 본 인자의 모습은 또한 "그의 발은 풀무 불에 단련한 빛난 주석 같고 그의 음성은 많은 물소리와 같은" 분이었다. 전자의 표현은 다니엘 10: 6과 에스겔 1:13, 27, 8:2에서 비슷한 형태로 발견된다. 그렇다면 인자의 발이 "풀무 불에 단련한 빛난 주석과 같다"는 표현은 그리스도의 영광과 능력을 표현해준다. 인자 되신 예수는 모든 대적들을 발로 짓밟고 심판하시며 최종적으로 승리하실 영광과 능력의 주이다. 후자의 표현은 다니엘 10:6과 에스겔 43:2에서 비슷한 형태로 등장한다. 그것은 본래 하나님의 음성에 대한 묘사로 쓰였는데 본문에서는 예수의 음성을 표현할 때 적용된다. 예수께서 발하시는 음성이 거대한 폭포에서 떨어지는 많은 물소리와 같다는 것은 그가 신적인 위엄과 능력과 주권을 가지신 분이라는 것을 말해준다(시 93:4). 예수 그리스도는 그의 입에서 발하는 말씀으로 천지만물을 창조하신 능력의 주이시다.

[16] 인자 같은 이는 "그의 오른손에 일곱 별이 있고 그의 입에서 좌우에 날선 검이 나오고 그 얼굴은 해가 힘 있게 비치는 것 같은" 모습을 지녔다. 성경에서 '오른손'은 권세와 능력을 나타내고, 일곱 별은 20절에서 일곱 교회의 사자들을 지칭하는 상징적 표현이다. 그렇다면 인자 되신 예수께서 오른손에 일곱 별을 쥐고 계신다는 말은 그가 교회의 모든 사역자들을 다스리는 최고 주권자가 되신다는 것을 시사해준다. '칼'은 보통 전쟁의 무기로 쓰인다. 좌우에 날선 검이 인자의 입에서 나온다는 것은 그가 심판의 권세를 소유한다는 것을 상징한다. 이는 계시록의 관련 구절을 통해서 증명된다. 그리스도는 그의 입의 검으로 버가모 교회의 니골라당들과 싸우시고(2:12, 16) 그를 대적하는 만국을 징치하실 분이다. 인자 되신 예수의 "얼굴은 해가 힘 있게 비치는 것 같은" 모습을 지녔다. 예수는 의인들이 마지막 날에 하나님의 나라에서 해와 같이 빛날 것이라고 말씀하신 바 있다(마 13:43). 이런 은유적 표현은 인자 되신 예수께서 지닌 신적인 영광과 탁월함을 잘 나타내준다(마 17:2; 계 10:1; 1 En 14:21).

[17-18] 12-16절에 묘사된 인자의 모습으로 볼 때 그는 신적 영광과 위엄을 가지신 하나님이요 왕 같은 제사장이며 심판자의 권세를 지닌 메시아다. 위엄에 찬 인자의 모습을 보고 요한은 "그의 발 앞에 엎드러져 죽은 자 같이" 되고 말았다. 구약의 예언자들이 하나님의 큰 위엄과 영광을 목도할 때 두려움에 압도가 되어 죽은 자처럼 엎드린 것처럼(겔 1:28; 단 10:9) 요한도 동일한 경험을 하였다. 요한이 환상 중에 보게 된 인자 되신 그리스도는 하나님과 동일한 존재였다. 그가 자신이 본 인자의 모습 때문에 두려움에 떨며 죽은 자처럼 엎드려 있을 때 그리스도는 그의 손을 요한에게 얹고 그가 죽지 않을 것이니 두려워하지 말라고 말씀하셨다. 본절에서 그리스도는 몇 가지 방식으로 묘사된다. 첫째로, 그는 "처음이요 마지막"이시다. 8절에서 하나님은 "알파와 오메가"로 묘사되었는데, 17절

에서 그리스도가 "처음이요 나중"으로 묘사된다(21:6; 22:13). 이것은 역사를 시작하고 마무리하는 예수의 신적 지위가 하나님의 것과 동일하다는 것을 말해준다. 하나님이 세상의 창조자요 역사의 종결자가 되듯 예수도 동일한 역할을 담당하신다. 둘째로, "살아 있는 자라 내가 전에 죽었노라"는 표현은 그리스도의 죽음과 부활을 연상시킨다. 그는 전에 죽고 부활하였으며 지금은 영원히 "살아 있는" 분이다. 구약과 유대교 문헌에서 "산 자"란 말은 영존하시는 하나님을 묘사하는 표현으로 자주 등장한다(신 32:40; 시락 18:1). 그렇다면 죽으시고 부활하셔서 지금은 하늘 보좌에 오르신 예수는 역사를 주관하시는 영존하시는 하나님이시다. 셋째로, 그리스도는 "사망과 음부의 열쇠를 가지신" 분이다. 죽으시고 부활하신 그는 사망 권세를 정복하신 분이기 때문에 사망과 음부의 열쇠를 쥐고 계신다는 것은 당연한 이치다. 구약에서 장차 임할 메시아는 "다윗 집의 열쇠"를 가진 분으로 묘사된다. 요한은 이런 구약적 배경을 좇아서 "그가 열면 닫을 자가 없겠고 닫으면 열 자가 없을"(사 22:22) 것이라고 예언한다. '음부'는 사망을 지칭하는 또 다른 구약적 표현이다. 그렇다면 그리스도는 생명이나 사망을 결정하는 궁극적 권세를 지닌 하나님으로 묘사된 셈이다.

[19] 본문의 명령은 11절의 것과 동일한 명령이다. 다만 표현의 차이점이 있다면, 11절은 요한이 "보는 것"을 두루마리에 써서 일곱 교회에 보내라고 말한 반면 19절은 요한이 "본 것과 지금 있는 일과 장차 될 일을 기록하라"고 진술한다는 사실이다. 전자의 구절은 현재동사를 쓴 반면 후자의 구절은 과거동사를 쓴 차이점이 있다. 하지만 필자는 11절을 주해할 때 요한이 "보는 것"은 계시록 전체의 내용을 가리킨다고 말한 바 있다. 그가 비록 19절에서 "본 것"을 언급하지만 그가 본 계시환상은 1-3장의 내용만 아니라 계시록 전체 내용이다. 두 구절에 나타난 시제변동은 단순히 화자의 관점의 차이에서 생긴 현상일 뿐이다. 11절은 환상을 보고 있

는 요한의 현재적 관점을 반영한다면, 19절은 완성된 계시록을 읽는 독자들의 관점을 반영한다(Aune, 1997: 105f). 앞서 주장한 것처럼 "네가 본 것"이 계시록의 전체 내용을 지칭한다면, "지금 있는 일"과 "장차 될 일"은 계시록의 중심 내용을 구성한다. 계시록의 전체 계시내용은 요한이 본 환상들로 구성되며 이들 환상은 "지금 있는 일"과 "장차 될 일"을 중심 내용으로 한다. 어떤 학자들의 해석에 따르면 19절에서 요한이 "본 것"은 1장의 인자 환상을, "지금 있는 일"은 일곱 교회에게 보낸 2-3장의 편지 내용을, "장차 될 일"은 4-21장의 계시록의 본론 부분을 가리킨다고 본다(Ladd, 1972: 34). 하지만 이런 구분은 아주 인위적이다. 요한이 본 계시환상은 계시록 전체 내용과 관련 됨에도 불구하고 그것을 1장의 인자 환상에 국한시키는 것은 그릇된 것이기 때문이다. 1:1에 등장하는 "반드시 속히 될 일"은 본 절에 등장하는 "장차 될 일"과 동일한 표현이다. "지금 있는 일"은 그리스도 안에서 이미 성취된 것을 가리킨다면, "장차 될 일"은 그것에 토대를 두고 앞으로 성취될 구원사건들을 좀 더 지칭한다고 볼 수 있다.

[20] 요한이 본 것은 20절에서 구체적으로 제시된다. 그것은 인자의 "오른손의 일곱 별의 비밀과 또 일곱 금 촛대"에 관한 것이다. 다행스럽게도 요한은 이들 표현의 상징적 의미를 직접 해석해준다. 즉 "일곱 별은 일곱 교회의 사자요 일곱 촛대는 일곱 교회"이다. 19절에서 요한이 기록해야 할 대상은 세 부분으로 구성되는데("네가 본 것과 지금 있는 일과 장차 될 일"), 20절은 "네가 본 것"만을 언급한다는 것은 흥미롭다. 이것은 "지금 있는 일"과 "장차 될 일"이 곧 요한이 "본 것"을 구성한다는 것을 함축한다. 그렇다면 계시록의 중심 내용은 교회와 그 사자들에 관한 것이라고 할 수 있다. 교회는 계시록에서 가장 중요한 주제이다. 이 사실을 망각하고 계시록에서 종말에 일어날 세계사의 모든 사건들을 일대일식으로 확인하려는

접근방식은 그것을 잘못 읽는 첩경이다.

계시록은 "일곱 별의 비밀", 즉 지구상에 존재하는 모든 교회의 '사자'에 관한 비밀 계시를 담고 있다. 신약에서 '비밀'은 전에는 감추어졌으나 이제 그리스도 안에서 계시된 어떤 것을 지칭할 때 자주 등장한다(롬 16:26). '사자들'(ἄγγελοι)이란 말은 학자들 간에 논란의 대상이 되고 있다. 이 술어는 계시록에서 67회 정도 등장하는데 대부분 하나님의 뜻을 인간에게 전달하는 천상적 존재들을 지칭하는 말로 등장하고, 신약의 다른 저술들에서는 때로 인간 메신저를 뜻하는 말로 쓰이기도 한다(눅 7:24; 9:52; 약 2:25). 계시록에서는 그것이 한 번도 인간 메신저를 지칭하는 뜻으로 사용된 적이 없기 때문에 대부분의 학자들은 그것이 지상 교회들을 대변하는 천사들을 가리킨다고 본다. 천사들은 지상 교회를 돌볼 뿐만 아니라 하나님 또는 그리스도에게 계시를 받아 교회에 전달할 책임을 짊어진 천상적 존재들이다. 교회는 단순한 인간 개인들의 집합체가 아니라 계시록에서 그것은 천사들과 연관되어 있다는 점에서 천상적인 성격을 갖고 있다.

해설

본 섹션은 올리심을 받은 인자 환상을 담고 있다. 요한에게 계시 환상을 기록하라고 명하신 그리스도는 무엇보다도 전체 지상교회를 주관하고 다스리시는 주인이시다. 그는 창조자 하나님의 모든 영광과 위엄과 권세를 지닌 분이며, 왕 같은 제사장의 모습을 지녔고, 불꽃같은 눈으로 모든 것을 꿰뚫어 보는 지혜를 지녔으며, 그의 입에서 나오는 말씀은 권능이 있어서 모든 적대자들을 징치하는 날선 검과 같고, 그의 발은 모든 대적들을 짓밟고 심판하며 정복하는 전사의 발과 같으며, 그의 얼굴은 신적 영광의 빛을 힘 있게 발하는 해와 같다. 구약에서 이런 모든 속성들은 하나님을 묘사할 때 동원되곤 하는데, 요한은 그것들을 올리심을 받은 그리스도에게 이전 적용한다. 하나님의 모든 신적 속성들이 이제 올리심을 받은 그리스도에게 돌려진다는 것은 그가 곧 하나님이라는 것을 말해준다. 하나님은 모든 역사의 알파와 오메가가 되신 것처럼, 인자 되신 예수도 모든 역사의 시작과 끝이 되신다. 그는 전에 십자가에 죽으시고 부활하셔서 이제 영원토록 살아계신 하나님이시다. 그는 부활을 통해 사망 권세를 이긴 분으로서 "사망과 음부의 열쇠"를 지니셨다.

요한은 계시록을 기록하여 일곱 교회들에게 보내기 전에, 그것을 써서 보내라고 명령한 분이 어떤 권세와 지위를 가진 분인가를 그들에게 각인시키고자 한다. 계시록은 주로 요한이 본 계시적 환상들로 구성되는데, 그것은 "지금 있는 일"과 "장차 될 일"을 기록한 것이다. 환상은 신적 계시를 전달하는 중요한 문학적 매체인데, 요한이 시각을 통해 본 것은 역사 속에서 일어난 실제의 사건들이 아니고 상징적 의미를 지닌 환상 장면들이다. 그것들은 인자 되신 예수 그리스도께서 지상 모든 교회들의 주관자가 된다는 내용을 담고 있다. 그는 모든 적대자들을 심판하고 교회 공동체로 하여금 자신의 최종적인 승리와 영광에 참여하게 하실 분이다. 모든 구원역사는 바로 그 정점을 향해 움직인다. 요한은 그가 본 환상 장면들을 매체로 삼아 구원역사의 파노라마를 기록하고자 한다.

B. 아시아의 일곱 교회에 보낸 편지들(2:1-3:22)

본 섹션은 각 교회의 사자에게 보내는 편지 메시지를 담고 있지만, 그것은 특정한 개별 교회에 국한된 메시지가 아니라 다른 여섯 교회들을 위해서도 보내는 메시지인 것이 분명하다(2:7, 11, 17, 23 등). 일곱 편지에는 한 가지 고정된 패턴이 발견된다. 편지 글 초엽에 우선 수신자가 거론되고, 다음으로 화자에 대한 묘사가 제시되며, 교회들의 성취를 언급한 뒤에 그들의 상황에 대한 판단을 내리고, 각 회중의 문제를 교정하거나 경고하고, 일반적인 권면을 덧붙이며, 마지막으로 이기는 자에게 상을 약속한다(Johnson, 1981: 431f).

가. 에베소 교회에 보낸 편지(2:1-7)

> **본문**
>
> **1** 에베소 교회의 사자에게 편지하라 오른손에 있는 일곱 별을 붙잡고 일곱 금 촛대 사이를 거니시는 이가 이르시되 **2** 내가 네 행위와 수고와 네 인내를 알고 또 악한 자들을 용납하지 아니한 것과 자칭 사도라 하되 아닌 자들을 시험하여 그의 거짓된 것을 네가 드러낸 것과 **3** 또 네가 참고 내 이름을 위하여 견디고 게으르지 아니한 것을 아노라 **4** 그러나 너를 책망할 것이 있나니 너의 처음 사랑을 버렸느니라 **5** 그러므로 어디서 떨어졌는지를 생각하고 회개하여 처음 행위를 가지라 만일 그리하지 아니하고 회개하지 아니하면 내가 네게 가서 네 촛대를 그 자리에서 옮기리라 **6** 오직 네게 이것이 있으니 네가 니골라 당의 행위를 미워하는도다 나도 이것을 미워하노라 **7** 귀 있는 자는 성령이 교회들에게 하시는 말씀을 들을지어다 이기는 그에게는 내가 하나님의 낙원에 있는 생명나무의 열매를 주어 먹게 하리라.

> **주해**

[1] 에베소 교회는 일곱 교회들 중에 제일 먼저 언급된다. 에베소는 소아시아에서 문명의 교차로 역할을 담당했고 정치적으로도 로마 총독이 거주하는 소아시아의 수도 구실을 했다. 소아시아의 서쪽 해안에 위치한 이곳은 무역의 중심지였으며, 종교적으로도 풍요의 신인 아데미를 숭배하는 중심지여서 수천의 남자와 여자 사제들이 예배의식에 관여를 했고 많은 여사제들은 성스러운 매춘부 노릇을 하기도 했다. 바울은 자신의 제자들을 소아시아의 여러 지역들로 파송할 때 에베소를 선교전략의 요충

지로 활용했기 때문에 이곳에 먼저 편지를 보낸 것은 자연스러운 일이다. 인자 되신 예수는 에베소 교회의 천사에게 편지를 쓸 것을 명하면서 자신을 "오른손에 있는 일곱 별을 붙잡고 일곱 금 촛대 사이를 거니시는 이"로 묘사하다. 1:20에서 '일곱 별'은 이미 일곱 교회의 천사를 지칭하고 '일곱 금 촛대'는 일곱 교회를 상징하는 말로 해석되었기 때문에, 본문의 인자 묘사는 예수께서 교회의 주관자가 되신다는 것을 말해준다.

[2-3] 인자 되신 예수는 에베소 교회를 칭찬하는 일부터 시작한다. 그는 에베소 독자들의 "행위와 수고와 인내"를 인정하고 칭찬한다. 이 문구는 데살로니가전서 1:3에 등장하는 "믿음의 역사와 사랑의 수고와 소망의 인내"란 표현을 많이 닮았다. 믿음이 있으면 일/행위를 하게 되고, 사랑이 있으면 수고하게 되며, 소망이 있다면 끝까지 인내하게 된다. 에베소 기독교인들은 또한 3절에서 "참고 내 이름을 위하여 견디고 게으르지 아니한" 자들로 묘사된다. 그들은 그리스도의 이름을 위해 고난을 당하기까지 진지하게 살았고 온갖 수고를 마다하지 않았으며 잘 참고 인내를 하였다. 그리스도는 또한 그들이 순수한 교리를 지키려고 이단들과 싸우고 대적한 사실을 알고 계셨다: "또 악한 자들을 용납하지 아니한 것과 자칭 사도라 하되 아닌 자들을 시험하여 그의 거짓된 것을 네가 드러낸 것과." 그들이 용납하지 아니한 "악한 자들"은 2절하에 언급되는 "거짓 사도", 즉 2:6에 언급되는 "니골라 당"을 가리킨다. 거짓 사도로 불리는 니골라 당의 정확한 정체는 불분명하지만, 에베소는 아데미 여신전이 있던 곳이고 그곳의 신전 관리자들이 에베소의 우상숭배 문화에 참여하도록 사람들에게 사회적인 압력을 가했을 가능성이 높다. 그들은 에베소 교회 중에도 들어와 '사도'로[3] 행세하면서 이교숭배에 참여하는 것이 마땅하다고 부추겼

---

3. '사도'란 말은 신약에서 예수의 열두 사도들에게 처음 붙여진 칭호이지만(막 3:14; 행 1:2,

을 것이다. 에베소 기독교인들은 그들을 '시험하여' 그들의 거짓된 정체를 '드러낸' 일로 칭찬을 받았다. 그들이 어떻게 거짓 사도들의 정체를 시험하고 드러냈는지는 분명하게 설명되지 않으나, 아마도 분별의 기준은 예수의 주되심을 부인하거나 사도들의 정통 가르침에서 벗어난 교훈을 하거나 자신의 이기적 욕망을 추구하거나 독자들의 거룩한 삶에 해를 끼치는 행위를 하는 것 등이다. 어떤 학자들은 2절에 언급된 "행위와 수고와 인내"가 거짓 사도들의 정체를 시험하고 드러내는 일과 연관된 수고와 인내를 지칭한다고 보지만, 2절에서 전자의 표현은 후자의 것과 구별되어 언급되기 때문에 기독교인의 삶을 좀 더 포괄적으로 가리킨다고 보는 것이 옳다.

[4] 에베소 기독교인들이 이렇게 거짓 사도들의 정체를 드러내고 용납하지 않는 훌륭한 일을 행했음에도 불구하고 인자 되신 예수는 그들에게 한 가지 책망을 덧붙인다. 그것은 그들의 "처음 사랑을 버린" 행위와 연관된다. 학자들은 '처음 사랑'을 몇 가지 방식으로 달리 해석한다. 첫째, 대부분의 학자들은 그것이 에베소 기독교인들 간에 서로 사랑하는 행위를 가리킨다고 본다. 바울은 에베소 장로들에게 "약한 자들을 도울"(행 20:35) 것을 권면할 뿐만 아니라 그의 편지에서 "모든 성도들을 향한 사랑"(엡 1:15)을 인정하고 있기 때문에 이 해석은 신빙성이 있다. 둘째, 다른 학자들은 그것이 그리스도와 하나님에 대한 사랑을 지칭한다고 본다. 아시아의 다른 교회들에게 보낸 편지들도 독자들이 그리스도를 배반하고 그에게 충성하지 않아서 책망을 받는 일이 잦았기 때문에 이 해석도 근거가

---

26) 신약 저자들은 점차 그 의미를 확장하여 바울이나 바나바, 예수의 형제인 야고보나 다른 지도자들도 사도로 부르기 시작했다. 우리의 본문은 사도란 칭호를 그런 좁은 의미로 사용하기보다 보다 권위 있는 제삼자에 의해 사자로 보냄을 자들을 폭넓게 지칭하는 의미로 사용한 것이 분명하다.

없는 것은 아니다. 하지만 이들 두 해석 중에 꼭 하나만을 택해야만 하는 것은 아니다. 그리스도에 대한 사랑과 헌신은 형제에 대한 사랑으로 나타나게끔 되어 있기 때문이다. 에베소 기독교인들은 이단들과 싸우고 정통 교리를 지키는 데 남다른 열심을 나타냈지만 그 과정에서 그리스도와 동료 형제들에 대한 처음 애정과 사랑이 식어졌을 것이다. '처음' 사랑이란 문구는 그들이 여전히 사랑하지만 처음에 지녔던 사랑보다 많이 식은 상태에 있다는 것을 함축할 수 있다.

[5] 인자 되신 그리스도는 처음 사랑을 저버린 에베소 독자들에게 회개를 촉구한다. "그러므로 어디서 떨어졌는지를 생각하고 회개하여 처음 행위를 가지라." 여기에 등장하는 세 가지 명령 동사들에 주목할 필요가 있다. "생각하라 … 회개하라 … 행하라." 그들이 회개를 위해 제일 먼저 해야 할 일은 처음 사랑을 어느 지점에서 잃어버리게 되었는지를 '생각하는' 것이다. 이 동사는 추억하거나 기억하는 행위를 나타내는데, 구약에서 그것은 회개를 촉구할 때 자주 사용되었다(사 44:21; 미 6:5; 학 2:15,17-18). 자신의 과거를 추억하여 어디에서 엇나간 길을 걷게 되었는지를 돌이켜 생각하는 것은 회개하는 삶에 본질적인 것이다. 그러한 반추 과정을 통해 회복해야 할 것은 "처음 행위," 즉 하나님과 동료 형제들에 대한 처음 사랑을 가지는 것이다. 만일 이런 일을 행하지 않을 경우에 인자 되신 그리스도는 그들에게 "가서 네 촛대를 그 자리에서 옮기실" 것이라고 경고하신다. 1:20에서 요한은 교회를 '촛대'로 비유한 적이 있다. 그것은 본래 감람유를 태워 주변에 불을 밝히는 역할을 하는데, 지상의 교회들을 촛대로 비유한 것은 복음으로 세상을 밝히는 교회의 사명과 정체성을 함축한다. 그렇다면 촛대를 그 자리에서 옮긴다는 것은 에베소 교회가 처음 사랑을 회복하지 않으면 그러한 사명과 정체성에서 배제될 것을 경고한 말씀이다(Beale, 1999: 232). 교회의 정체성은 올바른 신앙 고백에서만 아니라 올

바른 사랑의 실천에서도 발견된다(요일 3:23). 한국교회는 정통교리만 지키면 다 되는 줄로 생각하지만, 사도 요한은 교회가 사랑의 바른 실천을 잃어버리면 더 이상 참 교회가 아니라고 생각한다. 처음 사랑을 잃어버리는 것은 그만큼 교회의 존립을 위태롭게 하는 치명적인 결함이다. 에베소 교회가 회개를 통해 그러한 치명적 결함을 치유하지 못하면, 그리스도는 언제든지 그 촛대를 옮기실 수 있는 심판주이시다. 촛대를 옮기는 그리스도의 심판 행위는 마지막 종말 때만 아니라 현세에서도 언제든지 일어날 수 있다(Ladd, 1972: 39f).

[6] 촛대를 옮기겠다는 준엄한 경고에 이어 한 가지 칭찬이 덧붙여진다. "니골라 당의 행위를 미워하는 것"이 그것이다. 니골라 당의 정체와 가르침이 무엇인지 확인하기가 쉽지 않지만, 2:14-15에서 그것이 "발람의 교훈"과 밀접하게 연관되어 나타난다. 그렇다면 니골라 당의 행위는 구약의 발람 선지자가 이스라엘 백성을 유인하여 빠지게 했던 음행과 우상숭배에 관련된 행위라고 짐작할 수 있다(Osborne, 2002: 120). 에베소란 지역은 본래 아데미 숭배나 황제 숭배와 같은 우상숭배가 만연한 곳이었기 때문에 니골라 당과 같이 에베소 교회 안에도 우상숭배를 부추기는 자들이 있었을 것이다. 2-3절에서 그들은 "거짓 사도"로 불리기 때문에 그들은 기독교를 이교적 우상숭배 행위와 적당하게 혼합하려는 자들이었을 것이다. 교회를 주관하는 그리스도는 그러한 혼합주의 행습을 미워하시기 때문에 니골라 당의 행습을 미워한 에베소 기독교인들의 행위를 칭찬하신 것이다.

[7] 그리스도는 경고와 칭찬에 이어 "이기는 자"에게 "하나님의 낙원에 있는 생명나무의 열매를 주어 먹게 할 것이라"고 약속하신다. 본문 첫 부분에서 그리스도의 말씀은 "성령이 교회들에게 하시는 말씀"으로 동

일시된다. 계시록에서 성령은 그리스도의 영으로서 "예언의 영"의 성격을 지녔다(14:13; 22:17). 그는 사도 요한과 같은 예언자들을 통해 그리스도의 계시를 지상의 하나님 백성에게 전달하고 알리는 역할을 담당한다(Bauckam, 1993b: 160). 주목할 것은 성령께서 요한에게 전달하는 계시의 메시지가 에베소 교회만 아니라 "교회들"에게 주시는 말씀이라는 사실이다. 어떤 역사주의 해석가들은 에베소 교회에 보낸 편지가 사도시대의 교회에 보낸 편지라고 주장하지만 그것은 본문의 뜻을 곡해한 것이다. 에베소 교회에 보낸 편지의 메시지는 지상의 모든 교회들에게 해당되는 보편성을 지녔다.

'이기다'란 술어는 계시록에서 십여 차례 이상 등장하는데, 그것은 예수 그리스도의 제자들로서 그와 그의 말씀에 온전히 충성하고 변함없이 그의 고난과 죽음에 동참하는 행위를 가리킨다. 근접문맥에서 "이기라"는 명령은 거짓 사도들의 그릇된 가르침을 배격하는 것만 아니라 처음 사랑을 회복하는 것과 연관된다. 승리자에게 약속된 "생명나무"는 아담과 하와가 따먹고 살았던 에덴 동산의 나무들 가운데 하나였다(창 2:9). 구약의 묵시적 예언에 따르면 영광스러운 메시아 시대가 되면 타락 이전 에덴동산의 조건들이 회복될 것으로 내다보았다(겔 36:35). 유대교 묵시사상에는 새롭게 갱신된 예루살렘, 생명나무, 그리고 하나님의 낙원 등이 자주 결합되어 등장한다. 이를테면, 장차 메시아가 오면 "천국 문들을 열고 아담을 위협했던 화염검을 제거할 것이며 성도들에게 생명나무의 열매를 주어 먹게 하고 거룩한 영이 그들 위에 있게 될 것이라"(Test. Lev. 18:10-11)는 말씀이 그것이다(Johnson, 1981: 435). 요한도 그리스도를, 범죄로 인해 잃어버린 낙원 또는 천국을 회복하실 분으로 생각한다(22:1-14). 상징적 장르에 속한 계시록의 성격을 고려할 때 "하나님의 낙원에 있는 생명나무의 열매"는 에덴동산에 있었던 실제 나무의 열매를 가리키기보다 하나님과의 친밀한 임재 속에서 누리는 충만한 신적 생명의 축복을 상징할 것이다

(Beale, 1999: 235). 그런 축복을 지닌 자들은 하나님 앞에서 영생을 누리고 다시는 고난과 죽음을 겪지 않게 될 것이다(22:2). 중요한 것은 그리스도께서 주시는 영생의 선물이 오직 "이기는" 자들에게만 허락되는 축복이라는 사실이다. 그것은 그리스도에게 충성하지 않는 자들, 처음 사랑을 회복하지 못하는 자들에게 주어지지 않는다.

나. 서머나 교회에게 보낸 편지(2:8-11)

본문

8 서머나 교회의 사자에게 편지하라 처음이요 마지막이요 죽었다가 살아나신 이가 이르시되 9 내가 네 환난과 궁핍을 알거니와 실상은 네가 부요한 자니라 자칭 유대인이라 하는 자들의 비방도 알거니와 실상은 유대인이 아니요 사탄의 회당이라 10 너는 장차 받을 고난을 두려워하지 말라 볼지어다 마귀가 장차 너희 가운데에서 몇 사람을 옥에 던져 시험을 받게 하리니 너희가 십 일 동안 환난을 받으리라 네가 죽도록 충성하라 그리하면 내가 생명의 관을 네게 주리라 11 귀 있는 자는 성령이 교회들에게 하시는 말씀을 들을지어다 이기는 자는 둘째 사망의 해를 받지 아니하리라.

[8] 서머나는 에베소에서 북쪽으로 약 40마일 떨어진 곳으로서 과학과 의술이 번창하던 부유한 도시였다. 오래전부터 로마 편에 서서 여러 특권들을 누리던 곳이었으며 이교 신전들이 세워져서 우상숭배가 만연한 도시이기도 했다. 특별히 소아시아에서 황제숭배의 중심지로 명성을 누린 서머나는 각종 우상숭배만 아니라 황제숭배의 활성화 덕분에 상당 기간 경제적 호황을 누리기도 했다. 이 도시에 기독교 회중이 늘어남에 따라 위기감을 느꼈던 어떤 유대인들은 로마 관리들에게 기독교인들을 황제숭배 거부자들로 고소하였고 급기야 로마제국은 유대인들에게 허용했던 예

배생활의 자유를 기독교인들에게 허용하지 않게 되었다(Beale, 1999: 240). 그리스도는 천사를 통해 이런 상황에 처한 서머나 교회 독자들에게 책망과 경고와 격려의 메시지를 전한다. 그는 특히 자신을 "처음이며 마지막이요 죽었다가 살아나신 이"로 묘사한다. 1:17-18에 처음 등장한 이 문구는 황제숭배가 만연한 사회에서 큰 신앙적 도전에 직면해 있던 서머나 교회의 상황과 관련이 있다. 역사의 주관자요 창조자이시며 사망을 이기고 승리하신 그리스도를 믿는 신앙은 그러한 신앙적 도전을 극복하고 신앙의 정절을 지키는 데 큰 도움이 된다.

[9] 본 절은 서머나 교회의 회중들에 대한 칭찬을 담고 있다. 예수는 그들에게 "네 환난과 궁핍을 알거니와 실상은 네가 부요한 자니라"고 말씀하신다. 고대사회는 보통 정치와 종교, 그리고 경제가 서로 밀접하게 엮여 있어서 황제숭배를 거부한 기독교인들은 자연히 정치적 박해와 경제적 궁핍을 겪을 수밖에 없었다. 그들은 시민 폭도들에게 재산을 강탈당하거나 직업까지 빼앗기기도 했다. 비록 신앙의 정절을 지키느라 박해도 당하고 궁핍하게 살 수밖에 없었지만 영적인 관점에서 그들은 부유한 자들이었다. 그들이 당한 환난은 불신 유대인들의 '비방' 때문에 생긴 것이었다. 이 술어는 유대인들이 기독교인들에 대해 악의적인 소문을 퍼뜨려 그들을 박해하도록 충동질했다는 것을 함축한다. 그들의 비방 내용은 분명하지는 않지만, 기독교인들을 가리켜 신들을 부정하는 자들이요 세계평화를 깨트리고 로마 황제에게 충성하지 않으며 문명세계가 받아들이지 못할 해괴한 풍속을 전한다고 모함했을 것이다. 하지만 그것은 외면적인 명분에 불과했다. 기독교인들을 혐오한 그들의 진짜 이유는 다른 데 있었다. 그들은 서머나의 기독교인들이 유대교의 자랑스러운 종교적 유산을 허무는 이단자들에 불과하다고 생각했을 것이다. 하지만 예수는 그들이 참 유대인이 아니라 "사탄의 회당"에 불과하다고 정죄하신다. 이 술어

는 서머나 지역에서 사탄의 충동질을 받아 기독교회를 중상 모략했던 어떤 유대인 그룹을 지칭한다. 그들은 예배를 위해 '회당'을 중심으로 모였지만, 그것은 결국 하나님을 대적하는 사탄의 온상에 불과했다.

[10] 예수는 칭찬을 한 뒤에 격려의 말을 덧붙인다. "너는 장차 받을 고난을 두려워하지 말라." 적대적인 이교사회에서 고난을 당하는 것은 필연적이지만, 그들이 고난을 두려할 필요가 없는 것은 주께서 고난 중에 죽으셨다가 다시 살아나셨기 때문이며(8절하), 또한 부활하신 주께서 그들을 능히 지켜주시고 마지막 부활에 이르게 하실 것이기 때문이다. "장차 받을 고난"의 내용은 본문 하반 절에 설명된다. "볼지어다 마귀가 장차 너희 가운데에서 몇 사람을 옥에 던져 시험을 받게 하리니 너희가 십일 동안 환난을 받으리라." 서머나 기독교인들이 당할 고난의 배후에는 마귀의 장난이 개입되어 있었다. 마귀가 로마 관원들을 충동질하여 서머나 기독교인들 중 몇 사람을 감옥에 던져 넣어 '시험'을 받게 만들 것이다. 마귀가 충동질하고 로마 관원들이 고난을 가했지만, 이 모든 것에는 고난당하는 교회를 시험하려는 하나님의 섭리가 숨어 있었다. 고난은 그들의 헌신과 충성이 어디에 있는지를 확인하는 계기를 제공해준다. 하지만 그들의 환난은 영구적인 것이 아니고 "십 일 동안" 지속될 것이다. 이 표현은 실제의 문자적인 십 일을 가리키기보다 상대적으로 짧은 기간을 상징적으로 나타낸다(단 1:12-15). 서머나 기독교인들은 잠시 동안 가해진 환난을 통해 그들의 신앙적 순수성과 헌신을 증명해보일 필요가 있었다. 만일 그들이 죽기까지 충성한다면 부활하신 그리스도에게 생명의 면류관을 받게 될 것이다. "죽도록 충성하라"는 말은 옥에 갇히는 고난이 그들을 죽음에 이르게 할 수도 있음을 함축한다. 참된 충성은 죽음 앞에서도 굴하지 않고 부활하신 그리스도에게 신실한 태도를 유지하는 것이다. 죽기까지 충성하는 자들에게 약속된 것은 "생명의 관"이다. 이 말은 주께서 죽도록 충

성하는 자들에게 영원한 생명을 면류관처럼 씌워주실 것임을 시사해준다. 말하자면 영생이 면류관으로 비유된 것이다.

[11] 본 절의 시작하는 권면은 다른 편지들 가운데서도 자주 발견된다. "귀 있는 자"는 영적인 분별력을 지닌 사람을 가리킨다. 그는 "성령이 교회들에게 하시는 말씀"을 듣고 영적으로 헤아릴 줄 안다. "이기는 자들"에게 약속된 것은 "둘째 사망의 해를 받지 않는" 것이다. 육신의 죽음보다 더 두려운 것은 "둘째 사망," 즉 하나님의 영원한 심판을 받아 꺼지지 않는 "불 못"에 들어가는 것이다(20:14; 21:8). 계시록에서 '이기다'란 술어는 다양한 의미로 사용되는데, 본문에서 그것은 고난의 위협에도 불구하고 죽기까지 충성하는 것을 의미한다.

다. 버가모 교회에 보낸 편지(2:12-17)

본문

12 버가모 교회의 사자에게 편지하라 좌우에 날선 검을 가지신 이가 이르시되 13 네가 어디에 사는지를 내가 아노니 거기는 사탄의 권좌가 있는 데라 네가 내 이름을 굳게 잡아서 내 충성된 증인 안디바가 너희 가운데 곧 사탄이 사는 곳에서 죽임을 당할 때에도 나를 믿는 믿음을 저버리지 아니하였도다 14 그러나 네게 두어 가지 책망할 것이 있나니 거기 네게 발람의 교훈을 지키는 자들이 있도다 발람이 발락을 가르쳐 이스라엘 자손 앞에 걸림돌을 놓아 우상의 제물을 먹게 하였고 또 행음하게 하였느니라 15 이와 같이 네게도 니골라 당의 교훈을 지키는 자들이 있도다 16 그러므로 회개하라 그리하지 아니하면 내가 네게 속히 가서 내 입의 검으로 그들과 싸우리라 17 귀 있는 자는 성령이 교회들에게 하시는 말씀을 들을지어다 이기는 그에게는 내가 감추었던 만나를 주고 또 흰 돌을 줄 터인데 그 돌 위에 새 이름을 기록한 것이 있나니 받는 자 밖에는 그 이름을 알 사람이 없느니라.

주해

[12] 버가모는 서머나 북쪽으로 약 65마일 떨어진 내륙도시이다. 이곳은 에베소나 서머나와 함께 아시아의 수도란 영예를 누리던 곳으로 경제적으로도 번창한 도시였다. 버가모에는 여러 이교 신전들만 아니라 황제숭배를 위한 신전들도 세워져 있어서 정치, 종교, 경제가 긴밀하게 엮인 고대사회에서 이런 종교적 환경은 버가모 교회에 엄청난 사회적 압력이 되었을 것이다. 황제숭배를 거부하는 행위는 로마제국에 대한 반역으로 치부되었고 우상숭배를 정죄했던 기독교인들은 무신론자로 비난을 받았을 것이다. 자연히 버가모 교회의 회중 가운데는 정치, 종교적 압력에 타협하려는 사람들이 생겨났을 것이다. 그리스도는 이런 교회에 자신을 "좌우에 날선 검을 가지신 이"로 소개한다. 이것은 1:16에 등장하는 "그 입에서 좌우에 날선 검이 나오고"란 표현을 반영한다. 좌우에 날선 검은 세상을 심판하는 그리스도의 권세를 상징하며, 그런 검이 그리스도의 입에 있다는 것은 그의 입에서 나오는 말씀이 심판자의 주권을 집행하는 수단이 된다는 것을 상징한다. 버가모 교회에 이런 표현을 사용한 것은 황제숭배와 우상숭배에 타협하고 굴복하려는 교회가 지금 하나님의 심판 위기에 처해 있다는 것을 말해준다.

[13] 우선 그리스도는 버가모 교회에 대한 칭찬을 덧붙인다. 칭찬의 내용은 버가모 교회의 성도들이 "사탄의 권좌가 있는" 곳에서 살면서도 그리스도에 대한 충성심을 잃지 않았다는 것이다. 이 표현은 버가모가 이교 신들이나 황제를 숭배하는 중심지 역할을 한 사실과 연관된다. AD 29년에 아우구스트 황제를 기념하여 첫 번째 신전이 세워졌고 제우스나 아스클래피우스를 예배하는 제단이 세워지기도 했다. 따라서 버가모는 우상숭배가 만연한 도시였다. 이런 사회적 환경에서 황제숭배나 우상숭배를 거부하고 예수 그리스도만 유일한 하나님과 구원자로 고백하는 기독교

신앙은 불신 세상 사람들에게 엄청난 적대감을 불러일으켰을 것이다. 버가모 교회가 그리스도에게 보인 충성심은 두 가지로 묘사된다. 하나는 사탄의 권좌가 있는 곳에 살면서도 "내 이름을 굳게 잡았다"는 것이고, 다른 하나는 "내 충성된 안디바가 너희 가운데 곧 사탄이 사는 곳에서 죽임을 당할 때에도 나를 믿는 믿음을 저버리지 않았다"는 것이다. 두 가지는 서로 긴밀하게 연관된다. 그리스도의 이름을 굳게 붙잡은 것은 안디바가 사탄의 권좌가 있는 곳에서 죽임을 당할 때 나타난 행위이기 때문이다. 안디바가 누구인지 확인할 길은 없지만, 그는 예수 그리스도의 "충성된 증인"으로 살다가 적대적인 이교도들에 의해 죽임을 당한 것으로 보인다. 1:5에서 예수께서 "충성된 증인"으로 묘사되고, 본문에서 안디바도 "충성된 증인"으로 묘사된다는 것은 안디바가 이교사회에서 예수께서 가신 증인의 길을 신실하게 좇아갔다는 것을 뜻한다. 그는 교회 공동체가 본 받아야 할 모델이었다.

[14-15] 칭찬하는 말 뒤에 책망의 말이 덧붙여진다. 회중 가운데 어떤 이들은 안디바를 좇아서 믿음을 지키기도 했지만, 다른 이들은 "발람의 교훈"을 따르기도 했다. 이스라엘을 저주하라는 모압 왕 발락의 요청을 받게 된 발람은 처음엔 이스라엘을 저주하지 않았으나 나중에 꾀를 내어 그들로 모압 여인들과 집단 혼음을 하게하고 결국 우상에게 절하게 만들었다(민 25:1-18; 31:16). 결국 우상숭배와 혼음으로 인해 하나님의 심판이 이스라엘 백성에게 임했기 때문에 발람의 꾀는 "이스라엘 자손 앞에 걸림돌을 놓은" 행위, 즉 그들로 걸려 넘어지게 만든 범죄였다. 요한은 15절에서 버가모 교회 회중 가운데 "발람의 교훈을 지키는 자들"이 있다고 말한 뒤에 16절에서 그들을 "니골라 당의 교훈을 지키는 자들"과 동일시한다. 버가모 교회 회중 가운데 어떤 이들은 구약의 발람 선지자처럼 우상축제에 참여하는 것이 시민으로서 책임을 이행하고 문화에 적응하는 길일 뿐

믿음 자체를 저버리는 것이 아니라고 꼬드겼을 가능성이 높다. 어떤 학자들은 14절에 언급되는 '행음'이 영적인 간음, 즉 그리스도에 대한 믿음을 저버리는 배교와 불성실 행위를 가리킨다고 생각한다. 가능한 해석이다. 동시에 "우상제물을 먹는 것"과 "행음"이 서로 연결된 사실로 볼 때 그것은 실제의 육신적 행음을 지칭할 가능성도 있다. 고대사회에서 빈번하게 거행되는 우상축제는 성적인 방종과 자유를 부추기는 경향이 많아서 그런 축제에 참여하여 먹고 마시며 춤추다 보면 성적인 흥분을 즐기게 만들고 신전 여사제들과 행음에 빠져들게 만들곤 했다(Johnson, 1981: 441).

[16] 본 절은 회개를 촉구하면서 경고하는 말을 덧붙인다. 만일 그들이 돌이켜 회개하지 않으면 그리스도께서 그들에게 "속히 가서 내 입의 검으로 그들과 싸우게 될" 것이다. 회개해야 할 대상은 버가모 교회 회중 전체이지만, 예수께서 싸우시겠다고 경고한 대상은 "그들", 즉 발람의 교훈인 니골라 당의 가르침을 좇는 사람들이다. "입의 검으로 싸우다"는 말씀은 회개하지 않는 자들을 심판하고 징벌하시겠다는 뜻이다. 그릇된 교훈을 방치하면 순식간에 교회 전체를 부패시키기 때문에 예수께서는 "속히 임하여" 회개하지 않는 자들을 심판하실 것이다. "속히 임하여"란 말은 여기서 재림 때 있을 최후심판을 가리키기보다, 5절에서 말한 것처럼, 현세 가운데서 이루어지는 그리스도의 심판 행위를 가리키는 것으로 보인다(Johnson, 1981: 442).

[17] 본 절은 이기는 자들에게 주어진 약속을 담고 있다. "이기는 그에게는 내가 감추었던 만나를 주고 또 흰 돌을 줄 터인데 그 돌 위에 새 이름을 기록한 것이 있나니 받는 자 밖에는 그 이름을 알 사람이 없으니라." 이 약속에는 세 가지 난해한 상징들이 들어 있다. "감추었던 만나"는 모세가 만든 언약궤에 감추어둔 만나를 생각나게 만든다(출 16:33-34). 유대교

전승에는 만나를 감추어둔 항아리가 언약궤에 들어 있었는데 솔로몬 성전이 파괴되면서 그 언약궤를 시내 산 땅 밑 어딘가에 숨겨두었고(2 Macc. 2:4-7) 장차 메시아가 오면 그것을 다시 찾아 넣을 새 성전을 짓게 될 것이라는 기대가 등장한다(이필찬, 2006: 149). 또한 어떤 유대교 문헌을 보면 메시아가 장차 오면 숨겨진 광야의 만나를 회복하고 이스라엘 백성이 그것을 먹게 될 것이라고 기대한다(2 Bar. 29:8; Sib. Or. 7:149). 요한이 이런 유대교 전승을 알고 있었다면, 그리스도께서 감추었던 만나를 주시겠다는 약속은 회개하는 자들이 장차 하나님의 나라에서 영원한 메시아 잔치에 참여하는 즐거움을 누리게 될 것을 상징한다(Beale, 1999: 252). 둘째로, 예수께서 회개하는 자들에게 주시는 '흰 돌'은 무엇을 뜻하는가? 여러 가지 해석들이 가능하지만, 흰 돌은 고대사회에서 축제 때 입장을 허용하는 티켓 또는 혼인잔치에 참석하도록 내어준 초청장 역할을 했다고 한다. 이런 배경은 만나 사상과도 잘 어울린다. 버가모에 사는 이교도들이 신전 축제에 참석하려면 '흰 돌'과 같은 입장권을 제시해야 했지만, 그곳의 성도들은 끝까지 믿음을 지킬 때 천국에서 베풀어질 메시아 잔치에 참여할 수 있는 '흰 돌'을 받게 될 것이다. 셋째로, 흰 돌 위에 새겨진 '새 이름'은 그리스도와 그의 백성 간에 존재하는 비밀스럽고 친밀한 관계를 함축한다. 흰 돌 위에 새겨진 새 이름은 그것을 받은 사람 밖에는 알려져 있지 않기 때문에 그것은 그리스도 자신의 이름을 가리킨다. 그리스도의 이름을 얻는다는 것은 그의 신분과 인격과 권한에 참여한다는 것을 뜻한다. 예수 그리스도의 구속에 참여하는 자들은 변화된 참 하나님백성이 되어 그의 거룩한 이름으로 일컬음을 받는 새 존재들이 될 것이다(사 62:2; 65:15). 성도들과 비밀스럽고 친밀한 관계 속에서 알려진 그리스도의 이름은 현재 세상 사람들에게 감추어진 채로 있으나 장차 마지막 날에는 모든 이름들 위에 뛰어난 영광스러운 이름으로 드러나게 될 것이다.

라. 두아디라 교회에 보낸 편지(2:18-29)

> **본문**
>
> ¹⁸ 두아디라 교회의 사자에게 편지하라 그 눈이 불꽃 같고 그 발이 빛난 주석과 같은 하나님의 아들이 이르시되 ¹⁹ 내가 네 사업과 사랑과 믿음과 섬김과 인내를 아노니 네 나중 행위가 처음 것보다 많도다 ²⁰ 그러나 네게 책망할 일이 있노라 자칭 선지자라 하는 여자 이세벨을 네가 용납함이니 그가 내 종들을 가르쳐 꾀어 행음하게 하고 우상의 제물을 먹게 하는도다 ²¹ 또 내가 그에게 회개할 기회를 주었으되 자기의 음행을 회개하고자 하지 아니하는도다 ²² 볼지어다 내가 그를 침상에 던질 터이요 또 그와 더불어 간음하는 자들도 만일 그의 행위를 회개하지 아니하면 큰 환난 가운데에 던지고 ²³ 또 내가 사망으로 그의 자녀를 죽이리니 모든 교회가 나는 사람의 뜻과 마음을 살피는 자인 줄 알지라 내가 너희 각 사람의 행위대로 갚아 주리라 ²⁴ 두아디라에 남아 있어 이 교훈을 받지 아니하고 소위 사탄의 깊은 것을 알지 못하는 너희에게 말하노니 다른 짐으로 너희에게 지울 것은 없노라 ²⁵ 다만 너희에게 있는 것을 내가 올 때까지 굳게 잡으라 ²⁶ 이기는 자와 끝까지 내 일을 지키는 그에게 만국을 다스리는 권세를 주리니 ²⁷ 그가 철장을 가지고 그들을 다스려 질그릇 깨뜨리는 것과 같이 하리라 나도 내 아버지께 받은 것이 그러하니라 ²⁸ 내가 또 그에게 새벽 별을 주리라 ²⁹ 귀 있는 자는 성령이 교회들에게 하시는 말씀을 들을지어다.

> **주해**

[18] 두아디라는 버가모 동쪽으로 45 마일 떨어진 내륙도시이다. 큰 도시는 아니지만 상업과 제조업을 통해 부를 쌓던 중요한 도시였다. 특별히 길드 조직이 다른 어떤 도시보다 발달해 있었고 그중에서도 구리 세공업과 염색업이 유명했다. 상업 길드 조직은 보통 토착 종교와 밀착 관계에 있었기 때문에 그들의 토착 종교를 거부하게 되면 경제 활동의 많은 제

약을 감수해야만 했다. 두아디라 사람들이 주로 숭배했던 신은 태양신으로 알려진 제우스의 아들 아폴로였다. 이곳의 구리 세공업자들은 아폴로를 그들의 사업을 번창하게 해주고 또한 로마 황제를 지켜주는 수호신으로 생각했다(Osborne, 2002: 152; 이필찬, 2006: 153). 그리스도는 두아디라 교회의 회중들에게 자신을 "그 눈이 불꽃같고 그 발이 빛난 주석과 같은 하나님의 아들"로 제시한다. 동일한 표현이 인자 환상을 묘사하는 1:14-15에서 나온 바 있다. "하나님의 아들"이란 칭호는 계시록의 이 본문에서만 등장한다. 황제 제의에 참여하는 자들은 보통 황제를 하나님의 아들로 불렀고, 또한 두아디라에서는 제우스의 아들 아폴로가 그들의 수호신으로 추앙되었다. 하지만 요한은 다니엘 7장의 '인자'와 시편 2편의 '아들' 사상에 근거하여 예수를 하나님의 참 아들로 부름으로써 황제나 아폴로를 신의 아들로 부르는 이교적 관습을 평가절하 한다. 하나님의 아들 예수께서 "불꽃같은" 눈을 가졌다는 것은 그가 사람들의 모든 의도와 생각을 꿰뚫어 보는 신적 통찰력과 지혜를 지녔다는 것을 뜻하고(1:14), "빛난 주석과 같은" 발을 가졌다는 것은 그가 모든 대적들을 발로 짓밟고 심판하며 최종적으로 승리하실 영광과 능력의 주가 되신다는 것을 뜻한다. 결국 요한이 환상 속에서 본 하나님의 아들은 불꽃같은 눈으로 모든 것을 감찰하시고 심판하시는 영광과 권능의 심판주이다.

[19] 예수는 우선 두아디라 교회에게 칭찬의 말을 덧붙인다. 불꽃같은 눈을 갖고 모든 것을 감찰하시는 그는 그들의 "사업과 사랑과 믿음과 섬김과 인내를 알고" 계신다. '사업'이란 말은 본래 '일 또는 행위'를 뜻하는 말로서 뒤따르는 사랑과 믿음과 섬김과 인내를 포괄적으로 지칭한다. 그들의 행위는 사랑, 믿음, 섬김, 인내의 삶으로 나타났기 때문이다. "네 나중 행위가 처음 것보다 많도다"란 표현은 그들의 현재가 과거보다 놀랄만한 진보를 나타냈다는 것을 의미하는데, 이것은 처음 사랑을 버렸다고 책

망을 받은 에베소 교회와 대조된다.

[20] 칭찬에 이어 곧 책망이 뒤따른다. 책망의 내용은 "자칭 선지자라 하는 여자 이세벨을 네가 용납했다"는 것이다. 이세벨은 구약에서 아합의 왕비로 등장하는 역사적 인물이기 때문에, 본문에서 이세벨은 은유적 의미로 쓰였다. 두아디라 교회 회중이 잘못 용납한 거짓 여선지자는 구약의 이세벨과 같이 하나님의 백성들을 "가르쳐 꾀어 행음하게 하고 우상의 제물을 먹게 하였다." '가르치다'와 '꾀다'란 술어가 연결된 것은 그릇된 가르침으로 사람들을 꼬였다는 것을 뜻한다. 미혹의 대상은 "내 종들", 즉 두아디라 교회에 있는 하나님의 백성이다. 거짓 여선지자는 자신의 가르침이 계시로 받은 것이라고 떠들면서 신전 축제에 참여하여 우상제물을 먹는 것이 복음에 저촉되지 않는 문화적 요소에 불과하다고 꼬였을 것이다(Osborne, 2002: 156). 그러면 "행음하게 했다"는 말은 무슨 뜻인가? 대부분의 주석가들은 그것이 영적인 간음, 즉 하나님을 저버리고 세상과 타협하며 살아가는 불신앙 행위를 가리킨다고 본다. 동시에 2:14을 주석할 때 밝힌 것처럼, 이교제의와 연관된 육신적 음행을 가리킬 가능성을 배제할 수 없다. 아마도 두 가지가 다 가능할 수 있다. 우상숭배는 하나님을 배반하는 영적 간음 행위일 뿐만 아니라 그런 불신앙은 이교제의에 참여한 자들로 성적 방종에 빠지게 했기 때문이다.

[21-23] 21절은 주께서 그의 종들을 미혹한 거짓 여선지자에게 회개할 기회를 주었지만 자신의 음행을 회개하지 않았다는 사실을 서술한다. 죄를 범한 사람을 참고 기다리는 것은 회개할 기회를 주는 것이지만 이세벨이라 불리는 거짓 선지자는 자신의 행위나 생각을 바꾸려고 하지 않았다. 그녀가 회개를 거부했을 때 하나님의 심판은 세 종류의 대상에게 주어진다. 첫째 대상은 이세벨 자신이다(22a). 주께서는 그녀를 "침상에 던질 것

이다"(21절). 침상에 던진다는 것은 구약에서 질병에 걸려 눕게 되는 것을 나타내는 환유적 표현이다(시 6:6; 41:3). 또한 '침상'은 음행의 장소를 상징할 수 있기 때문에 예수는 "자기의 음행"을 회개하지 않고 고집하는 이세벨을 침상에 던져 질병으로 고통을 당하게 하실 것이라는 뜻도 시사해줄 수 있다(Osborne, 2002: 159).

둘째 대상은 "그와 더불어 간음하는 자들"이다(22b). 이것은 이세벨의 거짓된 교훈을 따르는 행위를 가리키는 은유적 표현일 가능성이 높지만, 또한 여선지자와의 육신적 음행을 함축할 가능성을 배제하기도 어렵다. 주께서는 그들이 회개하지 않으면 "큰 환난에 던질 것이라"고 경고하신다. 여기서 "침상에 던지다"는 것과 "큰 환난에 던지다"는 것이 평행을 이룬다. 그들이 회개해야 할 내용은 이세벨의 교훈과 행위를 좇는 것을 중단하는 것이다. 그들에게 회개의 기회가 주어진다는 것은 그들이 이세벨과 달리 돌이킬 가능성이 있다는 것을 시사할 수 있다.

셋째 대상은 이세벨의 자녀들이다(23절). 이세벨이나 그녀를 좇는 자들과는 달리 이세벨의 자녀들에게는 회개에 관한 언급이 없고 단지 "죽일 것이라"는 심판의 경고만이 언급된다. 여기서 그녀의 자녀들은 누구를 가리키는가? 두 가지 해석이 가능할 수 있다. 첫째는 이세벨의 교훈에 완전히 몰입되어 그녀를 추종하는 제자들을 가리킨다는 해석이고(이필찬, 2006: 160), 둘째는 육체적 음행을 통해 낳은 이세벨의 실제 자녀들을 가리킨다는 해석이다(Beckwith, 1922: 467). 둘 중의 하나를 확실하게 결정할 수는 없지만, 두 가지 가능성 모두 열려 있다. 본문에는 "그와 더불어 간음하는 자들"(22절)과 "그의 자녀들"(23)이 구분되어 등장한다. 은유적 해석을 취하는 학자들은 전자가 이세벨을 추종하지만 아직 회개할 기회가 있는 단순 추종자들을 가리키는 반면, 후자는 그녀의 가르침에 완전히 몰입하여 돌이킬 가능성이 전혀 없는 골수 추종자들을 가리킨다고 본다. 이와 반대로 문자적 해석을 취하는 학자들은 전자가 이세벨의 가르침을 좇는 제자들 그룹을 가리키는 반면, 후자는 그녀가 육체적 음행을 통해 낳은 실제의 자녀들을 가리킨다고 본다. 어떤 경우이든 간에 모든 교회는 하나님의 아들 예수께서 불꽃같은 눈으로 "사람의 뜻과 마음을 살필" 뿐만 아니라 "각 사람의 행위대로 갚아 주시는" 심판주가 되신다는 사실을 알아야 한다. 행위대로 심판하신다는 것은 신구약을 관통하는 중심 사상이다. 사람은 자신의 "뜻과 마음"을 외적인 행위로 표현하기 때문에, 행위대로 심판하신다는 것은 사람이 품은 내면의 생각과 동기, 의도도 심판의 대상이 된다는 것을 함축한다.

[24-25] 본 절은 두아디라 교회에서 이세벨을 쫓지 않는 소수의 나머지 기독교인들에게 주신 말씀이다. 그들은 그녀의 "교훈을 받지 아니하고 소위 사탄의 깊은 것을 알지 못하는" 자들이다. "사탄의 깊은 것"이란 표현은 애매하다. 아마도 그것은 이단적 교훈에 관한 비밀스러운 지식을 지칭할 것이다. 이세벨은 그것이 하나님에 관한 비밀 계시라고 주장했겠지만 그 뿌리는 하나님이 아니라 사탄에게서 온 것일 뿐이다. 두아디라의 나머지 소수 기독교인들은 이 사실을 간파하고 그녀의 가르침을 좇기를 거부하였다. 그들이 사탄의 비밀 지식을 "알지 못했다"는 것은 그것에 헌신적으로 몰입하는 행위를 하지 않았다는 것을 뜻한다. 성경에서 '안다'는 것은 지적인 인식차원을 넘어서서 헌신과 순종을 내포하는 개념이다. 주께서는 그들에게 "다른 짐으로 지울 것이 없다"고 말씀하셨다. 종교가 정치나 경제와 긴밀하게 얽힌 고대사회에서 우상숭배에 영합하는 이세벨의 가르침을 거부하는 것은 경제적 불이익을 감수하는 것을 뜻했을 것이다. 이것만으로도 그들에게는 큰 부담이었을 것이다. 따라서 주께서는 그들에게 다른 짐을 질 것을 요구하지 않겠다고 말씀하신 것이다. 다만 그는 두아디라의 나머지 성도들에게 "너희에게 있는 것을 내가 올 때까지 굳게 잡으라"(25절)고 부탁하셨다. "너희에게 있는 것"은 이세벨의 가르침을

좇지 않고 신실한 신앙을 지킨 행위를 가리킨다. 그들은 주께서 재림하실 때까지 그러한 삶의 자세를 견지할 것을 요청받는다.

[26-27] 본 절은 이기는 자에게 주신 약속의 말씀이다. "이기는 자"란 말은 이세벨의 미혹을 이기고 주를 향한 신실한 믿음을 지키는 자를 가리키고, "내 일을 지키는 자"란 말은 거짓 선지자와 그를 추종하는 세력들을 교회에서 축출하고 주의 교회를 회복하는 일을 가리킨다. 주는 이런 일을 하는 자에게 "만국을 다스리는 권세를 주실" 것이라고 약속한다. 시편 2편은 만국을 철장으로 다르시는 하나님의 아들 메시아의 권세를 언급하는데, 계시록에서도 이 시편은 그리스도에 관한 사상을 해설할 때 중요한 역할을 담당한다(2:26; 11:18; 12:5; 19:15). 요한은 예수를 신실하게 따르는 제자들도 세상 나라들을 다스리는 그의 권세에 동참할 것으로 가르친다. 지금은 그들이 세상 나라들이 가하는 박해와 고난을 겪고 있지만, 재림 때에는 운명이 뒤바뀌어 현재 고난당하는 성도들이 그들을 다스리게 될 것이다. '다스리다'(ποιμανεῖ)동사는 본래 목자가 양을 칠 때 쓰이던 술어이다. 그것은 칠십인 경에서 메시아의 "심판과 양육" 행위를 동시에 함축할 수 있다. 그가 만국을 철장으로 다스릴 때 그의 통치를 받아들이는 자들에게 '철장'은 양들을 기르는 목자의 지팡이가 될 수도 있지만 그의 통치를 거부하는 자들에게 질그릇을 깨트려 부수는 것처럼 징치하는 심판의 막대기가 될 수도 있다(이필찬, 2006: 166). "나도 아버지께 받은 것이 그러하다"는 말은 만국을 다스리는 권세가 본래 하나님 아버지에게 속한 권세인데 하나님이 그것을 그의 아들 그리스도에게 주셨다는 것을 뜻한다. 하나님에게 속한 권세가 아들 그리스도에게 위임되고, 그리스도는 이제 자신을 따르는 제자들에게 이 권세에 동참할 것을 약속하신다.

[28] 본 절은 이기는 자에게 주신 또 다른 약속의 말씀이다. 그리스도

는 이기는 자에게 "새벽 별을 주시겠다"고 약속하신다. 계시록 22:16에서 요한은 재림하는 그리스도를 "광명한 새벽 별"로 묘사하는데, 본문이 만일 이것을 염두에 두고 있다면 신실한 믿음을 지키는 성도들이 그리스도 자신의 신적 생명에 참여하게 될 것을 약속한 것일 수 있다. 또한 구약에서 '새벽 별'은 다윗의 자손으로 오실 메시아의 왕적 직분과 통치를 가리키는 말로 등장하기도 한다(민 24:17; 벧후 1:17-19). 아마도 본문의 표현은 두 가지 의미를 다 내포한 것으로 보인다. 그렇다면 이기는 자들에게 새벽 별을 주신다는 약속은 그들이 메시아의 영원한 생명과 왕적 통치에 참여할 권세를 주시겠다는 것을 함축한다. 이런 축복은 현재적이며 미래적인 의미를 다 갖고 있다.

[29] 두아디라 교회에 보낸 편지는 앞선 세 편지와 똑같은 선언을 담고 있다. 다만 다른 편지들과 달리 본 편지에서 일반적인 권면은 끝 부분에 등장한다. "귀 있는 자"는 계시록의 말씀을 들을 줄 아는 영적인 분별력을 지닌 사람을 가리킨다. 그런 분별력을 지닌 그리스도인은 성령이 교회들에게 무슨 말씀을 하시는지 분별하여 알아낼 수 있다. "교회들"이 언급된 것은 아시아의 특정한 교회에 보낸 편지의 말씀도 전체 교회들에게 적용될 수 있다는 것을 함축한다.

마. 사데 교회에게 보낸 편지(3:1-6)

본문

1 사데 교회의 사자에게 편지하라 하나님의 일곱 영과 일곱 별을 가지신 이가 이르시되 내가 네 행위를 아노니 네가 살았다 하는 이름은 가졌으나 죽은 자로다 **2** 너는 일깨어 그 남은 바 죽게 된 것을 굳건하게 하라 내 하나님 앞에 네 행위의 온전한 것을 찾지 못하였노니 **3** 그러므로 네가 어떻게 받았으며 어떻게 들었는지 생각

하고 지켜 회개하라 만일 일깨지 아니하면 내가 도둑 같이 이르리니 어느 때에 네게 이를는지 네가 알지 못하리라 **4** 그러나 사데에 그 옷을 더럽히지 아니한 자 몇 명이 네게 있어 흰 옷을 입고 나와 함께 다니리니 그들은 합당한 자인 연고라 **5** 이기는 자는 이와 같이 흰 옷을 입을 것이요 내가 그 이름을 생명책에서 결코 지우지 아니하고 그 이름을 내 아버지 앞과 그의 천사들 앞에서 시인하리라 **6** 귀 있는 자는 성령이 교회들에게 하시는 말씀을 들을지어다.

주해

[1] 사데는 두아디라 남쪽 약 30마일 떨어진 곳에 있는 도시이다. 이곳은 헤르무스 강 계곡을 따라 군사 도로가 지나가는 곳이어서 오래전부터 상업 거래가 빈번하게 이루어지던 도시였다. 사데는 아데미 신전 아크로폴리스가 세워진 곳으로 유명하지만, 주후 17년에 발생한 큰 지진으로 무너진 도시는 아우구스트 황제의 지원을 받아 재건되었다. 이곳은 난공불락의 요새를 지닌 도시였으나 페르시아와 그리스 시대를 거쳐 로마제국 시대에 이르기까지 수많은 전쟁을 치러야 했다. 때문에 사데의 시민들은 자연히 수많은 전쟁과 자연재해를 겪으면서 죽음과 생명에 대한 지대한 관심을 기울이게 되었고, 자연히 그들의 이러한 관심은 생로병사에 영향을 미치는 자연숭배를 발전시키게 되었다(Osborne, 2002: 172). 그리스도는 사데 교회의 회중들에게 자신을 "하나님의 일곱 영과 일곱 별을 가지신 이"로 제시한다. '일곱 영'은 하나님의 영인 성령을 상징하는 표현이고(1:4), '일곱 별'은 일곱 교회의 사자를 상징하는 표현이다(1:20). 그렇다면 그리스도는 교회에 성령을 부어주시는 주체일 뿐만 아니라(행 2:33) 또한 성령을 통해 교회를 주관하시는 분이시다(2:1). 교회를 주관하는 그리스도께서 사데 교회를 가리켜 "네가 살았다 하는 이름은 가졌으나 죽은 자"라고 평가하셨다. 교회의 생명은 성령에 있다. 사데 교회는 활기찬 도시 분위기를 닮아 겉보기에 살아있는 것처럼 보였지만, 사실은 성령이 떠났기

때문에 영적으로 죽은 교회나 마찬가지였다.

[2] 사데 교회의 영적 상태를 지적한 뒤에 격려와 경고의 말씀이 덧붙여진다. 격려의 내용은 "너는 일깨어 그 남은 바 죽게 된 것을 굳건하게 하라"는 것이다. "깨어 있으라"는 명령은 사태의 심각성을 일깨우는 말이다. 상황은 심각하지만 아직 소망이 없는 것은 아니다. 사데 교회는 영적으로 죽어가고 있기 때문에 아직 죽지 않고 남아 있는 것들을 강하게 해야 한다. 재빨리 조치를 취하지 않으면 결국 사망이 뒤따르게 될 것이다. 여기서 죽음은 하나님과의 생명적 관계의 단절을 뜻한다. 죽어가는 교회의 영적 상태는 "하나님 앞에 네 행위의 온전한 것을 찾지 못했다"는 말을 통해 설명된다. 이것은 그들의 행위가 그리스도께서 세우신 표준에 한참 미치지 못한다는 것을 뜻한다. 그가 열납하는 행위들은 사랑, 믿음, 순종, 충성, 인내 등과 같은 것들이다.

[3] 본 절은 회개를 촉구하는 말씀이다. 에베소 교회처럼 사데 교회도 "어떻게 받았으며 어떻게 들었는지 생각하고 지켜 회개해야" 한다. 그들이 받고 들은 것은 사도들이 전해준 복음의 교훈이다. 본문은 세 가지를 촉구한다. 첫째는 '생각하는' 것이다. 본래 이 동사는 '기억하다'를 뜻하는데, 사데 교회가 기억해야 할 것은 그들이 받고 들은 복음의 교훈이다. 둘째는 '지키는' 것이다. 이 동사는 복음의 말씀을 순종하는 것을 뜻한다. 셋째는 '회개하는' 것이다. 이것은 잘못된 것에서 돌이켜 하나님께 돌아서는 것을 뜻한다. 만일 사데 교회가 깨어 정신을 차리지 않으면 주께서 "도둑같이 이를" 것인데 그때가 언제인지 아무도 알지 못하기 때문이다. 공관복음서에서 주의 재림은 한 밤중에 도둑같이 임하는 것으로 묘사된다 (마 24: 42f). 계시록도 재림을 지칭할 때 종종 이런 표현을 사용한다(16:15). 하지만 대부분의 주석가들은 본문의 표현이 회개하지 않는 자들을 심판

하기 위해 언제든지 임하실 수 있다는 사실을 시사한다고 해석한다(Beale, 1999: 275; Johnson, 1981: 449). 하나님의 심판은 마지막 날에 가서야 궁극적으로 실현되겠지만 악을 행하거나 회개하지 않는 자들에게 역사 속에서 언제든지 뜻하지 않은 방식으로 갑자기 임할 수도 있다. 심판이 언제, 어떻게 임할는지 아무도 모르기 때문에 믿는 자들은 항상 깨어 조심해야 한다.

[4-5] 사데 교회는 분명히 영적으로 죽어가는 교회임에도 불구하고 회중 가운데는 신실한 믿음을 지킨 소수의 남은 무리가 있었다. 그들은 "그 옷을 더럽히지 아니한 자 몇 명"이었다. 고대종교에서는 더럽혀진 옷을 입고 신들에게 나아오는 것이 금지되었다고 한다(Johnson, 1981: 449). 본문에서 더럽혀진 옷을 입는다는 것은 이교도 생활에 동화되어 그리스도와 맺은 순수한 관계를 훼손하거나 더럽히는 것을 상징한다(14:4). '흰 옷'은 계시록에서 십자가 구속을 경험하고 새 존재가 되는 것(7:14) 또는 그 결과로 나타난 "성도들의 옳은 행실"(19:8)을 상징한다. 그렇다면 하나님의 백성으로서 자신의 거룩한 신분과 삶을 지키는 자들만이 그리스도와 "함께 다닐" 자격을 갖춘 자들이다. 이 표현은 구원을 얻은 자가 되어 그리스도와 생명적 교제를 누리는 것을 상징한다. 5절은 이기는 자에게 주신 약속의 말씀이다. 세 가지가 약속되는데, 첫째 약속은 "흰 옷을 입는" 것이다. 계시록에서 흰 옷을 입는다는 것은 의(義), 승리, 하나님의 영광을 덧입는 것을 나타내는 상징이다(3:18; 6: 11; 7:9; 19:14). 둘째 약속은 "내가 그 이름을 생명책에서 결코 지우지 않겠다"는 것이다. 생명책은 다니엘 12:2을 반영하는 표현으로서 구원 얻을 자들의 이름을 기록하는 하늘의 책을 지칭한다. 따라서 이기는 자의 이름을 생명책에서 지우지 않겠다는 것은 그리스도께서 그의 구원을 확실하게 보증하시겠다는 뜻이다. 셋째 약속은 "그 이름을 내 아버지 앞과 그 천사들 앞에서 시인하겠다"는 것이다. 이 표현도 마태복음 10:32-33의 말씀을 반영한다. '시인하다' 동사는

법정에서 공개적으로 고백하는 것을 나타내는 강한 술어다. 우리가 하늘 나라의 시민인 것을 확증하는 일은 마지막 재림 때에 있게 될 터인데, 그 것은 그리스도께서 하나님 아버지와 그의 천사들 앞에서 우리의 이름을 고백함으로 이루어질 것이다.

[6] 다른 편지들 가운데서 발견되는 일반적 권면이 본문에서도 발견된 다. 영적인 분별력을 지닌 사람이라면 성령께서 교회들에게 말씀하시는 것이 무엇인지 듣고 깨닫게 될 것이다. 이것은 2-3장의 메시지가 소아시 아 지역의 특정 교회들에게만 주어진 말씀이 아니라는 것을 시사해준다.

바. 빌라델비아 교회에게 보낸 편지(3:7-13)

본문

7 빌라델비아 교회의 사자에게 편지하라 거룩하고 진실하사 다윗의 열쇠를 가지신 이 곧 열면 닫을 사람이 없고 닫으면 열 사람이 없는 그가 이르시되 **8** 볼지어다 내 가 네 앞에 열린 문을 두었으되 능히 닫을 사람이 없으리라 내가 네 행위를 아노니 네가 작은 능력을 가지고서도 내 말을 지키며 내 이름을 배반하지 아니하였도다 **9** 보라 사탄의 회당 곧 자칭 유대인이라 하나 그렇지 아니하고 거짓말 하는 자들 중 에서 몇을 네게 주어 그들로 와서 네 발 앞에 절하게 하고 내가 너를 사랑하는 줄 을 알게 하리라 **10** 네가 나의 인내의 말씀을 지켰은즉 내가 또한 너를 지켜 시험의 때를 면하게 하리니 이는 장차 온 세상에 임하여 땅에 거하는 자들을 시험할 때라 **11** 내가 속히 오리니 네가 가진 것을 굳게 잡아 아무도 네 면류관을 빼앗지 못하게 하라 **12** 이기는 자는 내 하나님 성전에 기둥이 되게 하리니 그가 결코 다시 나가지 아니하리라 내가 하나님의 이름과 하나님의 성 곧 하늘에서 내 하나님으로부터 내 려오는 새 예루살렘의 이름과 나의 새 이름을 그이 위에 기록하리라 **13** 귀 있는 자 는 성령이 교회들에게 하시는 말씀을 들을지어다.

주해

[7] 빌라델비아는 사데에서 동남쪽으로 약 25마일 떨어진 곳에 위치한 도시이다. 또한 로마에서 시작하여 드로아, 버가모, 사데로 이어지는 주요 우편 통신로가 이곳을 지나간다. 때문에 상업 거래가 빈번했으며 땅이 비옥하여 포도 농사가 잘 되었다. AD 17년에 큰 지진이 사데와 빌라델비아만 아니라 그 인근 다른 도시들도 강타하여 도시 건물들 중 온전한 것이 별로 없었지만 티베리우스 황제의 지원으로 도시가 다시 재건되었다. 포도주 생산으로 유명한 이 도시는 술의 신인 디오니수스를 숭배하였고 헬라 종교 간에 혼합된 이교 신앙들을 추종했다고 한다. 그리스도는 빌라델비아 교회에 자신을 "거룩하고 진실하사 다윗의 열쇠를 가지신 이"로 소개한다. '거룩하고 진실하다'는 수식어는 본래 하나님 자신의 속성을 나타내는데 본문에서 그것은 그리스도의 속성을 묘사하는 말로 등장한다. 그는 세상과 구별된 거룩한 존재일 뿐만 아니라 말과 행위에 있어서 신뢰할 만한 분이다. 그가 "다윗의 열쇠"를 가지셨다. 다윗이란 이름은 메시아 되신 그리스도의 신분을 묘사할 때 자주 등장한다. 그렇다면 "다윗의 열쇠를 가지신 이"란 표현은 그리스도께서 메시아 왕국의 출입 여부를 결정하는 주권자가 되신다는 사실을 함축한다. 그는 생명과 사망에 대한 결정권을 갖고 계시고(1:18) 구원과 심판에 대한 전적 주권을 갖고 계신다. 8절에 '열린 문'이란 표현이 언급되기 때문에 그리스도는 다윗 계통의 왕적인 메시아로서 그것을 열고 닫을 전적인 권세를 행사하시는 분이다.

[8] 그리스도는 어느 누구도 닫을 수 없는 '열린 문'을 빌라델비아 교회의 성도들을 위해 열어 놓으셨다. 이 도시가 로마의 주요 통신로 상에 위치해 있어서 복음 전파의 효과적인 교두보 역할을 한 바 있기 때문에(골 4:3) 어떤 학자들은 그것이 복음 선교를 위한 문을 지칭한다고 해석한다. 하지만 문맥은 "열고 닫는" 것을 언급하고 있어서(7절) 그리스도께서 선

교의 문을 닫을 권세가 있다고 말하는 것은 이상하다. 따라서 본문의 표현은 그가 자신을 사랑하는 자들을 위해 천국 문을 열어 놓으셨다는 것을 함축한다고 해석될 수 있다(Ladd, 1972: 59; Reddish, 2001: 75). 빌라델비아 교회의 회중들은 그리스도를 믿는 신앙 때문에 유대인 회당 문에 들어갈 수가 없었겠지만(9절) 그들은 오히려 열린 문을 통해 천국에 들어갈 수 있는 참 하나님백성이다. 8절 하반 절에서 빌라델비아 교회에 대한 칭찬이 덧붙여진다. 그리스도께서 인정하는 "네 행위"는 그들이 "작은 능력을 가지고서도 내 말을 지키며 내 이름을 배반하지 아니하였다"는 것이다. 작은 능력을 가졌다는 말은 빌라델비아 교회가 소아시아의 다른 교회들에 비해서 작고 영향력이 없었다는 것을 뜻한다. 하지만 그들은 최근에 극심한 시련을, 아마도 유대인들의 박해로 인해 생긴 시련을 겪으면서도 그리스도를 배반하지 아니하고 그의 말씀을 순종하였다.

[9] 빌라델비아 교회의 성도들을 괴롭힌 자들은 불신 유대인 그룹이었는데, 그들은 "사탄의 회당 곧 자칭 유대인이라 하나 그렇지 아니하고 거짓말 하는 자들"에 불과하였다. 이 표현은 서머나 교회에서 문제를 일으켰던 자들을 묘사할 때도 비슷하게 등장한다(2:9). 요한이 '사탄의 회당'으로 정죄하는 유대인들은 예수를 메시아로 보기를 거부하고 그런 주장을 하던 기독교인들을 극심하게 박해했던 자들이었을 것이다. 하지만 그들은 참 유대인이 아니며 사탄의 주구 노릇을 하면서 거짓말을 하는 자들에 불과했다. 그들은 결코 하나님백성에게 허락된 천국 문에 들어갈 수 없는 자들이다. 그리스도는 "그들 중에서 몇을," 즉 사탄의 회당에 속한 자들을 빌라델비아 교회 성도들에게 내어주어 "그들로 와서 네 발 앞에 절하게 하고 내가 너를 사랑하는 줄을 알게 하실" 것이다. 이것은 그리스도께서 교회에 적대적인 유대인들을 심판하시고 그들 앞에서 성도들을 높이고 존귀하게 하셔서 그가 얼마나 성도들을 사랑하시는가를 알게 해주시겠

다는 뜻의 말씀이다. 하나님의 사랑을 받는 백성은 불신 유대인들이 아니라 빌라델비아 기독교인들이다. 구약에는 이방 나라들이 이스라엘 앞에 무릎을 꿇고 하나님이 그들과 함께 계심을 알게 하겠다는 구절들이 자주 발견되는데, 그들의 역할이 계시록 본문에서 뒤바뀐다(Johnson, 1981: 453). 유대인이든 이방인이든 간에 그리스도를 좇는 자들이 참 하나님의 백성이며, 불신 유대인들은 그들 앞에 무릎을 꿇고 하나님의 사랑이 그들에게 있음을 인정하지 않을 수 없게 될 것이다. 언제 이런 일이 일어날 것인가? 어떤 학자는 바울이 기대한 것처럼(롬 11:25-26) 그런 일이 유대인들의 집단적 회심이 일어나게 될 재림 직전에 발생할 것으로 생각하지만(Ladd, 1972: 61), 본문은 오히려 적대자들의 회심에 대해 말하기보다 그들에 대한 심판을 말한다. 그리스도는 장차 그들에 대한 심판을 통해 그런 일을 하시게 될 것이다.

[10] 본 절은 빌라델비아 성도들에 대한 칭찬과 약속의 말씀을 담고 있다. 그들에 대한 칭찬의 말씀은 "네가 나의 인내의 말씀을 지켰다"는 것이다. 그리스도의 말씀을 지키려는 사람에게는 인내가 요구된다. 복음에 적대적인 사회에서 살아가는 기독교인은 자연히 그로 인해 생기는 환난과 박해에 부딪히게 마련이어서 인내로써 그것을 순종할 필요가 있다(1:9). 인내의 말씀을 지키는 자에게 주어진 약속은 "내가 또한 너를 지켜 시험의 때를 면하게 하리라"는 것이다. '시험의 때'는 10절하에서 "장차 온 세상에 임하여 땅에 거하는 자들을 시험할 때"로 부연설명이 된다. 시험의 세계적인 성격이 강조된다. 따라서 그것은 빌라델비아 교회 공동체가 겪게 될 일반적인 고난의 때를 가리키기보다 재림 전에 온 세상에 임할 대환난의 때를 가리키는 것으로 보인다. 그렇다면 인내의 말씀을 지키는 자들에게 시험의 때를 면하게 해주겠다는 것은 무슨 뜻인가? 계시록에서 "땅에 거하는 자들"은 신자들을 가리키기보다 하나님의 진노를 받

게 될 짐승 경배자들, 즉 불신 세상 사람들을 가리킨다(6:10; 8:13; 11:10 등). 결국 '시험의 때'는 복음을 믿지 않는 모든 불신자들에게 임하는 심판의 때를 가리키고, 인내의 말씀을 지키는 빌라델비아 성도들은 그러한 심판의 때를 면하게 되어 구원을 받게 될 것이다. 만일 심판의 때가 불신자들을 향한 것이라면, 시험의 때를 면하게 해주겠다는 말씀은 그리스도께서 장차 빌라델비아 성도들을 영적으로 돌보고 지켜주신다는 뜻으로 이해될 수 있다(Beale, 1999: 292). 만일 시험이 기근, 지진, 전쟁 등과 같은 자연적 재앙을 지칭한다면, 어떻게 온 세상이 그런 재앙을 겪는 동안에 신자들만 그것을 겪지 않게 될 수 있는가? 혹자는 성도들이 그런 재앙이 쏟아질 대환난 기간을 겪지 않고 하늘로 휴거할 것이기 때문에 요한은 본문에서 그 가능성을 염두에 둔 것이라고 보기도 한다. 하지만 계시록은 성도들도 대환난을 통과할 것을 내다보고 있기 때문에(7:14), 본문이 대환난 전 성도들의 휴거를 명시적으로 밝힌 것이라고 보기 어렵다.

[11] "내가 속히 오리라"는 말씀은 그리스도의 재림을 지칭하는 표현이다. 본문에서 재림을 언급한 것은 심판의 위협이 아니고 말씀을 지키는 자들에 대한 약속으로 주어진다. 재림은 불신 세상 사람들에게 분명히 심판의 때이기 때문에 위협이 되겠지만, 말씀을 순종하는 자들에게는 면류관이 주어지는 때이다. 따라서 성도들과 세상 사람들이 당하는 시험은 서로 종류가 다르다. 성도들은 세상에서 고난과 박해를 당하게 되겠지만 말씀을 "굳게 잡으면" 재림의 날에 면류관을 받게 될 것이다. 하지만 땅에 거하는 세상 사람들은 성도들에게 고난과 박해를 가하겠지만 마지막 재림 때에 준엄한 심판을 받게 될 것이다. "네가 가진 것을 굳게 잡으라"는 말은 박해에 직면하여 그리스도의 말씀을 지키고 그의 이름을 부인하지 않을 것을 촉구하는 말씀이다. 말씀을 굳게 붙잡고 신실하게 지키는 자들에게 주어지는 상은 '면류관'이다. 2:10에서 그것은 "생명의 관"으로 표현

되는 것으로 보아서 영생의 축복을 상징하는 말로 이해되어야 한다.

[12] 본문은 이기는 자에게 주어질 약속의 말씀이다. 계시록에서 '이기다'란 술어는 수십 차례 등장하는데, 근접문맥에서 그것은 박해에 직면하여 말씀을 신실하게 붙잡고 지키는 행위를 가리킨다. 그렇게 하는 자에게 그리스도는 "내 하나님 성전에 기둥이 되게 하리라"고 약속하신다. 신약에서 성전 기둥은 때로 교회의 지도자들을 지칭하는 말로 쓰이기도 하지만(갈 2:9), 본문에서 그것은 빌라델비아 성도들이 하나님의 백성으로서 확고한 신분을 보장받게 될 것임을 약속하는 말씀이다. 그리스도는 또한 이기는 자들을 하나님의 성전의 기둥이 되게 해주실 뿐만 아니라 그 기둥 위에 "하나님의 이름과 하나님의 성 곧 하늘에서 내 하나님께로부터 내려오는 새 예루살렘의 이름과 나의 새 이름을 기록하실" 것이다. 기둥에 이름을 쓴다는 것은 그들이 하나님의 소유된 백성이 될 것임을 나타내준다. 14:1을 보면 십사만 사천 명의 이마에 "어린 양의 이름과 그 아버지의 이름을 쓴 것이 있다"는 구절이 등장하는데, 다 같은 의미를 내포한다. 빌라델비아 교회의 성도들이 이런 이름을 갖게 된 것은 박해 중에도 그리스도의 이름을 부인하지 않고 그의 말씀을 신실하게 지켰기 때문이다(8절 참조). 여기서 주목할 것은 "새 예루살렘의 이름"이다. 새 예루살렘이 "하나님의 성"으로 언급되기 때문에 하늘에 위치한 어떤 지리학적 도시를 가리키는 것 같지만, 계시록 후반부에 가면 새 예루살렘이 어린 양의 아내, 즉 종말론적인 교회 공동체로 동일시된다(21:9-10). 그렇다면 기둥 위에 새 예루살렘의 이름이 기록된다는 것은 이기는 자들이 종말론적인 교회 공동체의 확실한 구성원이 될 것을 비유적으로 말씀한 것이다. 그들이 또한 그리스도의 "새 이름"을 얻게 된다는 말씀도 십자가 구속을 통해 그리스도에 의해 소유된 새로운 백성이 될 것임을 의미한다. 이렇게 그들이 그리스도께 속한 새 백성이 되었을 때 "결코 다시 나가지 아니할" 것이다.

하나님의 백성 된 그들의 신분과 위치가 이렇게 확고하게 보장되었기 때문에, 그것을 빼앗겨서 구속 공동체의 울타리 밖으로 쫓겨나는 일은 결코 없을 것이다.

[13] 다른 교회들에 보내진 편지 말미에 발견되는 일반적인 권면이 여기서도 덧붙여진다.

사. 라오디게아 교회에 보낸 편지(3:14-22)

본문

14 라오디게아 교회의 사자에게 편지하라 아멘이시요 충성되고 참된 증인이시요 하나님의 창조의 근본이신 이가 이르시되 15 내가 네 행위를 아노니 네가 차지도 아니하고 뜨겁지도 아니하도다 네가 차든지 뜨겁든지 하기를 원하노라 16 네가 이같이 미지근하여 뜨겁지도 아니하고 차지도 아니하니 내 입에서 너를 토하여 버리리라 17 네가 말하기를 나는 부자라 부요하여 부족한 것이 없다 하나 네 곤고한 것과 가련한 것과 가난한 것과 눈 먼 것과 벌거벗은 것을 알지 못하는도다 18 내가 너를 권하노니 내게서 불로 연단한 금을 사서 부요하게 하고 흰 옷을 사서 입어 벌거벗은 수치를 보이지 않게 하고 안약을 사서 눈에 발라 보게 하라 19 무릇 내가 사랑하는 자를 책망하여 징계하노니 그러므로 네가 열심을 내라 회개하라 20 볼지어다 내가 문 밖에 서서 두드리노니 누구든지 내 음성을 듣고 문을 열면 내가 그에게로 들어가 그와 더불어 먹고 그는 나와 더불어 먹으리라 21 이기는 그에게는 내가 내 보좌에 함께 앉게 하여 주기를 내가 이기고 아버지 보좌에 함께 앉은 것과 같이 하리라 22 귀 있는 자는 성령이 교회들에게 하시는 말씀을 들을지어다.

주해

[14] 라오디게아는 빌라델비아 남동쪽으로 45마일 떨어진 도시이다.

골로새와 히에라볼리와 더불어 이곳은 모두 비옥한 루커스 계곡에 세워진 도시로서 에베소 해변에서 시작하여 아시아의 주요 내륙 도시들을 잇는 우편 통신로 상에 있어서 상업과 교통의 중심지 역할을 하였다. 로마가 BC 133년에 이곳을 지배하게 되면서 라오디게아는 다른 아시아 도시들과 달리 제국에 충성하는 도시가 되었고 이 지역의 행정 중심지 역할을 하였다. 로마제국의 후원을 입어 라오디게아는 섬유산업과 금융이 발달하게 되었을 뿐만 아니라 특히 의료 학교가 일찍 세워져서 재정적으로 부유한 도시가 되었다. 도시 주민들은 주로 제우스를 숭배하였지만 토착 신들과 로마의 신들이 섞인 혼합주의 신앙을 추구하기도 했다. 골로새서 4:13에 따르면 라오디게아와 히에라볼리에 있는 성도들을 위해 많이 수고한 인물로 에바브라가 언급되기 때문에 그가 라오디게아 교회를 개척한 것으로 보인다.

예수 그리스도는 이런 교회에 "아멘이시요 충성되고 참된 증인이시요 하나님의 창조의 근본이신 이"로 나타나셔서 말씀하신다. 첫째, 예수는 '아멘'이시다. 본래 이 술어는 확실하고 참된 것에 찬동을 표시하는 히브리어 부사로서 신약에서 하나님의 말씀이나 행동에 대한 인간의 반응을 나타낼 때 자주 쓰였다. 그렇다면 이 표현은 예수께서 그의 인격이나 약속들 또는 행하신 일들에 있어서 참되고 진실하다는 뜻을 담고 있다(사 65:16). 둘째, 예수는 또한 '충성되고 참된 증인'이시다(1:5 참조). 이 표현은 예수를 '아멘'으로 묘사한 것과 병행을 이루는 말로써 그의 인격과 증언의 참되심을 강조한다. 예수께서 충성되고 참된 증인이 되신 이유는 하나님께서 그에게 맡기신 증언 사역을 고난을 받고 십자가 죽음에 이르기까지 충성되게 완수하셨기 때문이다(Osborne, 2002: 204). 예수께서 세상에서 증언한 내용은 하나님께서 그를 통해 이루고자 하시는 구속사역과 재창조 사역 전체와 연관된다. 셋째, 예수는 또한 '하나님의 창조의 근본'이시다. '근본'(ἀρχὴ)이란 술어는 본래 기원 또는 출처를 뜻하는 단어이다.

예수는 모든 창조의 기원과 출처가 되시기 때문에 피조세계에 대한 절대적이고 궁극적인 권세와 능력을 가지신 분이다. 계시록 다른 곳에서 그는 '알파와 오메가' 또는 '처음과 마지막'으로 묘사되기도 하기 때문에 요한은 본문에서 그를 창조의 주체로 생각하고자 했을 것이다.

[15-16] 본문은 책망의 말씀을 담고 있다. 예수께서 책망한 라오디게아 독자들의 행위는 "차지도 아니하고 뜨겁지도 아니하다"는 것이다. 보통 이 표현은 신앙적인 열정이 부족하다는 뜻으로 자주 해석되어 왔는데, "열심을 내라"는 19절의 진술로 미루어볼 때 타당한 면이 없지 않다. 하지만 뜨겁든지 차든지 하라는 양자택일의 도전은 물이 미지근하기 때문에 어떤 용도로도 쓸 수 없다는 영적 무용성을 더 함축할 가능성도 있다 (16절). 물이 뜨겁다는 것은 영적인 열정을 상징한다면, 물이 차갑다는 것은 영적인 차가움, 즉 중생하지 못했거나 영적인 무감각 상태를 가리킬 터인데 그런 상태는 라오디게아 독자들이 선택할 삶의 상태가 아니기 때문이다. 그렇다면 "차든지 뜨겁든지 하라"는 권고의 말씀은 그들이 영적 안일함과 자기만족에 빠져 신앙생활에 무감각한 상태에 있어서 예수께서 어떤 방식으로든지 사용할 수 없는 존재들이 되었다는 것을 시사해준다 (Johnson, 1981: 457). 결국 '미지근한' 물은 아무짝에도 쓸모가 없어서 예수는 "내 입에서 너를 토하여 버릴" 것이라고 경고하셨다. 이것은 라오디게아 독자들이 그리스도께 역겨운 존재에 불과했다는 것을 말해준다. 본문의 비유는 라오디게아 도시가 차갑고 신선한 물이 나오는 골로새와 뜨거운 온천수가 분출하는 히에라볼리 중간에 위치한 지리적 상황을 배경으로 한다. 라오디게아는 물이 부족한 도시였기 때문에 도시의 남쪽 7마일 정도 떨어진 데니즐리에서 수도관을 연결하여 물을 공급받아 왔다. 하지만 물이 수도관을 통해 흘러오는 동안에 미지근해져서 식수로 먹기에 구토가 날 정도였다고 한다. 예수께서는 도시의 지리적 상황을 배경삼아 세

상과 적절히 타협하는 중에 영적으로 쓸모가 없어진 라오디게아 청중들의 안일함과 무감각 상태를 경고하셨다.

[17] 라오디게아 교회의 보다 심각한 문제는 자신들의 영적 상태에 대해 알지 못했다는 사실이다. 그들은 스스로 "나는 부자라 부요하여 부족한 것이 없다"고 말하고 있지만, 그들의 "곤고한 것과 가련한 것과 가난한 것과 눈 먼 것과 벌거벗은 것을 알지 못하고" 있었다. 그들은 도시의 부요한 경제적 환경 속에서 살면서 스스로 부자라고 생각했지만, 그들의 영적인 상태는 정반대였다. 경제활동과 이교숭배가 서로 밀접한 관계를 맺고 있던 고대사회에서 세상과 타협하지 않고 부자가 되는 일은 쉽지 않았을 것이다. 경제적 부를 쌓기 위해 세상과 타협하고 우상숭배를 용인하면서 라오디게아 성도들은 영적으로 가난한 자들이 되었을 테지만, 그들은 자신들의 영적 상황을 깨닫지 못하고 그들의 부를 하나님이 주신 축복으로 치부했을 것이다. 그리스도의 계시 말씀은 그들의 이러한 생각이 단지 착각과 환상에 불과하다는 것을 폭로하신다. 이것은 물질적으로 가난했지만 영적으로 부요했던 서머나 교회와 반대된다(2:9). 라오디게아 교회의 상태는 5중적으로 묘사된다. 처음 두 묘사는("곤고한 것과 가련한 것") 함께 연결되어 있고 나머지 세 묘사는("가난한 것과 눈 먼 것과 벌거벗은 것") 처음 두 묘사를 보다 구체적으로 설명하는 것으로 보인다(Johnson, 1981: 458; Osborne, 2002: 208). "곤고한 것과 가련한 것"이란 어떤 사람의 재산이 전쟁으로 인해 모두 파괴당하거나 약탈당한 것과 같은 상태를 일컫는데, 요한은 본문에서 그것을 라오디게아 독자들이 하나님 앞에서 겪는 영적 궁핍과 가련함을 묘사하는 비유적 표현으로 사용한다. 앞서 지적한 것처럼, "가난한 것과 눈 먼 것과 벌거벗은 것"은 그들의 가련한 상태를 세 가지 방향에서 묘사한 것이다. 그들은 영적으로 궁핍한 상태에 있고 자신들의 가련한 상황을 보지 못할 뿐만 아니라 마치 벌거벗은 자처럼 부끄러운 모습을 하고

있었다. 그리스도께서 그들을 토해낼 수밖에 없는 것은 영적인 가난과 가련함 자체 때문이라기보다 그 상황을 제대로 인식하지 못하고 모든 영적 부요의 원천이신 그리스도를 필요로 하지 않고 있다는 데 있다.

[18] 본 절에서 그리스도는 라오디게아 교회의 문제에 대한 세 가지 처방을 제시한다. 첫째 처방은 "내게서 불로 연단한 금을 사서 부요하게 하라"는 것이다. 금은 이 도시를 부요하게 만든 원천이었는데, 본문은 그것을 비유적 언어로 사용한다. 베드로전서 1:7에서 "불로 연단한 금"은 고난을 통해 단련되어 순결해진 믿음을 지칭하는 의미로 사용된 바 있어서 계시록 본문도 동일한 의미를 함축한다고 보는 것이 옳다(Thomas, 1992: 313f). 역설적인 것은 라오디게아 독자들이 스스로 부자라고 생각했지만 하나님 앞에서 가난한 자들이라는 것이다. 그들이 참 부자가 되는 유일한 길은 그리스도에게서 금을 '사는' 것이다. 하지만 참된 영적인 부는 돈으로 살 수 있는 것이 아니고 믿음으로 얻는 선물일 뿐이다. 둘째 처방은 "흰 옷을 사서 입어 벌거벗은 수치를 보이지 않게 하라"는 것이다. 라오디게아는 모직 옷감 생산으로 유명한 도시였다. 그들은 값비싼 옷으로 치장할 줄 알았지만 정작 하나님 앞에서는 영적으로 벌거벗은 상태에 있었다. 구약에서 벌거벗음은 흔히 하나님의 심판에 직면하여 수치를 당하는 원인으로 이해되곤 했는데(사 20:1-4; 겔 23:10) 본문도 그러한 전통을 반영한다. 계시록에서 '흰 옷'은 거룩한 하나님백성으로서의 정체성을 상징하는 비유적 언어이다. 그렇다면 흰 옷을 사서 입으라는 말은 라오디게아 그리스도인들에게 그러한 정체성을 회복하라고 권면하는 말씀이다(이필찬, 2006: 215). 물론 교회 공동체의 거룩한 정체성을 회복할 수 있는 원천은 그리스도와 올바른 인격적 관계를 회복하는 길밖에 없다. 셋째 처방은 "안약을 사서 눈에 발라 보게 하라"는 것이다. 이 처방은 라오디게아 그리스도인들이 영적 분별력을 회복하라는 말씀이다. 그들의 영적 위기는 경제적 이

익을 위해 이교숭배에 참여하고도 그것이 죄라는 것을 깨닫지 못하고 현실에 안주하려는 영적 무감각에 있었다. 자신의 영적 위기 상황을 올바로 인식하는 것도 그리스도께서 주시는 은혜의 선물이다.

[19] 라오디게아 교회가 이처럼 영적인 위기에 처해 있었지만 그리스도의 책망을 듣고 그에게로 돌아오는 자들이 있다면 완전히 소망이 없는 것은 아니다. 그리스도의 책망과 징계는 그가 '사랑하는' 자들을 위한 것이다(히 12:6). 어떤 사람이 책망과 징계를 받는다면 그것은 그가 아직 그리스도의 사랑을 받고 있다는 것을 뜻한다. 그가 주께 사랑을 받는 자라는 사실을 보여주는 중요한 징표는 자신의 죄에 대해 회개하는 태도를 나타내는 것이다. 책망과 징계를 받는데도 회개가 없다는 것은 그가 주의 백성이 아니라는 것을 보여줄 뿐이다. 하반 절에서 "열심을 내라 회개하라"는 동사가 서로 짝을 이루어 등장하는 것은 회개한다는 것이 단지 생각만 바꾸는 것이 아니라 하나님에 대한 영적 열정을 회복하는 것(이필찬, 2006: 216)을 뜻하기 때문이다.

[20] 본 절에서 책망의 말을 경청하는 자들에게 그리스도는 자신과 함께 먹고 마시자고 초청하고 계신다. "문 밖에 서서 두드리다"란 말은 라오디게아 성도들과 영적인 교제의 회복을 원하시는 예수의 모습을 나타내는 비유적 표현이다. 책망의 말을 듣고 회개하는 자는 언제나 마음의 문을 열고 그리스도께서 들어오시도록 하는 사람이다. 본문의 초청은 복음을 처음 듣고 그리스도를 영접하는 상황을 염두에 두고 있지 않다 (Johnson, 1981: 459). 오히려 그것은 뒤로 처진 라오디게아 성도들에게 회개하여 하나님 백성으로서 참 정체성을 회복하라고 촉구하는 문맥과 연결되어 있다. 주인이 문을 두드리는 모습은 신부의 방을 두드리는 신랑의 모습을 그린 아가서의 본문을 연상시킨다(Osborne, 2002: 212). 요한이 이

러한 아가서 본문의 배경을 염두에 두었다며, 이것은 라오디게아 성도들을 향한 그리스도의 사랑이 얼마나 지극한지를 보여주는 말씀이다. 함께 더불어 먹는 것은 하루 중에 가장 중요한 식사자리에서 주어지는데, 보통 고대 근동사회에서 이런 정찬은 가장 가까운 친구들을 초대하여 친밀한 교제를 나누는 계기가 되곤 했다(Johnson, 1981: 459). 그러면 그리스도와 더불어 먹는 일은 성도가 누리는 현재적 교제의 축복을 말하는가 아니면 재림 때 있게 될 종말론적 잔치를 말하는가? "서서"란 술어가 현재완료 동사이기 때문에 본문의 묘사는 성도들이 그리스도와 함께 현재 누리는 교제의 축복을 지칭하는 것이 분명하다. 그들이 지금 회개와 갱신의 태도를 보인다면 종말의 천국 잔치에서 경험하게 될 예수의 임재와 그와의 깊은 교제의 축복을 현재에도 향유할 수 있다(이필찬, 2006: 219).

[21] 본문은 이기는 자에게 약속된 축복을 말해준다. 계시록에서 자주 등장하는 '이기다'란 술어는 문맥에 따라 다른 뜻을 갖는다. 본문에서 그것은 영적 나태와 무감각 상태를 회개하고 그리스도를 향한 열정과 헌신을 회복하는 일을 가리킨다. 만일 라오디게아 성도들이 그러한 삶을 회복할 수 있다면, 그들은 "내가 내 보좌에 함께 앉게 하여 주기를 내가 이기고 아버지 보좌에 함께 앉은 것과 같이 할" 것이다. 예수께서 앉으신 보좌에 함께 앉는다는 것은 그의 왕적 통치에 함께 참여한다는 것을 뜻한다. 이런 진술은 이미 계시록 앞부분에서 몇 차례 등장한 바 있고(1:6, 9; 2:26f) 후에도 등장한다(5:10; 20:4ff). 예수는 고난과 죽음을 이기고 승천하셔서 지금은 하나님 보좌 우편에 앉아 그의 우주적 통치에 참여하고 계신 것처럼, 라오디게아 성도들도 세상과 타협하지 않고 하나님백성으로서 정체성을 지킬 수만 있다면 그의 우주적 통치에 함께 참여할 권세를 얻게 될 것이다. 지상의 성도들은 지금도 부분적으로 그리스도의 왕적 통치에 참여하고 있지만, 본문이 특별히 염두에 둔 것은 그리스도의 재림 때 그를 통해

완성될 하나님의 왕적 통치이다. '보좌에 앉다'는 표현은 계시록의 중심 주제를 설명할 때 자주 쓰인다. 요한은 4-5장에서 하나님과 그리스도께서 하늘 보좌에 앉아계신 환상을 보여주고 있는데, 본 절에서 그 보좌에 이기는 자들도 함께 앉게 될 것임을 미리 예고한다(Bauckham, 1993a: 6).

[22] 일곱 교회에 보낸 편지 말미에서 덧붙여진 일반적 권면이 라오디게아 교회에 보낸 편지에도 덧붙여진다.

해설

계시록 2-3장은 아시아 일곱 교회의 사자들에게 보낸 편지 형식으로 쓰였다. 일곱 교회에 보낸 편지의 형식은 대체로 비슷하다. 각 편지는 대체로 일곱 가지 부분으로 구성된다. 첫째 부분에서 우선 편지가 보내지는 교회가 거명된다. 특정 교회의 사자에게 편지하라는 형식이 일곱 편지의 서두에서 공통적으로 발견된다. 둘째 부분에서 그리스도의 이름 묘사가 제시된다. 그것은 1:12-20에서 묘사된 인자 되신 그리스도의 모습을 토대로 삼아 소개되는데, 이때 그리스도의 이름 묘사는 각 교회의 영적 상태와 긴밀하게 연결되어 있다. 셋째 부분에서 각 교회의 영적 상황에 대한 묘사가 제시된다. 그리스도는 각 교회가 행한 일들과 그에게 보인 헌신의 실체를 간파하고 계신다. 그는 각 교회의 외면적 모습을 보시는 것이 아니라 자신과 맺고 있는 영적 관계의 실체를 들여다보신다. 넷째 부분에서 그리스도는 각 교회가 이룬 일들을 평가하고 그들의 영적 상태에 대한 판단을 내리신다. 이를테면 "네가 처음 사랑을 버렸다"(2:4)든가 또는 "네가 살았다고 하는 이름을 가졌으나 죽은 자로다"(3:1)고 하는 판단이 그것이다. 긍정적인 판단을 받은 교회는 칭찬을 듣고(서머나와 빌라델비아 교회), 부정적인 판단을 받은 교회는 칭찬을 듣지 못하는 경우도 있다(사데와 라오디게아 교회). 다섯째 부분에서 그리스도는 교회의 문제를 교정하거나 경고하신다. 경고의 말씀은 각 교회가 지닌 자기기만의 성격을 드러내준다. 자신은 부자라고 생각하지만 실상은 영적으로 가난한 자라든가, 뭔가 보고 있다고 생각하지만 눈 먼 상태에 있다든가, 살았다고 생각하지만 실제로는 하나님 앞에 죽은 상태에 있다든가 하는 인식이 자기기만의 성격을 보여준다. 교회에 침투한 이단들도 발람, 이세벨 등과 같은 구약 인물들로 묘사되는 것으로 보아서 교회들은 그들 속에 침투한 이단들의 정체를 쉽게 알아차리지 못했을 것이다. 악이 클수록 다른 옷을 입고 나타나기 마련이어서 성도들은 그것이 악인지 알아차리지 못하는 수가 많다. 그리스도는 각 교회가 빠진 자기기만의 실체를 예리하게 드러내신다. 여섯째 부분에서 "귀 있는 자는 성령이 교회들에게 하시는 말씀을 들으라"는 일반적인 권면이 덧붙여진다. 일곱째 부분은 이기는 자가 받게 될 보상의 약속을 담고 있다. 이들 약속은 보통 고도의 비유적 언어로 표현되기 때문에 해석상의 어려움을 일으키기도 한다. 이기는 자에게 주어질 각 약속은 대부분 마지막 때 실현될 종말론적 약속을 나타내고 계시록 21-22장의 내용과도 관계된다. 이를테면, 2:7에 있는 "하나님의 낙원에 있는 생명나무의 열매"는 22:2에 나오는 "생명나무"와 병행을 이루고, "둘째 사망의 해를 받지 아니하리라"는 2:11의 약속은 "다시는 사망이 없다"는 21:4의 말씀과 병행을 이룬다. 특별히 이들 약속이 창세기 2-3장의 이야기를 반영한다는 것은 아담이 에덴동산에서 잃어버린 것을 그리스도께서 다시 회복하신다는 사실을 함축한다(Johnson, 1981: 432). "내게서 사라", "내가 주리라", "내가 하게 하리라" 등과 같은 표현들은 선물을 주시는 주체가 그리스도 자신이라는 것을 말해준다. 오직 그만이 이기는 자에게 선물을 주실 수 있는 궁극적 권세를 갖고 계신다.

혹자는 편지가 보내진 아시아의 일곱 교회가 역사에 등장했던 각 시대의 교회를 상징한다고 보기도 한다. 이를테면, 에베소 교회는 사도시대의 교회를, 서머나 교회는 순교시대의 교회를, 버가모 교회는 타협시대의 교회를, 두아디라 교회는 로마교황시대의 교회를, 사대교회는 종교개혁시대의 교회를, 빌라델비아 교회는 부흥시대의 교회를, 라오디게아 교회는 현대 세속화 시대의 교회를 지칭한다는 것이다. 하지만 이런 견해는 계시록의 예언을 서구 교회의 역사에 국한시키는 오류를 범한 것이다. 2-3장의 메시지를 이런 식으로 구분하면 계시록은 대부분 1세기 독자들과 아무런 관계가 없는 메시지로 전락하게 된다. 일곱 편지들이 계시록 전체와 더불어 각 교회에 보내진 것이기 때문에(1:11), 우리는 지구상의 모든 교회들이 그 안에 담긴 칭찬과 책망의 말씀들을 모두 듣도록 의도된 것이라고 추정할 수 있다. 각 편지 말미에 "귀 있는 자는 성령이 교회들에게 하시는 말씀을 들으라"는 촉구가 덧붙여진 것은 각 편지가 아시아의 특정한 교회의 문제를 다루기 위해 기록된 것이면서도 비슷한 문제를 겪게 될 지상의 모든 교회들을 위해서도 기록된 것이라는 사실을 시사해준다. 이단들의 거짓교훈과 싸우다가 처음 사랑을 잃어버린 교회가 어찌 사도시대의 교회뿐이겠는가? 세상과 타협하다가 영적 해이와 무감각에 빠진 교회가 어찌 현대 세속주의 교회만의 문제이겠는가? 각 시대의 교회들은 아시아의 일곱 교회들이 겪었던 이런 저런 영적 위기와 문제들을 부분적으로 공유하고 있기 때문에 각 편지의 내용은 모든 시대의 교회들에게 적용점을 가질 수 있다.

 에베소 교회는 수고와 인내와 순결을 나타낸 교회였으며 거짓 사도들의 정체를 드러내고 그들을 용납하지 않은 일로 칭찬을 들었지만 처음 사랑을 잃어버린 잘못을 범하고 말았다. 교회의 정체성은 정통신앙(orthodoxy)을 고백하는 것만 아니라 정통실천(orthopraxy)을 나타내는 것으로도 드러난다. 한국교회, 특별히 보수적인 교회들은 자유주의와 후현대주의 물결에 맞서 정통교리를 파수하는 데 온 정열을 기울이면서도 참된 사랑을 실천하는 데는 소홀히 한 감이 없지 않다. 그리스도께서 에베소 교회의 청중들에게 처음 사랑을 회복하지 않으면 촛대를 옮기시겠다고 경고하신 것은 교리의 파수만 아니라 사랑의 실천이 교회 정체성 유지의 핵심을 이룬다는 것을 보여준다. 하나님 사랑과 이웃 사랑을 나타내지 않는 교회는 더 이상 참 교회가 아니라는 것을 말해줄 뿐이다. 예수께서 오른 손에 일곱별을 갖고 계시고 일곱 금 촛대 사이를 거닌다는 것은 그가 지상의 모든 교회를 감독하고 다스리는, 교회의 주인 되신다는 사실을 말해준다. 그는 처음 사랑을 회복하여 교회의 정체성을 회복하는 교회들에게 하나님 나라에서 영생을 향유하게 하시겠다고 약속하신다.

서머나 교회는 빌라델비아 교회와 함께 칭찬만을 들은 교회이다. 서머나 교회의 성도들은 환난과 가난 중에 있으면서도 사실은 영적으로 부요함을 누리는 교회였다. 이 교회에 그리스도는 자신을 "처음이요 나중이요 죽었다가 사신 분"으로 소개하셨는데, 이것은 그가 역사의 처음과 마지막, 사망과 생명을 주관하시는 주인이시라는 것을 말해준다. 그리스도는 적대적인 세력들에게 고난을 당하고 죽임을 당하셨으나 부활하심으로써 진정한 승리자가 되신 것처럼, 서머나 교회 성도들도 세상에서 고난을 당하는 것을 두려워하지 말고 죽기까지 충성해야만 한다. 그들이 그렇게 한다면 주께서 생명의 면류관을 얻게 하시고 영원한 사망을 겪지 않게 하실 것이다.

버가모 교회는 사탄의 위가 있는 곳에 거주하면서 그리스도의 이름을 굳게 잡았을 뿐만 아니라 의로운 안디바가 죽임을 당할 때도 믿음을 저버리지 않은 교회였다. 하지만 교회 내에 발람의 교훈과 니골라 당의 교훈을 지키는 자들이 있었다. 그리스도는 이 교회에 자신을 "좌우에 날선 검을 가지신 분"으로 소개하면서 만일 그들이 회개하지 않으면 속히 임하여 검으로 그들과 싸우실 것이라고 말씀하신다. 여기서 검은 예수께서 소유하신 심판의 권세를 나타낸다. 버가모 교회가 대체로 칭찬을 들을 만한 일을 했지만, 회중 가운데 그릇된 교훈을 추종하면서 회개하지 않는 자들에 대해 주께서는 곧 심판자의 권세로 그들을 징치하실 것이다. 또한 그리스도는 이기는 자들에게 감추었던 만나와 아무도 모르는 이름이 기록된 흰 돌을 주시겠다고 약속하셨다. 감추었던 만나를 주시겠다는 약속은 이기는 자들이 장차 하나님 나라에서 영원한 메시아 잔치에 참여하는 즐거움을 누리게 될 것을 상징하고, 아무도 모르는 이름이 기록된 흰 돌을 주시겠다는 것은 천국에서 베풀어질 메시아 잔치에 참여할 수 있는 권한이 주어질 것을 뜻한다. 흰 돌 위에 새겨졌으나 아무도 모르는 '새 이름'은 그리스도 자신의 이름을 가리킨다. '흰 돌' 즉 초대장에 그의 이름이 새겨진다는 것은 그리스도와 맺어진 비밀스럽고 친밀한 관계 속에서 그의 이름으로 일컬음을 받는 새 존재가 될 것임을 상징한다. 성도들과 비밀스럽고 친밀한 관계 속에서 알려진 그리스도의 이름은 현재 세상 사람들에게 감추어진 채로 있으나 장차 마지막 날에는 모든 이름들 위에 뛰어난 영광스러운 이름으로 드러나게 될 것이다.

두아디라 교회는 선한 일을 하면서 사랑, 믿음, 섬김, 인내를 나타낸 모범적인 교회였다. 하지만 모범적인 교회도 흠이 있었다. 교회 공동체 내에는 자칭 선지자라 하면서 행음과 우상 제물을 먹게 하는 이세벨의 가르침을 용납하고 말았다. 그리스도는 이 교회에 자신을 "그 눈이 불꽃같고 그 발이 빛난 주석 같으신 하나님의 아들"로 소개한다. 이것은 심장을 꿰뚫어 보시는 통찰력으로 사람들을 심판하시는 그리스도의 영광스러운 모습을 가리킨다. 이세벨은 본래 구약에서 아합 왕의 부인으로 등장하는데, 본문에서 이세벨은 두아디라 교회가 용납한 실제의 이름이라기보다 교회 가운데 존재하는 어떤 여선지자를 설명하기 위해 은유적으로 채용된 인물이다. 그녀는 교회 내에서 상당한 리더십을 발휘했으며 스스로 선지자로 자칭하면서 거짓교훈을 가르친 인물이었던 것 같다. 그녀가 퍼뜨린 오류는 두아디라 교회의 회중들을 잘못 가르쳐 행음하게 하고 우상제물을 먹게 한 것이었다. '행음'은 하나님을 배반하고 세상과 타협하는 불신 행위를 비유적으로 지칭한 술어일 수 있지만 실제의 육신적 음행을 배제하기 어렵다. 고대 동양 종교에는 우상숭배와 성적 음행이 결탁된 경우들이 많았기 때문이다(고전 6:9; 엡 5:5 등). 만일 행음을 하고 우상제물을 먹는 행위를 회개하지 않는다면 그리스도는 이세벨 자신만 아니라 그녀와 더불어 행음하는 자들, 그리고 이세벨의 자녀들까지 심판하게 되실 것이다. 이세벨은 침상에 던져 질병으로 눕게 만들 것이고, 그녀와 더불어 행음하는 자들은 그녀와 함께 큰 환난을 당하게 만들 것이며, 그녀의 자녀들은 사망으로 죽을 것이다. 주는 각 사람의 행위대로 공평하게 갚아주실 뿐만 아니라 또한 만국을 철장으로 다스리는 심판주가 되신다. 그는 이기는 자에게 '새벽 별'을 주시겠다고 약속하셨다. 이것은 그리스도께서 장차 만국을 철장으로 다스리실 때 이기는 자들도 메시아 통치에 함께 참여하게 될 것을 약속한 말씀이다. 이 축복은 재림 때 궁극적으로 실현되겠지만 현재에도 부분적으로 경험되는 실재이기도 하다.

    사데 교회는 하나님 앞에 온전한 행위를 찾기 어려운 교회였다. 교회 회중 가운데는 자신의 옷을 더럽히지 않은 몇 명이 있는데, 주는 그들이 흰 옷을 입고 자신과 함께 거닐 것이라고 약속하셨다. 계시록에서 '흰 옷'은 세상과 타협하지 않고 하나님에 대해 신실함을 나타내는 삶을 상징한다. 그들이 주와 동행한다는 것은 세상에 물들지 않고 하나님 앞에 신실한 삶을 영위했기 때문이다. 하지만 회중 대다수는 "살았다 하는 이름은 가졌으나 죽은 자"에 불과했다. 그들은 하나님이 기뻐하실 만한 행위의 온전함을 하나도 나타내지 못한 자들이었다. 이런 교회에 그리스도는 자신을 "하나님의 일곱 영과 일곱 별을 가진 이"로 제시한다. 이것은 그가 성령을 통해 지상 모든 교회를 다스리는 주권자가 되신다는 것을 뜻한다. 그리스도는 영적으로 죽어가는 사데 교회를 향하여 "일깨어 남은 바 죽게 된 것을 굳게 하라"고 촉구하신다. 아직 죽지 않고 남아 있는 것들이 존재한다는 것은 사데 교회가 영적으로 완전히 죽은 교회가 아니라는 것을 뜻한다. 그들은 그 나머지 죽게 된 것들을 죽을 때까지 방치하지 말고 일깨어 죽지 않게 해야 한다. 그러기 위해서 그들은 "어떻게 받았으며 어떻게 들었는지 생각하고 지켜 회개해야" 한다. 죽음에 이르는 병을 고치기 위해서는 어떻게 복음을 받고 들었는지 '생각하고' '지키고' '회개해야' 한다. 그들이 받고 들은 복음을 기억하고 순종하며 회개하는 자세는 영적인 갱신에 있어서 필수적이다. 만일 그들이 깨어 경성하는 태도를 취하지 않으면 예수께서 "도둑같이 임하셔서" 그들을 심판하실 것이다. 그는 이기는 자에게 흰 옷을 입게 하실 것이며 그의 이름을 생명책에 기록하고 하나님 앞과 천사들 앞에서 시인하실 것이라고 약속하셨다. 이것은 순결하고 거룩한 자녀로서 하나님 앞에 설 자격을 인정받는다는 상징적 의미를 갖는다.

빌라델비아 교회는 적은 능력을 가지고도 주의 말씀을 순종하고 그의 이름을 배반하지 않은 교회였다. 그들이 거주하던 도시는 자칭 유대인이라 하지만 사탄의 모임에 불과한 자들이 활동하던 곳이었다. 그들의 적대적 활동 때문에 빌라델비아 회중은 정치, 사회적으로 로마제국의 보호를 받지 못했고 그들에게 주어지는 경제적 혜택도 누리지도 못한 채 주변 사회로부터 소외된 상태에서 신앙을 지키려고 최선을 다한 교회였다. 이런 교회에 주께서는 자신을 "다윗의 열쇠를 가지시고 열면 닫을 사람이 없고 닫으면 열 사람이 없는 이"로 소개하신다. 이것은 주께서 메시아 왕국에 들어오게 하거나 들어오지 못하게 하는 전권을 가지신 분이라고 소개하는 말씀이다. 그리스도는 빌라델비아 성도들에게 "가진 것을 굳게 잡아 아무나 면류관을 빼앗지 못하게 하라"고 권면하신다. 여기서 '가진 것'은 그들이 그리스도에 대해 견지하고 있는 신실한 삶의 태도를 가리킨다. 그들이 그러한 신실함을 끝까지 견지할 수 있다면 주는 그들에게 영생이란 면류관을 씌워주실 것이다. 또한 주는 인내의 말씀을 지킨 자들이 장차 세상에 임한 큰 환난의 때를 면하게 해주실 것이라고 약속하신다. 이것은 믿음을 지킨 자들이 최후 심판의 때를 면하게 될 것을 약속한 말씀일 것이다. 더욱이 주는 이기는 자가 하나님 성전의 기둥이 되게 하실 것이며 그 위에 하나님과 새 예루살렘, 그리고 그리스도의 새 이름을 기록하게 될 것이라고 약속하셨다. 이것은 이기는 자가 천국에서 하나님백성으로서 확고한 위치와 신분을 갖게 될 것임을 보증하는 말씀이다.

　라오디게아 교회는 뜨겁지도 않고 차갑지도 않은 신앙생활로 인해 책망을 들은 교회이다. 세상에서 교회는 하나님의 거룩한 백성으로서 분명한 정체성을 지녀야 하지만, 라오디게아 기독교인들은 세상과 적절히 타협하면서 그들의 분명한 정체성을 잃어버린 우를 범하고 말았다. 그들의 결정적인 오류는 부자라고 자처하면서도 영적으로 가난하고 가련한 처지에 있는 것을 스스로 깨닫지 못한 데 있었다. 외면적으로 그럴 듯한 모양새를 가졌지만 실상은 하나님을 멀리 떠난 존재들에 불과했다. 이런 교회에 그리스도는 자신을 "아멘이시요 충성되고 참된 증인이시며 하나님의 창조의 근본이신 이"로 소개한다. 이것은 그가 모든 창조의 기원이 되실 뿐만 아니라 그가 하나님의 구속사역과 재창조 사역을 참되고 신실하게 증거하고 완수하시는 분이라는 것을 뜻한다. 따라서 그리스도는 창조자요 참된 증언자로서 라오디게아 교회가 처한 영적 현실을 정확하게 진단하신다. 그들은 자신들이 곤고하고 가련하며 눈 멀고 벌거벗은 처지에 있음을 회개하고 주를 향한 뜨거운 열정과 헌신을 다시 회복해야 한다. 주는 문밖에 서서 두드리는 분이시기 때문에, 그들이 언제든지 마음의 문을 열고 주를 영접하면 주와의 진정한 교제를 회복하게 될 것이다. 그들이 영적 나태함과 무감각을 회개함으로서 영적 승리자가 된다면 주와 더불어 보좌에 함께 앉아 왕적인 메시아 통치에 참여하게 될 것이다.

3. 본론적 메시지: 심판과 구속

(4:1-20:15)

　본 섹션은 요한계시록의 본론적 메시지를 이루는 부분이다. 이곳의 중심 메시지는 심판과 구속에 관한 것이다. 하나님은 악의 세력들을 심판하고 자신의 백성을 향한 구속 계획을 실행하신다. 본론 섹션은 크게 세 부분으로 구성된다. 첫째는 하늘 성전 보좌 환상을 묘사하는데(4-5장), 여기서 요한은 심판과 구속을 집행하는 주체가 하늘 성전 보좌에 앉으신 하나님(4장)과 어린 양 예수(5장)라는 것을 보여준다. 하나님은 일곱 인으로 봉인된 두루마리를 오른 손에 가지고 계셨는데, 요한은 그 두루마리를 가져다가 인봉을 뗄 수 있는 자격과 권세를 지니신 분이 어린 양 예수뿐이라는 것을 알게 되었다. 둘째는 일곱 인, 일곱 나팔, 일곱 대접 재앙 환상을 묘사한다(6-16장). 어린 양 되신 예수께서 봉함된 일곱 인들을 하나씩 뗄 때마다 땅에는 심판 재앙 현상들이 나타난다. 이것은 일곱 인으로 봉인된 두루마리 책에 실제 들어있는 내용이 심판 집행 계획에 관한 것이라는 것을 시사해준다. 셋째는 큰 음녀로 불리는 바벨론과 짐승의 멸망에 관해 다룬다(17:1-19:10). 큰 음녀 바벨론과 짐승은 로마제국과 같은 세상 나라와 그 통치자들을 가리키는데, 음녀의 멸망과 어린 양의 신부의 등장을 대조하는 것이 두드러진다. 이것은 어린 양의 신부 공동체가 구속을 받아 새 하늘과 새 땅에 들어가기 위해서는 세상 나라와 그것을 뒤에서 장악하고 조종한 악의 세력들이 먼저 멸망을 당해야 한다는 것을 시사해준다.

A. 하늘 성전 보좌 환상(4:1–5:14)

가. 하늘 성전 보좌(4:1–14)

본문

¹ 이 일 후에 내가 보니 하늘에 열린 문이 있는데 내가 들은 바 처음에 내게 말하던 나팔 소리 같은 그 음성이 이르되 이리로 올라오라 이 후에 마땅히 일어날 일들을 내가 네게 보이리라 하시더라 ² 내가 곧 성령에 감동되었더니 보라 하늘에 보좌를 베풀었고 그 보좌 위에 앉으신 이가 있는데 ³ 앉으신 이의 모양이 벽옥과 홍보석 같고 또 무지개가 있어 보좌에 둘렸는데 그 모양이 녹보석 같더라 ⁴ 또 보좌에 둘려 이십사 보좌들이 있고 그 보좌들 위에 이십사 장로들이 흰 옷을 입고 머리에 금관을 쓰고 앉았더라 ⁵ 보좌로부터 번개와 음성과 우렛소리가 나고 보좌 앞에 켠 등불 일곱이 있으니 이는 하나님의 일곱 영이라 ⁶ 보좌 앞에 수정과 같은 유리 바다가 있고 보좌 가운데와 보좌 주위에 네 생물이 있는데 앞뒤에 눈들이 가득하더라 ⁷ 그 첫째 생물은 사자 같고 그 둘째 생물은 송아지 같고 그 셋째 생물은 얼굴이 사람 같고 그 넷째 생물은 날아가는 독수리 같은데 ⁸ 네 생물은 각각 여섯 날개를 가졌고 그 안과 주위에는 눈들이 가득하더라 그들이 밤낮 쉬지 않고 이르기를 거룩하다 거룩하다 거룩하다 주 하나님 곧 전능하신 이여 전에도 계셨고 이제도 계시고 장차 오실 이시라 하고 ⁹ 그 생물들이 보좌에 앉으사 세세토록 살아계시는 이에게 영광과 존귀와 감사를 돌릴 때에 ¹⁰ 이십사 장로들이 보좌에 앉으신 이 앞에 엎드려 세세토록 살아 계시는 이에게 경배하고 자기의 관을 보좌 앞에 드리며 이르되 ¹¹ 우리 주 하나님이여 영광과 존귀와 권능을 받으시는 것이 합당하오니 주께서 만물을 지으신지라 만물이 주의 뜻대로 있었고 또 지으심을 받았나이다 하더라.

주해

[1] 4-5장은 하늘 성전 보좌 환상을 보여준다. 4장은 창조주 하나님에

게 초점을 맞추고 있다면, 5장은 구속자 예수에게 초점을 맞춘다. 보다 정확하게 말한다면 4-5장은 두 부분으로 구성된 하나의 환상이다. 하늘 보좌 환상은 창조자 하나님의 구원 계획이 어떻게 어린 양 되신 그리스도를 통해 땅 위에서 집행되는가를 보여준다. 따라서 후속되는 일곱 인, 나팔, 대접 심판 시리즈는 4-5장의 하늘 보좌에서 결정된 것들이 집행되는 것들이라고 할 수 있다.

본 절 초엽에 등장하는 "이 일 후에"란 말은 환상의 논리적 순서를 나타낸다. 4장의 하늘 보좌 환상은 이미 1:10-16에 등장한 바 있는 영광 받으신 그리스도의 환상을 반영하기 때문이다. 사도 요한은 일곱 교회에 관한 그리스도의 편지 메시지를 들은 뒤에 "하늘에 열린 문"을 보게 되었다. 신약에서 하늘의 열린 문은 흔히 묵시적인 환상에서 자주 언급된다(눅 3:21). 그리스도께 요한에게 열린 하늘 문을 보여준 것은 땅에서 일어날 일들이 모두 하늘 보좌에서 집행되는 것들이라는 사실을 보여주기 위함이다. 더욱이 아담의 범죄 이후로 막혀있었던 하늘과 땅의 소통은 이제 그리스도의 구속사역을 통해 재개되고 에덴동산의 상황이 다시 회복되기 시작하였다(Osborne, 2002: 224). 요한이 열린 하늘 문 환상을 보았을 때 "이리로 올라오라"는 음성을 들었다. 이것은 열린 하늘 문을 통해 올라오라는 것을 뜻한다. 본래 그것은 "처음에 내게 말하던 나팔 소리 같은 그 음성"으로서 1:10의 말씀을 생각나게 만든다. 따라서 1장의 내용과 4장의 내용이 서로 연속성을 갖고 있음이 분명하다. 요한이 열린 하늘 문을 통해 올라가서 듣게 될 내용은 "이후에 마땅히 일어날 일들을 내가 네게 보이리라"는 말씀이었다. 1:1의 표현과 4:1의 표현은 서로 약간 다르다. 전자는 "반드시 속히 일어날 일들"을 언급한 반면, 후자는 "이후에 마땅히 일어날 일들"을 말하기 때문이다. '속히'란 술어가 '이후에'란 말로 바뀌기는 했지만 두 표현은 본질적으로 동일하다. 어떤 사람들은 1:19의 세 시제 표현들 중에서 "장차 될 일"이 4:1의 "이후에 마땅히 일어날 일들"과 동일한 것으로 보고, 계시록의 중심 내용을 차지하는 재림 직전의 사건들이 4:1에서 시작된다고 주장한다. 하지만 본문에 들어있는 "이후에 마땅히 일어날 일들"은 다니엘 2:28-29을 배경으로 한 표현이다. 그것은 "예수님을 통해 이미 이루어지고 또 미래에 이루어질 구속사적 사건들에 초점이 맞추어져 있다고 할 수 있다"(이필찬, 2006: 241f).

[2-3] 요한이 열린 하늘 문을 통해 "이리로 올라오라"는 음성을 들었을 때 그는 "성령에 감동되어" 있었다. "성령 안에 있었다"고 번역하는 것이 헬라어 원문의 뜻을 반영한다. 이것은 하늘 보좌 환상 경험이 성령의 감동으로 주어졌다는 것을 시사해준다. 2-3절은 요한이 환상 중에서 본 하나님과 그가 앉으신 보좌에 대해 묘사한다. 요한이 하늘로 올라가 본 것은 땅에서 발생하는 모든 일들이 본래 하늘 보좌에서 결정되고 집행된 결과라는 것이다. 지상에서 발생하는 어떤 일도 하나님의 의도나 계획과 관계없이 일어나지 않는다. 하지만 요한이 본 것은 상징적 환상 장면일 뿐 하늘에 실제로 존재하는 가시적 보좌가 아니다. '보좌'는 하나님의 왕적 통치권을 상징하는 술어일 뿐이다. 하나님이 보좌에 앉아 있다는 것은 그가 왕의 신분과 권세를 가지고 다스린다는 것을 뜻한다. 보좌에 앉으신 하나님의 모습은 3절에서 "벽옥과 홍보석 같고 또 무지개가 있어 보좌에 둘렸는데 그 모양이 녹보석 같다"고 서술된다. 열거된 보석들의 영적 의미를 일일이 찾으려는 것은 저자의 의도를 벗어난 것이다. 이들 보석은 단지 하나님의 초자연적인 위엄과 아름다움을 나타낸다면(Beale, 1999: 320), 녹보석과 같은 무지개는 하나님을 둘러싼 탁월함을 나타내준다(Johnson, 1981: 462). 계시록은 '같다'와 같은 비교사를 통해 초월적 실재를 지상의 어떤 것에 비유할 때가 많은데, 흥미로운 현상은 계시록에서 하나님의 속성이 에덴동산과 하늘성전, 그리고 새 예루살렘을 묘사할 때 반영되어 묘사된다는 사실이다(출 24:10; 28:17ff; 겔 28:13; 사 54:11f).

[4] 본 절은 보좌를 둘러싼 주변 모습을 묘사한다. 요한은 또한 하나님이 앉으신 보좌를 중심으로 "이십사 보좌들"이 둘러싸고 있고 이들 보좌 위에 이십사 장로들이 앉아 있는 것을 보았다. 이들 이십사 장로들은 도대체 누구인가? 그들의 정체는 불분명하다. 그들은 계시록에서 '성도들'과 구분되어 종종 언급될 뿐만 아니라(5:8; 11:17-18; 19:1-4) 항상 '네 생물들'과 연관되어 등장하며(4:6-11) 하나님과 어린 양을 예배하는 행위에 참여한다. 그렇다면 이십사 장로들은 네 생물들과 더불어 천사 그룹에 속해 있는 천상적 존재를 가리킬 가능성이 높다. 다만 '이십사'(12+ 12)란 숫자가 계시록에서 신구약의 하나님 백성 전체를 가리키는 숫자이기 때문에 이십사 장로는 지상의 하나님백성을 대표하는 천사들의 그룹을 지칭한다고 볼 수 있다(Reddish, 2001: 95f). 이십사 장로들이 하나님의 보좌를 둘러싸고 '보좌들'에 앉아 있다는 것은 그들이 하나님의 통치를 집행하는 천상적 권세들이라는 것을 함축한다(Ladd, 1972: 75). 그들이 입은 '흰 옷'은 계시록에서 보통 구속을 받아 승리한 성도들에게 주어지는 복장이다(7:14). 하지만 본문에서 그것은 천사들의 '순결과 거룩'을, 머리에 쓴 금관은 그들의 '왕적 신분'을 상징한다(Osborne, 2002: 229). 금관은 본 절 이후에도 여러 차례 언급된다(4:4, 10; 9:7; 14:14).

[5] 요한은 하나님의 보좌로부터 들리는 "번개와 음성과 우렛소리"를 듣게 되었고, 또한 "보좌 앞에 켠 등불 일곱"을 보게 되었는데 그는 그것이 "하나님의 일곱 영"을 가리킨다고 해석해준다. 이런 소리는 구약에서 하나님이 나타나실 때 흔히 동반되는 현상이다(출 19:16; 겔 1:13). 유대교 묵시문헌에서 하나님이 심판하시기 위해 나타나실 때 번개와 큰 음성과 우렛소리가 들리곤 했다(Bauckham, 1993b, 199). 흥미로운 것은 인, 나팔, 대접 심판이 진행될수록 번개, 뇌성, 음성, 지진, 우박 등의 종말론적 현상이 더 강화되어 나타난다는 점이다. 그렇다면 보좌에서 들리는 번개와 뇌성

은 온 세상을 통치하고 심판하는 하나님의 두려운 임재와 위엄을 나타낸다고 할 수 있다. 일곱 등불이 보좌 앞에 켜있다는 것은 계시록 4장이 하늘 성전의 모습을 묘사한다는 사실을 말해준다. 보좌는 하늘 성전에 배설되어 있고 그 앞에 일곱 등불이 켜있는데, 요한은 친절하게도 '일곱 등불'이 "하나님의 일곱 영" 즉, 성령을 상징한다고 해석해 놓았다(1:4). 계시록에서 '일곱'은 완전함을 상징하는 숫자이기 때문에, '일곱 영'은 성령이 일곱 영으로 되어 있다는 뜻이 아니고 성령의 완전성을 상징한다. 그렇다면 하나님이 보좌에 앉아 우주를 통치하고 심판하실 때 성령은 하나님의 보좌 앞에서 그의 통치와 심판을 완전하고 효과적으로 집행하시는 신적 능력이라고 할 수 있다.

[6-8] 요한은 또한 "보좌 앞에 수정과 같은 유리 바다"를 보았고 "보좌 가운데와 주위에 네 생물"을 보았다. 4-5장이 하늘 성전의 모습을 그린다는 사실을 주목할 때 보좌 앞에 펼쳐진 수정과 같이 맑은 유리 바다는 성전 바닥을 비유적으로 묘사한 것이다. 더욱이 15:2-4은 바다짐승을 이기고 벗어난 성도들이 "불이 섞인 유리 바다 가"에 서서 노래를 부르는 모습을 그리는데, 의심할 여지도 없이 홍해 바다를 건넌 뒤에 노래를 불렀던 이스라엘 백성의 모습을 연상하게 만든다. '바다'는 계시록에서 악이 거주하는 출처로 자주 언급되기 때문에, 수정과 같이 맑은 유리 바다는 악의 출처인 바다와 정반대되는 이미지 언어라고 할 수 있다. 이를 종합하면 하나님의 보좌가 배설된 하늘 성전은 세상의 모든 악과 구별된 거룩하고 투명한 곳이다. 이곳은 오직 어린 양의 피로 구속함을 받아 새로운 출애굽 구원을 경험한 성도들만이 접근할 수 있는 곳이다. 즉 하늘 성전 보좌가 펼쳐진 곳은 어린 양의 구속으로 말미암아 악의 모든 출처인 바다가 제거되어 더 이상 존재하지 않는 거룩한 곳이다(21:1).

또한 요한은 보좌 가운데와 주위에 "앞뒤에 눈들이 가득한" 네 생물을 보게 되었다. '네 생물'의 정체는 무엇인가? 네 생물은 이사야와 에스겔이 환상 중에서 본 스랍들을 배경으로 한다(사 6:3; 겔 1:5-25; 10:1-22). 이십사 장로들과 같이 이들 생물도 하나님을 예배하고 그의 심판과 통치를 집행하는, 모종의 위계질서를 지닌 천상적 존재들을 가리킨다. 주목할 것은 네 생물이 "보좌 가운데"와 "보좌 주위에" 위치하고 있다는 사실이다. 네 생물과 보좌의 관계는 그렇게 분명하지는 않으나 이들 생물은 에스겔 1:22에서 묘사된 것처럼 보좌를 떠받치는 역할을 하거나, 또는 보좌 네 귀퉁이에 위치한 것일 수 있다(Ladd, 1972: 78). 보좌를 지탱하는 이들 네 생물의 모습은 "앞뒤에 눈이 가득하고" 사자, 송아지, 사람, 독수리 같은 얼굴을 지녔다. 또한 네 생물은 여섯 날개를 지녔는데 날개 "안과 주위에 눈들이 가득한" 모습을 지녔다. 네 생물이 네 종류의 얼굴들을 지녔다는 것은 하나님께 속한 대표적인 신적 속성들을 나타내준다. 첫째 생물이 사자의 얼굴을 가졌다는 것은 왕적인 권세, 둘째 생물이 송아지의 얼굴을 가졌다는 것은 힘을, 셋째 생물이 사람의 얼굴을 가졌다는 것은 지혜를, 넷째 생물이 날아가는 독수리의 얼굴을 가졌다는 것은 민첩성을 각각 상징한다. 이들 네 동물은 각 종의 대표적 우두머리이다. 그렇다면 보좌를 지탱하는 네 생물은 권세와 능력과 지혜와 민첩함으로 하나님의 명령과 통치를 실행하는 천상적 존재들을 가리키며, 그들이 여섯 날개를 가졌다는 것은 이사야 6:2에서 스랍의 여섯 날개를 연상시키는데 하나님의 명령을 신속하게 실행하는 모습을 나타내준다. 날개 안과 주위에 눈들이 가득하다는 것도 네 생물이 모든 것을 꿰뚫어 아는 신적 지식을 지닌 존재라는 것을 말해준다. 6:1-8에서 네 생물이 처음 네 개의 인 심판을 주도하는 역할을 담당하는 것으로 보아서 그들은 전지(全知)한 눈으로 세상을 살피며 심판할 뿐만 아니라 하나님의 뜻을 세상에 집행하는 역할을 하는 것이 분명하다.

[9-11] 네 생물의 찬양은 4-5장만 아니라 계시록 전체에 걸쳐 여러 차례 등장한다. 찬양의 내용은 환상들의 의미를 푸는 데 중요할 뿐만 아니라 계시록의 문예구조를 푸는 실마리를 제공해주기도 한다. 찬양은 두 부분으로 구성되는데, 하나는 네 생물의 찬양(8b-9절)이고 다른 하나는 이십사 장로들의 찬양이다(10-11절). 첫째, 네 생물들은 밤낮 쉬지 않고 하나님을 찬양한다. 찬양의 내용은 이사야 6:3의 것과 유사하다. 그것은 하나님이 거룩하고 전능한 분으로서 찬양 받기에 전적으로 합당하시다는 것을 강조한다. "전에도 계셨고 이제도 계시고 장차 오실 이"란 표현은 이미 1:8에 등장한 바 있다. 그것은 하나님이 영원한 존재라는 것 이상으로 자신의 뜻을 완성하기 위해 장차 세상에 역동적으로 임하실 분이라는 것을 강조해준다(이필찬, 2006: 262). 네 생물이 찬양하는 내용은 세세토록 살아계시면서 보좌에서 다스리시는 하나님에게 "영광과 존귀와 감사"를 돌리는 것이다. 둘째, 네 생물과 더불어 이십사 장로들도 또한 보좌에 앉으신 하나님에게 찬양하는 일에 참여한다. 그들이 찬양하는 모습은 "엎드리고" "경배하며" "자기의 관을 보좌 앞에 드리는" 것이다. 엎드려 경배하고 면류관을 드리는 것은 하나님을 유일한 왕과 주로 인정하고 그에게 경배와 찬양을 드리는 자세이다. 그들이 드리는 찬양 내용은 만물을 창조하신 하나님이 "영광과 존귀와 권능"을 받으시는 것이 합당하다는 것이다. 11절 하반 절은 좀 난해하다. 왜냐하면 만물이 창조되기 전에 이미 존재한 것처럼 말하기 때문이다. 하지만 11절하는 서로 다른 두 사실을 보완적으로 말하는 것으로 보인다. 미완료 동사인 '있었고'는 만물의 지속적인 존재 사실을 묘사한다면, 부정과거 동사인 '지음을 받았고'는 만물의 존재의 시작을 묘사해준다(Johnson, 1981: 464). 그렇다면 만물은 하나님의 주권적 의지에 따라 계속 존재하고, 그렇게 존재하는 것들은 모두 하나님에 의해 실제로 창조된 것이다.

해설

본장은 하늘 성전 보좌에 앉아 만유를 다스리는 하나님에 초점을 맞춘다. 요한이 본 하늘 보좌 환상은 기본적으로 이사야 6장과 에스겔 1장의 것에 기초를 두고 있다. 흥미롭게도 그는 하나님이 앉으신 보좌와 그것을 둘러싼 천상적 존재들에 대해서는 비교적 자세하게 묘사하지만 정작 보좌에 앉으신 하나님 자신에 대한 구체적 묘사를 하지 않는다. 언제든지 하나님을 본 자가 없다는 히브리 전통을 반영한 것으로 보인다. 4장은 기독교 예배의 원형을 천사들에 의해 둘러싸여 경배와 찬양을 받는 천상적 예배에 뿌리를 두고 있다. 로마제국이 황제숭배를 강요하는 상황에서 요한은 1세기 기독교인들에게 참 예배의 대상은 로마 황제나 어떤 인간적 통치자들이 아니라 하늘 보좌에 앉아 만유를 다스리는 하나님이라는 사실을 각인시키고 싶었을 것이다. 계시록은 6-20장까지 반역하는 세상과 그 배후 세력들에 대한 하나님의 심판을 다루는데, 4장은 이 신적 심판을 집행하는 궁극적 출처가 하늘 성전 보좌에 앉으신 하나님에게 있으며 이런 의미에서 6-20장에서 전개되는 하나님의 심판이 그의 의로움과 거룩함을 반영한다는 사실을 말해준다. 또한 세상에서 유일하게 경배와 찬양을 받기에 합당하신 분은 만유를 다스리고 심판하는 하나님뿐이며, 로마 황제와 같은 인간 지도자들이 하나님의 자리에 앉아 스스로 경배와 찬양을 받으려고 하는 것은 참람한 신성모독이고 결국 하나님의 심판을 받게 된다는 점을 강조하는 것도 본장의 목적 중의 하나이다.

나. 두루마리와 어린 양 (5:1-14)

본문

1 내가 보매 보좌에 앉으신 이의 오른손에 두루마리가 있으며 안팎으로 썼고 일곱 인으로 봉하였더라 **2** 또 보매 힘있는 천사가 큰 음성으로 외치기를 누가 그 두루마

리를 펴며 그 인을 떼기에 합당하냐 하나 ³ 하늘 위에나 땅 위에나 땅 아래에 능히 그 두루마리를 펴거나 보거나 할 자가 없더라 ⁴ 그 두루마리를 펴거나 보거나 하기에 합당한 자가 보이지 아니하기로 내가 크게 울었더니 ⁵ 장로 중의 한 사람이 내게 말하되 울지 말라 유대 지파의 사자 다윗의 뿌리가 이겼으니 그 두루마리와 그 일곱 인을 떼시리라 하더라 ⁶ 내가 또 보니 보좌와 네 생물과 장로들 사이에 한 어린 양이 서 있는데 일찍이 죽임을 당한 것 같더라 그에게 일곱 뿔과 일곱 눈이 있으니 이 눈들은 온 땅에 보내심을 받은 하나님의 일곱 영이더라 ⁷ 그 어린 양이 나아와서 보좌에 앉으신 이의 오른손에서 두루마리를 취하시니라 ⁸ 그 두루마리를 취하시매 네 생물과 이십사 장로들이 그 어린 양 앞에 엎드려 각각 거문고와 향이 가득한 금 대접을 가졌으니 이 향은 성도의 기도들이라 ⁹ 그들이 새 노래를 불러 이르되 두루마리를 가지시고 그 인봉을 떼기에 합당하시도다 일찍이 죽임을 당하사 각 족속과 방언과 백성과 나라 가운데에서 사람들을 피로 사서 하나님께 드리시고 ¹⁰ 그들로 우리 하나님 앞에서 나라와 제사장들을 삼으셨으니 그들이 땅에서 왕노릇 하리로다 하더라 ¹¹ 내가 또 보고 들으매 보좌와 생물들과 장로들을 둘러 선 많은 천사의 음성이 있으니 그 수가 만만이요 천천이라 ¹² 큰 음성이 이르되 죽임을 당하신 어린 양은 능력과 부와 지혜와 힘과 존귀와 영광과 찬송을 받으시기에 합당하도다 하더라 ¹³ 내가 또 들으니 하늘 위에와 땅 위에와 땅 아래와 바다 위에와 또 그 가운데 모든 피조물이 이르되 보좌에 앉으신 이와 어린 양에게 찬송과 존귀와 영광과 권능을 세세토록 돌릴지어다 하니 ¹⁴ 네 생물이 이르되 아멘 하고 장로들은 엎드려 경배하더라.

주해

[1] 앞 장에서 언급한 것처럼 본래 5장은 4장과 함께 하늘 보좌 환상의 일부분이다. 본장의 핵심 메시지는 죽으시고 부활하셔서 하나님 보좌 우편에 앉으신 어린 양 그리스도께서 하나님의 우주적 통치권을 넘겨받아 만유를 다스리기 시작하셨고 그 결과로 세상에 대한 심판과 구속이 시

작되고 완성되기 때문에 찬양과 경배를 받기에 합당하다는 것이다. 요한이 환상 중에서 본 것은 보좌에 앉으신 하나님의 오른손에 안팎으로 쓰였고 일곱 인으로 봉인된 두루마리였다. 하나님이 하늘 보좌에 앉으신 이로 묘사된 것은 그가 만유를 다스리고 섭리하는 창조주라는 것이다. 4장에서 묘사된 것을 요한은 5장에서 넘겨받고 있다. 성경에서 '오른손'은 능력과 주권을 상징한다. 하나님의 오른손에 두루마리가 있다는 것은 거기에 담긴 내용이 하나님이 주권적으로 결정된 것이라는 사실을 말해준다. 두루마리 책은 두 가지 특징을 지녔다. 하나는 두루마리 안팎으로 글이 쓰였다는 것이다. 이 표현의 구약적 배경은 에스겔 2:10이다. 글이 안팎으로 쓰인 책은 에스겔서에서 "애가와 애곡과 재앙의 말"을 담고 있었기 때문에, 본문이 이러한 에스겔서 본문을 배경으로 하고 있다면 하나님의 오른손에 있던 두루마리는 심판의 내용을 담은 책이라는 것을 짐작할 수 있다. 더욱이 두루마리 책의 인봉이 하나 둘씩 떼어질 때마다 심판 현상이 나타난다는 사실은 이를 뒷받침한다. 다른 하나는 두루마리가 일곱 인으로 봉인되었다는 것이다. 모든 인이 떼어질 때까지 두루마리 책의 내용이 공개되지 않기 때문에, 봉인된 인들은 두루마리의 내용을 은폐하는 장치라고 볼 수 있다. 따라서 인들을 뗀다는 것은 두루마리 책의 내용 공개를 위한 준비 단계 구실을 한다. 일곱 인으로 봉인된 책의 구약적 배경은 다니엘서(8:17-26; 12:4-9)와 이사야서(29:11)이다. 이들 예언서에 담긴 환상은 세상 나라들을 능가하는 하나님 나라의 종말론적 도래에 관한 내용을 담고 있다. 그렇다면 하나님의 오른손에 있는 두루마리 책은 세상에 대한 하나님의 심판을 말할 뿐만 아니라 어린 양을 통해 임할 하나님 나라의 종말론적 도래를 말하는 책이라고 할 수 있다(이필찬, 2006: 276). 계시록에서 '일곱'은 완전수이기 때문에 일곱 인으로 봉인되었다는 것은 책에 담긴 심판과 구속의 내용이 완전하다는 뜻과 아울러 하나님이 정한 때에만 공개될 것임을 뜻할 수도 있다(Osborne, 2002: 250).

[2-4] 본 절은 요한이 "힘 있는 천사"에게서 들은 내용을 서술한다. 계시록에서 힘 있는 천사가 등장할 때마다 하나님의 구원계획에서 중요한 사건이 시작되곤 한다. 천사가 큰 음성으로 외친 것은 누가 두루마리를 봉함한 인들을 떼어 열기에 합당한가 하는 질문이다. 봉함된 인들을 떼고 책을 열어 보는 것은 그 안에 담긴 심판과 구속에 관한 하나님의 계획을 집행하여 이루는 것을 뜻한다. 요한은 "하늘 위에나 땅 위에나 땅 아래에," 즉 우주만물 어디에서도 하나님의 계획을 이루어드릴 자격과 권세를 지닌 자가 보이지 않아 크게 울었다. 하지만 "장로 중의 한 사람"이 그런 권세가 어린 양 그리스도에게 있다는 사실을 상기시키면서 요한에게 절망하여 울지 말라고 격려하였다. 이것은 구원사의 정점이 오직 하늘 보좌에 앉으신 그리스도에게 있으며 구원사의 목표가 그의 메시아 통치의 종말론적 완성에 있다는 것을 부각시켜준다. 어린 양 되신 그리스도는 자신의 죽음과 부활을 통해 그런 일을 하실 수 있는 자격과 권세를 얻게 되셨다. 계시록의 중심 주제가 보좌에 앉으신 어린 양에 있다는 사실이 이를 뒷받침한다. 요한에게 이를 알린 '장로'는 4장에서 하나님의 보좌를 둘러싸고 그에게 경배했던 이십사 장로들 가운데 하나이다. 힘 있는 천사가 질문을 하고 장로들 중 하나가 대답을 한다는 것은 역할이 분담되었음을 뜻한다. 두루마리 책의 내용이 하나님 백성의 구속에 관한 것이라면, 하늘에서 하나님 백성을 상징적으로 대표하는 이십사 장로 중 하나가 그 구속 계획을 이루는 권한이 어린 양에게 있다고 소개하는 것은 자연스럽다.

[5-6] 두 구절은 하나님의 오른손에서 두루마리를 취하여 인들을 떼기에 합당한 어린 양에 대해 설명한다. 5절은 장로 중의 한 사람에게서 '들은' 내용을 설명한다면, 6절은 앞서 들은 내용과 연관하여 요한이 '본' 내용에 대해 설명한다. 계시록에서 들은 것과 본 것은 서로 해석해주는 역할을 한다. 요한이 장로 중 한 사람에게서 들은 내용은 "유대 지파의 사

자 다윗의 뿌리가 이겼으니 그 두루마리와 그 일곱 인을 떼시리라"는 음성이었다. 그리스도를 "유대 지파의 사자"요 "다윗의 뿌리"로 묘사한 것은 구약의 두 본문을 배경으로 한다(창 49:9; 사 11:1, 10). 둘 다 구약에서 친숙한 메시아 칭호들이지만, 두 칭호가 연결되어 등장하는 곳은 본문과 쿰란 문헌뿐이다(Trudinger, 1966: 88; Johnson, 1981: 468). 유대교 묵시문헌에서 '사자'는 원수 나라를 물리치고 정복하는 메시아를 묘사할 때 언급되기도 한다(4 Ezra 11:58). 특별히 본문은 사자와 같은 메시아를 "다윗의 뿌리", 즉 다윗 계통의 왕적인 메시아로 묘사한다. '뿌리'란 술어는 이사야 11:1에서 이새의 후손에서 생겨날 메시아를 예언할 때 등장한다. 그렇다면 본문은 구약의 메시아 전통에 따라 장차 나타날 메시아를 다윗 계통의 정복자 메시아로 그린다고 할 수 있다. 다윗이 주변 나라의 적들을 무찌르고 그의 왕국을 건설한 것처럼, 메시아도 사자와 같은 다윗 계통의 정복자 왕으로서 두루마리를 봉함한 인들을 떼고 종말론적 메시아 왕국을 건설한 유일한 자격을 갖추신 분이다.

5절과 달리 6절은 동일한 대상을 묘사함에도 불구하고 새로운 이미지를 도입한다. 요한이 음성으로 들은 것은 '사자'와 같은 정복자 메시아였는데, 그가 실제로 환상 중에 본 것은 사자가 아니라 "일찍 죽임을 당한 것 같은" 어린 양이었다. 사자에서 어린 양으로 이미지가 급반전한 것은 충격적이다. 서로 상반된 이미지들은 그리스도께서 담당하신 메시아직의 성격을 역설적으로 설명해준다. 그는 실제로 다윗과 같은 정복자 왕으로서 "이기셨다." 하지만 그가 쟁취한 승리는 군사력과 같은 세상적 수단을 통한 승리가 아니라 십자가의 고난과 죽음을 통해 얻은 승리였다. 말하자면 요한은 고난과 죽음을 통해 승리한다는 새로운 세계관을 구축한 셈이다. 그리스도는 어린 양처럼 죽임을 당하였으나 그의 죽음을 통해 악의 세력들을 이기고 세상을 구속하고 하나님의 종말론적 통치를 이루셨다. 어린 양의 십자가 죽음은 세상의 관점에서 보면 패배처럼 보일지라도 하나님의 관점에서 보면 악의 세력들을 이긴 승리의 사건이었다. 기독교인들도 어린 양 예수와 마찬가지 방식으로 어둠의 세력들을 이기고 세상을 정복하도록 부르심을 받은 존재들이다. 흥미로운 것은 어린 양이 서 있는 위치이다. 어린 양은 "보좌와 네 생물과 장로들 사이에" 서 있었다. 이런 것들은 하나님의 보좌와 그것을 둘러싼 천상적 존재들로서 하늘을 구성하는 핵심 요소들이다. 어린 양이 하늘의 핵심 요소들 '사이에' 서 있었다는 것은 그가 하나님의 뜻이 집행되는 하늘 중심에 있다는 것을 말해준다. 그런데 요한이 본 어린 양의 모습은 "일곱 뿔과 일곱 눈"을 가진 존재였다. 구약에서 '뿔'은 힘과 권세를 상징하는 은유이기 때문에(신 33:17; 시 89:17 등) '일곱 뿔'은 어린 양이 완전한 능력과 권세를 지닌 정복자라는 것을 말해준다. 어린 양은 또한 '일곱 눈'을 가진 분으로 묘사되는데, 요한은 그것을 "온 땅에 보내심을 받은 하나님의 일곱 영"으로 해설한다. 이것은 스가랴 4:2,10을 배경으로 한 상징어이다. '일곱 영'은 이미 1:4에서 성령을 가리키는 말로 등장한 바 있다. 그렇다면 어린 양은 성령의 완전한 능력을 힘입어 그의 구원사역을 온 세상에 편만하게 실행하고 적용하시는 분이시다. 오직 그런 능력과 권세를 지닌 어린 양만이 하늘 보좌에 앉으신 하나님의 오른손에서 두루마리를 취하여 봉함된 인들을 떼고 그 안에 담긴 하나님의 뜻을 온 세상에 이룰 수 있다.

[7] 일곱 인을 떼기에 합당한 어린 양의 자격을 설명한 뒤에 요한은 어린 양이 "나아와서 보좌에 앉으신 이의 오른손에서 두루마리를 취하신" 사실을 언급한다. '취하셨다' 동사가 완료 시제로 쓰인 것을 고려할 때 그것은 어린 양의 극적인 행동을 나타낸다. 보좌로 나아가서 두루마리를 취한 결과로 그는 지금 그것을 손에 쥐고 있다. 보좌에 앉으신 하나님은 일찍 죽임을 당했으나 세상의 유일 주권자가 되신 어린 양에게 그의 구속계획을 집행할 모든 권한을 위임하셨기 때문에, 하나님은 전체 구원사의 드

라마에 걸쳐 어린 양을 통해 일하고 계신다(Johnson, 1981: 468). 두루마리를 '취하여' 봉함된 인들을 뗀다는 것은 그 안에 담긴 하나님의 구속계획을 집행할 권한을 갖는다는 것을 뜻한다. 어린 양이 하나님의 오른손에서 두루마리를 취할 권세를 갖게 된 것은 그의 십자가 죽음에 토대를 둔 것이다.

[8-10] 이들 구절은 어린 양이 두루마리를 취하셨을 때 "네 생물과 이십사 장로들이" 어린 양 앞에서 나타낸 반응을 서술한다. 첫째 반응은 어린 양 앞에 엎드려 '기도하는' 것이고, 둘째 반응은 '새 노래'를 부르는 것이다. 구약에서 '엎드리는' 것은 하나님의 거룩한 임재 앞에서 피조물이 나타내는 자연스러운 반응이다. 특히 하나님의 보좌를 둘러싸고 예배하던 네 생물과 이십사 장로들이 어린 양 앞에서도 엎드려 예배했다는 것은 그가 하나님이라는 사실을 인정한다는 뜻이다. 분사인 '가졌으니'가 주동사 '엎드렸다'를 수식하기 때문에 네 생물과 이십사 장들이 어린 양에게 엎드려 예배할 때 그들은 "각각 거문고와 향이 가득한 금 대접을 가지고" 있었다고 할 수 있다. "거문고"는 하프의 일종으로서 그들이 부른 '새 노래'와 연관된 것이라면, "향이 가득한 금 대접"은 성도들의 기도와 연관된다(시 141:2). 8절하는 "이 향은 성도들의 기도들이라"고 해석해 주고 있기 때문에 네 생물과 이십사 장로들은 성도들의 기도를 가득담은 금 대접을 어린 양에게 올려드리는 역할을 담당했다는 사실을 알 수 있다. 요한은 왜 여기서 성도들의 기도를 언급할 필요가 있었을까? 6:10은 성도들이 자신들을 죽인 자들을 심판해달라고 하나님께 간청하는 기도를 언급하고 있고, 8:3-4은 성도들의 기도가 나팔 심판들과 연관되어 등장한다. 그렇다면 하나님은 성도들의 기도에 응답하셔서 순교를 당한 그들을 신원하시는 분이라는 사실을 알 수 있다. 10절은 하나님 나라의 도래를 언급하기 때문에, 성도들의 기도는 또한 악의 세력들을 심판하고 그의 나라를

세상에 임하게 해달라고 하나님께 간청하는 일과도 연관된 것이 분명하다(Johnson, 1981: 469).

9-10절은 네 생물과 이십사 장로들이 부른 새 노래의 내용을 서술한다. 계시록에서 '새 노래'는 네 생물과 이십사 장로들이 부르는 내용일 뿐만 아니라 전체 교회 공동체를 상징하는 십사만 사천이나(14:1-5)이나 승리한 성도들이(15:2-4) 부르는 노래이기도 하다. 15:3에서는 '새 노래'가 이스라엘 백성이 홍해를 건너 출애굽을 한 뒤에 불렀던 "모세의 노래"와 연관하여 등장하기도 한다. 그렇다면 새 노래는 어린 양의 구속을 경험하고 새로운 하나님백성이 된 자들이 부르는 노래를 지칭한다고 볼 수 있다. 새 노래의 내용은 9-10절에서 소개된다. 그 내용은 "두루마리를 가지시고 그 인봉을 떼기에 합당하시다"는 것이다. 왜 예수께서 인봉을 떼기에 합당하신가? 그것은 그가 "일찍이 죽임을 당하셨기" 때문이다. 인봉된 두루마리는 하나님의 구속계획을 담은 책인데, 어린 양의 십자가 죽음은 그것을 실현할 수 있도록 만들었다. 어린 양의 죽음이 가져온 결과는 9절하와 10절에서 세 가지로 해설된다. 첫째는 "각 족속과 방언과 백성과 나라 가운데서 사람들을 피로 사서 하나님께 드리는" 것이다. '사다' 동사는 구속을 설명하는 핵심 개념이다. 그것은 본래 상업적인 거래 개념으로서 노예나 포로로 붙잡힌 자를 값을 지불하고 해방하는 행위를 묘사한다. 전체 인류는 죄의 포로가 된 상태에 있었지만, 어린 양 예수는 자신의 피 값을 지불하고 죄의 권세로부터 해방하셨다. 자기 백성을 "각 족속과 방언과 백성과 나라 가운데서" 사셨다는 말은 전체 인류 중에서 소수의 백성만이 실제로 구속받게 될 것을 함축한다. 구속받은 자의 소유권은 보통 속전을 지불한 사람에게 있기 때문에, "피로 사서 하나님께 드렸다"는 말은 구속받은 성도들을 하나님의 소유된 백성이 되게 했다는 것을 뜻한다. 둘째는 "그들로 우리 하나님 앞에서 나라와 제사장들을 삼으신" 것이다. '나라와 제사장'이 되는 것은 본래 하나님께서 이스라엘을 자기 백성으로 삼으신

목적에 속한 것이었다(출 19:6). 하지만 이스라엘은 그러한 소명을 실현하는데 실패했기 때문에, 그것은 이제 어린 양의 구속을 받은 신약 백성이 이루어야 할 소명이 되었다(벧전 2:9). 구약 시대에는 이스라엘이란 민족이 제사장 나라와 거룩한 백성이 되라는 부름을 받았지만, 신약 시대에는 세상 모든 나라와 민족 중에서 어린 양의 피로 구속을 받은 사람들이 제사장 나라와 거룩한 백성이 되어 온 세상에 하나님의 영광을 드러내도록 부름을 받았다. 셋째는 "그들이 땅에서 왕 노릇하는" 것이다. 그들이 "나라와 제사장"으로 부름을 받았다면 실제로 "왕 노릇하는" 삶을 살아야 하는 것은 당연한 것이다. 이것은 "만국을 다스리는 권세"(2:26-28)와 같은 표현으로서 구속받은 자들이 땅에서 어린 양의 왕적 통치에 참여하는 것을 뜻한다. "땅에서 왕 노릇을 하리라"는 말은 신자들이 지금 지상에서 그리스도의 통치에 참여하는 것을 가리킬 수도 있지만, 그것이 미래시제 동사이기 때문에 지상에서 장차 실현될 그리스도의 천년왕국 통치를 지칭할 가능성이 높다(20:4,6).

[11-12] 본 절은 하나님의 보좌와 네 생물과 이십사 장로들을 둘러싼 허다하게 많은 천사들의 찬양을 담고 있다. 본문의 환상은 다니엘이 본 환상 장면과 유사하다(단 7:10). 핵심 내용은 하늘 성전 중앙에 계신 어린 양에게 한없는 영광과 권세를 돌리는 것이다. 어린 양에게 찬양 돌린 내용으로서 "능력과 부와 지혜와 힘과 존귀와 영광과 찬송"은 다른 곳에서 하나님 자신을 찬양할 때도 등장하는 신적 속성들이다(5:13; 7:12). 이것은 찬양과 경배의 대상으로서 하나님과 어린 양 예수를 동일한 반열에 놓고 있다는 것을 시사해준다. 12절에서 '합당하다'는 술어는 2절에서 두루마리의 인봉을 떼기에 '합당하다'는 말과 연결되어 있다. 말하자면 일찍 죽임을 당한 어린 양이 두루마리 책의 인봉을 뗄 자격과 권한을 갖춘 분이기 때문에 그가 허다한 천사들로부터 찬양을 받기에 합당한 분이다.

[13-14] 본 절은 전체 피조물의 찬양을 담고 있다. 찬양의 주체는 "하늘 위에와 땅 위에와 땅 아래와 바다 위에와 또 그 가운데 모든 피조물"이다. 피조물 전체가 "보좌에 앉으신 하나님과 어린 양에게 찬송과 존귀와 영광과 권능을 세세토록 돌리고" 있다. 앞에서 이미 지적한 것처럼 찬양과 경배를 받는 일에 있어서 하나님과 어린 양은 동등한 위치에 있다. 이것은 어린 양이 하나님과 같이 동일한 신적 권위를 지녔다는 것을 말해 준다. 모든 피조물이 이렇게 하나님과 어린 양을 찬양하는 이유는 만물이 두루마리의 인봉을 떼시는 어린 양의 구속을 통해 새롭게 창조되어 회복될 것이기 때문이다. 어린 양의 죽으심에 대해 우주적 반응을 보이는 것은 이런 이유 때문이다.

[14] 모든 피조물이 하나님과 어린 양에 대해 찬양을 돌릴 때 네 생물이 "아멘"으로 응답하고 장로들은 "엎드려 경배하였다." 땅에서 이루어지는 피조물의 찬양은 하늘에서 이루어지는 네 생물과 이십사 장로들의 찬양과 완전한 화음을 이룬다. 땅과 하늘의 상응과 조화는 계시록 저자가 자주 사용하는 표현방식이다. 하늘의 천상적 존재와 땅의 피조세계가 하나의 장엄한 화음을 이루어 인류의 구속과 창조의 회복을 이루는 어린 양에게 한없는 영광과 찬양을 돌리는 것은 이 얼마나 아름다운 모습인가!

해설

본장은 어린 양 그리스도께서 봉함된 두루마리 책의 인들을 떼기에 합당하다는 사실을 해설한다. 4장이 하늘 보좌에 앉으신 하나님의 영광과 위엄을 찬양하는데 초점을 맞추고 있다면, 5장은 보좌 가운데 계셔서 예배를 받으시는 어린 양을 찬양하는데 초점을 맞추고 있다. 이들 두 장이 강조하는 점은 하나님과 어린 양이 찬양과 경배를 받으시기에 동등한 분이라는 사실이다. 이런 이유 때문에 하나님을 찬양한 뒤에 어린 양을 찬양하는 일이 뒤따른다. 하지만 5장은 독특한 논지들을 담고 있다. 우선 양면에 글이 기록된 두루마리 책이 소개되고(1절), 그것을 봉함한 인들을 떼기에 합당한 어린 양을 소개하며(2-5절), 어린 양이 드디어 하나님의 오른손에서 두루마리를 취하자 네 생물과 이십사 장로들이 어린 양을 예배하는 장면이 소개되고(6-10절), 천사들의 어린 양 찬양(11-12절)이 있은 뒤에 보좌에 앉으신 하나님과 어린 양을 향한 피조물 전체의 우주적 찬양이 이어진다(13-14절).

어린 양이 네 생물과 이십사 장로들, 허다한 천사들, 그리고 전체 피조물에게 둘러싸여 경배와 찬양을 받는 것은 그가 두루마리 책의 인봉을 떼기에 합당한 자격과 권한을 지니신 분이시기 때문이다. 하나님의 오른손에 있던 두루마리는 그의 구속계획을 담은 책이고 그것이 일곱 인들로 봉인되었다는 것은 두루마리 책에 담긴 하나님의 구속계획이 완전하다는 사실만 아니라 그가 정한 완전한 때에야 공개될 수 있다는 사실을 함축한다. 어린 양이 하나님의 오른손에서 두루마리를 취하여 인들을 떼고 그것을 연다는 것은 그 두루마리에 담긴 하나님의 구속계획이 어린 양 그리스도를 통해서만 공개되고 집행되고 완성될 수 있다는 사실을 말해준다. 인봉된 두루마리 책이 왜 어린 양을 통해서만 공개되고 집행될 수 있는가? 그것은 어린 양이 인류 구속을 위해 십자가에서 죽으셨기 때문이다. 어린 양의 죽음은 전체 인류 중에서 그의 백성을 피로 사서 하나님께 드린 사건이고 그들로 하나님 앞에서 "나라와 제사장들"이 되게 하셔서 땅에서 그리스도와 함께 왕 노릇하게 만든 사건이었다(9-10절).

어린 양은 세상의 적대적인 세력들에 의해 무참하게 죽임을 당했지만 그는 다시 살아나셔서 지금은 하나님의 우편에 앉아 그의 우주적 통치에 참여하고 계신다. 그의 십자가 죽음 때문에 하늘 보좌에 오르셔서 두루마리 책에 담긴 하나님의 구속계획을 집행할 권한을 갖게 되셨기 때문에,

인류의 구속과 창조세계의 회복을 이루실 어린 양에게 하늘 보좌를 둘러싼 네 생물과 이십사 장로들, 허다한 천사들, 그리고 피조물 전체가 하나의 웅장한 화음으로 경배와 찬양을 올려드리는 것은 당연한 일이다. 5장의 주된 강조점은 어린 양이 보좌와 네 생물과 장로들과 천사들 한 가운데 서 계신다는 사실이다. 어린 양 그리스도는 구원사의 전체 드라마에서 중심에 계신 분이다. 하나님은 일찍 죽임을 당하셨으나 지금은 그의 오른편에 앉으신 어린 양 그리스도 안에서 그리고 그를 통해서 일하고 계신다. 때문에 그가 하나님과 더불어 모든 천상적 존재들과 피조물로부터 경배와 찬양을 받는 것은 당연한 것이다. 계시록의 중심 메시지 가운데 하나는 악에 대한 승리가 어린 양의 십자가 죽음을 통해 이미 성취되었다는 것이다. 악의 세력들을 멸함으로 도래하는 종말은 사실 이 승리를 최종적으로 현현하는 의미를 지닌다. 계시록에서 십자가 사건은 인류의 구속과 창조질서의 회복을 이루는 결정적인 사건인 셈이다.

B. 일곱 인, 나팔, 대접 심판(6:1-16:21)

본 섹션에 소개되는 인, 나팔, 대접 심판들은 하늘 보좌 환상을 설명하는 4-5장에 토대를 두고 전개된 것들이다. 하나님을 반역하는 세상에 쏟아 부어지는 심판들은 보좌에 앉으신 하나님에 의해 계획되고 어린 양에 의해 집행되는 재앙들이기 때문이다. 심판 시리즈 중에서 처음 네 재앙은 자연계와 관련되고, 나머지 세 재앙들은 서로 관계가 없는 것들이다. 주목할 것은 여섯째 재앙이 소개된 뒤에 삽입된 막간들(interlude)이다. 그것들의 삽입은 전달효과를 극대화시키고 최후심판을 지연시켜서 교회 공동체에게 세상에서 증인 역할을 해야 할 기회를 주는 역할을 한다.

계시록 해석이 야기하는 난제들 중 하나는 심판 시리즈들의 관계를 확인하는 것이다. 가장 고전적인 해석방식은 인, 나팔, 대접 심판 시리즈가 철저하게 시간 순서대로 이어진다고 보는 것이다(Thomas, 1993: 52-56). 토마스에 따르면 일곱째 인은 나팔 재앙들을 내포하고 있고, 일곱째 나팔은 대접 재앙들을 내포한다. 하지만 이 해석의 문제점은 각 심판 시리즈 중 여섯째 또는 일곱째 재앙이 종말을 소개하는 장면으로 끝맺는다는 사실이다. 이것은 각 심판 시리즈가 엄격한 시간 순서에 따라 진행되는 것이 아니라는 사실을 함축한다. 각 심판 시리즈 중 마지막 종말을 묘사하는 재앙의 장면들을 한번 살펴보자:

여섯째 인 재앙(6:12-17)

내가 보니 여섯째 인을 떼실 때에 큰 지진이 나며 해가 검은 털로 짠 상복 같이 검어지고 달은 온통 피 같이 되며, 하늘의 별들이 무화과나무가 대풍에 흔들려 설익은 열매가 떨어지는 것 같이 땅에 떨어지며, 하늘은 두루마리가 말리는 것 같이 떠나가고 각 산과 섬이 제 자리에서 옮겨지매, 땅의 임금들과 왕족들과 장군들과 강한 자들과 모든 종과 자유인이 굴과 산들의 바위 틈에 숨어, 산들과 바위에게 말하되 우리 위에 떨어져 보좌에 앉으신 이의 얼굴에서와 그 어린 양의 진노에서 우리를 가리라. 그들의 진노의 큰 날이 이르렀으니 누가 능히 서리요하더라.

여섯째 나팔 재앙(11:15-19)

일곱째 천사가 나팔을 불매 하늘이 큰 음성들이 나서 이르되 세상 나라가 우리 주와 그의 그리스도의 나라가 되어 그가 세세토록 왕 노릇 하시리로다 하니, 하나님 앞에서 자기 보좌에 앉아 있던 이십사 장로가 엎드려 얼굴을 땅에 대고 하나님께 경배하여 이르되 감사하옵나니 옛적에도 계셨고 지금도 계신 주 하나님 곧 전능하신 이여 친히 큰 권능을 잡으시고 왕 노릇 하시도다 이방들이 분노하매 주의 진노가 내려 죽은 자를 심판하시며 종 선지자들과 성도들과 또 작은 자든지 큰 자든지 주의 이름을 경외하는 자들에게 상 주시며 또 땅을 망하게 하는 자들을 멸망시키실 때로소이다 하더라. 이에 하늘에 있는 하나님의 성전이 열리니 성전 안에 하나님의 언약궤가 보이며 또 번개와 음성들과 우레와 지진과 큰 우박이 있더라.

일곱째 대접 재앙(16:17-21)

일곱째 천사가 그 대접을 공중에 쏟으매 큰 음성이 성전에서 보좌로부터 나서 이르되 되었다 하시니, 번개와 음성들과 우렛소리가 있고 또 큰 지진과 있어 얼마나 큰지 사람이 땅에 있어 온 이래로 이같이 큰 지진이 없었더라. 큰 성이 세 갈래로 갈라지고 만국의 성들도 무너지니 큰 성 바벨론이 하나님 앞에 기억되신 바 되어 그의 맹렬한 진노의 포도주 잔을 받으매, 각 섬도 없어지고 산악도 간데 없더라. 또 무게가 한 달란트나 되는 큰 우박이 하늘로부터 사람들에게 내리매 사람들이 그 우박의 재앙 때문에 하나님을 비방하니 그 재앙이 심히 큼이더라.

일련의 이런 구절들은 인, 나팔, 대접 심판이 끝나는 시점이 종말이라는 동일한 시점에서 끝을 맺는다는 사실을 분명하게 시사해준다. 그렇다면 1:19에 있는 세 시제 표현들을 삼등분하여 "장차 될 일"이 4-16장에 소개된 일련의 사건들을 가리킨다고 보는 것은 잘못된 것이다. 오히려 이런 이유 때문에 최근의 많은 학자들은 각 심판 시리즈들이 모두 종말로 끝을 맺으면서도 동일한 심판 내용을 점진적으로 강화시키는 "사이클들, 즉 재반복"이라고 보고자 한다(Osborne, 2002: 269; Davis, 1973: 152-57). 물론 심판 시리즈에서 동일한 심판 내용이 단순히 반복되는 것은 아니고 인, 나팔, 대접 심판을 거치면서 심판의 강도가 점차 강화된다. 이런 구조는 엄격한 연대기적 순서를 나타내기보다 '점진적 재반복'이란 문예적 기법에 따른 것이다(Beale, 1999: 121-32).

주목할 만한 현상은 인, 나팔, 대접 심판 시리즈가 구약 출애굽기에 나타난 재앙들을 자주 반영한다는 사실이다. 바로가 출애굽하는 이스라엘 백성을 핍박할 때 하나님께서 이집트 백성들에게 각종 재앙들을 내려 심판하신 것처럼, 사탄이 그 주구인 짐승과 땅의 백성을 동원하여 구속받은 하나님백성을 핍박할 때 하나님은 출애굽 때와 유사한 재앙들을 그들에게 쏟으신다. 물론 이들 심판에서 출애굽 재앙들이 동원된다고 해서 출애굽 때와 동일한 물리적 재앙들이 말세에도 재현된다고 생각할 필요는 없다. 계시록 저자가 말세에 임할 재앙들을 소개할 때 출애굽 재앙 자료들을 끌어다 쓴 것은 하나님을 반역하는 땅의 백성들에게서 그들의 지상적 안전을 빼앗는, 심판의 종말론적 성격을 부각시키는 역할을 할 뿐이다.

그러면 인, 나팔, 대접 심판 시리즈는 언제 발생하는가? 혹자는 1:19의 표현("네가 본 것과 지금 있는 일과 장차 될 일") 중에서 "장차 될 일"이 4:1에 언급된 "이후에 마땅히 일어날 일들"을 가리키기 때문에 6-16장에 소개된 인, 나팔, 대접 심판 시리즈는 재림 직전 대환란 때에 일어날 일들을 해설한 것이라고 본다. 하지만 1:19의 주석에서 지적한 것처럼 이 구절의 세 시제 표현들 중에서 "네가 본 것"은 요한이 밧모 섬에서 본 1장의 인자 환상만을 지칭한 것이 아니라 요한계시록 전체의 내용을 가리킨다(1:11). 주께서는 요한에게 "네가 보는 것"을 아시아의 일곱 교회들에게 써서 보내라고 명하셨는데, 일곱 교회에게 써서 보내는 내용은 2-3장의 편지 내용만 아니라 요한계시록 전체 내용이다. 그렇다면 요한이 본 것은 두 가지 내용, 즉 "지금 있는 일과 장차 될 일"로 구성된다고 보는 것이 옳다. 결론적으로 인, 나팔, 대접 심판 시리즈는 예수의 초림 때부터 재림 때까지 전체 기간에 걸쳐 하나님을 반역하는 땅의 백성들과 그들을 배후에서 미혹하는 악의 세력들에게 임하는 재앙들이다.

심판 시리즈가 항상 종말에 임할 재앙으로 끝을 맺는다는 점에서 시간적 요소를 지닌 것은 사실이다. 그렇다고 심판 시리즈들은 시간적 순서만을 따르지도 않는다. 각 심판 시리즈의 경우 처음 네 재앙들은 어느 것이 먼저 임할 것인지 분명하지 않고, 다섯째 인 심판은 성도의 기도를 서술하고 있어서 시간 순서를 설정하기도 어렵다. 각 심판 시리즈는 종말을 향해 움직이면서도 동일한 심판을 사이클처럼 강화하면서 반복하기 때문에 점진적 반복이란 문예적 기법에 따라 구조화된 것을 확인할 뿐이다. 따라서 심판의 내용을 인류역사의 사건들과 일대일 방식으로 대응시키는 것은 요한계시록 이해에 큰 도움이 되지 않는다.

가. 일곱 인 심판(6:1-8:5)

(1) 처음 여섯 인 심판(6:1-17)

본문

1 내가 보매 어린 양이 일곱 인 중의 하나를 떼시는데 그 때에 내가 들으니 네 생물 중의 하나가 우렛소리 같이 말하되 오라 하기로 **2** 이에 내가 보니 흰 말이 있는데 그 탄 자가 활을 가졌고 면류관을 받고 나아가서 이기고 또 이기려고 하더라 **3** 둘째 인을 떼실 때에 내가 들으니 둘째 생물이 말하되 오라 하니 **4** 이에 다른 붉은 말이 나오더라 그 탄 자가 허락을 받아 땅에서 화평을 제하여 버리며 서로 죽이게 하고 또 큰 칼을 받았더라 **5** 셋째 인을 떼실 때에 내가 들으니 셋째 생물이 말하되 오라 하기로 내가 보니 검은 말이 나오는데 그 탄 자가 손에 저울을 가졌더라 **6** 내가 네 생물 사이로부터 나는 듯한 음성을 들으니 이르되 한 데나리온에 밀 한 되요 한 데나리온에 보리 석 되로다 또 감람유와 포도주는 해치지 말라 하더라 **7** 넷째 인을 떼실 때에 내가 넷째 생물의 음성을 들으니 말하되 오라 하기로 **8** 내가 보매 청황색 말이 나오는데 그 탄 자의 이름은 사망이니 음부가 그 뒤를 따르더라 그들이 땅 사분의 일의 권세를 얻어 검과 흉년과 사망과 땅의 짐승들로써 죽이더라

⁹ 다섯째 인을 떼실 때에 내가 보니 하나님의 말씀과 그들이 가진 증거로 말미암아 죽임을 당한 영혼들이 제단 아래에 있어 ¹⁰ 큰 소리로 불러 이르되 거룩하고 참되신 대주재여 땅에 거하는 자들을 심판하여 우리 피를 갚아 주지 아니하시기를 어느 때까지 하시려 하나이까 하니 ¹¹ 각각 그들에게 흰 두루마기를 주시며 이르시되 아직 잠시 동안 쉬되 그들의 동무 종들과 형제들도 자기처럼 죽임을 당하여 그 수가 차기까지 하라 하시더라 ¹² 내가 보니 여섯째 인을 떼실 때에 큰 지진이 나며 해가 검은 털로 짠 상복 같이 검어지고 달은 온통 피 같이 되며 ¹³ 하늘의 별들이 무화과나무가 대풍에 흔들려 설익은 열매가 떨어지는 것 같이 땅에 떨어지며 ¹⁴ 하늘은 두루마리가 말리는 것 같이 떠나가고 각 산과 섬이 제 자리에서 옮겨지매 ¹⁵ 땅의 임금들과 왕족들과 장군들과 부자들과 강한 자들과 모든 종과 자유인이 굴과 산들의 바위 틈에 숨어 ¹⁶ 산들과 바위에게 말하되 우리 위에 떨어져 보좌에 앉으신 이의 얼굴에서와 그 어린 양의 진노에서 우리를 가리라 ¹⁷ 그들의 진노의 큰 날이 이르렀으니 누가 능히 서리요 하더라.

주해

[1] 앞 장은 어린 양이 봉인된 두루마리의 인들을 떼기에 합당한 분이라는 것을 말했다면, 본 장은 그 인들을 실제로 차례차례 떼는 장면을 서술한다. 그리고 앞의 두 장은 하늘 보좌의 장면을 묘사했다면, 본 장부터는 땅의 사건들로 장면이 전환된다. 어린 양이 일곱 인들 중의 하나를 떼실 때 요한은 "네 생물 중의 하나가 우렛소리 같이" '오라' 하는 소리를 들었다. 네 생물의 존재는 하나님의 보좌를 둘러싼 천상적 요소들을 묘사하는 4:6-9에서 등장한 바 있다. 사자, 송아지, 사람, 날아가는 독수리의 얼굴을 지닌 네 생물은 창조주의 신적 속성들을 지니면서도 동시에 피조물을 대표하는 천상적 존재들이다(Beale, 1999: 330). 계시록에서 그들은 주로 하나님의 보좌를 호위하고(4:6; 5:6,11; 7:11; 14:3) 천상적 예배를 주도하며(4:8-9; 5:8-10,14; 19:4) 하나님의 심판을 집행한다(6:1,3,5,6,7; 15:7)(Osborne

2002: 275). 이들 네 생물이 자연계에 임하는 재앙들을 선언하는 것은 하나님 앞에서 피조물을 대표하는 그들의 역할 때문인 것으로 보인다. 네 가지 말의 등장과 연관된 재앙이 그에 상응하는 네 생물에 의해 선언된다는 사실이 그것을 뒷받침해준다. 본문 구조는 요한이 어린 양 예수께서 인을 떼는 것을 '보는' 동안 오라고 말하는 네 생물의 명령을 '듣는' 형식으로 되어 있다. 네 생물 중 하나가 발한 "우렛소리 같은" 음성은 주로 예배 장면에서 등장하지만(14:2; 19:6), 본문의 음성은 구약의 '폭풍 신현'(神顯)을 반영한 것으로서 하나님이 심판자로 임하신다는 개념과 연관된다(Osborne, 2002: 275).

[2] 네 생물 중 하나가 '오라' 하는 말을 들었을 때 요한은 흰 말을 탄 자가 "활을 가졌고 면류관을 받고 나아가서 이기고 또 이기려고 하는" 환상을 보았다. 처음 네 인(印) 심판을 묘사할 때 네 말들이 등장하는 것은 스가랴 1:8-15, 6:1-8을 배경으로 한다. 이들 구절에서 말 탄 자들은 하나님백성을 핍박하는 원수들을 심판하는 수단으로 언급되고, 말들의 색깔은 전쟁의 지리적 지점들을 나타낸다(Johnson, 1981: 472). 첫째 인 심판에서 흰 색 말을 탄 자의 정체는 학자들 사이에서 논란거리이다. 어떤 학자들은 흰 말을 탄 자가 그리스도와 복음의 승리를 나타낸다고 보기도 하고(Alford, Ladd), 다른 학자들은 그것이 적그리스도와 악한 세력들의 승승장구를 나타낸다고 보기도 한다(Walvoord, Mounce). 전자의 해석을 뒷받침하는 증거는 계시록에서 흰 색이 항상 그리스도나 의(義)와 연계된 색이고, 19:11-16은 흰 말을 탄 자를 그리스도와 동일시한다는 점이다. 반대로 후자의 해석을 뒷받침하는 증거는 본 절 이후에 나오는 네 말들이 모두 심판의 도구들로 등장하는데 오직 흰 말을 탄 자만 긍정적인 의미로 보기 어렵고, 더구나 첫째 인을 뗀 분이 그리스도인데 그가 또한 말 탄 자로 동시에 등장하는 것이 모순처럼 보인다는 사실이다.

본 절은 해석자의 전제가 무엇이냐에 따라 달리 해석되어 왔다. 두 해석 모두 가능하기는 하지만, 두 번째 견해가 최근 대부분의 학자들에 의해 선호되고 있다. 처음 네 인 심판은 모두 하나님을 반역하는 세상에 전쟁과 기근과 사망과 같은 재앙들을 퍼붓는 기능을 하기 때문에, 첫째 인만 심판의 문맥을 떠나 그리스도와 복음의 승리를 강조한다고 보는 것은 문맥의 흐름과도 어긋난다. 본문에서 흰 말과 그것을 탄 자는 하나님의 심판을 대행하는 전령 구실을 한다. 때문에 흰 말을 탄 자가 전투의 수단인 활을 가졌고 면류관을 받아 계속해서 이긴다는 것은 하나님을 대적하는 세상에서 전쟁을 일으켜 그것을 심판하는 임무를 효과적으로 수행하고 있음을 함축한다(이필찬, 2006: 321). '활'은 전쟁 도구이고 '면류관'은 전쟁 승리자에게 주어지는 상이다. 보통 말을 탄 자가 활을 가졌다는 것은 전쟁에 숙련된 사람의 모습을 그린 것이다. 말을 타고 달리면서 활을 쏘아서 정확히 과녁을 맞추는 것은 고도의 훈련을 거치지 않으면 안 되기 때문이다. 면류관을 '받았다'는 말은 전쟁의 승리가 하나님에 의해 통제되고 있음을 시사해준다. 사탄과 그 주구들이 비록 세상에 전쟁을 일으켜 승승장구하겠지만, 그것은 어디까지나 하나님이 허용해서 벌어지는 일이다(Beale, 1999: 377). "이기고 또 이기려고 하더라"는 말은 전쟁을 갈구하는 인간들의 끝없는 욕망을 함축한다. 인간의 전쟁 욕망은 스스로를 파괴하고 고통스럽게 하지만 그것은 하나님이 자신을 반역하는 세상을 심판하시는 방식이다. 주목할 만한 것은 흰 말을 '탄 자'를 묘사할 때 '앉은 자'(the one sitting)란 독특한 분사어구가 사용된다는 사실이다. 이것은 하나님을 보좌에 '앉은 이'로 묘사하는 표현을 본 딴 것으로 보인다(Osborne, 2002: 277). 하나님께서 보좌에 앉아 만유를 다스리고 계시듯이, 흰 말에 '앉은 자'도 끝없는 정복욕으로 전쟁을 일으켜서 하나님의 자리에 앉고자 한다. 여기서 말을 탄 자는 귀신 세력이 아니라 인간이다. 그렇다면 흰 말을 탄 자는 하나님의 자리에 앉아 세상을 지배하려는 인간들의 부패한 욕망을 역설적으로 함축한다. 하나님은 부패한 인간들의 정복욕이 분출하도록 허용하여 그들을 심판하시는 분이시다.

[3-4] 어린 양이 둘째 인을 떼실 때 요한은 둘째 생물로부터 오라는 소리를 들었고 "다른 붉은 말이 나오는" 것을 보게 되었다. 여기서 네 생물은 하나님의 심판을 집행하는 역할을 담당한다. 그리고 붉은 색은 피 흘림과 살육을 상징한다(Osborne, 2002: 278). 붉은 말을 탄 자가 허락을 받아 '큰 칼'을 가지고 서로 죽이게 하고 땅에서 화평을 제하여 버린다는 진술을 통해서도 확인된다. '큰 칼'은 큰 전쟁을 나타내는 환유로서 땅에서 평화를 없애는 수단이기도 하다. 일단 큰 전쟁이 발발하면 인간들은 "서로 죽이는" 살육 행위를 함으로써 결국 그들 간의 평화는 사라지게 된다. 주목할 것은 붉은 말을 탄 자가 두 가지를 '허락받았다'는 사실이다. 하나는 "땅에서 화평을 제하여 버리는" 것이고, 다른 하나는 "큰 칼을 받는" 것이다. 후자는 전자를 야기하는 원인으로서 원인, 결과가 모두 하나님의 주권적 섭리에 속해 있다. 즉 전쟁을 통해 서로 살육하고 평화를 제하는 것이 하나님께서 허락한 심판 행위이다. 서로 피 흘리고 살육하는 전쟁은 인간 스스로 자초한 것이기는 하지만, 그것은 또한 하나님의 주권적 허용에 따라 발생하는 일이기도 하다. 성경 저자들은 사건을 두 다른 관점에서 이해하는 경향이 있다.

[5-6] 어린 양이 셋째 인을 떼고, 셋째 생물이 검은 말을 불러낸다. 검은 말은 전쟁과 피 흘림의 결과로 생긴 기근과 고통, 슬픔과 탄식을 상징한다(Johnson, 1981: 474; Osborne, 2002: 279). 말을 탄자의 손에 '저울'을 가졌다는 것은 6절에서 언급된 밀과 보리를 측량하기 위함일 것이다. 요한은 "네 생물 사이로부터 나는 듯한 음성"을 듣게 되었다. 네 생물 '중간에서' 나는 음성은 아마도 하나님의 보좌에서 나는 음성이었을 것이다. 따

라서 요한이 들은 음성의 신적 출처를 강조하는 표현일 것이다. 그가 들은 음성의 내용은 "한 데나리온에 밀 한 되요 한 데나리온에 보리 석 되르다 또 감람유와 포도주를 해치지 말라"는 것이다. 한 데나리온은 보통 느동자의 하루 품삯에 해당한다. 하루 품삯을 받아봐야 밀 한 되와 보리 석 되 밖에 살 수 없다는 것은 전쟁으로 생긴 기근 때문에 식량비가 보통 때보다 적어도 12배 이상 올랐다는 것을 뜻한다(Beckwith, 1922: 520; Johnson, 1981: 474). 존슨에 따르면 밀 한 되는 일반인이 소비하는 하루치 식량이고, 보리는 가난한 사람들은 주로 먹는 식량으로서 보통 밀가루와 섞어서 덕었다고 한다. 그렇다면 하루 온 종일 일하고 품삯을 받아봐야 하루치 식량을 살 수 있을 뿐 그것은 가족들이 함께 먹기에는 턱 없이 부족한 양이였을 것이다. "감람유와 포도주는 해치지 말라"는 명령의 뜻은 분명하지 않다. 아마도 이 명령은 기근의 제한된 범위를 말하는 것으로 보인다. 보통 가뭄은 밀과 보리 경작에 영향을 미치지만 극심한 가뭄이 아닌 한 감람나무와 포도나무를 상하게 하지는 않았다. 밀과 보리는 로마제국 시대에 두 가지 주된 식량 자원인 반면, 감람유와 포도주는 부유한 사람들이 주로 소비하였다. 도미티안 황제 때 가뭄이 들어 식량이 부족해지자 그는 감람나무와 포도나무를 베어내고 밀과 보리를 경작하도록 조치한 바가 있었다(Osborne, 2002: 281). 따라서 감람유와 포도주가 아직 남아 있고 밀과 보리 값이 폭등했다는 것은 가뭄이 부분적일 뿐 아직 극심하지 않다는 것을 뜻할 수 있다(Mounce, 1977: 155). 이것은 인 심판에서 나팔 심판으로 진행되면서 재앙의 정도가 좀 더 심해진다는 사실을 통해서도 확인할 수 있다.

[7-8] 어린 양이 넷째 인을 뗄 때 넷째 생물이 청황색 말을 탄 자를 놀러낸다. '클로로스'란 형용사는 노르스름한 초록색(yellowish green)을 의미한다. 그것은 푸른 풀을 지칭할 수 있지만(막 6:39; 계 8:7), 사람에게 쓰일 때는 병자의 창백한 얼굴색을 묘사할 때도 쓰인다(*BAG*, 890; Osborne, 2002:

282). 때문에 이 술어는 때때로 질병이나 죽음을 묘사할 때 사용되곤 했다. 요한이 청황색 말 위에 앉은 자를 '사망'이라고 부른 것도 이런 이유 때문이었을 것이다. 이 술어는 보통 사람들이 기근 뒤에 전염병이나 역병으로 죽게 되는 상황을 가리킨다(렘 14:12; 눅 21:11 등). 사망을 언급한 뒤에 요한은 한 진술을 덧붙이는데("음부가 그 뒤를 따르더라"), 그것은 무엇을 뜻하는가? 사망과 음부는 보통 한 짝처럼 붙어 다니는 술어들이다(1:18). 음부를 번역한 히브리어는 '스올'인데, 그것의 일차적 의미는 무덤이다. 신약에서 음부는 이중적 의미로 쓰였다. 그것은 때로 죽은 자들이 들어가는 장소(행 2:27, 31)를 가리키기도 하지만 어떤 때는 악한 자들이 죽어 들어가는 장소(눅 16: 23; 계 20:13-14)를 지칭하기도 한다(Johnson, 1981: 428). 본문은 '사망과 음부'를 인격화하여 앞서고 뒤따르는 귀신적 세력들로 묘사한다. 이들 세력은 "땅 사분의 일의 권세를 얻어 검과 흉년과 사망과 땅의 짐승들로써 죽이는" 일을 한다. '권세를 얻었다'는 말은 하나님께서 사람들을 괴롭히고 고통스럽게 할 권한을 이들 귀신 세력들에게 부여했다는 사실을 뜻한다. 인 심판에서는 "땅 사분의 일의 권세"가 언급되지만, 나팔 심판에서는 "땅 삼분의 일의 권세"가, 대접 심판에서는 온 땅의 권세가 언급된다. 심판이 진행될수록 재앙의 강도가 점점 더 강화된다는 것을 알 수 있다. 본문에서 "땅 사분의 일의 권세"란 표현은 사망과 음부가 인류에게 가하는 고통이 하나님의 통제를 받아 제한되어 있다는 것을 뜻한다. 사망과 음부가 인류에게 고통을 주는 수단은 "검과 흉년과 사망과 땅의 짐승들"을 통해 사람들을 죽이는 것이다. '검'은 전쟁과 같은 인간의 폭력을 상징하고, '흉년'은 가뭄과 같은 자연재해를, '사망'은 역병으로 인한 죽음을, '땅의 짐승들'은 야생 짐승들의 공격을 뜻한다.

[9-11] 다섯째 인을 뗄 때부터는 말들의 은유가 언급되지 않고 자신들을 죽인 자들에게 보응해 달라고 제단 밑에서 부르짖는 순교자들의 장면

이 나타난다. 그들은 "하나님의 말씀과 그들이 가진 증거로 말미암아 죽임을 당한 영혼들"이었다. 제단이 언급된 것은 그들이 부르짖을 때 하늘 성전에 있었다는 것을 의미한다. 후에 요한은 새 예루살렘 성 안에서 성전을 보지 못했고 대신에 하나님과 어린 양 자신이 성전이라고 말한다(21:22). 그렇다면 제단은 본문에서 비유적 언어로 쓰였다. 제단과 죽임을 당한 자들이 함께 언급된 것은 순교자들의 죽음과 고난이 희생제사의 성격을 지녔다는 것을 뜻한다. 죽임을 당한 어린 양이 하늘 성전 제단에 희생 제물로 드려진 것처럼, 죽임을 당한 순교자들도 희생 제물이 되어 하늘 성전 제단에 드려진다. 순교자들이 제단 위가 아니라 아래 있었다는 것은 희생제물의 피가 제단 위에 부어져서 밑으로 흘러내리는 것을 연상시킨다. 하지만 비일은 더 가능성이 있는 제안을 한다. 계시록에서 제단은 하나님의 보좌를 상징할 수 있다(Beale, 1999: 391). 하나님이 보좌에서 통치하는 목적들 중 하나는 그의 백성을 보호하는 것이다. 때문에 순교당한 백성이 제단 밑에서 하나님께 탄원하는 것은 자연스러운 일이다.

요한이 본 것은 죽임을 당한 자들의 '영혼들'이었다(9절). 일반적으로 이것은 죽은 뒤에 몸이 없는 순교자들의 영혼을 지칭하는 것으로 이해되곤 했다. 하지만 계시록에서 '푸쉬케'란 말은 죽임을 당한 사람들 자체를 가리킬 때가 많다. 그들은 큰 소리로 하나님을 "거룩하고 참되신 대주재"로 부른다. '대주재'란 호칭은 기본적으로 소유권이란 개념을 내포한다(TDNT 2:44). 모든 인생의 주인이 되신 하나님은 거룩하고 참되신 분이시다(3:7). 순교자들은 그에게 "땅에 거하는 자들을 심판하여 우리 피를 갚아 주지 아니하시기를 어느 때까지 하시려 하나이까" 하고 탄원한다. 계시록에서 "땅에 거하는 자들"은 항상 하나님을 반역하는 사람들을 지칭하는 부정적 의미로 사용되고, "우리 피"란 말은 성도들이 그들에 의해 폭력적으로 죽임을 당했다는 것을 뜻한다. '갚다' 동사는 신약에서 징벌하거나 보응한다는 의미로 쓰인다(TDNT 2:442ff). 성도들은 자신을 해치는 자들에게 직접 보복하는 일을 해서는 안 되고 모든 것을 하나님께 맡겨야 한다(롬 12:19). 그들은 자신들을 대신하여 보응하시는 하나님의 공의를 신뢰한다. 따라서 순교를 당한 성도들도 하나님께서 그들을 죽인 자들에 대한 공의로운 보응을 언제까지 미루실 것인지를 탄원한다.

하나님은 그들의 탄원에 대해 두 가지로 응답하신다. 하나는 순교자 각자에게 '흰 두루마기'를 주는 것이다. 계시록에서 '흰 옷'은 의나 승리와 자주 연관된 상징어이다(Johnson, 1981: 475). 때문에 하나님이 흰 두루마기를 주셨다는 것은 순교자들이 사람들 앞에서 주를 시인하고 순결하고 거룩한 삶을 삶으로써 참된 승리자가 되었다는 사실을 하나님이 인정하셨다는 것을 뜻한다. 다른 하나는 "아직 잠시 동안 쉬되 그들의 동무 종들과 형제들도 자기처럼 죽임을 당하여 그 수가 차기까지 하라"는 말씀이다. '잠시 동안'이란 말은 하나님께서 정하신 보응의 때가 상대적으로 길지 않다는 것을 뜻한다. 물론 하나님 보시기엔 짧은 기간일 수 있지만 여러 세대에 걸친 기간일 수도 있다(12:12; 20:3). 기다리는 기간은 "그들의 동무 종들과 형제들도 자기처럼 죽임을 당하여 그 수가 찰 때까지"이다. 이것은 마지막 심판이 이르기 전에 죽임을 당해야 할 순교자들의 숫자가 하나님에 의해 정해져 있다는 것을 뜻한다. "그들의 동무 종들과 형제들"이란 표현은 서로 다른 부류의 사람들을 가리키지 않는다. 동격의 관계로 본다면 순교자의 동료들은 하나님의 종들이면서 서로 간에 형제로 불리는 자들이다. 그들이 "하나님의 말씀과 그들이 가진 증거로 말미암아 죽임을 당한" 것처럼 장차 죽임을 당할 다른 동료 종들, 즉 그들의 형제들의 수가 차기까지 기다려야 한다. 하나님은 누가 순교를 당할 것인지를 알고 계시고 멀지 않은 때에 그들 각 사람을 신원해주실 것이다.

[12-14] 어린 양이 여섯째 인을 뗄 때에 우주적 격변 현상이 일어난다. 그것은 여러 가지 방식으로 묘사되는데, 이런 우주적 격변은 하나님께서

성도들의 간청을 들으시고 불신 세상을 심판하는 현상들이다. (1) "큰 지진이 나며 "해가 검은 털로 짠 상복같이 검어지고 달은 온통 피같이 되며," (2) "하늘의 별들이 무화과나무가 대풍에 흔들려 설익은 열매가 떨어지는 것 같이 땅에 떨어지며," (3) "하늘은 두루마리가 말리는 것 같이 떠나가고 각 산과 섬이 제 자리에서 옮겨질" 것이다. 이런 표현들 전체를 문자적으로 해석하기는 어려운 것 같다. 어떤 사건들은 고대 우주론의 시각을 반영한 것들이다. 이를테면, 무화과나무의 설익은 열매들이 대풍에 흔들려 떨어지듯 하늘의 별들이 떨어진다든가, 하늘이 두루마리가 말리는 것처럼 떠나간다는 표현들이 그것이다. 고대인들은 궁창을, 땅을 덮은 지붕처럼 생각했는데, 요한은 그 궁창이 큰 지진으로 흔들려 떠나가는 것으로 묘사했다. 본문의 표현들 중 많은 부분은 예수의 감람산 담화에서도 발견된다(마 24:29-30). 예수께서 죽으실 때 실제로 우주적 격변현상들이 발생했기 때문에 본문의 묘사들을 상징적으로만 해석하려는 견해는 지나치다. 하지만 온 세상의 산과 섬이 제자리에서 옮겨진다면 사람들이 산과 바위에 숨을 곳을 찾는 것은 무의미해질 것이다. 따라서 주의 날에 우주적 격변 현상들이 실제로 일어날 수 있지만 본문의 문자적 표현 그대로 발생할 것으로 기대하면 안 될 것 같다. 아무튼 본문이 묘사한 우주적 격변현상이 실제로 일어난다면 땅에 거주하는 자들에게 큰 공포와 고통을 안겨줄 것은 자명하다. 계시록에서 '지진'은 여러 차례 언급되고(8:5; 11:13,19; 16:18), 해, 달, 별들의 격변 현상도 몇 차례 언급된다(8:12; 9:2; 16:8). 이런 것들은 구약에서 하나님이 심판자로 임하실 때 나타나는 전조 현상이다(삿 5:4-5; 욜 2:10). 마찬가지로 계시록에서도 이런 물리적 격변들은 "진노의 큰 날"에 동반되는 전조현상이다.

[15-17] 앞의 세 구절은 여섯째 인 심판이 가져온 재앙들을 소개한다면, 15-17절은 땅의 모든 거주자들이 이들 재앙에 대해 나타낸 공포와 두

려움을 묘사한다. "땅의 임금들과 왕족들과 장군들"은 권력 계층의 사람들을 가리킨다면, "부자들과 강한 자들"은 부유층과 영웅들을 가리키며, "모든 종과 자유인"은 다양한 신분 계층의 사람들을 가리킨다. 이렇듯 모든 종류의 사람들이 여섯째 인 심판의 대상에 포함되기 때문에 하나님의 진노가 특정한 사람들에게만 임한다고 볼 수 없다. 계시록에서 "땅의"란 수식어는 하나님을 반역하는 불신 세상을 지칭하는 말이기 때문에, 여섯째 인 재앙과 관련된 하나님의 심판은 그를 믿기를 거부하고 귀신과 우상들을 숭배하며 성도들을 박해하는 모든 세상 사람들에게 임하는 것이다(Johnson, 1981: 476).

그들은 자신들에게 임하는 심판이 두려워 "굴과 산들의 바위틈에 숨어 산들과 바위에게 말하되 우리 위에 떨어져 보좌에 앉으신 이의 얼굴에서와 그 어린 양의 진노에서 우리를 가리라"고 말했다. 이런 식의 간청은 하나님의 심판을 묘사하는 구약과 신약의 구절들 가운데 등장한다(사 2:19,21; 호 10:8; 눅 23:30). 땅의 거주자들이 보고 공포에 떨게 된 대상은 "보좌에 앉으신 이의 얼굴"과 "그 어린 양의 진노"이다. 구약에서 '하나님의 얼굴'은 그의 백성에게는 긍휼과 자비의 얼굴로 나타나고(민 6: 25-26; 시 4:6; 80:3 등) 거역하는 자들에게는 분노의 얼굴로 나타난다(레 17:10; 시 10:4:29 등). 신약에서 '하나님의 얼굴'은 주로 심판의 문맥에서 등장하지만(살후 1:9; 벧전 3:12), 계시록은 '하나님의 얼굴'을 부정적인 문맥(20:11, "땅과 하늘이 그의 (얼굴) 앞에서 피하여 간 데 없더라")과 긍정적인 문맥(22:4, "그들이 그의 얼굴을 볼 터이요 그의 이름도 그들의 이마에 있으리라")에서 모두 언급한다. 장차 하나님의 백성은 그의 얼굴을 친히 뵙고 그의 영광에 참여할 것이지만, 땅의 거주자들과 죄악에 오염된 옛 피조세계는 그의 얼굴 앞에서 피하여 간 데가 없을 것이다(Osborne, 2002: 296). 놀라운 사실은 두 번째 심판에 대한 묘사이다. 땅의 거주자들이 산과 바위틈에 숨으려고 하는 이유는 "어린 양의 진노" 때문이다. 이미지의 역설적 면이 부각된다. 세상 죄를 담당하기 위해 희생 제물로 바쳐진 어린 양은 이제 심판자로서 불신 세상에 진노를 쏟아 붓고 있고, 온유하고 자비로운 어린 양은 이제 진노를 내리는 어린 양이 되었으며, 힘없이 죽임을 당한 어린 양은 이제 가장 강력한 심판주 어린 양이 되었기 때문이다(Osborne, 2002: 296).

'진노'란 말은 계시록에서 여섯 차례 등장하는데 본문은 그것을 첫 번째로 언급한다. 어린 양의 진노는 독립적인 요소가 아니고 보좌에 앉으신 하나님의 통치가 불신 세상에 집행된 결과이다. 계시록에서 하나님과 어린 양의 진노는 계속해서 등장하기 때문에 사도 요한의 중심주제 중 하나라는 것을 알 수 있다. 어린 양이 여섯째 인을 뗄 때 요한은 "그들의 진노의 큰 날이 이르렀다"고 말한다. "진노의 큰 날"은 주의 크고 두려운 날의 도래를 예언한 구약 구절들을 반영하고(욜 2:11, 31; 말 4:1, 5; 습 1:14-16) 신약에서도 그것을 암시하는 구절들이 나타난다(고전 1:8; 빌 1:6, 10; 살전 5:2; 벧후 3:10). 주의 날의 도래를 말한 구약과 신약 저자들의 예언은 드디어 계시록 6:16-17에서 최종적으로 성취된다. '이르렀다'(ἦλθεν)는 부정과거 동사는 이미 일어난 사건을 가리킨다. 그렇다면 "진노의 큰 날"은 최후심판 자체를 지칭하는 것이 분명해 보인다(Beale, 1999: 401; Osborne, 2002: 298). 혹자는 본문의 사건이 주의 재림과 종말 자체를 말하기보다 그 직전에 일어날 모종의 전조적 사건을 그린다고 본다(Witherington III, 2003: 136). 그들은 일곱째 인을 뗄 때 어떤 재앙이 임하지 않고 일곱 나팔 재앙이 뒤따른다는 사실을 증거로 댄다. 하지만 이런 견해는 일곱 심판 시리즈들의 순환적 성격을 소홀히 한 것이다. 인, 나팔, 대접 심판 시리즈의 여섯째 및 일곱째가 항상 종말을 다루기 때문에 이들 심판 시리즈가 엄격한 시간순서를 따라 진행한다고 보기 어렵다. 16-17절에서 종말이 이르렀고 주의 진노의 큰 날은 역사에 종지부를 찍고 최후심판을 도래시켰다. 이런 이유 때문에 요한은 "누가 능히 서리요"라고 되묻는다. 이 질문도 구약에서 자주 등장한다(욜 2:11; 말 3:2; 나 1:6). 최후심판 날에 주께서 진노 중에 임하실 때 그를 대적하는 어떤 누구도 그의 면전 앞에 설 수가 없다. 하나님은 강력한 정복자 왕이시기 때문에 원수들을 그의 앞에 무릎을 꿇을 수밖에 없다. 하물며 그가 쏟아 붓는 극렬한 재앙들 앞에서 누가 감히 설 수 있겠는가! 마지막 날에는 하나님의 전능하심만 우뚝 설 것이며, 그를 거역하는 땅의 거주자들은 산과 바위틈에 얼굴을 가리고 숨기에 바쁠 것이다.

해설

6장은 어린 양이 두루마리 책의 일곱 인봉을 떼고 세상에 대한 심판을 집행하는 내용을 담고 있다. 처음 네 인들을 뗄 때 하나님의 보좌를 호위하던 네 생물이 나타나 네 종류의 말들을 호출한다. 말들의 등장은 스가랴 1:8-15과 6:1-8을 배경으로 한다. 이들 구약 본문에서 말을 탄 자들은 하나님 백성을 박해하는 이방 나라들을 심판하는 역할을 담당하는 것처럼, 계시록 본문에서도 말을 탄 자들은 죄의 지배 아래 있는 현 세상질서를 심판하려는 하나님의 계획을 집행하는 역할을 담당한다. 처음 네 인 심판을 실행하는 것은 어린 양이지만, 말 탄 자들의 활동들을 승인하고 허락하는 분은 하나님이시다(6:2, 4, 8). 어린 양이 첫째 인을 뗄 때 첫째 생물이 흰 말을 탄 자를 호출하는데, 몇몇 학자들은 계시록에서 흰 색은 항상 긍정적 의미를 지닌 상징이기 때문에 본문의 "흰 말을 탄 자"가 19:14-16에 나오는 백마를 탄 그리스도를 지칭한다고 생각한다. 하지만 처음 네 인 심판과 연계된 말들은 모두 재앙을 쏟아 붓는 심판의 전령 역할을 하기 때문에 첫째 인 심판 때 등장하는 흰 말 탄 자만 그리스도와 복음의 승리를 상징하는 긍정적 의미로 해석하는 것은 무리이다. 첫째 인 심판은 오히려 보좌에 앉으신 하나님을 모방하여 끝없는 전쟁으로 세상을 정복하려는 욕망을 지닌 부패한 인간들에게 임한 것이다. 둘째 인을 뗄 때 둘째 생물은 붉은 말을 탄 자를 호출하는데, 이것은 사람들이 피비린내 나는 전쟁을 일으켜 서로 죽여서 땅에서 평화를 찾기 힘든 심판 상황과 연관된다. 셋째 인을 뗄 때 셋째 생물은 검은 말을 탄 자를 호출한다. 그가 손에 저울을 가졌다는 것은 잦은 전쟁으로 곡물 값이 폭등하여 일반 기근이 심화된 상황을 반영한다. 기근 상황에도 감람유와 포도주가 남아 있다는 것은 아직 기근 재앙이 한정된 부분에 머물러 있다는 것을 함축한다. 넷째 인을 뗄 때 넷째 생물은 청황색 말을 탄 자를 호출하여 하나님의 심판을 집행하게 한다. '청황색'은 본래 노르스름한 초록색을 가리키는데 보통 푸른 풀을 묘사할 때도 사용된다. 하지만 때로는 병든 사람의 창백한 얼굴색을 묘사할 때도 사용된다. 이것은 청황색 말을 탄 자를 '사망'으로 부르는 데서도 알 수 있다. 인간들은 끝없는 정복욕을 가지고 피비린내 나는 전쟁을 일으켜서 서로 살육함으로 땅에서는 평화를 찾기 어려운 고통을 스스로 초래하였다. 자연히 잦은 전쟁으로 기근은 심해지고 식량 값은 폭등하여 생존 자체가 힘들어지면 온갖 전염병과 질병에 시달리다가 결국 사망에 이르게 된다. 이런 고통은 인간들이 스스로 자초한 것이기는 하지만, 하나님께서 그들이 그러한 고통을 당하도록 허용하고 심판한 결과이기도 하다.

다섯째 인 심판부터는 말들의 은유가 사라지고 새로운 내용이 등장한다. 어린 양이 다섯째 인을 떼실 때 말씀 증거로 인해 죽임을 당한 영혼들이 제단 아래서 하나님의 신원과 보응을 간청하는 장면이 나타난다. 이것은 인 심판의 재앙들이 순교자들의 기도에 대한 응답으로 임한다는 사실을 시사해준다. 순교자들이 언제까지 하나님께서 자신들을 죽인 자들의 악행을 보응하지 않고 지체하시는가를 탄원할 때, 하나님은 순교자 각인에게 '흰 두루마기'를 주신다. 이것은 그들이 사람들 앞에서 주를 부인하지 않고 순결하고 거룩한 삶을 살아서 참된 승리자가 되었다는 것을 하나님이 인정하셨다는 것을 뜻한다. 또한 하나님은 세상 사람들이 순교자들을 죽게 한 것처럼 그들의 동료 종들, 즉 그들의 형제들을 죽여서 하나님이 정한 순교자들의 수가 찰 때까지 기다리라고 말씀하셨다. 계시록 저자는 순교자만이 하나님의 참 백성이요 참 승리자인 것처럼 말하지만, "죽임을 당한 영혼들"이란 표현을 문자적으로만 해석할 필요는 없다. 요한은 복음 증거를 위해 죽기까지 충성하는 자들이 실제로 죽임을 당하지 않았어도 순교자처럼 여기는 경향이 있다. 어린 양이 여섯째 인을 떼실 때 다양한 우주격변 현상들이 나타난다. 큰 지진이 나고 그 여파로 해와 달이 영향을 받고, 하늘의 별들이 떨어지고 하늘이 두루마리 말리듯이 떠나가고, 각 산과 섬이 제 자리에서 옮겨지는 현상들이 그것이다. 우주격변 현상들에 대한 요한의 묘사는 다분히 고대 우주론을 반영하기 때문에 12-14절의 묘사들을 문자 그대로 취할 필요는 없어 보인다. 어쨌든 이런 우주적 격변현상들이 어떤 형태로든지 일어난다면 땅에 거주하는 온갖 종류의 사람들에게는 큰 공포와 고통을 안겨줄 것이 뻔하다. 자연계의 이런 격변현상들은 하늘 보좌에 앉으신 하나님이 내리는 재앙들이지만 그것은 또한 어린 양에 의해 집행되는 진노이기도 하다. 그들의 공포가 얼마나 컸는가는 그들 위에 임하는 무서운 재앙을 목도하고 산과 바위틈에 숨어 하나님과 어린 양의 진노에서 "우리를 가리라"고 절규하는 데서 가늠해볼 수 있다. 요한은 여섯째 인을 뗄 때에 땅의 모든 거주자들에게 "진노의 큰 날이 이르렀다"고 선언한다. '이르렀다'는 부정과거 동사는 일어난 사건을 지칭할 때 사용된다. 구약과 신약 저자들이 예언한 "주의 진노의 큰 날"이 계시록 6:16-17에서 최종적으로 실현된다. 인 심판 시리즈 이후에 아직 일곱 나팔과 대접 심판이 남아 있음에도 최후심판과 종말의 장면이 여섯째 인 심판 장면에서 등장하는 것은 계시록 전체의 구조가 엄격한 시간순서에 따라 진행되는 것이 아니라는 것을 시사해준다. 요한은 엄격한 시간순서를 따르기보다 동일한 심판을 점진적 반복의 형태로 서술하는 것으로 보인다. 각 심판 시리즈가 최후심판과 종말 이야기로 끝을 맺는다는 점에서 점진적인 면을 지니면서도 같은 심판장면을 반복하면서도 점차 강화시킨다는 점에서 반복적인 면을 동시에 갖고 있다. 최후심판 때는 전능하신 하나님만 역사의 무대에서 우뚝 서실 것이요, 그를 대적했던 모든 자들은 그의 얼굴 앞에서 능히 설 수 없게 될 것이다.

(2) 첫 번째 막간(7:1-17)

일곱 인 심판 시리즈 중에 처음 여섯 인 재앙들이 실행되고(6:1-17) 나머지 일곱째 인 재앙만 남겨놓은(8:1-5) 상태에서 첫 번째 막간 이야기가 삽입된다. 첫 번째 막간은 두 환상 장면들로 구성되는데, 하나는 이스라엘의 각 지파 중에서 일만 이천 명씩 차출하여 소집된 144,000명에 관한 장면이고(1-8절) 다른 하나는 각 나라와 백성과 방언에서 능히 헤아릴 수 없는 큰 무리가 흰 옷을 입고 손에 종려 가지를 들과 보좌에 앉으신 하나님과 어린 양 앞에 경배를 드리는 장면이다(9-17절). 7장 해석의 가장 큰 난제는 144,000명의 무리와 흰 옷을 입은 허다한 무리의 관계를 확인하는 것이다. 또한 언급된 이스라엘 지파들은 누구를 가리키는가? 큰 환난을 무엇을 지칭하고 그것을 거친 무리는 6:9-10에서 언급된 순교자들과 동일한 사람들인가? 이런 질문들에 대해 필자는 간략한 형태로 답변할 것이다.

a. 144,000명의 이스라엘 백성(7:1-8)

본문

1 이 일 후에 내가 네 천사가 땅 네 모퉁이에 선 것을 보니 땅의 사방의 바람을 붙잡아 바람으로 하여금 땅에나 바다에나 각종 나무에 불지 못하게 하더라 **2** 또 보매 다른 천사가 살아계신 하나님의 인을 가지고 해 돋는 데로부터 올라와서 땅과 바다를 해롭게 할 권세를 받은 네 천사를 향하여 큰 소리로 외쳐 **3** 이르되 우리가 우리 하나님의 종들의 이마에 인치기까지 땅이나 바다나 나무들을 해하지 말라 하

더라 **4** 내가 인침을 받은 자의 수를 들으니 이스라엘 자손의 각 지파 중에서 인침을 받은 자들이 십사만 사천이니 **5** 유다 지파 중에 인침을 받은 자가 일만 이천이요 르우벤 지파 중에 일만 이천이요 갓 지파 중에 일만 이천이요 **6** 아셀 지파 중에 일만 이천이요 납달리 지파 중에 일만 이천이요 므낫세 지파 중에 일만 이천이요 **7** 시므온 지파 중에 일만 이천이요 레위 지파 중에 일만 이천이요 잇사갈 지파 중에 일만 이천이요 **8** 스불론 지파 중에 일만 이천이요 요셉 지파 중에 일만 이천이요 베냐민 지파 중에 인침을 받은 자가 일만 이천이라.

주해

[1-3] "이 일 후에"란 말은 시간순서를 말하기보다 환상 장면의 전환을 도입하는 표현이다. 요한은 여섯째 인 심판을 소개한 뒤에 "네 천사가 땅 네 모퉁이에 선 것을" 보았는데, 이들 천사는 하나님의 종들이 그 이마에 인침을 받을 때까지 "땅의 사방의 바람을 붙잡아 바람으로 하여금 땅에나 바다에나 각종 나무에 불지 못하게" 하였다. 계시록에서 '4'는 우주적인 숫자이기 때문에 "땅의 네 모퉁이"는 땅 전체를 상징하고(겔 7:2), '땅'은 하나님을 거역하고 마귀를 추종하는 자들이 살아가는 영역을 가리킨다(12:14; 13:3, 8). '바람'은 문자적인 의미의 공기 움직임을 가리키기보다 땅의 거주자들을 파멸시키는 지상적 재난을 상징한다(Johnson, 1981: 478; Osborne, 2002: 305). 실제로 사막에 부는 뜨거운 바람이 풀이나 꽃에 불면 곧 말라죽게 만들었다고 한다. 구약에서도 바람은 하나님의 심판을 나타내는 은유로 자주 사용되곤 하였다(렘 51:36; 호 13:15). 그렇다면 네 천사는 땅에 하나님의 심판을 집행하는 존재들이기 때문에(2절) 하나님은 그의 종들의 이마에 인치는 일이 완료될 때까지 네 천사들로 하여금 세상을 향한 심판을 시행하지 못하게 대기하도록 하셨다는 것을 알 수 있다. 이것은 7장이 인 심판의 문맥 속에서 등장함에도 불구하고 심판의 지연이라는 새로운 설정을 하고 있음을 말해준다(이필찬, 2006: 358).

네 천사들이 땅의 네 모퉁이에 서서 파괴의 바람이 불지 못하도록 대기하는 목적은 144,000명에게 인치는 일과 연관하여 설명된다(2-3절). 다른 천사가 살아계신 하나님의 인을 가지고 "해 돋는 데"로부터 올라온다. '다른 천사'가 네 천사들에게 심판을 집행하지 말고 대기하라고 명령하는 것으로 보아서 그는 네 천사들보다 더 큰 권세를 지닌 것이 분명하다. "해 돋는 데"는 동쪽을 가리키는 숙어적 표현인데, 그 의미는 논란의 대상이 되고 있다. 구약과 유대교 문헌에서 동쪽은 빛의 원천이요 천국의 장소로 여겨지기 때문에(창 2:8; 1 En. 32:3-4) 어떤 학자들은 그것을 하나님의 축복을 나타내는 상징으로 해석한다. 다른 학자들은 단지 그것을 예루살렘 또는 시온이 위치한 곳을 나타내는 말로 해석하기도 한다. 어떤 한국의 이단들은 '해 돋는 데'가 동방의 한국을 가리킨다고 해석하지만 성경적 근거가 없는 억지해석일 뿐이다. 아마도 동쪽은 본문에서 패러디로 쓰였을 가능성이 있다. 계시록에서 악한 세력들이 동방에서 오는 것으로 묘사되기 때문에(9:14-15; 16:12) 요한은 천국의 참된 축복이 임하는 곳으로서 동쪽을 생각했을 수 있다(Beale, 1999: 408; Osborne, 2002: 307). 왜냐하면 이마에 하나님의 인을 치는 일은 가장 큰 축복 중의 하나로서 하나님의 소유된 백성이라는 것을 확증하는 것이고 또한 그의 심판에서 보호해주실 것을 천명하는 행위이기 때문이다. 다른 천사가 "살아계신 하나님의 인을 가졌다"는 것은 주목할 만하다. 그것은 왕이 사용하는 어인(御人)을 가리키는 것이 분명하다. 어인을 가진 자가 문서에 그것을 찍어 왕명을 시달하였다. 그렇다면 '다른 천사'는 누가 하나님에게 속한 자들인지를 확증하고 그들을 하나님의 심판에서 보호하라는 신적 명령을 수행한다는 점에서 "땅과 바다를 해롭게 할 권세를 받은 네 천사들"보다는 다른 구별된 역할을 담당했음을 시사해준다. 다른 천사가 네 천사에게 명령한 내용은 하나님의 종들의 이마에 인을 치기까지 "땅이나 바다나 나무들을 해하지 말라"는 것이다. 나무, 땅, 바다를 해하는 일은 자연계에 대한 하나님의 심판을 지칭한다. 그런 일은 특별히 나팔과 대접 심판에서 집행되는 반면 본문은 자연계에 대한 심판을 억제하는 일을 말하고 있다. 하나님의 명령을 집행하는 다른 천사가 네 천사들에게 자연계에 대한 심판을 하지 말고 대기하라고 명령한 것은 하나님께서 세상을 심판하는 일을 완전하게 통제하고 있다는 것을 말해준다.

[4-8] 앞의 구절들은 하나님의 종들의 이마에 인을 치기까지 땅을 해하지 말 것을 네 천사에게 명령하는 내용을 서술하고 있다면, 본 절은 144,000명을 이마에 하나님의 인을 칠 대상으로 언급한다. 이들은 우선 "이스라엘 자손의 각 지파 중에서" 인침을 받은 자들이다. 문자적 해석을 선호하는 세대주의 학자들은 144,000명이 대환란 기간 동안에 파멸 받지 않도록 보호를 받기 위해 인침을 받을 유대 기독교인들을 가리킨다고 해석한다(Walvoord, 1966: 140f). 하지만 계시록은 각 나라와 백성과 방언에서 형성될 새로운 하나님백성의 등장을 강조하기 때문에 유대인과 이방인 간의 옛 구분은 의미를 상실하고 만다(5:9; 7:9; 10:11 등). 더욱이 계시록이 저술된 1세기 후반에는 이스라엘의 열 두 지파가 사라진 것으로 알려져 있다(IDB, 4:699f). 특히 144,000은 12 x 12 x 1,000을 계산한 숫자이기 때문에 그것은 구약과 신약 시대를 거쳐 유대인과 이방인들로 구성된 새 이스라엘, 즉 전체 하나님백성을 가리키는 상징수라고 볼 수 있다(Caird, 1966: 95; Swete, 1979: 96f). 이스라엘의 각 지파에서 12,000명씩 차출된 것은 가나안 땅을 정복하기 위해 전투에 나설 만한 장정들을 계수하는 민수기의 사건을 배경으로 한다(민 1:2-3). 그렇다면 144,000명은 단순한 신앙 공동체가 아니라 어린 양이 이끄는 메시아 전쟁에 참여하는 전투하는 지상교회를 상징한다(Osborne, 2002: 313).

5-8절은 각 지파 중에서 12,000명씩 인침을 받은 자들을 소개한다. 요한은 유다 지파를 제일 먼저 계수하는데, 이것은 어린 양 그리스도께

서 유다 지파에서 나온 왕적 메시아라는 사실을 강조하기 위함일 것이다 (5:5). 그 외에 요한이 나열한 지파들의 순서는 좀 독특하다. 구약에서 지파들의 목록은 열에서 열셋 정도의 다양한 형태로 제시되는데 그중 열두 지파가 두드러진다(신 33; 겔 48 등). 요한이 열 두 지파를 부각시킨 것은 "택함을 받은 하나님 백성 전체의 집합적 정체성을 보존하려는"(Johnson 1981: 482) 목적 때문인 것으로 보인다. 열 두 지파의 목록 중에서 눈에 띠는 것은 단 지파와 에브라임 지파를 생략하는 대신 요셉과 므낫세 지파를 거명한 것이다. 에브라임과 므낫세는 요셉의 두 아들이지만(창 49장), 요셉과 므낫세가 함께 지파 목록에 들어간 것은 민수기 1:32-34의 말씀을 반영한 것으로 보인다. 요한의 지파 목록에 나타난 수수께끼를 풀어보려는 특별히 왜 단 지파와 에브라임 지파가 빠졌는지를 설명해보려는 다양한 노력들이 있어 왔지만 지금까지 만족할 만한 해결책은 없다. 초대교회에는 적그리스도가 단 지파에서 일어날 것이라는 신앙이 유통되고 있었고(Charles, 1920: 2:334), 구약에서도 단이나 에브라임이 우상숭배에 빠진 지파들로 거명되곤 했다(삿 18:18-19; 호 4:17). 요한은 그의 독자들이 로마제국의 황제숭배 정책이나 토착종교의 우상숭배 유혹에 맞서서 그리스도에 대한 참된 헌신과 증인의 삶을 살 것을 독려하기 위해 글을 쓰고 있기 때문에 만일 우상숭배가 단과 에브라임 지파를 생략한 이유라고 한다면, 열 두 지파의 목록을 완성하기 위해 단과 에브라임 지파를 생략하고 요셉과 므낫세 지파를 포함시킨 것은 충분히 이해할 만하다(Johnson, 1981: 482f). 더욱이 유다 지파를 제일 먼저 거명한 것은 신약의 교회가 "유다 지파의 사자요 다윗의 뿌리"이신 어린 양 그리스도를 중심으로 형성된 새로운 이스라엘이라는 것을 강조하려는 요한의 의도를 보여준다. 여기서 주목할 것은 '중에'(ἐκ)라는 전치사이다. 요한은 144,000명을 이스라엘의 모든 지파와 동일시하지 않고, 각 지파 중에서 12,000명씩 인침을 받았다고 말한다. 그렇다면 하나님의 택한 백성은 지상교회의 구성원 전체를 가리키는 것이 아니라 그들 중에서 인침을 받은 참 그리스도인들을 지칭한다고 할 수 있다. 주께서는 지상교회 중에서 어떤 사람들이 자기백성인지를 아신다. 오직 그들만이 어린 양의 메시아 전쟁에 참여하여 승리할 자들이다.

해설

본 섹션은 일곱 인 심판 시리즈 중에서 여섯째 인 심판(6:12-17)과 일곱째 인 심판(8:1-5) 사이에 삽입된 첫 번째 막간이다. 땅에 거하는 자들에게 임하는 심판의 재앙들을 말하는 중에 하나님의 종들의 이마에 인치는 일을 마칠 때까지 파멸의 바람이 불지 못하도록 심판을 지연시킨다는 첫 번째 막간의 내용은 인 심판 시리즈의 상황과 좀 다른 설정을 하고 있음이 분명하다. 세상 역사는 하나님의 작정에 따라 불가피하게 최후 심판을 향해 움직이겠지만 그 과정에서 하나님은 자기 백성의 온전한 수가 확보될 때까지 땅과 바다를 해롭게 할 권세를 받은 네 천사들로 하여금 그들의 생존환경인 자연계를 파괴하는 심판을 행하지 못하도록 대기를 시키신다. 하나님께서 심판을 지연시키는 것은 이스라엘의 각 지파 중에서 인침을 받게 될 144,000명을 세우려는 목적 때문이다. 이들 무리가 이스라엘 지파 중에서 차출되기 때문에 인종적 이스라엘 중에서 선택될 유대 기독교인들을 지칭하는 것처럼 보인다. 사실 이런 문자적 해석을 취하는 경향은 주로 세대주의 학자들 가운데서 자주 발견된다. 그들은 재림 이후에 지상에 세워질 천년왕국이 인종적 이스라엘 중심으로 세워질 왕국으로 생각하기 때문에 7:4-8을 그들의 회복을 뒷받침하는 계시록의 중요 본문으로 간주하려고 한다. 하지만 계시록의 저자는 예수의 십자가 죽음으로 세워질 구속 공동체를 묘사할 때 유대인과 이방인 간의 인종적 구분을 중요하게 생각하지 않는다. 따라서 144,000명은 한국의 어떤 이단들이 주장하는 것처럼 그들의 이단 종파를 추종하는 문자적인 수의 어떤 무리를 가리키는 것도 아니고, 세대주의 학자들이 말하는 것처럼 인종적 이스라엘의 각 지파에서 나온 유대 기독교인들을 가리키는 것도 아니다. 12 x 12 x 1,000이란 숫자가 함축하듯이 그것은 신구약 시대 전체에 걸쳐 유대인과 이방인 중에서 구속함을 받은 새 이스라엘, 즉 참 하나님백성 공동체 전체를 상징하는 무리이다. 가나안을 정복할 때 군사들을 이스라엘 각 지파에서 차출하여 정복 전쟁에 참여시킨 것처럼, 십사만 사천 명은 세상 가운데서 어린 양의 메시아 전쟁에 참여할 전투하는 교회를 상징한다. 그들은 짐승들에게 절하지 않고 신앙의 정조를 지킴으로써 어린 양의 승리에 동참하도록 부르심을 받은 자들이다.

b. 흰옷을 입은 무리들의 천상예배(7:9-17)

본문

9 이 일 후에 내가 보니 각 나라와 족속과 백성과 방언에서 아무도 능히 셀 수 없는 큰 무리가 나와 흰 옷을 입고 손에 종려 가지를 들고 보좌 앞과 어린 양 앞에 서서 10 큰 소리로 외쳐 이르되 구원하심이 보좌에 앉으신 우리 하나님과 어린 양에게 있도다 하니 11 모든 천사가 보좌와 장로들과 네 생물의 주위에 서 있다가 보좌 앞에 엎드려 얼굴을 대고 하나님께 경배하여 12 이르되 아멘 찬송과 영광과 지혜와 감사와 존귀와 권능과 힘이 우리 하나님께 세세토록 있을지어다 아멘 하더라 13 장로 중 하나가 응답하여 나에게 이르되 이 흰 옷을 입은 자들이 누구며 또 어디서 왔느냐 14 내가 말하기를 내 주여 당신이 아시나이다 하니 그가 나에게 이르되 이는 큰 환난에서 나오는 자들인데 어린 양의 피에 그 옷을 씻어 희게 하였느니라 15 그러므로 그들이 하나님의 보좌 앞에 있고 또 그의 성전에서 밤낮 하나님을 섬기매 보좌에 앉으신 이가 그들 위에 장막을 치시리니 16 그들이 다시는 주리지도 아니하며 목마르지도 아니하고 해나 아무 뜨거운 기운에 상하지도 아니하리니 17 이는 보좌 가운데에 계신 어린 양이 그들의 목자가 되사 생명수 샘으로 인도하시고 하나님께서 그들의 눈에서 모든 눈물을 씻어주실 것임이라.

주해

[9] 앞의 단락(1-8절)은 인침을 받고 어린 양의 메시아 전쟁에 참여하는 144,000명에 대해 묘사한다면, 본 단락(9-17절)은 흰 옷을 입은 허다한 무리들의 예배에 대해 묘사한다. 전자는 지상에서 전투하는 교회의 모습을 그린다면, 후자는 하늘성전에서 안식을 누리며 하나님께 예배하는 천상교회의 모습을 그린다. 전자는 또한 현재의 전망에서 교회 공동체의 모습을 그린 것이라면, 후자는 미래의 종말론적 완성의 전망에서 그것을 그린다. 어떤 사람들은 이들 두 무리가 서로 다른 그룹의 사람들이라고 생각하지만(Gundry, 1973: 81) 같은 그룹의 사람들을 땅과 하늘, 현재와 미래의 전망에서 달리 묘사하는 것은 요한의 전형적인 문예적 특징들 중 하나이다(Johnson, 1981: 484; Osborne, 2002: 318). 그렇다면 "셀 수 없는 큰 무리"는 144,000명을 종말론적 완성의 관점에서 부연 설명한 것이라 할 수 있다. 이들 큰 무리는 몇 가지 특징들을 지녔다. 우선 그들은 "각 나라와 족속과 백성과 방언에서" 나온 자들이다. 이것은 하나님께서 아브라함을 "많은 민족의 조상"으로 삼겠다는 언약의 약속을 성취한 것이다(Bauckham, 1993b: 223). 하나님께서 형성하려는 백성은 인종적 이스라엘에 국한된 무리가 아니라 그들의 민족적 한계를 초월한 범세계적인 믿음의 공동체이다. 교회는 족장들에게 주신 약속을 성취하여 각 나라와 백성에게 복음을 전해야 할 보편적 선교사명을 지닌 공동체이다. 둘째로, 그들은 "흰 옷을 입고 손에 종려 가지를 들고" 있었다. '흰 옷'(στολὰς λευκὰς)은 순결과 의만 아니라 승리를 상징하는 옷이다(Osborne, 2002: 319). 그것이 순결과 의의 옷이라는 사실은 "어린 양의 피에 그 옷을 씻어 희게 하였다"(14절)는 표현을 통해 뒷받침된다. 그것이 또한 승리의 옷이라는 것은 그들이 "큰 환난에서" 이기고 나온 자들이기 때문이다. 흰 옷은 이긴 자들과(3:4-5) 순교자들에게(6:11) 주어진다는 사실도 이를 뒷받침한다. 이것은 전쟁에 승리한 로마 장군이 흰 옷을 입고 개선 행진에 참여한 것과 비교될 수 있다.

"손에 종려 가지를 든" 것도 전쟁 승리 모티브와 연결되어 있다. 마카비 군대가 예루살렘을 다시 탈환했을 때 군중들이 손에 종려나무 가지를 들고 그들을 환영한 것은 널리 알려진 사실이다. 셋째로, 그들은 "보좌 앞과 어린 양 앞에 서서" 큰 소리를 외치며 찬양과 경배를 드렸다. 6:16에서는 진노가 하나님과 어린 양의 보좌로부터 땅에 거주하는 자들에게 쏟아 부어졌다면, 본 절에서는 보좌에 앉으신 하나님과 어린 양이 환난에서 승리한 성도들이 하늘로 귀향하는 것을 환영하고 있다. 하나님의 보좌는 6장에서 불신 세상에 진노를 내리는 진원지이지만 7장에서는 승리한 성도들에게 보상을 내리는 진원지이다(Osborne, 2002: 319). 환난에서 승리한 성도들은 하나님과 어린 양의 보좌 앞에서 그들의 충성스러운 삶에 대해 상을 받게 된다.

[10] 흰 옷을 입은 허다한 무리는 하나님과 어린 양의 보좌 앞에 서서 큰 소리로 찬양을 드린다. 그들이 올린 찬양의 내용은 구원하심이 보좌에 앉아 만유를 다스리시는 하나님과 어린 양에게 있다는 것이다. 요한은 아마도 10절의 찬양 내용을 시편 3:8에서 끌어온 것으로 보인다. 시편 본문에서 '구원하심'은 구출, 해방, 승리를 뜻하는 술어이다. 그렇다면 요한은 여기서 하나님께서 원수들에 대해 승리를 쟁취하시고 인침을 받은 성도들을 그들의 손에서 해방한 것을 축하한 것이라 할 수 있다(Osborne, 2002: 320). 또한 '구원'은 14절에서 "어린 양의 피"와 연결되기 때문에 죄로부터 구속함을 받아 의로운 하나님백성의 신분을 얻는 것, 즉 영적인 구원을 지칭하는 술어이기도 하다. 하지만 오스본이 잘 지적한 것처럼, 전후문맥을 고려할 때, 본문이 말하는 구원은 하나님께서 그의 백성을 대신하여 이루신 승리를 더 함축하는 것으로 보인다(12:10; 19:1). 그리고 진정한 구원은 보좌에 앉아서 만유를 다스리는 하나님과 어린 양의 통치 결과로 나타난 것이다. 어린 양의 구속사역을 통해 나타난 하나님의 왕적 통치는 그

의 백성을 죄와 사망, 짐승과 용으로부터 그들을 해방하는 구원행위로 실현된다.

[11-12] 본 절은 "모든 천사가 보좌와 장로들과 네 생물의 주위에 서 있다가 보좌 앞에 엎드려 얼굴을 대고 하나님께 경배하는" 내용을 담고 있다. 이것은 천상적 존재들이 구속함을 입은 성도들의 외침에 대해 나타낸 반응이다. "모든 천사들"은 보좌 주위를 둘러싼 천상적 존재들 중에서 가장 바깥쪽에 위치한다. 왜냐하면 이들 천사는 "보좌와 장로들과 네 생물들의 주위에" 서 있었기 때문이다. 구속함을 받은 허다한 무리가 "보좌 앞과 어린 양 앞에" 서 있었다면, 모든 천사들은 "보좌와 장로들과 네 생물의 주위에" 서 있었다. 이것은 성도들이 서 있던 위치가 모든 천사들이 서 있던 위치보다 하나님의 보좌에 더 가깝다는 것을 의미한다. 천사들은 "보좌와 장로들과 네 생물의 주위에" 서 있다가 큰 소리로 외치는 성도들의 찬양에 대해 '아멘'으로 화답할 때 "보좌 앞에 엎드려 얼굴을 대고 하나님께 경배하였다." 엎드려 얼굴을 땅에 대고 하나님께 경배하는 태도는 구약의 예배 전통을 반영한다. 12절은 천사들이 화답한 경배의 내용을 서술한다: "찬송과 영광과 지혜와 감사와 존귀와 권능과 힘이 우리 하나님께 세세토록 있을지어다." 이 구절에 담긴 일곱 가지 찬양 내용은 기본적으로 4:11과 5:12-13의 것을 따른 것인데, 이것은 4-5장에서 어린 양을 통해 성취될 하나님의 구속계획이 구속함을 받은 성도들을 통해 구체적으로 구현되고 있음을 보여준다(이필찬, 2006: 371). 왜냐하면 흰 옷을 입은 무리가 하나님께 "찬송과 영광과 지혜와 감사와 존귀와 권능과 힘"을 돌리는 것은 어린 양의 피로 구속함을 받고 승리에 참여하기 때문이다.

[13-14] 본 절은 흰 옷을 입은 허다한 무리의 모습과 정체에 대해 서술한다. "장로 중 하나"는 네 생물과 함께 보좌를 호위하는 이십사 장로들

중 하나를 가리킨다. 그들은 지상의 교회 공동체를 대표하는 천상적 존재들로서 그들 중 하나가 요한에게 흰 옷을 입은 무리의 정체와 기원에 대해 묻고 답하는 것은 자연스럽다. 14절은 장로들 하나가 흰 옷을 입은 무리의 신분과 기원에 대해 답변한 내용이다: "이는 큰 환난에서 나오는 자들인데 어린 양의 피에 그 옷을 씻어 희게 하였느니라." 그들의 첫 번째 특징은 "큰 환난에서 나오는 자들"이라는 것이다. '큰 환난'은 재림 직전, 후 삼년 반 기간에 임한 대환난을 가리키는가, 아니면 초림과 재림 시이에 모든 성도들이 신앙 때문에 겪게 될 고난을 가리키는가? 계시록에서 '환난'은 재림 직전에 임할 대환난을 지칭하는 기술적 술어로 잘 사용되지 않고 성도들의 고난을 다루는 일반적 문맥에서 자주 등장한다(1:9 2:9,10). 따라서 대다수의 학자들은 본문의 '큰 환난'이 후자의 의미로 쓰였다고 생각한다(Osborne, 2002: 324; Beale, 1999: 433). 어떤 학자들은 큰 환난에서 나온 무리가 순교자들을 지칭한다고 생각하지만 그렇게 분명하지 않다. 오히려 그들은 교회사의 전 기간에 걸쳐 신앙을 지키다가 이런 저런 모습으로 고난을 당한 모든 기독교인들을 가리킨다고 보는 것이 더 옳다

둘째로, 그들은 모두 "흰 옷을 입은" 자들이었다. 요한은 흰 옷의 의미를 "어린 양의 피에 그 옷을 씻어 희게 한"데서 찾는다. 죄를 더러운 옷으로 여기고 하나님이 그것을 씻어 정결케 한다는 개념은 구약에서 몇 차례 등장한다(사 64:6; 슥 3:3; 시 51:7). 또한 신약에서도 예수의 피가 죄의 모든 오염을 씻고 신자들을 정결케 하는 수단으로 종종 언급된다(딛 2:14; 히 9:23). 따라서 14절의 표현은 예수의 죽음이 지닌 속죄효과를 묘사한 표현이라고 할 수 있다. 부정과거 동사들('씻었다'와 '희게 했다')이 사용된 것은 그리스도의 피가 지닌 속죄 효과의 완전성을 함축한다(Osborne, 2002: 325). 본문의 흰 옷 이미지는 6:11의 것과 좀 다르다. 본문은 성도들이 그들의 옷을 "희게 하였다"고 말하는 반면, 6:11은 하나님께서 그들에게 흰 두루마기를 "주셨다"고 말한다. 차이점은 복음의 진리에 비추어 설명될 수 있다. 흰

옷을 입는 것은 예수의 구속을 통해 하나님의 의로운 백성으로 변화되는 것을 뜻한다면, 그런 변화는 믿음을 통해 경험하는 은혜의 선물이며 신자들은 믿음으로 그 은혜에 참여할 뿐이다(엡 2:8). 결국 허다한 무리가 입은 흰 옷은 십자가 구속의 은혜를 입은 후 큰 환난을 믿음으로 승리한 성도들의 정체성을 상징한 것이라고 말할 수 있다.

[15] 본 절은 장차 보좌 앞에 서게 될 하나님의 종들이 어떤 일을 하게 될 것인지를 묘사한다. '그러므로'란 접속사는 그들이 보좌 앞에 두려움 없이 설 수 있는 것은 어린 양의 피로 구속함을 받아 흰 옷을 입게 된 사실 때문이라는 것을 시사해준다. 이제 하나님께 온전히 받음직한 자들이 되었기 때문에 그들은 하나님의 임재 앞에 서서 그를 섬기기에 합당한 자들이다. 그들에게 주어진 특권은 세 가지다. 첫째는 전능자의 보좌 앞에 설 수 있는 것이고, 둘째는 하나님의 "성전에서 밤낮 하나님을 섬기는"것이며, 셋째는 "보좌에 앉으신 이가 그들 위에 장막을 치시는"것이다. 21:22은 성전이 새 예루살렘 성에 더 이상 존재하지 않는다고 말하기 때문에 본문에서 '성전'을 언급한 것은 이상하게 보인다. 하지만 하나님과 어린 양의 임재 자체가 성전이기 때문에 흰 옷을 입은 무리가 성전에서 밤낮 하나님을 섬긴다는 것은 그들이 하나님과 어린 양의 임재 안에서 그렇게 섬긴다는 것을 뜻한다. 또한 하나님이 그들 위에 '장막'을 친다는 것은 하나님과 그의 백성이 영원히 함께 거한다는 것을 뜻한다(*TDNT*, 7:385; Johnson, 1981: 487). 비슷한 표현이 21:3에서도 등장한다: "하나님의 장막이 사람들과 함께 있으매 하나님이 그들과 함께 계시리니 그들은 하나님의 백성이 되고 하나님은 친히 그들과 함께 계셔서." 족장 시대에 장막은 한 가족이 함께 거주하는 장소였다. 그렇다면 "하나님의 장막이 사람들과 함께 있다"는 것은 하나님과 그의 백성이 아버지와 아들의 관계 속에서 (21:7) 친밀한 한 가족처럼 거하게 될 것을 함축한다.

[16] 본 절에 묘사된 조건들은 믿음 때문에 고난당하는 성도들의 지상적 조건들과 다르다(Johnson, 1981: 487). 굶주림, 목마름, 불타는 사막과 같은 거친 환경 등은 성도들이 살아가는 이 세상의 조건들이지만, 그런 지상적 조건들은 새 예루살렘 성에서는 더 이상 존재하지 않게 될 것이다. 이사야 선지자는 장차 메시아가 다스릴 나라가 도래하면 그의 백성이 더 이상 주리거나 목마르지 않게 되고 더위와 햇볕이 그들을 상하지 않게 될 것이라고 예언한 바 있다(사 49:10). 요한은 바로 이 예언이 종말론적 메시아 왕국에서 성취될 것이라고 내다보았다.

[17] 본 절 역시 이사야 49:10을 암시한다. 어린 양이 "보좌 가운데" 계신다는 것은 그가 하나님의 왕적 통치를 집행하는 주체가 되신다는 것을 뜻한다. 하나님의 왕적 통치를 이어받은 어린 양은 "그들의 목자가 되사 생명수 샘으로 인도하시고 하나님께서 그들의 눈에서 모든 눈물을 씻어 주실" 것이다. 하나님 또는 그리스도를 목자로 여기는 개념은 신구약에서 흔하게 발견된다(시 23편; 요 10:1-8; 히 13:20). 선한 목자는 그의 양들을 푸른 초장과 생명수 샘으로 인도하는 역할을 하는 것처럼, 선한 목자 되신 어린 양도 그런 일을 하신다. 새 예루살렘 성에서 세상의 거친 조건들과 고통의 눈물이 없어지는 것은 그곳의 완벽한 환경 조건들 때문이 아니라 그의 백성을 목자처럼 인도하는 어린 양의 지속적인 사역 때문이다(Johnson, 1981: 487). 성도들은 세상에서 큰 환난을 거치면서 굶주림과 불타는 목마름을 경험하지 않을 수 없었고 고통의 눈물을 흘리지 않을 수 없었지만, 어린 양이 친히 목자가 되어 그들을 인도하여 들어가게 할 새 예루살렘에서 그들은 더 이상 그런 것들을 경험하지 않게 될 것이다. 물론 그들은 현 세상에서 그런 축복들을 부분적으로 경험할 수 있지만, 15-17절에 묘사된 축복들은 재림 이후에야 완전한 현실이 될 것이다.

> 해설

　요한은 일곱 인 심판 시리즈를 다 말하기 전에 두 개의 막간 이야기를 중간에 삽입한다. 하나는 이스라엘 각 지파 중에서 이마에 인침을 받은 144,000명이 세워질 때까지 지상적 재난의 바람이 불지 못하도록 네 천사들을 대기시킨다는 이야기이고, 다른 하나는 셀 수 없는 허다한 무리가 흰 옷을 입고 하늘성전 보좌에서 천사들과 함께 찬양과 경배를 드린다는 이야기이다. 지상에서 인 심판 재앙들이 땅의 거주자들 위에 쏟아 부어지는 상황에서 교회 공동체는 땅에서 어린 양의 메시아 전쟁에 참여하여 승리를 누리고 하늘에서는 승리와 순결의 흰 옷을 입고 천상의 축복을 누린다는 요한의 대조방식은 흥미롭다. 어떤 학자들은 이들 두 그룹이 서로 다른 사람들을 가리킨다고 주장하지만, 대부분의 학자들은 동일 그룹의 사람들을 서로 다른 관점에서 묘사한 것이라고 생각한다. 7장의 두 막간 이야기는 하나님백성을 공간적이고 시간적인 초월의 전망에서 묘사한다. 공간적인 초월이란 지상과 천상간의 대조방식을 가리킨다. 지상의 관점에서 하나님의 백성은 어린 양의 메시아 전쟁에 참여하는 전투하는 공동체이다. 두 짐승은 땅의 거주자들의 이마에 그들의 인을 치기 위해 하나님의 백성을 박해하고 죽이려고 하지만, 하나님은 그의 백성의 이마에 인을 쳐서 그의 소유된 백성으로 확증하고 그들을 심판에서 보호하신다. 천상의 관점에서 하나님의 백성은 하늘성전 보좌 앞에서 승리와 순결의 흰 옷을 입고 어린 양이 그들을 위해 이루신 구원을 축하하며 천상의 축복들을 향유하는 자들이다. 시간적 초월이란 현재와 미래간의 대조방식을 가리킨다. 현재의 관점에서 교회 공동체는 십자가 고난과 죽음을 당하신 어린 양의 발자취를 따라 온갖 역경과 박해를 신실하게 통과하여 끝내는 하나님과 어린 양의 보좌 앞에 서는 자들이다. 7:9의 말씀을 보면, 지상의 교회는 현재 박해와 고난을 통과하고 있지만 성공적인 복음 선교를 통해 각 나라와 백성 중에서 세워진 범세계적인 믿음의 공동체로 나타난다. 반면에 미래의 관점에서 교회 공동체는 어린 양의 피로 구속함을 받고 믿음으로 큰 환난을 극복하여 하나님과 어린 양의 보좌 앞에서 승리의 흰 옷을 입고 서서 종말적 구원을 축하하며 천상적 축복들을 향유하는 자들로 묘사된다.

요한은 왜 이런 독특한 접근방식을 취하는가? 그것은 지상의 교회를 천상의 관점에서, 그리고 완성될 미래의 관점에서 보도록 함으로써 비록 그들이 현재 세상에서 신앙 때문에 고난과 박해를 겪고 있을지라도 그런 시련을 끝내 극복하면 장차 하늘에서 영광스러운 존재로 하나님 앞에 서서 그가 보상으로 주시는 종말적 축복들을 누리게 될 것을 확신시키려는 의도 때문이다. 우리가 언젠가 어린 양과 함께 영적 전투를 잘 극복하여 승리한다면, 우리는 네 생물과 장로들, 그리고 그들을 둘러싼 모든 천사들과 함께 하나님의 보좌 앞에 서게 될 것이며, 하늘의 모든 천사들이 하나님이 베푸신 구원에 대해 성도들과 함께 즐거워하고 찬양하게 될 것이다. 종말적 구원은 죄와 악의 세력들로부터 구출되고, 흰 옷을 입고 하나님의 보좌 앞에 서서 영원토록 그를 섬길 수 있으며, 그가 승리자들에게 베푸는 온갖 천상의 축복들을 누리는 것을 포함한다. 세상에서 성도들이 살아가는 지상의 조건들은 굶주림, 목마름, 고난, 박해, 거친 환경들이지만, 그들이 신앙의 모든 전투를 끝내고 마침내 들어가게 될 새 예루살렘에서는 그런 지상적 조건들이 더 이상 존재하지 않고 어린 양이 친히 그들의 목자가 되셔서 생명수 샘으로 인도하시고 그들의 눈에서 모든 눈물을 씻어 주실 것이다. 이런 축복들은 성도들이 현재 부분적으로 누리기는 하지만 재림 때에 가서야 완전하게 경험될 것이다.

(3) 마지막 일곱째 인 심판(8:1)

본문

1 일곱째 인을 떼실 때에 하늘이 반 시간쯤 고요하더니

주해

[1] 처음 여섯 인 심판들은 7장의 두 막간 이야기의 삽입으로 6:17에서 잠시 중단되었다가 8:1에서 다시 시작된다. 본 절은 인 심판 시리즈를 결론짓는 역할을 하면서도 일곱 나팔 심판을 준비하는 역할을 하기도 한다. 일곱째 인 심판은 앞선 여섯 인 심판들과 달리 어떤 구체적인 재앙 현상이 동반하지 않는 것이 특이하다. 어린 양이 일곱째 인을 떼실 때 어떤 특정한 재앙이 나타나는 대신 "하늘이 반 시간쯤 고요해지는" 현상이 나타난다. 천상에서 울려 퍼지던 찬양 소리가 중단되고 잠시 고요해진 것은 지상에서 고난당하는 성도들의 기도 소리가(3-4절) 들리게 하기 위함인 것 같다. 천사들의 찬양도 중단된 것은 그만큼 큰 환난 속에서 고난당하는 성도들에 대한 하나님의 관심이 지극하기 때문일 것이다(Johnson, 1981: 488). 천사들의 찬양보다 중요한 것은 핍박받는 성도들이 자신들을 신원해달라고 하나님께 울부짖는 소리이다. 이것은 땅의 거주자들에게 임하는 심판 재앙들이 성도들의 기도와 울부짖음에 대한 하나님의 응답으로 주어진다는 것을 뜻한다(Bauckham, 1993b: 70-80). 하지만 일곱째 인 심판은 뒤따르는 나팔과 대접 심판들을 준비하는 역할을 하기 때문에, 잠시 동안의 고요함은 지상에 쏟아질 신적 진노의 큰 폭풍을 앞두고 숨을 죽일 수밖에 없는 두려움과 경외의 고요함을 가리킬 수도 있다. 하늘의 고요가 "반 시간쯤" 지속되었다는 것은 예루살렘 성전의 오전 제사의식에서 향을 피우는 반 시간을 반영한다. 이것은 성도들의 기도에 대한 응답으로 주어지는 하나님의 심판이 길게 지체되지 않고 신속하게 집행될 것을 시

사해준다.

> 해설

일곱째 인 심판(8:1)은 앞선 여섯 인 심판들과 달리 특정한 재앙을 언급하지 않고 대신 '반 시간'이란 짧은 기간 동안의 고요함을 소개한다. 일곱째 인 심판에서 고요함이 소개된 것은 큰 환난 중에서 고난당하는 성도들의 기도를 부각시키면서도 다가올 심판의 큰 폭풍을 앞둔 두려움의 고요함을 나타내기 위함일 것이다. 고난당하는 성도들의 기도가 들리게 하기 위해 천사들의 찬양 소리도 멈추게 할 만큼 하나님은 그들의 기도에 지대한 관심을 기울이신다. 뿐만 아니라 인, 나팔, 대접 심판들은 환난 중에서 부르짖는 성도들의 기도에 대한 응답으로 주어진다. 요한은 극렬한 심판이 주어지는 동안에도 기도가 왜 필요한지를 부각시킨다. 성도들의 기도는 세상에 대한 심판을 앞당기고 하나님의 나라를 임하게 하는데 필수적인 요인이다.

나. 일곱 나팔 심판(8:2-11:19)

앞선 일곱 인 심판은 본 섹션 이후의 나팔과 대접 심판에 비해서 예비적인 심판의 성격을 띤다. 일곱 인들로 봉인된 두루마리는 마지막 인이 떼어질 때까지 열리지 않기 때문이다. 따라서 일곱 인 심판은 타락한 인류가 왜 심판을 받아야 하는지 그 정당성을 드러내는 데 초점을 맞추고 있다면, 나팔과 대접 심판은 땅의 거주자들에게 임하는 하나님의 본격적인 심판을 그린다. 그들에게 심판이 임하는 이유는 요한 당시에 만연한 황제숭배나 이교숭배 때문인데, 이런 우상숭배는 현대에 이르러 인본주의와 물신주의란 다른 가면을 쓰고 나타난다. 주목할 점은 처음 네 나팔 재앙들은 이집트 사람들에게 임했던 출애굽 재앙들을(출 7-10장) 많이 끌어다 사용한다는 사실이다. 출애굽 재앙들은 주로 여호와 하나님의 권능에 비해서 이집트 신들이 얼마나 무력한가를 드러내고, 바로나 이집트 신들이 결코 이길 수 없다는 것을 보여주는 목적을 지녔다(Osborne, 2002: 339). 오스본의 관찰에 따르면, 이런 요소들은 나팔과 대접 재앙들 가운데 모두 존재하지만 다른 점들이 있다면 계시록에서는 (바로나 이집트 신들이 아니라) 사탄이 결코 이길 수 없으며, 재앙이 임하는 대상도 이집트인들이 아니라 땅의 모든 거주자라는 것을 강조한다는 사실이다. 더욱이 나팔과 대접 재앙이 이집트 재앙들을 끌어다 쓴다고 해서 이집트인들에게 임했던 물리적 재앙들이 말세에도 동일하게 임할 것으로 생각할 필요는 없다. 그런 재앙들은 하나님의 진노가 땅의 거주자들의 지상적 안전을 빼앗는 방식으로 나타나 그들의 회개를 촉구하려는 목적을 지닐 뿐이다(Beale, 1999: 465ff). 그리고 나팔 심판은 인 심판과 마찬가지로 4 + 2 + 1의 형태를 띠고 여섯째와 일곱째 나팔 사이에 긴 막간 이야기들이 삽입된다. 하지만 인 심판 시리즈와 달리 나팔 심판의 마지막 세 재앙들은 "화"(woes)를 선언하는 말씀들로 구성되어 있다(Osborne, 2002: 339). 나팔 심판 시리즈 중에서 처음 네 재앙은 주로 자연계에 대한 심판에 초점을 맞추고 나머지 세 재앙은 하나님을 반역하는 인간들에 대한 심판을 다룬다(Sweet, 1979: 162).

(1) 천사와 금향로(8:2-5)

본문

2 내가 보매 하나님 앞에 일곱 천사가 서 있어 일곱 나팔을 받았더라 **3** 또 다른 천사가 와서 제단 곁에 서서 금 향로를 가지고 많은 향을 받았으니 이는 모든 성도의 기도와 합하여 보좌 앞 금 제단에 드리고자 함이라 **4** 향연이 성도의 기도와 함께 천사의 손으로부터 하나님 앞으로 올라가는지라 **5** 천사가 향로를 가지고 제단의 불을 담아다가 땅에 쏟으매 우레와 음성과 번개와 지진이 나더라.

> 주해

[2] 일곱 인 심판 시리즈에서 두루마리를 봉함한 인들은 어린 양 자신이 직접 떼지만, 나팔과 대접 심판들은 일곱 천사들이 집행한다(8:2; 15:1). 아마도 일곱 천사들은 일곱 교회의 천사들을 가리킬 수도 있지만(2-3장) 이들 천사가 "하나님 앞에 서" 있다는 점을 고려할 때 하나님의 명령을 수행하는 천사장들을 가리키는 것으로 보인다(cf. Tobit 12:15; 눅 1:19). 그들이 "일곱 나팔을 받았다"는 말은 하나님의 명령을 받아 나팔 심판을 집행한다는 것을 보여준다. 구약에서 '나팔'은 다양한 용도로 쓰였다. 아마도 본문의 배경은 시내 산에서 여호와 하나님의 현현을 묘사하는 출애굽기 19:16일 것이다. 하나님이 시내 산에서 현현하실 때 우레와 번개가 나타났고 검은 구름이 산을 뒤덮었으며 큰 나팔 소리가 울렸다. 유대 묵시문헌에서도 나팔은 또한 하나님의 종말적 심판을 알리는 도구로 종종 등장하는데(Osborne, 2002: 342f), 이런 점을 고려할 때 계시록에서 나팔은 땅의 거주자들을 심판하기 위해 어린 양이 나타나는 신현(theophany) 모티브와 연관이 있다.

[3-4] 본문은 금향로를 가진 천사의 장면을 묘사한다. 나팔 심판이 집행되기 전에 또 다른 천사는 하늘성전에서 일어난 한 상징적 장면을 소개한다. 천사는 제단 곁에서 향이 가득 담긴 금향로를 취하는데, 이는 그 안에 모든 성도들의 기도를 함께 담아 보좌 앞에 놓인 금 제단에 드리기 위함이다. 문맥의 흐름을 볼 때 이 일은 잠시 동안 고요한 동안에 하늘성전에서 일어난 사건이다. 6:9은 순교당한 영혼들이 제단 아래서 하나님께 탄원 기도를 드리는 장면을 묘사한 바 있다. 그렇다면 본 절에 언급된 성도들의 기도는 6:9에 언급된 순교자들의 기도를 가리킨다고 볼 수 있다(Johnson, 1981: 489). 구약에서 금향로를 취하여 향을 채우고 피우는 일은 제사장들이 하던 일인데, 계시록에서 그런 일을 천사(8:3-4), 네 생물과 이

십사 장로들(5:8)이 하늘성전 보좌 앞에서 수행한다. 주목할 점은 5:8과 8:3-4의 묘사 사이에 약간의 차이가 있다는 사실이다. 5:8에서는 금 대접에 담긴 향을 "성도들의 기도"로 동일시하는 반면, 8:3-4에서는 금향로의 향연이 "성도의 기도와 함께" 하나님 앞으로 올라간다고 말한다. 몇몇 학자들은 5:8에 기초해서 본문의 향과 기도를 동일시하려고 하지만(Mounce, 1998: 174), 본 절은 향이 성도들의 기도를 담아 하나님께 올라가는 이미지를 담고 있다. 따라서 한글성경에서 '함께'로 번역된 여격 표현은 유익의 여격으로 취하여 향연이 성도들의 기도를 "대신하여" 하나님께 올라간다는 뜻으로 번역하는 것이 옳다(Johnson, 1981: 489; Osborne, 2002: 345). 그리고 향연이 "천사의 손으로부터 하나님 앞으로 올라간다"(4절)는 장면은 5:8에서 천사들이 기도의 향을 가득 담은 금 대접을 가지고 하나님께 올라가서 드리는 장면으로 달리 설명될 수 있다. 어쨌든 제단은 하늘성전 보좌와 가까이 있어서 향이 구름처럼 제단에 올라가기 때문에 하나님이 이를 모르고 지나칠 수 없다. 하나님은 성도들의 기도에 응답하셔서 원수들의 공격으로부터 그들을 곧 신원해주실 것이다.

[5] 본 절은 천사가 금향로에다 제단의 숯불을 담아다가 땅에 쏟아 재앙을 내리는 장면을 묘사한다. 제단에서 불타는 숯을 취하여 땅에 쏟는 것은 여기서 하나님을 거역하는 땅의 거주자들에게 심판 재앙을 내리는 상징으로 사용된다(겔 10:2-7). 중요한 것은 땅에 격렬한 재앙들이 임하는 것은 원수를 갚아달라는 성도들의 기도에 대한 응답으로 주어진다는 사실이다. 제단의 불을 땅에 쏟을 때 나타난 "우레와 음성과 번개와 지진"은 하나님이 현현할 때(4:5), 특별히 심판자 하나님이 나타나실 때 동반되는 현상이다(6:12-17; 8:5; 11:19). 결국 그것은 하나님께서 성도들을 신원하기 위해 임하신다는 것을 시사해준다.

> 해설

계시록의 저자는 기도를 심판의 맥락에서 종종 언급한다. 심판은 하나님의 임의적인 진노의 표시가 아니라 불신 세상에 대한 신적 공의의 실현이며 또한 그것은 원수들의 공격으로부터 신원해달라는 성도들의 기도를 통해 견인된다. 제단, 향로, 향 등이 언급되는 것은 하나님의 보좌가 하늘성전에 위치해 있다는 것을 시사해준다. 구약에서 금향로에 향을 채우고 피우는 일, 제단에 숯을 넣어 불을 지피는 일 등은 제사장들이 담당하던 사역이었는데, 이런 제사장 사역은 하늘성전에서 천사들이 담당하는 것으로 묘사된다. 일곱 천사가 하나님으로부터 일곱 나팔을 받아 땅에 재앙을 쏟아 부으려고 할 때, 또 다른 천사가 제단 곁에 서서 향을 가득 담은 금향로를 취한다. 요한은 금향로에서 나는 향연이 성도들의 기도를 담아 하나님 앞으로 올라가는 장면을 보게 된다. 금향로에서 나는 향연은 성도들의 기도를 담아 하나님께로 올라가고 금향로에 담긴 제단의 숯불은 땅에 쏟아 부어진다. 이것은 나팔과 대접 심판 재앙이 성도들과(5:8) 순교자들(6:9-11)의 기도에 대한 응답으로 주어진다는 것을 보여준다. 이런 식의 묘사를 통해 요한은 환난과 핍박 중에서 하나님의 공의로운 심판을 믿고 기도에 힘쓸 것을 독려한다.

(2) 처음 여섯 나팔 재앙들(8:6-9:21)

> 본문

8:6 일곱 나팔을 가진 일곱 천사가 나팔 불기를 준비하더라 **7** 첫째 천사가 나팔을 부니 피 섞인 우박과 불이 나와서 땅에 쏟아지매 땅의 삼분의 일이 타 버리고 수목의 삼분의 일도 타 버리고 각종 푸른 풀도 타 버렸더라 **8** 둘째 천사가 나팔을 부니 불 붙는 큰 산과 같은 것이 바다에 던져지매 바다의 삼분의 일이 피가 되고 **9** 바다 가운데 생명 가진 피조물들의 삼분의 일이 죽고 배들의 삼분의 일이 깨지더라 **10**

셋째 천사가 나팔을 부니 횃불 같이 타는 큰 별이 하늘에서 떨어져 강들의 삼분의 일과 여러 물샘에 떨어지니 **11** 이 별 이름은 쓴 쑥이라 물의 삼분의 일이 쓴 쑥이 되매 그 물이 쓴 물이 되므로 많은 사람이 죽더라 **12** 넷째 천사가 나팔을 부니 해 삼분의 일과 달 삼분의 일과 별들의 삼분의 일이 타격을 받아 그 삼분의 일이 어두워지니 낮 삼분의 일은 비추임이 없고 밤도 그러하더라 **13** 내가 또 보고 들으니 공중에 날아가는 독수리가 큰 소리로 이르되 땅에 사는 자들에게 화, 화, 화가 있으리니 이는 세 천사들이 불어야 할 나팔 소리가 남아 있음이로다 하더라 **9:1** 다섯째 천사가 나팔을 불매 내가 보니 하늘에서 땅에 떨어진 별 하나가 있는데 그가 무저갱의 열쇠를 받았더라 **2** 그가 무저갱을 여니 그 구멍에서 큰 화덕의 연기 같은 연기가 올라오매 해와 공기가 그 구멍의 연기로 말미암아 어두워지며 **3** 또 황충이 연기 가운데로부터 땅 위에 나오매 그들이 땅에 있는 전갈의 권세와 같은 권세를 받았더라 **4** 그들에게 이르시되 땅의 풀이나 푸른 것이나 각종 수목은 해하지 말고 오직 이마에 하나님의 인침을 받지 아니한 사람들만 해하라 하시더라 **5** 그 날에는 사람들이 죽기를 구하여도 죽지 못하고 죽고 싶으나 죽음이 그들을 피하리로다 **7** 황충들의 모양은 전쟁을 위하여 준비한 말들 같고 그 머리에 금 같은 관 비슷한 것을 썼으며 그 얼굴은 사람의 얼굴 같고 **8** 또 여자의 머리털 같은 머리털이 있고 그 이빨은 사자의 이빨 같으며 **9** 또 철 호심경 같은 호심경이 있고 그 날개들의 소리는 병거와 많은 말들이 전쟁터로 달려 들어가는 소리 같으며 **10** 또 전갈과 같은 꼬리와 쏘는 살이 있어 그 꼬리에는 다섯 달 동안 사람들을 해하는 권세가 있더라 **11** 그들에게 왕이 있으니 무저갱의 사자라 히브리어로는 그 이름이 아바돈이요 헬라어로는 그 이름이 아볼루온이더라 **12** 첫째 화는 지나갔으나 보라 아직도 이 후에 화 둘이 이르리로다 **13** 여섯째 천사가 나팔을 불매 내가 들으니 하나님 앞 금 제단 네 뿔에서 한 음성이 나서 **14** 나팔 가진 여섯째 천사에게 말하기를 큰 강 유브라데에 결박한 네 천사를 놓아 주라 하매 **15** 네 천사가 놓였으니 그들은 그 년 월 일 시에 이르러 사람 삼분의 일을 죽이기로 준비된 자들이더라 **16** 마병대의 수는 이만 만이니 내가 그들의 수를 들었노라 **17** 이같은 환상 가운데 그 말들과 그 위에 탄 자들을 보니 불빛과 자줏빛과 유황빛 호심경이 있고 또 말들의 머리는 사자 머리 같고 그 입에서는 불과 연기와 유황이 나오더라 [18] 이 세 재앙 곧 자기들의 입에서 나오는 불과 연기와 유황으로 말미암아 사람 삼분의 일이 죽임을 당하니라 [19] 이 말들의 힘은 입과 꼬리에 있으니 꼬리는 뱀 같고 또 꼬리에 머리가 있어 이것으로 해하더라 [20] 이 재앙에 죽지 않고 남은 사람들은 손으로 행한 일을 회개하지 아니하고 오히려 여러 귀신과 또는 보거나 듣거나 다니거나 하지 못하는 금, 은, 동과 목석의 우상에게 절하고 [21] 또 그 살인과 복술과 음행과 도둑질을 회개하지 아니하더라.

주해

[8:6] 본 절부터 9:21에 이르기까지 요한은 일곱 나팔 재앙들을 소개한다. 그는 나팔들을 받은 일곱 천사가 그것들을 불 준비를 하는 환상 장면을 보게 되었다. 구약에서 나팔은 다양한 상황에서 불곤 했는데, 계시록 본문에 적용되는 나팔의 구약적 배경은 심판이나 전쟁을 알리는 것이다. 8:2-5에 따르면 나팔들을 받은 일곱 천사들은 하나님 앞에서 제사장직 역할을 하는 것으로 묘사된다. 이들 일곱 천사는 차례차례 나팔을 불어 별도의 심판 재앙을 임하게 한다. 주목할 점은 나팔 재앙들이 출애굽 때 임했던 재앙들을 많이 반영한다는 사실이다. 따라서 서로 유사한 점들이 존재한다. 출애굽 재앙들이 바로와 이집트 백성들의 회개를 유도하기 위한 것이 아니었고 바로를 더욱 강퍅하게 만들었던 것처럼, 나팔 재앙들도 사람들을 회개하게 할 목적을 지니기보다 심판의 정당성을 확보하고 전능하신 하나님의 능력을 알리는 목적을 지닌다(Bauckham, 1993b: 466). 또한 출애굽 재앙들이 이스라엘 백성이 아니라 이집트 백성을 향한 것이듯 나팔 재앙들도 사탄과 그 추종자들에게 임하는 것이다. 하지만 독특한 점도 존재한다. 일곱 나팔 재앙들 중에서 처음 네 개의 재앙들은 인간들의 생존 환경인 자연계에 집중되고, 나머지 세 재앙들은 인간들 자신을 향하여 임한다.

[7] 첫째 천사가 나팔을 불 때 "피 섞인 우박과 불이 나와서 땅에 쏟아졌다." 우박과 불은 일곱 번째 출애굽 재앙에서 등장한다(출 9:23-26). 다만 본문은 우박과 불이 "피가 섞인" 채로 땅에 쏟아졌다고 함으로써 네 번째 출애굽 재앙을 좀 더 강화시킨다. 구약에서 불과 피는 심판을 나타내는 상징들로 자주 등장하곤 한다(사 9:5; 욜 2:30f; 겔 21:32). 본문에서 '피'가 무얼 뜻하는지 분명하지 않다. 어떤 학자들은 사하라 사막에서 붉은 먼지가 지중해 지역으로 날아와 붉은 색의 비가 내리는 것을 가리킨다고 생각하기도 하고, 다른 학자들은 1세기에 에게 해 섬들에서 화산이 폭발한 결과로 하늘에서 붉은 분진이 우박처럼 떨어진 것을 지칭한다고 생각하기도 한다. 두 해석 중에서 두 번째 것이 좀 더 가능성 있게 보이긴 하지만 본문의 사건을 그것과 동일시할 수는 없다. 어쨌든 "피 섞인 우박과 불"이 땅에 쏟아진 결과로 "땅의 삼분의 일이 타 버리고 수목의 삼분의 일도 타 버리고 각종 푸른 풀도 타 버렸다." '타 버리다'는 술어가 세 번이나 등장한다는 사실로 볼 때 두 번째 나팔 재앙은 일곱 번째 출애굽 재앙과 다르다. 출애굽 재앙에서는 우박 피해가 중심을 이루지만, 나팔 재앙에서는 불 피해가 중심을 이루기 때문이다. 불에 타서 파괴되는 대상은 수목이나 각종 풀만 아니라 땅까지 포함한다. 땅까지 검게 타버린 상태에서 수목이나 풀이 남아날 리가 없다. 또한 재앙의 범위도 서로 다르다. 일곱 번째 출애굽 재앙은 이집트 전 지역에 임하지만, 나팔 재앙은 땅과 수목과 풀의 '삼분의 일'에 국한되어 임한다. 삼분의 일만 심판의 대상으로 삼은 것은 두 번째 나팔 재앙이 아직 최종적 심판이 아니라는 것을 말해준다.

[8-9] 둘째 천사가 나팔을 불 때 "불붙는 큰 산과 같은 것이 바다에 던져지매 바다의 삼분의 일이 피가 되고 바다 가운데 생명 가진 피조물들의 삼분의 일이 죽고 배들의 삼분의 일이 깨졌다." 이 재앙은 모세가 지팡이를 나일 강에 대자 강물이 피로 변하고 물고기가 죽은 사건을 서술하는

첫 번째 출애굽 재앙(출 7:14-21)을 닮았다. 하지만 다른 점도 존재한다. 바다의 삼분의 일을 피로 변하게 만든 것은 지팡이를 강에 댔기 때문이 아니라 "불붙는 큰 산과 같은 것"이 바다에 던져졌기 때문이다. 주목할 것은 바다에 던져진 것이 산이 아니라 땅으로 날아오는 산과 같은 어떤 물체라는 사실이다. 그것이 무엇인지는 학자들마다 달리 해석한다. (1) 어떤 학자들은 그것이 자연계에서 일어날 실제의 사건을 가리킨다고 보기도 하고, (2) 다른 학자들은 그것이 자연계 현상에 대한 상징적 표현일 뿐이라고 생각하기도 한다. (3) 또 어떤 학자들은 본문의 묘사를 아예 상징적으로 해석해서 악한 왕국에 대한 심판을 말한 것이라고 해석하기도 한다(Beale, 1999: 476). 하지만 처음 네 나팔 재앙들은 자연계를 향한 것이 분명하기 때문에 이런 상징적 해석은 본문의 의도에서 빗나간 것이다. 또한 본 절이 묘사한 재앙이 자연계에서 일어난 실제의 사건을 묘사한 것이라고 해석하기에는 풀리지 않는 의문점이 있다. "불붙는 큰 산"은 단수 형태로 되어 있는데, 어떻게 큰 산 하나가 5대양에 떨어져 전체 바다의 삼분의 일을 피로 변하게 만들 수 있겠는가? 만일 큰 산과 같은 유성이 바다에 떨어진다면, 그것은 "횃불 같이 타는 큰 별"이 하늘에서 떨어진다는 세 번째 나팔 재앙과 어떻게 다른 것인가? 따라서 필자는 (2)번 견해가 가장 적합한 것으로 생각한다. 처음 네 나팔 재앙들은 자연계에 임할 하나님의 심판을 말한 것이 분명하지만, 세부적인 내용은 상징적 표현들을 담고 있어서 그것들을 모두 문자적으로 해석할 필요는 없을 것 같다. 그렇다면 "불붙는 큰 산 같은 것"이 바다에 던져져서 바다의 삼분의 일이 피가 된다는 것은 바다 생태계를 크게 오염시키는 엄청난 자연재앙이 일어날 것을 상징적으로 묘사한 것일 수 있다. 또한 이런 재앙현상 때문에 바다 자체가 오염되어 바다 생물들의 삼분의 일이 죽고 배들의 삼분의 일도 파괴될 것이다. '삼분의 일'이란 표현은 나팔 재앙 심판이 아직 최종적 심판이 아니어서 자연계의 일부에만 영향을 미친다는 것을 말해준다. 만일 엄청난 자연재앙 때문에 배들의 삼분의 일이 파괴된다면 그것은 인간들의 삶의 환경에 대한 파괴도 초래하게 될 것이다. 하나님은 인간들을 심판하기 위해 그들의 생존환경인 자연계를 파괴함으로써 그들의 지상적 안전을 무너뜨리실 것이다.

[10-11] 셋째 천사가 나팔을 불 때 "횃불같이 타는 큰 별"이 하늘에서 강과 물 샘으로 떨어져 물의 일부가 쓴 물이 되고 많은 사람이 죽게 되었다. 상징적 계시록 해석을 선호하는 학자들은 횃불같이 타는 큰 별이 땅으로 떨어진 것을, 타락한 천사들이 땅으로 쫓겨 내려온 사건(9:1)을 가리키는 말로 해석한다(Beale, 1999: 478f). 하지만 처음 네 나팔 재앙들이 자연계를 향한 하나님의 심판을 가리키기 때문에 이 해석은 본문의 의도를 벗어난 것이다. 오히려 많은 학자들은 그것이 하늘에서 떨어지는 운석을 가리킨다고 본다(Osborne, 2002: 355; Witherington III, 2003: 149). 불타는 운석이 떨어진 곳은 강의 삼분의 일과 물 샘이다. '삼분의 일'이란 말은 강에만 적용되고 물 샘에는 적용되지 않은 것은 주목할 만하다. 첫째 나팔 재앙은 땅에 대한 심판이고, 두 번째 나팔 재앙은 바다에 대한 심판이며, 세 번째 나팔 재앙은 강과 물 샘에 대한 심판이다. 이것은 인간의 생존환경 전체가 심판의 대상이 되고 있음을 말해준다. 요한은 하늘에서 떨어진 불타는 별의 이름을 "쓴 쑥"이라 부른다. 이것은 별이 쓴 쑥이란 이름으로 불렸다는 뜻이라기보다 쓴 쑥과 같이 강과 물 샘을 오염시켜 쓰게 만든 것을 비유한 말일 것이다. 불타는 별이 물에 떨어져 오염시킨 결과 많은 사람들이 죽게 되었다. 물이 쑥처럼 쓰게 되어 많은 사람들이 죽게 된다는 것은 일곱 번째 출애굽 재앙과 구약의 다른 몇몇 본문들을 배경으로 한다(렘 9:15; 23:15). 이들 본문을 보면 '쑥'과 '독한 물'이 밀접하게 연관되어 나타난다. 불타는 운석이 강과 물 샘에 떨어져 신선한 물을 독한 물로 오염시킨 재앙은 인간의 생존환경을 크게 위태롭게 만들었을 것이다. 인간의 지

상적 안전을 파괴하는 것은 타락한 그들에 대한 신적 진노의 표현이다.

[12] 넷째 천사가 나팔을 불 때 하늘의 해와 달과 별들이 빛을 잃고 부분적으로 어두워지는 재앙이 나타난다. 이것은 아홉 번째 출애굽 재앙을 연상시킨다(출 10:21-23). 서로 다른 점도 있다. 출애굽 재앙에서 흑암이 삼일 동안 이집트 온 땅을 뒤덮었다면, 나팔 재앙에서 해, 달, 별들의 삼분의 일이 빛을 잃고 어두워졌다고 말한다. 또한 출애굽 재앙에서 이스라엘 자손의 거주지에는 광명이 있었지만 이집트 사람들은 흑암 속에 있어야만 했다. 어떤 학자는 이런 구분이 나팔 재앙에도 해당한다고 주장한다(이필찬, 2006: 405). 하지만 해, 달, 별들의 삼분의 일이 어두워지고 낮과 밤의 삼분의 일이 빛을 잃게 되는 것은 우주적 현상이다. 때문에 성도들만 그것을 피해 빛 속에서 산다는 것은 쉽게 이해되지 않는다. '침을 받았다'(ἐπλήγη)는 말은 사람이나 물체가 치명적인 공격을 받는 것을 나타낼 때 사용된다(Osborne, 2002: 355). 이 동사는 출애굽기에서 우박에 의한 심판 재앙을 표현할 때 사용되기도 했다(Mounce, 1998: 181). 구약에서 하늘이 어두워지는 것은 심판자 하나님이 나타나실 때 동반되는 현상이다(겔 32:7-8; 욜 2:2, 10; 마 24:29). 빛을 발하는 천체가 급격한 변화를 겪어 어두움에 휩싸인다는 것은 빛과 어두움을 주관하는 하나님의 창조자 주권을 드러내는 일일 뿐만 아니라 또한 그를 거역하는 인간들을 큰 두려움과 공포에 빠뜨리는 심판 행위가 아닐 수 없다.

[13] 나머지 세 나팔 심판에 대한 서론 구실을 하는 본 절은 이들 세 나팔 심판을 하나로 묶어준다. 5:11에 처음 등장했던 "내가 보고 들으니"란 문구를 통해 요한은 새로운 단락을 시작한다. 요한이 환상 중에 본 것은 "공중에 날아가는 독수리"였다. 구약에서 독수리는 여러 긍정적 이미지로 쓰이기도 하지만 죽음과 파멸을 나타내는 부정적 전조로도(렘 48:40-42;

호 8:1) 쓰이는데, 본문의 독수리는 이 부정적 전조로 쓰였다(Osborne, 2002: 360). 이것은 독수리가 "땅에 거하는 자들"에게 삼중적 화를 선언하는 데서도 뒷받침된다. 계시록에서 "땅에 거하는 자들"은 짐승을 숭배하고 따르면서 하나님을 대적하는 세상 사람들을 가리킨다. 한글성경에 "화, 화, 화"로 번역된 말은 독수리의 우는 소리를 흉내 낸 의성어이다. 독수리가 날아가면서 세 번이나 "화, 화, 화"를 선언한 것은 아직 "세 천사들이 불어야 할 나팔 소리가 남아있음"을 뜻한다. 말하자면 다섯째 나팔 심판은 첫째 화를(9:1-11), 여섯째 나팔 심판은 둘째 화를(9:12-21), 그리고 일곱째 나팔 심판은 셋째 화(11:14-19)를 선언한 것이다. 처음 네 나팔 심판은 주로 자연계를 향한 하나님의 심판을 집행한 것이라면, 마지막 두 나팔 심판은 하나님을 거역하는 인간세계를 향한 하나님의 심판을 집행한다.

[9:1-11] 다섯째 천사가 나팔을 불 때 첫 번째 화가 선언된다. 그것이 앞선 네 나팔 심판들보다 두 배나 길게 서술되는 것은 주목할 만하다. 심판의 도구는 "하늘에서 떨어진 별 하나"이다. 계시록에서 '별'은 흔히 천사를 나타내는 상징이다(1:20). 하지만 하늘에서 땅으로 떨어진 별은 선한 천사를 가리키기보다 타락한 천사를 지칭하는 것이 분명하다. 예수는 사탄을 "하늘에서 떨어진 것(별)"으로 말씀한 바 있고(눅 10:18), 요한도 옛 뱀인 사탄이 하늘에서 땅으로 내쫓겼다고 말한다(계 12:9). 사탄 또는 악한 천사를 하늘에서 땅으로 떨어진 별로 묘사하는 개념은 구약과 유대교 문헌에서 종종 발견된다(사 14:12-14; 1 En 10:4; 90:23-26)(Beale, 1999: 492). 그렇다면 사탄이 "무저갱의 열쇠를 받았다"는 말은 무얼 뜻하는가? 계시록에서 종종 언급되는 '무저갱'(ἀβύσσους)은 본래 땅의 깊은 심연을 지칭하는 말로서 귀신들을 가두는 곳이나(눅 8:31) 죽은 자들이 들어가는 곳(롬 10:7)으로 여겨졌다(Johnson, 1981: 493). 계시록에서 무저갱은 사탄이나 짐승이 거하는 거처이기도 하고 또한 불신자들이 심판을 받아 던져지는 감옥이기

도 하다(9:1-11; 11: 7; 20:1,3). 계시록에서 무저갱은 문이 닫힌 감옥이라 할 수 있는데, 무저갱의 열쇠를 받았다는 것은 사탄이 그것을 여는 권한을 하나님에게서 받았다는 사실을 말해준다. 하나님은 사탄의 처소인 무저갱에 대해 절대적 주권을 행사하신다. 무저갱이 열리자 "그 구멍에서 큰 화덕의 연기 같은 연기가 올라오매 해와 공기가 그 구멍의 연기로 말미암아 어두워지게" 되었다. 화덕에서 연기가 피어오르듯 너무도 많은 연기가 올라와서 해와 공기를 어둡게 만들었다는 것은 무엇을 뜻하는가? 구약에서 하나님이 시내 산에서 현현하실 때 연기가 나타나기도 했지만(시 104:32) 진노와 파멸의 심판도 빽빽한 연기로 묘사되기도 했다(창 19:28; 삼하 22:9). 계시록에서 묘사하는 무저갱의 연기는 다가오는 파멸과 진노의 징표요 땅의 거주자들을 심판하는 하나님의 행위를 상징한다. 고대의 세계관에 따르면, 사람들은 귀신들의 거처인 무저갱을 밑바닥이 없는 깊은 지하세계로 믿었기 때문에 귀신들이 인간들을 미혹하기 위해서는 지상으로 연결된 긴 구멍을 통해 무저갱 밖으로 나와야 한다고 생각했다. 그렇다면 무저갱이 열리자 많은 연기가 그 구멍으로부터 나왔다는 것은 무엇을 뜻하는가? 그것은 하나님의 심판이 전에는 귀신들의 거처로서 무저갱에 제한되어 있었지만 무저갱이 열리면서 인간들이 사는 지상의 영역으로 확대되었다는 사실을 함축한다(Beale, 1999: 494). 그리고 많은 연기가 해와 공기를 어두워지게 만들었다는 표현은 네 번째 나팔 재앙처럼(8:12) 자연계에 임한 심판 현상을 나타내기보다 영적인 어두움을 은유적으로 나타낸 것으로 보인다(Beale, 1999: 494). 왜냐하면 무저갱 구멍에서 연기가 올라오면서 "황충이 연기 가운데로부터 땅 위에 나왔기"(3절) 때문이다.

다섯째 나팔 재앙은 출애굽기의 메뚜기 재앙 심판을 생각나게 만들지만, 본문은 그것을 영적인 사건으로 변경시킨다. 연기를 통해서 땅으로 올라온 황충들은 출애굽기나 요엘서가 말하는 보통의 메뚜기가 아니라 귀신들의 거처인 무저갱에서 올라오는 귀신적인 세력들이다(Johnson, 1981:

493; Ladd, 1972: 131). 그것은 그들이 "땅에 있는 전갈의 권세와 같은 권세를 받았다"(3절)는 표현을 통해 뒷받침된다. 지중해 전 지역에 많이 발견되는 전갈은 독침을 갖고 있어서 찔리면 사람들에게 치명상을 입힐 수 있는 해충이다. 따라서 구약에서 전갈은 가공할 징벌을 나타내는 은유로 가끔 등장한다(왕상 12:11,14)(Osborne, 2002: 365). 그렇다면 무저갱에서 올라온 귀신 세력들은 전갈처럼 사람들을 치명적으로 해할 권세를 지녔지만, 그러한 권세 역시 하나님이 반역적인 인간들을 징벌하기 위해 귀신 세력들에게 허용한 권세일 뿐이다. 왜냐하면 귀신 세력들이 받은 권세는 짐승 경배자들, 즉 "이마에 하나님의 인침을 받지 아니한 사람들만" 해하도록 허용된 제한된 권세이기 때문이다(4절). 보통 메뚜기들은 푸른 풀을 뜯어먹는 곤충이지만 본문의 황충은 "땅의 풀이나 푸른 것이나 각종 수목은 해하지 않고" 오직 하나님을 거역하는 사람들만 해칠 권세를 가졌다. 이것은 다섯째 나팔 심판이 자연계를 향한 것이 아니라 인간사회를 향한 것임을 말해준다.

하지만 하나님이 귀신 세력들에게 준 권세는 무제한적인 것이 아니었다. 하나님이 그들로 하여금 반역적인 인간들을 "죽이지는 못하게 하시고 다섯 달 동안 괴롭게만 하게" 하셨기 때문이다(5절상). '다섯 달'은 보통 봄, 여름 동안만 활동하는 메뚜기의 생존기간을 지칭하는 것으로 보이지만(Charles, 1920: 1.243), 여기서 그것은 상대적으로 짧은 기간을 비유한 표현이다. 귀신 세력들은 짧은 기간 동안만 사람들을 괴롭히도록 허락을 받았다. 그들이 당하는 고통은 마치 "전갈이 사람을 쏠 때에 괴롭게 함과 같은" 것으로 표현된다. 전갈이 꼬리의 독침으로 쏠 때 경험되는 고통은 너무 심해서 "그 날에는 사람들이 죽기를 구하여도 죽지 못하고 죽고 싶으나 죽음이 그들을 피해갈"(6절) 것이다. 짧은 기간이지만 죽기를 구할 만큼 극심한 고통은 그들이 불 못에 던져져 당할 영원한 고통을 미리 보여주는 전조이기도 하다(20:10)(Osborne, 2002: 367). 사람들이 죽도록 하나님이 허락하지 않는 것은 귀신 세력들의 또 다른 공격이 그들을 기다리기 때문이다. 사람들은 성도들을 죽였지만(6:9-11) 하나님이 그들을 죽도록 허락하지 않은 것은 역설적이다. 하나님은 순교자들을 괴롭게 한 것 이상으로 그들의 죽음에 관여한 자들에게 보응하시는 분이시다. 사람들이 성도들을 고문하고 죽인 것처럼 하나님은 귀신 세력들을 이용해서 죽기를 갈망할 만큼 그들을 괴롭게 하실 것이며 끝내 영원한 사망에 처하실 것이다.

7-10절은 무저갱에서 연기와 함께 올라온 황충들의 모습을 묘사한다. 황충들로 비유된 귀신 세력들의 모습은 매우 기괴하다. 우선 그들의 모양은 "전쟁을 위하여 준비한 말들 같다." 실제 메뚜기의 머리는 말 머리를 많이 닮았다. 성경에서 언급되는 말들은 대부분 전쟁을 위해 사용된 전투마이다(욥 39:19-25). 무저갱의 주인인 사탄은 그의 졸개인 귀신들을 땅 위에 올려 보내 어린 양과 그의 추종자들을 거슬러 전쟁을 벌이는 존재이다. 둘째로, 황충들은 "그 머리에 금 같은 관 비슷한 것을 쓰고" 있었다. 요한은 황충 머리에서 시작하여 얼굴, 가슴, 날개, 그리고 꼬리의 순서로 모습을 스케치한다. 요한은 황충이 머리에 금관을 썼다고 말하지 않고 "금 같은 관 비슷한 것"을 썼다고 말한다. 금관은 승리와 권위를 나타내는 상징이기 때문에 승리한 정복자들은 금관을 쓰곤 했다. 계시록에서는 이십사 장로들이나(4:4) 인자되신 예수께서(14:14) 금 면류관을 쓴 것으로 묘사되기 때문에, 귀신 세력들이 이를 모방하여 금 면류관과 유사한 것을 쓰고 자신들이 주장할 수 없는 권위를 나타내려고 한 것 같다(Osborne, 2002: 370). 셋째로, 황충은 "사람의 얼굴과 같은" 얼굴을 하고 있었다. 이것은 설명하기가 어려운 표현이어서 학자들이 여러 해석 가능성들을 제시해왔다. 계시록 4장은 하나님의 보좌를 호위하는 네 생물을 언급하는데 그중 셋째 생물의 "얼굴이 사람 같다"(4:7)고 말한다. 이것은 셋째 생물이 사람처럼 지성과 지혜를 지닌 천상적 존재라는 것을 말해준다. 그렇다면 귀신 세력들은 신적 지혜를 지닌 천상적 존재를 모방해서 스스로 신적 권위를

시위하려고 했다. 넷째로, 황충은 "여자의 머리털 같은 머리털이 있고 그 이빨은 사자의 이빨과 같았다"(8절). 여자의 머리털은 안테나 같이 생긴 메뚜기의 털을 생각나게 만든다. 어떤 학자들은 그것이 긴 머리털을 휘날리며 로마제국과 전쟁을 벌였던 파르띠안 전사들을 배경으로 한 표현이라고 생각한다. 가능성이 있는 해석이기는 하지만 요한이 그것을 본문에서 염두에 두었는지는 분명하지 않다. 오히려 구약에서 여자의 풀어헤친 긴 머리는 부정한 것으로 여겨졌기 때문에(민 5:18) 요한은 황충이 하나님 앞에 부정한 귀신 세력들이라는 것을 나타내려고 한 것 같다(Aune, 1998a: 582; Osborne, 2002: 371). 또한 황충의 이빨이 "사자의 이빨 같다"는 것은 사자와 메뚜기 떼의 탐욕스러운 식욕을 함축한다. 귀신 세력들은 메뚜기들이 풀이나 농작물을 게걸스럽게 먹어치우듯이 사람들의 영혼을 갉아먹고 괴롭히는 존재들이다. 다섯째로, 황충은 가슴에 "철 호심경 같은 호심경"을 갖고 있었다. 이것은 메뚜기들의 실제 모습을 유사하게 묘사한 것인데, 철 호심경은 전쟁터에서 말이나 병사가 적의 칼이나 창의 공격으로부터 자신을 보호하기 위한 방어 장비였다. 그렇다면 그것은 귀신 세력들이 난공불락의 두려운 모습을 지닌 것을 묘사해준다. 또한 황충의 "날개들의 소리는 병거와 많은 말들이 전쟁터로 달려 들어가는 소리 같았다"(9절). 이것은 실제 메뚜기 떼가 날개 짓을 하며 함께 나를 때 나는 큰 소리를 묘사한다. 요한은 그 소리를 병거와 많은 말들이 전쟁터로 달려가는 소리와 같다고 말한다(욜 2:5). 귀신적 황충들은 많은 메뚜기 떼가 엄청난 소음을 내며 날아오를 때처럼 땅의 거주자들과 전쟁을 벌이고 그들을 괴롭히는 악한 세력들이다. 여섯째로, 황충은 또한 "전갈과 같은 꼬리와 쏘는 살이 있어 그 꼬리에는 다섯 달 동안 사람들을 해하는 권세가 있었다"(10절). 앞의 절들은 황충들의 무서운 모습을 그렸다면(7-9절), 본 절은 황충들이 행하는 무서운 행위를 묘사한다. 메뚜기와 전갈의 이미지를 혼합한 것은 흥미롭다. 실제 메뚜기들은 전갈의 꼬리와 같은 독침을 갖고 있지 않지만,

귀신적인 황충들은 전갈과 같이 꼬리에 쏘는 독침이 있어서 다섯 달 동안 사람들을 해하고 고통스럽게 만드는 권세를 가졌다. "다섯 달 동안"은 귀신 세력들이 무제한적 권세를 가진 것이 아니라 제한된 기간 동안만 땅의 거주자들을 괴롭히는 권세를 부여받았다는 것을 말해준다. 귀신 세력들이 괴롭게 하는 대상이 하나님을 거역하고 짐승들을 숭배하는 사람들이라는 것은 흥미롭다. 귀신들이 어떻게 자기 추종자들을 고문하고 해할 수 있는가? 이것은 땅의 거주자들이 귀신을 추종하고 숭배하는 일이 얼마나 백해무익한 것인지를 깨닫고 회개하여 하나님께 영광을 돌리게 하려는 목적을 지녔다(Osborne, 2002: 373).

요한은 11절에서 귀신 세력들을 다스리는 왕이 존재한다고 말한다. 왕은 "무저갱의 사자"라 불리는 존재로서 그의 이름은 히브리어로 '아바돈'으로 불리고 헬라어로는 '아볼루온'으로 불린다. 이들 술어의 본뜻은 '파괴자'이다. 그리고 한글성경에서 '사자'(ἄγγελους)로 번역한 헬라어는 본래 '천사'를 뜻한다. 그러면 무저갱의 천사로 활동하고 파괴자란 이름을 지닌 귀신들의 왕은 누구인가? 그는 아마도 9:1에서 언급된 "하늘에서 떨어진 별"과 동일한 존재일 것이다(Ladd, 1972: 134). "하늘에서 떨어진 별"이 무저갱의 열쇠를 받았다면, 귀신들의 왕도 "무저갱의 천사"로 불린다. 우리는 1절 주석에서 "하늘에서 떨어진 별"이 사탄을 가리킨다고 말했기 때문에, 11절에 언급된 귀신들을 주관하는 무저갱의 천사도 사탄을 지칭하는 것이 분명하다(Beale, 1999: 503; 이필찬, 2006: 426). 하나님은 사탄의 파괴적 속성을 이용해서 자신을 추종하는 땅의 거주자들을 파멸에 이르도록 만든다. 황충은 사탄에게 속한 마귀 세력들인데, 사탄이 그의 거처인 무저갱을 열어 황충들이 땅 위로 올라오게 만들어 사탄을 추종하는 자들만 골라 죽음보다 더한 고통을 안겨준다는 것은 아이러니하다.

[12] 본 절은 논지전환을 도입하는 역할을 한다. 이 구절에서 요한은

첫째 화는 지나갔고 화 둘이 남아있다고 말한다. 다섯째 나팔 재앙을 지칭하는 첫째 화는 끝났고 아마도 여섯째와 일곱째 나팔 재앙으로 대변되는 두 가지 화들이 임해야 한다.

[13-19] 이들 구절은 두 번째 화를 지칭하는 여섯째 나팔 재앙을 다룬다. 요한은 여섯째 천사가 나팔을 불 때 "하나님 앞 금 제단 네 뿔에서" 나는 한 음성을 듣게 되었다. 금 제단은 일찍이 6:9-11과 8:3에서 등장한 바 있는데, 이들 구절은 순교자들의 기도가 드려지는 곳이요 또한 그들의 기도가 응답되는 곳이기도 하다. 이것은 13절 본문의 배경을 이룬다(Beale, 1999: 506). 심판은 하나님 앞 금 제단에서 나는 음성으로 인해 집행되는데, 이것은 하나님이 그들의 기도에 응답한 결과라는 사실을 말해준다. 다만 앞의 구절들과 달리 본 절은 금 제단의 '네 뿔'을 덧붙여 언급한 차이가 있다. 계시록에서 '4'는 완전성을 상징하는 숫자이고 '뿔'은 능력과 권세를 뜻하는 상징으로 쓰인다. 그렇다면 금 제단의 네 뿔은 성도들의 기도에 응답하여 악한 자들을 심판하는 데서 나타나는 하나님의 완전한 능력을 상징한다. 금 제단 네 뿔에서 나는 음성은 누구의 음성을 가리키는지 분명하지 않지만, 하나님의 음성이든 그리스도나 천사의 음성이든 그것은 하나님의 심판을 완전하게 집행하는 능력을 담지한 음성이다.

금 제단 네 뿔에서 난 음성은 여섯째 나팔을 분 천사에게 명령한다. 명령의 내용은 "큰 강 유브라데에 결박한 네 천사를 놓아 주라"(14절)는 것이다. 이들 결박당한 네 천사는 누구인가? 그들은 7:1에 언급된 네 천사와 동일할 수 없다. 7:1에 언급된 네 천사들이 "땅 네 모퉁이"에 서 있었다면, 본 절의 네 천사는 유브라데 강에 결박당한 채로 있었기 때문이다(Ladd, 1972: 136). 그들은 선한 천사인가 악한 천사인가? 대부분의 학자들은 네 천사가 '결박당한' 상태에 있었다는 점에 주목하고 그들이 악한 천사들이라고 본다. 사탄을 결박한다는 사상은 예수께서 말씀한 바 있고(막 3:27) 계시록에서도 등장한다(20:2). 하나님께서 결박당한 이들 네 천사를 풀어주는 것은 그들로 파괴적인 일을 하게 하시기 위함이다. 그러면 그들이 왜 큰 강 유브라데에 결박당해 있었는가? 유브라데 강은 로마제국의 동쪽 경계선이고 그 너머에는 무서운 파르띠안 백성이 살고 있었다. 그들은 로마제국과 두 차례나 전쟁을 해서 패배를 안긴 호전적인 백성이었다. 학자들이 종종 그들의 침략을 계시록 본문의 배경으로 언급하곤 한다. 구약에서도 유브라데 강은 중요한 의미를 지녔다. 하나님은 아브라함과 언약을 맺어 그의 후손들에게 나일 강부터 유브라데 강까지의 땅을 주시겠다고 약속하셨다(창 15:18). 그리고 팔레스틴 땅을 침략한 여러 나라들도 유브라데 강을 넘어오곤 했다. 때문에 "그것은 로마만 아니라 이스라엘의 동쪽 경계선이었고 또한 외적들의 침공을 나타내는 상징이기도 했다"(Osborne, 2002: 379). 유브라데 강은 16:12에서 또 다시 등장하는데, 유브라데 "강물이 말라서 동방에서 오는 왕들의 길이 예비되었다"는 표현이 그것이다. 요한이 여기서 파르띠안 군대의 침공을 염두에 두었는지는 분명하지 않다. 하나님께서 유브라데 강에 결박당한 악한 천사들을 풀어서 그들로 행하게 한 파괴적인 일은 "사람 삼분의 일을 죽이는"(15절) 것이다. 물론 심판의 대상은 하나님의 인침을 받지 않은 불신 세상 사람들이다. 요한은 네 천사가 "그 년 월 일 시에" 그런 일을 하도록 준비되었다고 한다. 재앙이 시행되는 정확한 일자와 시간을 지목한 것은 이례적이다. 여기에 함축된 의미는 이들 악한 천사가 하나님의 통제를 받고 있어서 정해진 시간이 이를 때까지 어떤 것도 행할 권세가 없다는 사실이다. "그들은 하나님의 심판을 수행하는 도구들일 뿐이다"(Ladd, 1972: 136).

사람들의 삼분의 일을 죽이기 위해 동원된 "마병대의 수가 이만 만"이다(16절). 이것은 2×10,000×10,000명으로 계산되는 숫자인데, 어떤 나라도 이렇게 많은 마병대의 수를 갖고 있지 못했다. 이는 사람들을 죽이는 전쟁이 얼마나 크고 그것을 통해 시행되는 하나님의 심판이 얼마나 극렬한 것인지를 시사해준다. 그렇다면 본 절이 말하는 전쟁은 어떤 성격의 전쟁인가? 요한은 환상 중에 "말들과 그 위에 탄 자들"을 보았는데, "불빛과 자줏빛과 유황빛 호심경이 있고 또 말들의 머리는 사자 머리 같고 그 입에서는 불과 연기와 유황이 나오는" 것을 보았다. 말들과 그것을 탄 군사들의 모습은 황충에 대한 묘사(9:7-10)와 유사하다. 황충은 귀신 세력들을 가리키는 것이 분명하기 때문에 마병대도 귀신적 속성을 지닌 것이 분명하다. '호심경'은 말을 탄 자들이 착용한 흉갑일 수 있지만 말들과 말을 탄 군사들 모두가 착용한 흉갑일 가능성이 더 높다(Thomas, 1995: 47). 흉갑들이 "불빛과 자줏빛과 유황빛"을 띠고 있었는데, 흉갑의 색깔은 말들의 입에서 나오는 "불과 연기와 유황"의 색깔과 일치한다(9:17b-18). 이것은 마병대로 표현된 귀신 세력들의 가공할 성격을 묘사해준다(Osborne, 2002: 382). 귀신적인 말들의 목적은 그 입에서 "불과 연기와 유황"을 내뿜어 하나님의 인침을 받지 못한 사람들의 삼분의 일을 죽이는 것이다(18절). 구약에서 "불과 연기와 유황"은 하나님의 심판을 나타내는 상징들이다. 그렇다면 귀신 세력들의 입에서 내뿜는 불과 연기와 유황은 하나님이 사람들을 심판하는 수단인 셈이다. 말들은 입과 꼬리에 힘을 갖고 있었다. 그것들은 뱀 같은 꼬리를 가졌고 또한 꼬리에 머리가 있어서 그것으로 사람들을 해하였다(19절). 황충은 "사자의 이빨" 같은 것을 가졌다면(9:8), 말들은 "사자의 머리" 같은 것을 가졌다(9:17). 사자는 사람들이 가장 두려워하는 동물이다. 요한은 사자의 이빨(9:8), 머리(9:17), 울부짖음(10:3), 입(13:2)과 같은 이미지들을 사용해서 사람들을 찢어죽일 수 있는 귀신적인 말들의 공포스러운 모습을 시각화한다(Osborne, 2002: 383). 하지만 귀신적인 말들은 공포스러운 사자의 모습 이상이다. 황충이 사람들을 쏘는 "전갈과 같은 꼬리"(9:10)를 가졌듯이, 말들도 뱀의 꼬리를 같은 것을 가지고 그것으로 사람들을 해쳤다(9:19). 진짜 힘은 말들의 입에 있다. 입에서 나오는 불과 연기와 유황은 사람들을 죽이는 반면, 꼬리는 사람들을 죽이는 대신

뱀 같이 쏘는 힘으로 사람들에게 고통만 준다. 말들의 꼬리가 뱀 같다는 것은 말들이 귀신적인 속성을 지녔다는 것을 뜻한다. 고대에는 종종 귀신을 뱀의 이미지로 묘사하곤 했기 때문이다(Morris, 1987: 133). 그리고 꼬리로 사람들을 해쳤다는 것은 말들이 배후에서 거짓말하여 속이는 식으로 사람들에게 악을 행하는 귀신 세력들이라는 것을 함축한다(Beale, 1999: 515). 보통 머리는 생각을 주관하는 곳이기 때문에, 꼬리에 머리가 있다는 말은 뱀 같이 교활하고 지능적인 거짓말로 사람들을 해한다는 것을 뜻하는 것 같다. 주목할 것은 다섯째 나팔 심판(=첫째 화)은 인 맞지 않은 사람들을 괴롭게 할 뿐이지만, 여섯째 나팔 심판(=둘째 화)은 그들을 해하고 죽인다는 사실이다. 속임수와 사망이 함께 연결된 것은 귀신 세력들이 사람들을 속여서 육적이고 영적인 사망에 이르게 한다는 것을 뜻할 수 있다. 귀신적인 황충과 말들이 하나님의 인침을 받지 않은 사람들에게 고통을 주고 그들을 죽이는 반면, 성도들은 다섯째와 여섯째 나팔 재앙들을 통해 아무런 해를 받지 않기 때문이다(9:4). 그렇다면 황충들과 말들이 동원된 전쟁은 물리적 성격의 전쟁이 아니다. 그것은 귀신 세력이 세상 사람들에게 속임수를 써서 그들을 영적으로, 육적으로 죽게 하는 영적 전쟁이다(Beale, 1999: 515).

[20-21] 본 절은 첫째 화와 둘째 화를 통해 죽지 않고 살아남은 자들의 반응을 소개한다. 20절의 "이 재앙"은 둘째 화(=여섯째 나팔 심판)를 가리킨다. 여섯째 나팔 재앙으로 사람들의 삼분의 일이 죽임을 당했기 때문에(15절), 삼분의 이에 해당하는 나머지 생존자들이 있다는 것은 아직 최후 심판에 이르지 않았다는 것을 의미한다. 이들 생존자의 특징은 "손으로 행한 일을 회개하지 아니하고 오히려 여러 귀신과 또는 보거나 듣거나 다니거나 하지 못하는 금, 은, 동과 목석의 우상에게 절했다"(20절)는 것이다. "손으로 행한 일"은 이들 생존자의 삶 전체를 비유하는 표현이다. 그들은

재앙이 그들 위에 임하는 데도 그들의 악한 삶에 대해 회개하지 않았다. 회개는 삶의 구체적인 변화를 동반해야 하는데, 그것은 귀신들이나 우상에게 절하지 아니하고 살아계신 하나님을 섬기는 것이다. 그들이 절하는 우상들은 기껏해야 보지도 듣지도 못하고 다니지도 못하는, 금, 은, 동, 목석으로 만든 인간 수공품에 불과하다. 회개가 우상숭배에 초점이 맞추어진 것은 그것이 1세기말 소아시아 교회들이 직면한 종교적 상황과 맞물려 있다. 그들이 또 회개하지 않는 행위는 살인, 복술, 음행, 도둑질이다. 우상숭배는 사람들에게 결코 이런 윤리적 죄악들을 짓지 않도록 해줄 능력이 없다. 그런 능력은 하나님께 돌아와 그만 섬길 때 경험된다.

> 해설

본 섹션은 처음 여섯 나팔 심판들을 다룬다. 일곱 나팔 심판 시리즈 중에서 처음 네 개의 재앙들은 자연계에 대한 하나님의 심판을 다루는 반면, 나머지 두 개의 재앙들은 하나님을 거역하는 인간사회에 대한 하나님의 심판을 다룬다. 요한은 이들 재앙을 묘사할 때 출애굽기의 재앙 묘사들을 끌어다 쓰지만 세부적인 적용 내용은 사뭇 다르다. 출애굽 재앙들은 역사 속에서 발생한 실제의 재앙들인 반면, 처음 네 개의 나팔 재앙들은 자연계에 임한 실제의 재앙들이면서도 그 세부 내용은 많은 상징성을 가진 것이 분명해 보인다. 하나님께서 자연계에 대해 재앙들을 쏟아 붓는 것은 결국 인간들의 생존환경 자체를 심판하여 하나님을 거역하는 인간들의 지상적 안전을 무너뜨리고자 하셨기 때문이다.

일곱 나팔 심판 시리즈 중에서 나머지 세 나팔 재앙들은 하나님을 거역하는 인간사회에 대한 심판을 다룬다. 8:13은 자연계에 대한 심판을 묘사하는 처음 네 나팔 심판들로부터 인간들에 대한 심판을 묘사하는 나머지 세 재앙들로 넘어가는 이전구 역할을 한다. 요한은 독수리의 우는 소리를 흉내 내어서 세 번에 걸친 "화, 화, 화"를 외치는데, 첫째 화는 다섯째 나팔 심판을 가리키고 둘째 화는 여섯째 나팔 심판을 가리킨다. 첫째 화는 "하늘에서 떨어진 별," 즉 무저갱의 열쇠를 받은 사탄이 무저갱의 뚜껑을 열자 그 구멍에서 빽빽한 연기가 올라와서 해와 공기를 어둡게 하고, 또한 그 연기 중에서 귀신적인 황충들이 전갈과 같이 쏘는 힘으로 하나님의 인침을 받지 않은 사람들을 괴롭게 하는 재앙 심판을 가리킨다. 둘째 화는 "큰 강 유브라데에 결박한 네 천사," 즉 악한 천사들이 풀려나자 땅의 거주자 삼분의 일을 죽이는 전쟁을 벌이는 재앙 심판을 가리킨다. 요한이 동원한 황충과 말들의 이미지는 사탄과 그가 지휘하는 귀신 세력들이 벌이는 영적 전쟁을 시각화한 것이다. 요한의 목적은 현대를 살아가는 우리들에게 어떤 묵시적 시간표를 제공하려는 것이 아니다(Osborne, 2002: 388).

요한이 말하려고 한 것은 세 가지다. 첫째는 황충과 말들의 이미지로 시각화된 귀신 세력들이 그들을 추종하는 땅의 거주자들을 어떻게 무자비하게 괴롭게 하고 해하고 죽이는 존재들인가를 알리는 것이다. 귀신들을 섬기고 좇는 것은 그들의 안녕과 생명을 증진시키는 것이 아니라 오히려 그들을 괴롭게 하고 해하여 결국은 육신적으로, 영적으로 죽게 만들 뿐이다. 요한은 귀신들을 섬기고 추종하는 일이 얼마나 허무하고 파국적인 결과를 초래하는지를 독자들에게 각인시키고자 한다. 둘째는 말세에 엄청나게 준동하는 귀신 세력들이 아무리 가공할 세력들이라 할지라도 하나님의 주권적인 통제 아래 있다는 사실을 알리는 것이다. 이를테면 "전갈의 권세를 받았다"는 식의 표현은 사람들을 괴롭게 하고 해하는 권세가 궁극적으로 하나님에게서 왔다는 것을 말해준다. 셋째는 하나님께서 귀신 세력들을 동원하여 그의 추종자들을 괴롭게 하고 죽이는 일을 한다 할지라도, 그들 위에 임하는 재앙들은 짐승 숭배자들, 즉 하나님의 인침을 받지 않은 불신 세상 사람들에게 임하는 심판이라는 것이다. 말세가 되면 헤아릴 수 없이 많은 귀신 세력들이 무저갱에서 올라와 땅의 거주자들의 영혼을 갉아먹고 괴롭게 하고 죽이는 영적 전쟁이 벌어질 것이다. 하지만 하나님은 그의 인침을 받은 성도들을 그러한 영적 전쟁에서 어떤 해도 받지 않도록 지켜주실 것이다. 요한은 이 사실을 독자들에게 상기시킴으로써 그리스도께 충성하는 삶을 살도록 독려한다.

(3) 두 번째 막간(10:1-11:14)

첫 번째 막간(7:1-17)에서 요한은 십사만 사천 명의 이스라엘과 흰 옷을 입은 허다한 무리에 관한 환상을 묘사한 뒤에 두 번째 막간(10:1-11:14)에서는 열려져 있는 작은 책, 성전 척량, 그리고 두 증인에 관한 환상을 다룬다. 두 번째 막간은 처음 여섯 나팔 심판 이야기와 일곱째 나팔 심판 이야기 중간에 삽입되어 있다. 따라서 일곱째 나팔 심판은 두 번째 막간 이야기가 끝나는 11:15-19에서 다시 시작된다. 첫 번째 막간처럼 두 번째 막간도 인, 나팔, 대접 심판 시리즈의 사건들 중에서 성도들이 담당한 역할에 초점을 두고 있다(Osborne, 2002: 390). 그들은 증인 역할을 담당하다가 고난을 당하지만 끝내 신원되고 최후 승리를 얻게 될 것이다.

a. 열려진 작은 책(10:1-11)

본문

¹ 내가 또 보니 힘 센 다른 천사가 구름을 입고 하늘에서 내려오는데 그 머리 위에 무지개가 있고 그 얼굴은 해 같고 그 발은 불기둥 같으며 ² 그 손에는 펴 놓인 작은 두루마리를 들고 그 오른 발은 바다를 밟고 왼 발은 땅을 밟고 ³ 사자가 부르짖는 것 같이 큰 소리로 외치니 그가 외칠 때에 일곱 우레가 그 소리를 내어 말하더라 ⁴ 일곱 우레가 말을 할 때에 내가 기록하려고 하다가 곧 들으니 하늘에서 소리가 나서 말하기를 일곱 우레가 말한 것을 인봉하고 기록하지 말라 하더라 ⁵ 내가

본 바 바다와 땅을 밟고 서 있는 천사가 하늘을 향하여 오른손을 들고 **6** 세세토록 살아 계신 이 곧 하늘과 그 가운데에 있는 물건이며 땅과 그 가운데에 있는 물건이며 바다와 그 가운데에 있는 물건을 창조하신 이를 가리켜 맹세하여 이르되 지체하지 아니하리니 **7** 일곱째 천사가 소리 내는 날 그의 나팔을 불려고 할 때에 하나님이 그의 종 선지자들에게 전하신 복음과 같이 하나님의 그 비밀이 이루어지리라 하더라 **8** 하늘에서 나서 내게 들리던 음성이 또 내게 말하여 이르되 네가 가서 바다와 땅을 밟고 서 있는 천사의 손에 펴 놓인 두루마리를 가지라 하기로 **9** 내가 천사에게 나아가 작은 두루마리를 달라 한즉 천사가 이르되 갖다 먹어 버리라 네 배에는 쓰나 네 입에는 꿀 같이 달리라 하거늘 **10** 내가 천사의 손에서 작은 두루마리를 갖다 먹어 버리니 내 입에는 꿀 같이 다나니 먹은 후에 내 배에서는 쓰게 되더라 **11** 그가 내게 말하기를 네가 많은 백성과 나라와 방언과 임금에게 다시 예언하여야 하리라 하더라.

주해

[1-4] "내가 또 보니"란 말은 요한이 놀라운 어떤 환상을 도입할 때 즐겨 쓰는 문구이다. 그는 또 다른 "힘센 천사"의 모습을 보게 되었다. '힘센 천사'는 5:2에서 이미 등장한 바 있는데, 거기서 힘센 천사는 일곱 인으로 봉인된 두루마리를 누가 열 것인가를 물었다. 사실 5장과 10장에 등장하는 두루마리는 서로 긴밀한 연관성을 갖고 있다. 일곱 인으로 봉인된 두루마리는 한꺼번에 개봉되지 않고 일곱 인들이 차례로 떼어짐에 따라 점진적으로 개봉되는데, 10장에 이르러 두루마리가 드디어 힘센 천사의 손에 완전히 펴 있는 상태로 놓이게 된다. 셋째와 마지막 힘센 천사는 18:21에서 다시 등장하여 큰 돌을 바다에 던져 바벨론을 파괴하는 일을 하게 된다. 본문에 등장하는 힘센 다른 천사의 놀라운 모습은 구름, 무지개, 해, 불기둥과 같은 술어들을 동원하여 묘사된다. 그가 "구름을 입고 하늘에서 내려온다"(1절)는 표현은 별 하나가 "하늘에서 땅에 떨어졌다"(9:1)

는 표현과 대조된다. 전자는 하나님의 명령을 수행하는 선한 천사를 가리킨다면, 후자는 하늘에서 하나님께 반역하다가 땅으로 내어 쫓긴 사탄을 가리킨다(12:7-9). '떨어졌다'는 말과 달리 '내려오다'는 술어는 힘센 천사가 하나님의 명령을 시행하기 위해 보냄을 받은 존재라는 것을 시사해준다. "구름을 입었다"는 말은 힘센 천사가 하나님의 영광스러운 신적 임재를 덧입은 존재라는 것을 말해주고, "그 머리 위에 무지개가 있다"는 말도 힘센 천사가 하나님의 신적 속성을 공유하는 존재라는 것을 말해준다. 그가 "해 같은" 얼굴을 가졌다는 것은 인자의 얼굴이 해가 힘 있게 비취는 것처럼 비친다는 1:16의 표현을 닮아 있다. 이것은 그리스도께서 발하는 영광의 광채가 힘센 천사에게도 반영된다는 것을 말해준다(이필찬, 2006: 451). 힘센 천사가 "불기둥 같은" 발을 가졌다는 것은 인자의 발을 "풀무에 단련한 빛난 주석 같다"고 묘사한 1:15의 표현을 (동일하지는 않지만) 가깝게 반영한다. '불기둥'은 광야 길을 여행하던 이스라엘 백성에게 나타나 그들을 안전하게 인도하고 보호하는 역할을 담당했었다(출 14:24). 어떤 학자는 힘센 천사를 그리스도와 동일시하지만, 오히려 그는 그리스도의 영광과 사명에 참여하는 그의 특별한 전령이라고 보는 것이 옳다(Osborne, 2002: 394).

힘센 다른 천사는 펼쳐진 작은 책을 손에 들고 "오른 발은 바다를 밟고 왼 발은 땅을 밟은"(2절) 모습으로 서있었다. 땅과 바다는 흔히 인간들이 사는 지구 전체를 가리킨다면, 힘센 천사가 말하려는 내용은 하나님을 대신하여 온 세상을 향해 전달하는 신적 메시지라는 것을 시사해주고 그가 땅과 바다를 밟고 있다는 것은 힘센 천사가 세상에 대해 갖고 있는 신적 통치 권세를 시사해준다. 말하자면 힘센 천사는 땅과 바다에 대한 신적 통치권을 가지고 온 세상을 향해 하나님의 메시지를 전달하고자 한 것이라고 할 수 있다. 그는 또한 "사자가 부르짖는 것 같이" 큰 소리로 외칠 때 "일곱 우레"도 소리를 발하여 말했다(3절). 계시록에서 이런 표현들은 언제나 천상적 존재들이 중요한 선포를 할 때마다 등장한다(1:10; 5:2; 6:10; 7:2, 10; 8:13 등). 그런 소리들은 "하나님의 계획과 뜻을 알리는 소리"(이필찬, 2006: 457)라고 할 수 있다. 일곱 우레가 소리를 발하여 말할 때 요한은 그 것을 기록하려고 하였으나 하늘의 음성은 그것을 "인봉하고 기록하지 말라"(4절)고 했다. 일곱 우레가 말한 내용은 일곱 심판 시리즈의 문맥 속에 위치한 것으로 보아서 그것은 일곱 심판 시리즈 중에 들어있지만 그것에 덧붙여지지 않은, 아직 계시되지 않은 심판 내용을 가리키는 것으로 판단 된다(Holwerda, 1999: 150). 힘센 천사가 우레가 말하는 내용을 기록하지 말라고 한 것은 온 세상을 뒤에서 유혹하고 조종하는 마귀에게 치명적인 해를 입힐 한층 더 강화된 심판 재앙을 미리 내다보았기 때문일 수 있다.

[5–7] 힘센 천사가 "하늘을 향하여 오른손을 들고"(5절) 말하는 모습은 유대인들의 맹세 관습을 반영한다(신 32:40). 그는 하늘과 땅과 바다에 존 재하는 모든 것들을 창조하신 하나님을 가리켜 "지체하지 않을"(6절) 것이 라고 맹세한다. 일곱째 천사가 나팔을 불려고 하기 때문에(7절), 인, 나팔, 대접 심판이 완성을 향해 점차 진행하고 있음이 분명하다. 일곱째 천사가 드디어 나팔을 불면 "하나님이 그의 종 선지자들에게 전하신 복음과 같이 하나님의 그 비밀이 이루어질"(7절) 것임을 예고한다. 이 구절의 핵심은 '하나님의 비밀'에 있다. 그것은 하나님께서 구약 선지자들을 통해 전하신 복음" 속에 담겨 있고 그것의 실제 내용은 11:15에서 구체적으로 설명된 다. "일곱째 천사가 나팔을 불매 하늘에서 큰 음성들이 나서 이르되 세상 나라가 우리 주와 그의 그리스도의 나라가 되어 그가 세세토록 왕노릇 하 시리로다." 결국 힘센 천사가 창조자 하나님을 걸고 지체 없이 이룰 것이 라고 맹세하는 비밀의 내용은 하나님의 나라가 세상에 임하는 것이다. 선 지자들을 통해 복음 속에 계시된 하나님의 나라는 언제 도래하는가? 2절 에서 힘센 천사가 오른손에 들고 있는 작은 책이 '펼쳐져 있다'는 것은 책

의 인봉들이 인자 되신 예수님의 구속사역을 통해 떼어져 개봉되었다는 것을 뜻하기 때문에, 하나님의 왕적 통치가 이미 그의 초림 사건들을 통해 시작되었다는 것을 함축한다. 하지만 예수의 초림은 비밀 계시가 개봉되는 시작 지점일 뿐이며 "일곱 번째 천사가 나팔을 불 때"(7절) 하나님의 비밀계시는 최종적 완성 지점에 도달하게 될 것이다. "구약의 선지자들에 의해 선포된 종말적 메시지들이 마침내 일곱 번째 나팔을 불게 되는 예수님의 재림의 날에 완성된다"(이필찬, 2006: 465f).

[8-11] 본 절은 하나님께서 요한에게 하신 명령을 소개한다. "하늘에서 들린 음성"은 하나님 또는 인자 되신 예수님의 음성일 수 있다. 인자 되신 예수는 작은 책을 하나님에게 받아 힘센 천사에게 주고 힘센 천사가 그것을 요한에게 준다. 이것은 하나님 나라의 도래에 관한 선포를 예수께서 요한에게 위임하고 있다는 것을 시사해준다. 요한은 구약 에스겔 선지자처럼 두루마리로 불리는 작은 책을 가져다 먹으라는 명령을 받는다. 그것은 입에서는 꿀같이 다나 먹은 후에 배에서는 썼다(9절). 무슨 뜻인가? 하나님의 말씀을 받을 때는 큰 기쁨을 주지만, 그것은 심판의 말씀을 담고 있어서 그것을 선포하는 사람은 심적 고통을 겪게 되고(렘 9:1) 또한 사람들에게 박해를 당할 수도 있기 때문이다. 힘센 천사는 이런 이중적 성격을 지닌 말씀을 "많은 백성과 나라와 방언과 임금에게 다시 예언하여야 하리라"(11절)고 말한다. 보캄과 같은 학자는 '다시 예언하다'는 말씀이 아시아 일곱 교회들에게 주신 2-3장의 말씀과 연관된다고 생각한다 (Bauckham, 1993b: 266). 말하자면, 아시아 일곱 교회들에게 전달된 예언의 말씀(2-3장)은 이제 다시 많은 백성과 나라와 방언과 임금들에게 전달해야 할 예언의 말씀(10:1-11)인 셈이다. 신적 필연성을 함축하는 '데이'($\Delta\epsilon\hat{\iota}$) 동사가 쓰인 것으로 볼 때 요한에게 위임된 예언의 사명은 하나님께서 주신 것이기 때문에 반드시 성취해야 한다는 뜻을 담고 있고, 또한 요한이 담

당한 예언의 사명은 교회공동체가 넘겨받아 완수해야 할 사명이기도 하다. 그렇다면 두 증인의 사명을 말하는 11장의 내용은 사도 요한의 사명을 말하는 10장의 내용을 확장 설명한 것이라고 할 수 있다(이필찬, 2006: 471).

> 해설

본 섹션은 크게 세 단락으로 되어 있다. 첫째 단락(1-2절) 도입부분으로서 손에 펼쳐진 작은 책을 들고 있는 다른 힘센 천사에 대해 소개하고 있고, 둘째 단락(3-7절)은 힘센 천사가 손에 들고 있는 작은 책의 의미를 설명해주고, 셋째 단락(8-11절)은 요한이 힘센 천사가 넘겨준 작은 책을 먹는 장면을 소개한다. 힘센 천사는 계시록에서 몇 차례 중요한 고비에 등장하는데(5:2; 10:1-2; 18:21), 10장 본문에 등장하는 천사는 힘센 천사들 중의 하나로 생각된다. 힘센 천사를 묘사하는 표현들을 보면 그가 하나님의 위임을 받아 신적 주권과 위엄으로 온 세상에 하나님의 비밀의 내용과 그 성취에 대해 알리는 사명을 담당한 천사라는 것을 알 수 있다. 힘센 천사가 만물의 창조자 되신 하나님을 걸고 맹세하는 비밀의 내용은 세상에 하나님의 나라가 지체하지 않고 이룰 것이라는 메시지이다. 하나님 나라의 도래와 성취에 관한 비밀계시는 구약 선지자들에게 선포된 복음 속에 담겨 있는데, 힘센 천사가 들고 있는 작은 책이 '펼쳐져' 있다는 것은 그 속에 담긴 하나님의 뜻과 의지가 궁극적 완성 단계에 도달해 있다는 것을 뜻한다. 하나님의 나라는 예수 그리스도의 초림을 통해 이미 실현되기 시작했지만 그 최종적 완성은 일곱째 천사가 나팔을 부는 그의 재림을 통해 성취될 것이다. 요한은 힘센 천사가 들고 있는 작은 책을 가져다가 먹으라는 하늘의 음성을 듣고, 환상 중에 그 책을 먹었으나 그것은 입에는 꿀 같이 다나 배에서는 쓰게 되는 경험을 하게 되었다. 이것은 하나님의 말씀을 받을 때는 큰 기쁨을 주지만 그것을 선포할 때는 고통이 동반된다는 사실을 함축한다. 하나님의 말씀은 심판의 메시지를 담고 있어서 그것을 선포하는 자는 심적 고통을 겪을 수밖에 없고 또한 사람들에게 박해를 당할 수도 있기 때문이다. 그럼에도 요한은 복음 안에 계시된 하나님의 비밀을 온 세상에 다시 예언하라는 명령을 받는다. 그것은 아시아 일곱 교회에게 먼저 선포된 예언이었는데(2-3장) 이제 다시 온 세상에 선포되어야 할 예언이기도 하다(10장). 요한이 하나님에게서 위임받은 사명은 11장에서 교회공동체가 담당해야 할 사명(11장)으로 부연설명이 된다.

b. 두 증인(11:1-14)

본문

¹ 또 내게 지팡이 같은 갈대를 주며 말하기를 일어나서 하나님의 성전과 제단과 그 안에서 경배하는 자들을 측량하되 ² 성전 바깥 마당은 측량하지 말고 그냥 두라 이것은 이방인에게 주었은즉 그들이 거룩한 성을 마흔두 달 동안 짓밟으리라 ³ 내가 나의 두 증인에게 권세를 주리니 그들이 굵은 베옷을 입고 천이백육십 일을 예언하리라 ⁴ 그들은 이 땅의 주 앞에 서 있는 두 감람나무와 두 촛대니 ⁵ 만일 누구든지 그들을 해하고자 하면 그들의 입에서 불이 나와서 그들의 원수를 삼켜 버릴 것이요 누구든지 그들을 해하고자 하면 반드시 그와 같이 죽임을 당하리라 ⁶ 그들이 권능을 가지고 하늘을 닫아 그 예언을 하는 날 동안 비가 오지 못하게 하고 또 권능을 가지고 물을 피로 변하게 하고 아무 때든지 원하는 대로 여러 가지 재앙으로 땅을 치리로다 ⁷ 그들이 그 증언을 마칠 때에 무저갱으로부터 올라오는 짐승이 그들과 더불어 전쟁을 일으켜 그들을 이기고 그들을 죽일 터인즉 ⁸ 그들의 시체가 큰 성 길에 있으리니 그 성은 영적으로 하면 소돔이라고도 하고 애굽이라고도 하니 곧 그들의 주께서 십자가에 못 박히신 곳이라 ⁹ 백성들과 족속과 방언과 나라 중에서 사람들이 그 시체를 사흘 반 동안을 보며 무덤에 장사하지 못하게 하리로다 ¹⁰ 이 두 선지자가 땅에 사는 자들을 괴롭게 한 고로 땅에 사는 자들이 그들의 죽음

을 즐거워하고 기뻐하여 서로 예물을 보내리라 하더라 **11** 삼일 반 후에 하나님께로 부터 생기가 그들 속에 들어가매 그들이 발로 일어서니 구경하는 자들이 크게 두려워하더라 **12** 하늘로부터 큰 음성이 있어 이리로 올라오라 함을 그들이 듣고 구름을 타고 하늘로 올라가니 그들의 원수들도 구경하더라 **13** 그 때에 큰 지진이 나서 성 십분의 일이 무너지고 지진에 죽은 사람이 칠천이라 그 남은 자들이 두려워하여 영광을 하늘의 하나님께 돌리더라 **14** 둘째 화는 지나갔으나 보라 셋째 화가 속히 이르는도다.

주해

대부분의 학자들이 인정하듯이 '두 증인'에 관한 본문의 이야기는 계시록에서 가장 해석하기 어려운 부분이다. 논쟁은 주로 세 문제와 연관된다. 첫째는 본문에 등장하는 표현들(성전, 거룩한 성, 제단, 촛대, 두 증인, 마흔 두 달)을 문자적인 의미로 해석할 것인가 아니면 상징적인 의미로 해석할 것인가 하는 문제이다. 세대주의자들은 상기 표현들을 문자적인 의미로 해석하기를 선호하는 반면, 많은 학자들은 그것들을 상징적인 의미로 취하기를 선호한다. 둘째는 상기 표현들이 유대 민족과 유대교 성전의 미래를 지칭한다고 보아야 하는가 아니면 전체 교회 공동체의 미래를 지칭한다고 보아야 하는가 하는 문제이다. 세대주의 학자들은 상기 표현들이 예루살렘에 있는 유대교 성전의 재건과 이스라엘 나라의 회복을 묘사한다고 해석하기를 선호하는 반면, 많은 학자들은 계시록에서 유대인과 이방인 간의 구분이 없어지고 전체 기독공동체의 미래에 초점을 두고 있기 때문에 상기 표현들이 전체 교회공동체의 미래를 묘사한다고 해석하기를 선포한다. 셋째는 본문에 등장하는 '두 증인'이 재림 직전에 활동하게 될 비범한 개인들을 지칭하는가 아니면 초림 이후 전체 교회공동체를 상징하는가 하는 문제이다. 필자는 계시록의 묵시적 장르에 주목할 때 상기 표현들은 상징적인 의미로 해석되어야 하며, 또한 10장과의 연속된 문맥을 고려할 때 전체 기독교회의 사명과 미래를 묘사한다고 보는 것이 타당하다고 본다.

[1-2] 1절과 2절의 내용은 상호 대조적인 상황을 묘사한다. 전자는 성전과 제단과 그 예배자들을 "측량하라"는 명령을 담고 있지만, 후자는 성전 바깥마당은 "측량하지 말고 그냥 두라"는 명령을 담고 있기 때문이다. 우선 요한은 성전 측량의 도구로서 '지팡이 같은 갈대'를 하나님에게서 받는다. 이것은 큰 건물이나 장소를 재는 도구로서 3미터 가량의 측량자이다. 요한은 그것을 가지고 "하나님의 성전과 제단과 그 안에서 경배하는 자들을 측량할" 것을 지시받는다. 구약에서 성전측량에 관한 이야기는 에스겔 40-48장에 등장한다. 에스겔서에 나타난 성전측량 환상이 무엇을 뜻하는지 좀 모호한 편인데 그 모호성이 계시록 본문에도 연장된다. 갈대자로 측량하는 것은 구약에서 여러 은유적 의미들을 지닌다. 자나 줄은 어떤 것을 확장하거나 증축할 목적으로 사용되곤 했기 때문에(슥 1:16) 본문의 성전측량은 성전의 회복과 재건을 지칭할 수도 있다. 또한 자와 줄은 파괴할 목적으로 어떤 것을 표시해둘 목적으로도 사용되기도 했다 (암 7:7-9). 하지만 본문의 성전측량에 두 번째 의미를 적용하는 것은 부적절해 보인다. 그렇다면 하나님은 왜 요한에게 갈대 자로 성전을 측량하라고 했을까? 2절에서 하나님은 요한에게 성전 바깥마당은 측량하지 말고 이방인들에게 짓밟히도록 그냥 두라고 말씀하셨기 때문에, 성전과 제단과 그 안에서 경배하는 자들을 측량하라는 것은 영적인 안전과 보호를 위한 조치로 이해된다(Johnson, 1981: 500). 계시록 21:15-17에서도 천사가 금 갈대 자로 거룩한 성을 측량하는 장면이 등장하는데, 여기서도 천사가 상해나 부정에서 보호하기 위해 거룩한 성과 그 거주자들을 구분 짓기 위해 측량한다. 그렇다면 요한은 하나님의 보호를 받는 "성전과 제단과 그 안에서 경배하는 자들"과 하나님의 보호를 받지 못하여 이방인들에게 짓밟

히도록 허용되는 "성전 바깥마당"을 구분하는 셈이다.

'성전'(ναὸς)은 보통 성전과 관련된 전체 부분을 지칭하는 의미로 쓰이지만 2절에서 그것은 "성전 바깥마당"과 구분되기 때문에 제사장만 출입하는 제한된 장소를 가리키는 것이 분명하다. 중요한 것은 성전이 무엇을 가리키는가 하는 것이다. 세대주의자들은 본문의 성전을 재림 직전 대환란기에 회복될 문자적인 예루살렘 성을 가리킨다고 본다(Seiss, 1966: 233-41; Walvoord, 1966: 175-77). 하지만 요한도 8절에서 '큰 성'을 소돔이나 애굽을 지칭하는 영적인 의미로 제시하기 때문에 본문의 성전도 그런 영적 의미로 쓰인 것이 분명하다. 교회를 성전으로 비유하는(엡 2:21-22) 신약 저자들의 전통을 따라 많은 주석가들은 본문의 성전이 교회공동체를 지칭하는 것으로 해석한다(Osborne, 2002: 412f; Beale, 1999: 558). 다만 이 영적 해석을 취하기 위해서는 한 가지 난제를 풀어야 한다. 요한은 왜 성소가 측량 대상으로서 보호를 받지만(1절), 성전 바깥뜰은 보호를 받지 못하고 이방인들에게 짓밟히게 되는가? 이 의문은 성소와 성전 바깥뜰이 교회공동체를 두 다른 관점에서 묘사한 것으로 보면 해소될 수 있다. 측량 대상이 된 성소는 하나님의 특별한 보호를 받게 될 교회의 내면적 모습을 나타낸다면, 측량 대상에서 제외된 성전 바깥뜰은 이방인들에게 박해를 받는 교회의 외적인 모습을 나타낼 수 있다(Minear, 1966: 98; Sweet, 1979: 183f). 성전 바깥뜰을 짓밟는 '이방인'은 유대인과 구분되는 이방인을 지칭하기보다 그리스도를 거부하고 불신앙하는 세상 사람들을 일반적으로 가리키는 술어이다. 계시록에는 '이방인'이란 술어가 16회 등장하는데, 예외 없이 모든 경우는 하나님을 반역하는 땅의 백성들이나 또는 구속받은 땅의 백성들을 가리킨다(Johnson, 1981: 502).

성소와 구별되는 '거룩한 성'(2절)은 무엇을 가리키는가? 성전, 제단, 성전 바깥뜰과 같은 언어들을 문자적인 의미로 취해야 한다면 '거룩한 성'도 문자적인 예루살렘을 지칭하는 것이 당연할 것이다. 하지만 예루살렘 성을 짓밟는 이방인들이 어떻게 성전 바깥뜰만 짓밟고 성소는 그냥 내 버려둘까 하는 의문이 생긴다. 역사적으로 예루살렘을 침공한 이방인들은 자연히 성소와 성전 바깥뜰을 막론하고 모든 것을 유린하고 짓밟곤 했기 때문이다. 그렇다면 본문의 묘사는 이방인들이 예루살렘을 짓밟고 유린할 실제의 역사적 사건을 염두에 두고 있지 않다. 필자는 앞에서 성소나 성전 바깥뜰이 교회공동체를 두 다른 관점에서 묘사한 것으로 해석했기 때문에, 이방인들에게 짓밟히게 될 '거룩한 성'도 세상 사람들에게 박해를 받는 하나님의 백성을 상징하는 것으로 보는 것이 옳다(Osborne, 2002: 413). 그들은 하나님을 거역하는 세상 사람들에 의해 육신적으로 고난을 당하게 될 것이지만, 그들의 영혼은 우상숭배로 인해 더럽혀지지 않도록 하나님의 특별한 보호를 받게 될 것이다.

성전 바깥뜰을 이방인에게 내어준 시기는 그들이 "거룩한 성을 마흔두 달 동안 짓밟는" 시기와 동일하다(2절). 거룩한 성을 짓밟는 '마흔두 달'이란 기간은 성도가 짐승의 지배를 받는 시기와(13:5-7) 정확하게 일치한다. 또한 이 기간은 아이를 낳은 여자가 용을 피해 광야로 가서 하나님의 보호를 받는 '1260일'(12:6) 또는 '한 때와 두 때와 반 때'(12:14)와도 같은 기간이다(12:6). 다니엘서에서 이 기간은 하나님 백성이 고난을 받지만 하나님의 보호를 받는 시기로서 종말론적 의미를 갖는다(단 7:25; 9:27-12). 문자적 해석을 선호하는 세대주의자들은 본문의 기간이 재림 직전 7년 대환란 기간 중에서도 후 삼년 반을 지칭한다고 보지만(Walvoord, 1966: 178), 묵시장르에 속한 계시록에서 그것은 상징적 의미를 갖는 것이 분명하다. 계시록 12장에서 용의 공격을 피해 광야로 피신하여 하나님의 보호를 받는 여인이 교회공동체를 지칭하는 것이 분명하기 때문에 마흔두 달이란 기간은 '교회시대' 즉, 예수의 초림과 재림 사이의 기간을 지칭하는 것이 분명하다(Beale, 1999: 567; Giesen, 1997: 246f). 이 기간은 교회공동체가 세상에서 복음증거의 사명을 감당하다가 땅의 백성들에게 고난을 당하기도 하지만(11:3) 마귀의 공격으로부터 하나님의 특별한 양육과 보호를 받는 기간이기도 하다(12:6).

[3] 거룩한 성과 성전 바깥뜰이 이방인에게 짓밟히는 '마흔두 달'(11:2)의 기간은 두 증인이 하나님으로부터 권세를 받아 굵은 베옷을 입고 예언하는 '1260일'과 사실상 같은 기간이다. 두 증인 이야기는 처음 여섯 나팔 재앙과(8:6-9:21) 마지막 일곱 번째 나팔 재앙(11:15-19) 사이에 삽입된 세 막간들 중 세 번째 막간 이야기이다. 그리고 이 세 번째 막간인 '두 증인' 이야기는 첫 번째 막간인 '천사와 작은 책' 이야기(10:1-11)와 밀접한 연관성을 갖고 있다. 11:1-2에서 요한은 교회공동체를 두 다른 측면에서 묘사했다. 하나님의 백성은 세상 사람들에게 육신적인 박해와 고난을 당하겠지만 하나님의 특별한 보호를 받는 사람들이다. 그리고 11:3-13은 하나님의 백성이 세상에서 고난을 당하는 이유에 대해 그들이 세상에서 예언하는 요한의 사명에 동참하기 때문이라는 사실을 설명해준다. 요한이 힘센 다른 천사의 손에서 작은 두루마리 책을 갖다 먹고 온 세상 사람들에게 "다시 예언하는"(10:11) 사명을 받았던 것처럼, 교회공동체를 상징하는 '두 증인' 역시 하나님의 부르심을 받아 굵은 베옷을 입고 천이백육십일 동안 "예언하는" 사명을 감당한다(11:3). 이것은 두 증인의 예언사역이 요한이 위임을 받은 예언사역의 연장선상에 있다는 것을 분명하게 함축해준다(이필찬, 2006: 482).

학자들은 '두 증인'이 역사 속에 존재할 문자적인 개인들이나 그룹을 지칭하는가 아니면 교회공동체를 상징하는 비유적 언어인가를 놓고 큰 의견 차이를 나타내고 있다. 문자적인 개인들로 보는 학자들은 두 증인을 에녹과 엘리야로 동일시하기도 하고(Tertullian) 돌아온 모세나 엘리야(Charles, 1920: 1:281)로 또는 모세와 엘리야의 역할을 할 미래의 두 선지자들로 동일시하기도 한다(Beckwith, 1922: 595; Wong, 1997:347-50). 이와는 달리 다른 많은 학자들은 두 증인이 성전, 제단, 성전 바깥뜰, 거룩한 성(11:1-2)과 마찬가지로 세상에서 복음의 말씀을 증언하는 교회공동체를 가리키는 상징어라고 해석한다(Beale, 1999: 572).[4] 또 다른 학자들은 위 두 견해를 조화시켜 두 증인은 전체 교회시대 동안 그리스도를 증언함으로써 예언자의 사명을 수행하는, 사도 요한처럼 교회내의 개인들을 지칭한다고 보기도 한다(Johnson, 1981: 504). 이렇게 다양한 해석들이 존재한다는 것은 본문이 지닌 해석의 난점을 나타내준다. 두 증인이 단순한 두 개인들을 지칭하지 않는다는 사실은 본문을 조심스럽게 관찰할 때 자명하다. 첫째, 그들은 예언도 함께 하고 고난도 함께 당하고 죽임도 같이 당하고 부활도 같이 하며 승천도 같이 하는 등 모든 일들을 함께 하고 겪는 것으로 묘사된다. 이런 일들은 그들이 단순한 개인들이라면 일어날 수 없다. 둘째, 짐승이 두 증인과 전쟁을 일으키는데(7절) 짐승이 교회공동체가 아니라 개인들과 전쟁한다는 것은 좀 이상한 장면이다. 셋째, 온 세상 사람들이 죽임당한 두 증인의 시체를 보고도 무덤에 장사하지 못하게 했다고 했는데(9절), 만일 두 증인이 개인들이라면 어떻게 온 세상 사람들이 그들의 시체를 볼 수 있겠는가? 넷째, 두 증인은 4절에서 '두 촛대'로 명명되는데, 사실 두 촛대는 1-2장에서 교회를 상징하는 술어이지 개인들을 가리키는 술어는 아니었다. 우리는 앞에서 두 증인의 예언 사역이 요한의 예언 사명을 넘겨받은 것이라고 주장한 바 있는데, 그렇다면 두 증인의 예언 사명은 교회공동체 구성원들이 사도 요한의 예언 사명을 넘겨받아 수행하는 것을 상징하는 것이라고 할 수 있다. 교회는 단순한 집단이 아니라 세상에서 예언의 말씀을 증언하는 개인들로 구성되어 있다.

본 절은 그리스도께서 두 증인에게 "권세를 준" 것으로 묘사된다. 3절

---

[4] 두 증인이 교회공동체를 상징한다고 해석하는 학자들은 Swete, Lohse, Metzger, Talbert, Giesen, Mounce, Aune 등이 있다.

상반절과 하반절의 내용을 연결해서 살펴보면 두 증인에게 주어진 권세는 "굵은 베옷을 입고 일천이백육십일을 예언하는" 권세를 지칭하는 것이 분명하다. 앞서 지적한 것처럼 '예언하는' 일은 사도 요한에게 주어진 사명인데, 이제는 두 증인이 감당해야 할 사명으로 언급된다. 미래시제(προφητεύσουσιν) 동사가 사용된 것은 언제 어디서나 계속해야 할 행위라는 것을 말해준다(Beale, 1999: 572). "굵은 베옷을 입고"란 표현은 두 증인의 예언 사역이 사람들의 회개에 초점을 두고 있다는 것을 시사해준다. 구약에서 '베옷'은 죄와 심판에 대해 애통해 하며 회개하는 일을 묘사할 때 자주 동원되는 은유적 언어이다(욜 1:8; 암 8:10). 두 증인이 사람들에게 회개를 촉구하며 예언해야 할 1260일은 거룩한 성과 성전 바깥뜰이 이방인에게 짓밟히는 마흔두 달과 동일한 기간이다. 어떤 세대주의 학자들은 두 증인의 예언사역이 재림 직전 7년 대환란 기간에 있을 것으로 내다보지만, 필자가 앞서 관찰한 것처럼, 이 기간은 교회시대, 즉 초림과 재림 사이의 기간인 것이 분명하다. 본문은 교회가 세상을 향해 예언을 하는 이 기간 동안에 이방인, 즉 세상 사람들에게 박해와 고난을 당하게 될 것임을 말해준다.

[4] 본 절에서 두 증인은 "두 감람나무"와 "두 촛대"로 묘사된다. 계시록 1:20에서 일곱 촛대는 교회를 상징하는 언어였던 것처럼, 본 절의 두 촛대도 교회를 상징하는 표현으로 보는 것이 가능하다. 신구약 성경에서 '둘'이란 숫자는 참된 증거를 지칭하는 의미로 자주 쓰인다(민 35:30; 신 17:6; 마 18:16; 딤전 5:19). 두 증인 또는 두 촛대로 상징되는 교회공동체는 세상에서 참되고 진실한 증인 역할을 담당한다. 교회를 "두 감람나무"로 비유하는 것은 스가랴 4장의 내용을 배경으로 한다. 특히 스가랴 4:1-6, 10-14에서 여호수아와 스룹바벨은 "온 세상의 주를 섬기기" 위해 기름 부음을 받은 자로 묘사된다. 이들이 하나님의 기름 부음을 받은 자로서 성전건축의

책임을 감당하도록 부르심을 받은 것처럼, 계시록 11장의 두 증인도 온 세상에 증인 사역을 감당하도록 부르심을 받는다. 특히 스가랴서 4장에서 기름 부음을 받은 두 감람나무가 대제사장 여호수아와 왕족인 스룹바벨을 지칭하는 것으로 이해된다면(Osborne, 2002: 420), 두 증인이 제사장적이며 왕적인 신분을 갖는다고 볼 수 있다. 이런 점들을 고려할 때 요한이 교회공동체를 묘사하기 위해 두 증인, 두 촛대, 두 감람나무란 상징어를 끌어다 쓴 데는 신학적 의도가 숨겨져 있다. '둘'이란 숫자는 법적 증인에게 요구되는 숫자일 뿐만 아니라 교회가 지닌 제사장적이며 왕적인 역할들을 반영한다. 여호수아와 스룹바벨은 옛 공동체나 옛 성전과 관련된 인물이라면, 그리스도는 새 공동체와 새 성전에 관련된 분이다. 그는 제사장과 왕으로 기름 부음을 받은 메시아이기 때문에, 메시아 공동체인 교회는 자연히 구약시대에 여호수아와 스룹바벨이 지녔던 제사장적이며 왕적인 성격을 반영할 수밖에 없다(Johnson, 1982: 505).

[5] 본 절은 그리스도께서 두 증인을 어떻게 보호하실 것인지를 설명한다. 만일 누구든지 두 증인을 해하고자 한다면 그들의 입에서 나오는 불이 그들을 소멸하고 죽일 것이다. 이것은 하나님께서 구약의 선지자들을 보호하신 사건을 기억나게 만든다(왕하 1:10; 렘 5:14). 아하시야 왕은 전쟁에 나갈 때 하나님께 묻지 않고 "에그론 신 바알세불에게 물으려고"(왕하 1:3,6,16) 한 일로 하나님의 진노를 산 일이 있었다. 아하시야는 그의 병사들을 보내어 엘리야를 붙잡아 오려고 했으나 하늘에서 불이 내려와 그들을 불태워 죽이는 일이 벌어졌다. 다만 계시록 본문이 열왕기하 1장과 다른 점은 불이 하늘에서 내려온 것이 아니라 두 증인의 입에서 나온다는 사실이다. 이러한 변화는 두 증인의 증거사역이 그들의 입으로 선포하는 말씀으로 된다는 것을 시사해준다. 구약에서 '불'은 흔히 하나님의 심판을 상징하는 역할을 한다. 그것이 두 증인의 입에서 나오기 때문에, 그

들의 심판 메시지는 하나님의 신적 능력으로 집행되어 두 증인을 해하려는 자들을 영적으로 소멸하고 죽이는 힘을 발휘한다는 것을 알 수 있다 (Johnson, 1982: 505).

[6] 두 증인은 "하늘을 닫아 그 예언을 하는 날 동안 비가 오지 않게 하는" 권능을 가졌으며, "물을 피로 변하게 하고 아무 때든지 원하는 대로 여러 가지 재앙으로 땅을 치는" 권세를 지녔다. 하늘을 닫아 비가 오지 않게 한 것은 아합 왕 시대에 엘리야 선지자가 행했던 이적이었고(왕상 17:1), 물을 피로 변하게 하고 여러 재앙들을 행한 것은 출애굽 때에 모세가 행했던 이적이었다(출 7:17-21). 두 증인이 이런 기사와 표적들을 행한다고 해서 그들이 말세에 다시 돌아온 모세와 엘리야를 가리킨다고 말할 필요는 없다. 단지 두 증인은 모세와 엘리야와 같은 심령으로 와서 그들이 했던 역할을 수행할 뿐이다(눅 1:17). 앞에서 주장한 것처럼, 만일 두 증인이 교회공동체를 상징한다면, 신약의 교회는 구약 예언자들처럼 참 증인의 길을 가는 예언적 공동체라고 할 수 있다. 야고보서 5:17에 따르면 엘리야가 간절히 기도하여 '삼년 반' 동안 비가 오지 않았는데, 이것은 두 증인이 예언을 선포하는 '삼년 반'(1260일)과 묘하게 중첩된다. 엘리야의 사건은 두 증인 사역의 전조로 채용되는 것으로 보인다. 6절 하반 절은 출애굽 때 여러 재앙을 임하게 했던 모세의 권세를 묘사해준다. "아무 때든지 원하는 대로"란 문구는 모세가 원하면 언제든지 재앙을 임하게 할 수 있는 그의 권세를 암시하는데, 요한은 모세의 이 '전방위적 권세'를 두 증인에게 적용하고 있다(이필찬, 2006: 488). 하늘을 닫아 비가 오지 않게 하는 일이나 물을 피로 변하게 하는 일은 모두 하나님을 거역하는 세상 사람들에 대한 심판을 선포하여 심판자 되시는 하나님의 주권을 세우는 역할을 했다. 그렇다면 두 증인은 심판을 선포하여 하나님의 주권을 온 세상에 세우는 일을 위해 부르심을 받았다고 할 수 있다.

[7] 두 증인이 증언을 마칠 때 그들은 무저갱에서 올라오는 짐승과 전쟁을 하다가 패배하여 죽임을 당한다. 그들이 증언을 마칠 때는 1260일이 끝나는 때로서 재림에 근접한 시기를 가리킨다(3절). 본 절은 무저갱에서 올라오는 짐승을 언급하는 최초의 본문이며, 짐승은 13장과 17장에 가서 자세히 설명된다. 짐승은 "무저갱에서 올라오는" 존재로 묘사된다(11:7; 17:8). 황충들이 무저갱에서 올라오고(9:3-4) 또한 '무저갱의 사자'로 불리는 것으로 볼 때 계시록에서 무저갱은 귀신 세력들의 감옥이라 할 수 있다. 그렇다면 짐승이 무저갱에서 올라와 두 증인과 전쟁을 일으키고 그들을 죽이는 때는 언제인가? 귀신 세력들이 무저갱에서 올라와 전쟁을 일으키는 장면은 계시록에서 몇 차례 언급된다. 첫째 경우는 황충들이 무저갱 연기를 타고 올라오는 사건이고(9:2-3), 둘째 경우는 짐승이 무저갱에서 올라와 두 증인과 전쟁을 일으키는 사건이며(11:7), 셋째 경우는 그리스도께서 재림한 이후(19:11) 지상에서 천년 통치를 하실 때 옛 뱀으로 불리는 마귀 사탄을 무저갱에 던져 넣어 만국을 미혹하지 못하게 하다가(20:2-3) 천년 통치가 마칠 때 마귀 사탄이 그동안 갇혀 있었던 무저갱으로부터 올라와서 다시 "땅의 사방 백성 곧 곡과 마곡을 미혹하게"(20:7) 되는 사건이다. 짐승이 무저갱에서 올라오는 때는 재림 이후 천년왕국이 마칠 때를 가리키는 것 같지 않다. 마귀 사탄이 무저갱에 갇혔다가 다시 땅위로 올라와서 만국을 미혹하고 하나님의 백성과 마지막 전쟁을 일으키는 때는 재림 이후 천년왕국이 마칠 때이지만(20:7), 짐승이 무저갱에서 올라와 두 증인과 전쟁을 벌이고 그들을 죽이는 때는 1260일이 마치는 시기, 즉 재림에 근접한 때이다. 짐승은 사탄의 하수인이기 때문에, 짐승이 사탄의 조종을 받아 하나님의 백성을 공격하는 일은 1260일이 마치는 때만 아니라 그 이전에도 줄곧 진행되어 왔다. 왜냐하면 성전 바깥뜰과 거룩한 성이 마흔두 달 동안 이방인에게 짓밟히도록 허용되었을 뿐만 아니라(11:2), 메시아를 잉태한 여인(=교회공동체)이 사탄의 공격을 피해 1260일 동안 광야

로 피신하여 하나님의 보호를 받기 때문이다(12:6,17).

짐승이 두 증인과 "전쟁을 일으켜 그들을 이기고 그들을 죽인다"는 것은 무얼 뜻하는가? 동일한 언어표현이 13:7에서 반복되는데, 이 구절에서 우리는 짐승이 성도들과 "싸워 이긴다"는 말을 듣게 된다. 11:7과 13:7이 병행 절인 것이 분명하다. 그렇다면 짐승이 성도들과 싸워서 이기고 그들을 죽인다는 말은 6:9에서 언급된 성도들의 순교를 지칭할 가능성이 높다(Beale, 1999: 587; Osborne, 2002: 424f.). 짐승이 성도들을 박해하고 죽일 때 그것은 그들에게 잠시 승리를 안겨준 순간일 것이지만, 성도들은 또한 순교적 신앙으로 짐승을 이기는 자들로 하나님 앞에 영원히 인정받게 될 것이다(15:2).

[8] 본 절은 두 증인이 공격을 받아 죽임을 당한 장소에 대해 묘사한다. 요한은 그들의 시체가 "큰 성 길"에 있다고 말한다. '큰 성'은 얼핏 그리스도께서 십자가에 못 박혀 죽은 예루살렘 성을 지칭하는 것으로 보이지만, 요한은 그것을 영적인 의미로 이해한 것이 분명하다. 왜냐하면 큰 성은 "백성들과 족속과 방언과 나라 중에서 사람들이"(9절) 사는 곳일 뿐만 아니라 또한 그것은 "영적으로 하면 소돔이라고도 하고 애굽이라고도"(8절) 불리는 곳이기 때문이다. 이 큰 성은 나중에 바벨론을 지칭하는 술어로 등장한다(16:19; 17:18; 18:10,16,18-19,21). 계시록에서 '성'(城)은 상징적 의미를 지닌 술어이다. 그것은 "하나님의 성"을 지칭할 때도 사용되고(3:12; 11:2; 21:2) 사탄의 성을 지칭할 때도 사용된다(11:8; 18:2,10). 따라서 성은 하나님의 백성이든 마귀의 백성이든 "어떤 한 공동체의 삶 전체를 지칭하는 은유"(Johnson, 1982: 506)일 수 있다. 요한은 큰 성을 영적으로 분별할 때 그것에 삼중적인 의미를 부여한다. 우선 큰 성은 영적으로 '소돔'이라고 불리는 곳이다. 성경에서 소돔은 하나님을 거역하는 사람들이 사는 곳, 하나님의 종들을 거부하고 음란과 방종을 일삼다가 결국 무서운 심판

을 당한 곳으로 그려진다(겔 16:49). 둘째로, 큰 성은 영적으로 애굽이라고 불리는 곳이다. 사실 애굽은 성이 아니라 나라 명칭이다. 그럼에도 요한이 애굽을 큰 성으로 부른 것은 그것이 하나님을 거역하고 그의 백성을 종노릇하게 만든 세상 나라들을 지칭하는 상징적 의미를 지녔기 때문이다. 셋째로, 큰 성은 "주께서 십자가에 못 박히신 곳"으로 불린다. 그리스도는 두 증인의 '주'로 불리고, 그들도 또한 그가 가셨던 십자가 고난의 길을 가는 자들이다. 그렇다면 그리스도를 거부하고 그의 종들을 박해하고 죽이는 곳은 어디나 '큰 성'으로 불릴 수 있다. 세상에서 교회공동체가 겪는 일은 그들의 주께서 예루살렘에서 이미 겪었던 일이기도 하다. 그렇다면 본절의 '큰 성'은 사탄의 지배를 받아 그리스도의 복음과 그것을 전하는 교회공동체에 적대적인 '세상'을 상징하는 것이 분명하다(Mounce, 1977: 227; Morris, 1987: 146). 무저갱에서 올라온 짐승에 의해 죽임을 당한 두 증인의 시체는 큰 성의 길 위에 놓여 있었다. 이것은 사탄의 조종을 받은 짐승이 세상 사람들을 부추겨 두 증인을 박해하고 죽게 만들었다는 것을 함축한다. 그리스도께서 예루살렘에서 죽임을 당할 때 공개적인 수치를 당하도록 십자가에 매달아 놓은 것처럼, 두 증인의 죽은 시체도 행인들 누구나 "길에서" 볼 수 있도록 공개되어 있었다.

[9-10] 두 증인의 시체를 구경한 사람들은 "백성들과 족속과 방언과 나라 중에서" 살아가는 사람들이다. 이것은 '큰 성'을 단순하게 예루살렘 성으로 동일시할 수 없게 만든다. 각 나라의 백성들이 그들의 시체를 "사흘 반" 동안 보면서도 무덤에 장사하지 못하게 했다. 그들의 시체가 길거리에 방치된 '사흘 반'의 기간은 그들이 굵은 베옷을 입고 예언했던 '삼년 반'(1260일)과 대비된다. 그들에게 삼년 반의 기간은 온 세상에 복음을 증언하는 사명의 기간이지만, '사흘 반'의 기간은 수치와 고난의 시간이었다. 하지만 예수는 죽은 뒤 장사 지낸 바 되었지만, 그들은 장사 지내는 일

조차 거부당했다. 이것은 교회공동체가 예수의 발자취를 따라가지만 그 보다 더 심한 수치와 고난을 당할 수 있음을 시사해준다. 고대사회에서 시체를 묻지 않고 방치하는 것은 원수들이 죽은 자에게 가할 수 있는 가장 큰 모욕이었다. 또한 성을 파괴한 뒤에 승리자들이 기뻐하면서 선물을 교환하는 것도 고대전쟁에서 흔한 풍경이었다. 짐승이 두 예언자를 죽인 이유는 그들의 예언으로 "땅에 사는 자들을 괴롭게 했기" 때문이었다. 그들의 예언은 심판의 메시지를 담고 있기 때문에 그들의 귀에 거슬리고 양심을 찌르는 고통을 안겨주었을 것이다. 거짓 선지자는 세상 사람들의 귀나 즐겁게 하는 메시지를 전하지만, 참 선지자는 그들의 귀에 거슬려도 심판의 메시지를 선포하는 자이다(눅 6:26). 짐승은 두 증인을 죽여 잠잠케 만들었지만, 그것은 '사흘 반'이란 상대적으로 짧은 기간이었을 뿐이다. 짐승이 그들을 죽여 승리했다고 즐거워하는 때는 '사흘 반'이란 짧은 기간에 불과하다.

[11-12] 본 절은 시체로 방치된 사흘반 동안의 기간이 끝난 뒤 두 증인의 부활과 승천에 대해 묘사한다. 부활과 승천은 그들의 고난과 수치의 절정에 이르러 일어난 대반전이었다. 왜냐하면 "삼일 반 후에 하나님께로부터 생기가 그들 속에 들어가매 그들이 발로 일어섰기" 때문이다. 많은 학자들은 본 절의 사건이 마른 뼈가 생기를 얻어 살아난 것을 본 에스겔의 환상을 암시한다고 생각한다(겔 37:5-12). 하지만 학자들마다 계시록의 환상이 상징하는 의미에 대해서는 서로 달리 해석한다. 어떤 학자들은 에스겔 37장의 환상이 이스라엘의 문자적 부활을 예언한 것이 아니라 단지 이방인들에 의해 죽임을 당한 것과 같은 이스라엘이 하나님의 능력을 힘입어 신원되고 회복될 것을 상징적 환상을 빌어 예언한 것으로 보고, 본문의 환상도 그런 상징적 의미로 해석되어야 한다고 본다(이필찬, 2006: 496). 영적 해석을 취하는 학자들 중에는 요한이 육체 부활이란 비유 언어를 활

용하여 실제는 교회가 짐승의 치명적 공격에 대해 승리할 것을 상징적으로 나타낸 것으로 보기도 한다(Johnson, 1982: 507). 다른 학자들은 본문의 환상을 문자적인 의미로 해석하여 하나님백성의 실제 미래 부활사건을 지칭한다고 본다(권성수, 2001: 259). 이들 세 해석들 중에 어떤 것이 옳은가?

우선 두 증인이 부활, 승천은 "증언을 마칠 때," 즉 1260일이 끝나는 시점에 일어나기 때문에 재림 가까운 시점에 일어날 미래의 종말론적인 사건으로 보인다. 둘째로, 주께서 죽은 자들 가운데 부활한 것처럼, 두 증인도 짐승의 공격을 받아 일시 죽었다가 다시 부활하게 될 것이다. 두 증인으로 상징되는 교회공동체는 그들의 주되신 예수께서 밟으셨던 길을 동일하게 걷는 자들로 묘사된다. 예수의 부활이 육신적 부활이라면 두 증인의 부활도 육신적 부활일 수밖에 없다. 셋째로, 그들의 부활은 복음을 전하기 위한 부활이 아니라 승천하기 위한 부활이다. 그들이 부활한 후에 구름을 타고 승천한다는 것은 하나님백성이 공중으로 휴거될 것을 가리킬 것이다(살전 4:16-17). 죽었던 자들이 부활하여 구름을 타고 하늘로 올라가는 모습을 보고 세상 사람들은 크게 두려워하게 될 것이다. 그들의 승천은 "이리로 올라오라"는, 하늘에서 들리는 큰 음성이 있은 뒤에 발생한다. 그들이 승천할 때 탄 '구름'은 힘센 천사를 둘러싼 10:1의 구름을 지칭할 수도 있고(Beale, 1999: 599), 그리스도께서 재림하실 때 탈 1:7의 구름을 지칭할 수도 있다(Osborne, 2002: 431). 신약에서 구름은 부활(살전 4:17), 승천(행 1:9), 재림(마 24:30)과 곧잘 연결되기 때문에 본 절의 구름은 1:7의 구름과 가장 잘 병행을 이룬다고 볼 수 있다.

하지만 본 절의 사건이 재림과 연관된 일련의 사건들 중에서 어떤 사건과 동일시될 수 있는지에 대한 논란은 여전히 해소되어야 한다. 두 증인의 부활이 1260일이 마칠 때 일어날 종말의 사건인 것은 분명하나 그 후에 성의 십분의 일이 무너지는 큰 지진이 발생하고(13절상), 지진으로 죽지 않고 남은 자들이 회개를 한다(13절하). 또한 계시록 19:11-2에 비추어 볼 때 재림은 역사의 종말에 이르러 발생하고 그 후에 아마겟돈 전쟁이 발생하고, 교회공동체 구성원들은 재림의 날에 부활하게 된다(막 13:24-27; 살전 4:16-17). 그렇다면 "두 증인의 부활은 휴거 자체라기보다 교회 공동체 휴거의 선취적 예견일 가능성이 있다"(Osborne, 2002: 432). 그들의 부활은 재림과 연관된 사건인 것은 분명하다. 하지만, 오스본이 지적한대로, 두 증인의 승천이 먼저 있은 뒤에 큰 종말론적 지진이 발생하고, 큰 지진을 목도한 땅의 많은 거주자들이 회개하며, 그리스도께서 재림하실 때 교회 구성원들이 휴거하고, 아마겟돈 최후 전쟁이 일어나고, 천년왕국, 백보좌 심판, 새 하늘과 새 땅의 도래가 순서를 따라 발생할 것이다(432). 두 증인이 하늘로 올라갈 때 그들의 원수들은 그것을 구경하였다. 이것은 단순한 구경이 아니라 두려움과 공포에 떨며 지켜보는 것을 의미한다(12절하).

[13] 큰 지진이 나서 성의 십분의 일이 무너져 칠천 명이 죽임을 당하고 "그 남은 자들이 두려워하여 영광을 하늘의 하나님께 돌리게 되었다." 계시록에서 큰 지진은 하나님의 백성을 신원하고 그들을 공격하던 자들을 심판하는 의미를 지닌다. 지진으로 죽은 자를 '칠천 명'으로 언급한 것은 땅의 거주자들에 대한 하나님 심판의 완전성을 시사해주고, 성의 '십분의 일'이 무너졌다는 것은 세상에 대한 하나님의 심판이 아직 최종단계에 이르지 않았다는 것을 말해준다. 큰 지진으로 사람들이 죽고 성이 무너지는 광경을 보고 죽지 않고 살아남은 자들이 "하늘의 하나님께 영광을 돌리게" 되었다. 9:20-21은 "재앙에 죽지 않고 남은 자들이 회개하지 않았다"고 말하는 반면, 11:13은 큰 지진에 죽지 않고 남은 자들이 "두려워하여 영광을 하늘의 하나님께 돌리더라"고 말한다. 어떤 학자들은 전자의 구절에 비추어 "하나님께 영광을 돌린다"는 표현이 회개하여 하나님께 돌아온다는 뜻일 수 없다고 주장한다(권성수, 2001: 259). 인, 나팔, 대접 재앙을 거치면서 땅의 거주자들이 회개하는 경우가 발견되지 않기 때문에

이 해석은 가능성이 없지 않다. 하지만 본 절의 표현은 매우 예외적인 경우에 속한다. 본 절은 땅에 거주하는 자들 중에도 큰 지진을 목도한 뒤에 두 증인의 심판예언이 극적으로 성취되는 것을 상기하고 두려움 속에서 하나님께 영광을 돌릴 자들이 존재한다는 것을 함축해준다(Osborne, 2002: 434; Aune, 1998a: 628).

[14] 여섯째 나팔 재앙은 9:13에서 11:14 사이에 발생하는 모든 사건들을 포괄하는데, 요한은 여섯째 나팔 재앙을 "둘째 화"로 명명한다. 그렇다면 그가 말하는 "셋째 화"는 일곱째 나팔 재앙을 가리킨다(11:15). 요한은 셋째 화가 "속히 이를 것이라"고 말한다. 계시록에서 '속히'란 말은 항상 '오리라'는 동사와 함께 등장한다. 이런 표현은 재림이나 심판의 임박성을 강조할 때 사용되곤 한다. 일곱째 나팔이 불 때 세상에 임하는 어떤 재앙 심판도 언급되지 않는다. 어떤 학자들은 셋째 화의 구체적 내용이 일곱 대접 재앙들을(16:1-17) 가리킨다고 주장하지만(Ladd, 1972: 160; Johnson, 1982: 508), 필자는 본 섹션이 "셋째 화"를 구성한다고 보고 본문 주해를 진행할 것이다.

해설

본 장의 두 증인 이야기는 10장의 작은 두루마리 책 이야기와 문맥적으로 연결되어 있다. 요한은 힘센 다른 천사의 손에 펴 놓인 작은 두루마리 책을 가져다 먹으라는 천상의 음성을 들었다. 입에서는 꿀 같이 다나 배에서는 쓴 이 책은 "많은 백성과 나라와 방언과 임금"에게 예언해야 할 복음의 비밀을 가리킨다. 두 증인 이야기는 내용상 10장의 이 내용을 넘겨받고 있다. 요한이 힘센 다른 천사에게서 받은 예언 선포의 사명은 (10:11) 교회공동체를 상징하는 두 증인의 예언 선포의 사명과(11: 3) 연장선상에 있기 때문이다.

두 증인의 사역은 마지막 종말의 때에 교회가 감당해야 할 사명이 무엇인지 알려주는 역할을 한다. 몇몇 학자들은 본 섹션이 마지막 종말의 때에 두 걸출한 예언자들이 나타나서 엘리야와 모세가 했던 일들을 하게 될 것을 묘사한다고 해석한다(Ladd, 1972: 154; Osborne, 2002: 419-35). 다른 학자들은 두 증인은 초림과 재림 어간에 요한의 예언 사명을 넘겨받아 만국에 복음의 비밀을 전하는 교회공동체를 가리킨다고 해석한다(Wilcock, 1975: 105f; Beasley-Murray, 1974: 183f). 필자는 후자의 해석이 문맥의 흐름에 더 적합하다고 본다. 요엘과 같은 구약 선지자는 메시아 때가 되면 하나님백성 전체가 예언의 영의 선물을 받아 남녀노소가 다 예언하게 될 것을 내다보았다(욜 2:28-32). 사도행전의 저자인 누가는 요엘의 이 예언이 초기 교회공동체 가운데서 성취되었다고 생각했다(행 2:17-21). 하늘 보좌에 올리심을 받은 예수께서 지상교회에 부어주시는 이 예언의 영의 선물은 전체 교회공동체가 온 세상 중에서 증인 역할을 하게 만드는 수단이다(행 1:8). 그렇다면 두 증인이 개인들이 아니라 교회공동체를 상징하는 표현이란 사실은 다음 몇 가지 주석적 관찰들을 통해 자명하다(Beale, 1999: 574). 첫째, 계시록 1:20에서 '일곱 촛대'는 일곱 교회를 상징한다고 말했기 때문에 두 증인을 '두 촛대'로 묘사한 11:4의 진술은 요한이 여기서 교회공동체를 염두에 두고 있음을 보여준다. 둘째로, 두 증인이 전체 교회공동체를 가리킨다는 사실은 "백성들과 족속과 방언과 나라 중에서 사람들"이 두 증인의 패배와 부활을 보게 될 것이라는 11:9-13의 구절을 통해서 자명해진다. 그들이 개인들이라면 어떻게 온 세상 사람들이 그들의 죽음과 부활을 구경할 수 있겠는가? 세상 사람들이 두 증인의 죽음과 부활을 텔레비전 방송을 통해 세계 어디서나 보게 된다는 몇몇 학자들의 주장은 본문의 취지를 떠나 상상의 나래를 편 것에 불과하다. 셋째로, 두 증인이 예언을 한 기간은 삼년반 동안인데, 이 기간은 이방인이 "거룩한 성"을 짓밟던(11:2) 기간과 같고, "여인"이 사탄의 공격을 받아 광야로 피신 기간과 같으며(12:6,14), 짐승이 하늘장막에 거하는 자들을 비방하는 기간과 동일하다(13:5-6). 만일 이런 본문들이 특정한 개인을 말하지 않고 교회공동체를 말하는 본문이라면, 두 증인도 교회공동체를 상징한다고 해석하는 것이 가능하다. 넷째로, 짐승이 두 증인과 전쟁하여 그들을 이긴다는 11:7의 진술은 다니엘 7:21에 기초한 것인데, 다니엘서의 이 구절은 종말에 출현할 이 마지막 악의 왕국은 개인이 아니라 이스라엘 백성을 핍박하게 될 것을 말하고 있다. 본 절의 배경을 이루는 다니엘 본문이 공동체적 해석을 뒷받침하기 때문에 두 증인 이야기도 공동체적인 의미로 해석하는 것이 더 타당하다. 다섯째로, 두 증인이 단순한 개인이 아니라는 것은 모세와 엘리야의 능력이 두 증인 모두에게 동등하게 부여된다는 사실이다. 이것은 두 증인이 단일 실체라는 것을 시사해준다. 하지만 교회공동체를 염두에 두었다면 '일곱 촛대'처럼 일곱 증인이라고 하지 왜 두 증인이라고 했을까? 둘이라는 숫자는 구약 율법에서 범죄 사실을 소명할 때 요구되는 증인들의 숫자를 가리킨다(신 19:15; 민 35:30; 마 18:16). 따라서 두 증인이란 숫자는 교회공동체의 증언이 법적으로 참되고 정당하다는 사실을 상징할 뿐 개인들의 숫자를 나타내기 위해 의도된 것은 아니다. 11장 이야기의 법률적 뉘앙스는 '증인'이란 술어를 사용한 데서도 나타난다.

그렇다면 두 증인 이야기는 교회공동체가 초림과 재림 사이의 전체 기간 동안에 세상 사람들에게 짓밟히고 박해를 당하겠지만 목숨을 다해 그들에게 하나님의 심판을 예언하고 복음의 말씀을 선포하는 사명을 다할 것임을 해설한 것이라고 할 수 있다. 교회는 외면적으로 세상 사람들에게 짓밟히고 그들을 조종하는 짐승에 의해 죽임을 당하고 패배하는 것처럼 보이지만, 그것은 내면적으로 세상 사람들의 우상숭배에 오염되지 않도록 하나님의 특별한 보호를 받는 공동체이기도 하다. 짐승은 교회공동체 구성원들을 죽여서 세상 사람들의 구경거리로 만들어 모욕을 주고 그들의 입을 막아 예언 선포 사역을 중단시킨 것 때문에 마치 승리한 것처럼 즐거워하지만(10절), 그들의 승리는 잠시뿐이다. 하나님은 죽임을 당한 교회공동체에 성령의 생기를 불어넣어 다시 부활하게 해서 하늘로 승천/휴거하게 만드실 것이다. 이것은 최종적 승리가 짐승이나 세상 사람들에게 있는 것이 아니라 하나님의 백성에게 있다는 것을 분명하게 시사해준다. 두 증인이 걸었던 생의 노정은 죽음을 통해 부활/승천에 이르신 그리스도의 발자취를 따른 것이고 하나님백성이 고난을 통해 승리의 길로 나아가야 한다는 사실을 상징해준다. 그리스도를 본받는 두 증인의 삶은 교회공동체가 그리스도와 함께 고난을 받고 죽을 때만 영광과 승리에 동참할 수 있다는 영적 교훈을 준다. 계시록은 끊임없이 그리스도를 위해 모든 환란과 박해를 견디는 것이 교회공동체가 승리하는 길이며(12:11) 그리스도와 더불어 왕 노릇하는 길이라는 것을(11:15; 20:4; 22:5) 말해준다.

(4) 마지막 일곱째 나팔 재앙(11:15–19)

본문

¹⁵ 일곱째 천사가 나팔을 불매 하늘에 큰 음성들이 나서 이르되 세상 나라가 우리 주와 그의 그리스도의 나라가 되어 그가 세세토록 왕 노릇 하시리로다 하니 ¹⁶ 하나님 앞에서 자기 보좌에 앉아 있던 이십사 장로가 엎드려 얼굴을 땅에 대고 하나님께 경배하여 ¹⁷ 이르되 감사하옵나니 옛적에도 계셨고 지금도 계신 주 하나님 곧 전능하신 이여 친히 큰 권능을 잡으시고 왕 노릇 하시도다 ¹⁸ 이방들이 분노하매 주의 진노가 내려 죽은 자를 심판하시며 종 선지자들과 성도들과 또 작은 자든지 큰 자든지 주의 이름을 경외하는 자들에게 상 주시며 또 땅을 망하게 하는 자들을 멸망시키실 때로소이다 하더라 ¹⁹ 이에 하늘에 있는 하나님의 성전이 열리니 성전 안에 하나님의 언약궤가 보이며 또 번개와 음성들과 우레와 지진과 큰 우박이 있더라.

주해

일곱째 천사가 마지막 나팔을 불 때 "셋째 화"가 속히 이를 것이라고 예고하지만, 실제 세상에 임할 심판 재앙에 대한 언급은 없고 그리스도의 나라가 도래할 것을 축하하는 하늘 음성만이 울려 퍼진다. 이런 이유 때문에 일곱째 나팔 재앙과 후속되는 장들과의 관계에 대한 많은 논란이 있어왔다. 오스본에 따르면, 지금까지 다섯 가지 해석들이 제시되어 왔다 (Osborne, 2002: 438). 어떤 학자들은 "셋째 화"의 내용이 일곱째 천사가 나팔을 불 때 나타나지 않고 11:15-19은 단지 12-13장의 막간 구실만 한다고 보기도 하고, 어떤 학자들은 "셋째 화"가 실제로는 16장에 언급된 일곱 대접 재앙들을 가리킨다고 보거나, 또는 12-20장의 사건들을 가리킬 수 있다고 보기도 한다. 또 어떤 학자들은 "셋째 화"가 무엇을 가리키는지 계시록에서 확인하기 어렵다고 보기도 한다. 다른 학자들은 본 섹션 자체가 "셋째 화"의 내용을 구성한다고 주장하기도 한다. 필자는 이 마지막 해석이 좀 더 가능성이 있다고 생각한다. 주목할 점은 일곱째 나팔에서 "셋째 화"가 어떤 재앙인지 구체적으로 묘사하기보다 선포되고 있다는 사실이다. 본 섹션의 내용을 조심스럽게 들여다보면 일곱째 나팔을 불 때의 상황은 하나님이 심판하고 상을 베풀고 반역자들을 멸망시키는 일을 하는 것으로 보아서 마지막 종말의 상황이라는 것을 시사해준다. 이것은 인, 나팔, 대접 심판이 단순한 시간순차에 따라 이어지기보다 순환적 성격을 지닌다는 사실을 뒷받침해준다. 요한은 이미 10:7에서 "일곱째 천사가 소리를 내는 날 그의 나팔을 불려고 할 때에 하나님이 그의 종 선지자들에게 전하신 복음과 같이 하나님의 그 비밀이 이루어지리라"고 예고한 적이 있다. 이 비밀의 완성은 11:15-18의 찬송에서 축하된다. 일곱째 나팔 이후에 후속되는 다른 사건들이 존재하지 않기 때문에, "셋째 화"의 내용은 최후심판 장면을 묘사하는 20장에 담겨 있다고 보는 것이 타당한 것 같다(Osborne, 438). 그리고 일곱째 나팔의 장면을 묘사하는 본 섹션은 선행하는 4:1-11:19의 중심 섹션을 결론짓는 역할을 한다. 따라서 그것은 4-11장에서 개진된 많은 주제들을 요약해줄 뿐만 아니라 후속되는 장에서 등장할 주제들을 미리 예시해주는 발판 역할도 한다.

[15] 일곱째 천사가 나팔을 불 때 하늘에서 큰 음성들이 나서 "세상 나라가 우리 주와 그의 그리스도의 나라가 되어 그가 세세토록 왕 노릇하실 것이라"고 선포한다. 하늘에서 들린 소리가 "음성들"로 표현되는 것으로 보아서 이십사 장로, 네 생물, 천사들과 같은 천상계의 모든 존재들이 함께 선포한 내용이라는 것을 시사해주는 것 같다. 한 가지 이상한 점은 일곱째 나팔 재앙은 심판의 메시지를 담고 있지 않고 세상 나라들이 그리스도의 나라가 되어 그가 영원토록 다스릴 것이라는 메시지를 선포한다는 사실이다. 때문에 어떤 학자들은 일곱째 나팔 재앙은 본 섹션에서는 언급되지 않고 나중에 일곱 대접 재앙을 언급하는 16장에 가서야 언급된다고 보기도 한다.[5] 하지만 심판과 하나님의 왕적 통치의 실현은 동전 양면과 같은 것이다. 심판의 최종적 완성은 세상에서 그리스도의 나라가 완전하게 세워질 때 실현되기 때문이다(이필찬, 2006: 504). 특별히 "세상 나라"가 "그리스도의 나라"가 되었다는 선포는 다니엘 7장과 시편 2편의 내용을 반영한 것으로서 계시록의 핵심 주제 중의 하나이다. 전에 세상 나라는 사탄이 지배하는 영역이었는데 이제 세상나라가 그리스도가 다스리는 영역으로 바뀌는 것, 바로 그것이 하나님나라가 완성되는 지점이다 (Bauckham, 1993b: 424). 또한 반드시 주목해야 할 것은 하나님나라의 완성이 앞서 묘사된 두 증인의 예언사역(11:3-13)과 요한이 위임받은 예언사역 (10:7-11)과도 밀접한 관계가 있다. 두 증인으로 상징되는 교회공동체는 온 세상을 향해 하나님의 심판과 그의 나라의 도래에 관해 1260일 동안 예언

---

5. 이런 입장을 취하는 학자들은 Beckwith, Walvoord, Ladd, Thomas 등과 같은 사람들이다.

을 하였고, 그들의 예언을 거부하는 자들은 교회를 박해하다가 결국 심판을 자초하겠지만 회개하고 그것을 받아들이는 자들은(11:13) 하나님나라의 구성원이 될 것이다. 세상나라가 그리스도의 나라로 변화되는 것은 이런 과정을 통해 성취된다. 본 절의 쓰인 동사(βασιλεύσει)는 미래시제이다. 그리스도가 세세토록 왕 노릇하실 때는 언제인가? 요한은 그때가 천년왕국인지 신천신지인지 분명하게 구분하지 않는다. 더욱이, 요한은 현 세상은 장차 없어질 것으로 생각하지 않고 하나님나라가 현현하는 무대로 생각한다(Johnson, 1982: 509). 본 절은 물론 장차 완성될 하나님의 나라를 말하고 있지만, 그것은 이미 믿는 자들의 삶속에서 현재하고 있다. 신자들은 지금 하나님의 이 왕적 통치에 참여하는 중이다(1:9).

[16-17] 본 절은 이십사 장로들이 하나님 앞에 엎드려 경배하면서 말하는 내용을 담고 있다. 15절은 하늘에서 들린 큰 음성들이 선포한 내용이라면, 16-17절은 이십사 장로들이 하나님께 경배하면서 말한 내용이다. 15절과 16-17절간의 공통점은 '왕노릇하다' 동사가 같이 쓰인다는 사실이지만, 15절은 미래 동사를 사용한 반면 16-17절은 현재동사를 사용한다. 이런 시제변동은 화자가 초점을 두는 대상이 다르기 때문일 것이다. 15절은 그리스도를 통해 장차 완성될 하나님의 나라에 초점을 둔 것이라면, 16-17절은 과거, 현재, 미래를 통제하는 하나님의 초월적 통치에 초점을 둔다. 하나님을 "옛적에도 계셨고 지금도 계신 주"로 묘사한 것은 계시록 초엽에 이미 등장한 표현으로서(1:8; 4:8) 하나님이 역사를 지배하는 주권자라는 사실을 강조해준다. 과거 역사를 주관하시는 하나님은 현재 역사나 미래 역사도 주관하시는 분이다. 바로 그가 지금 오셔서 세상을 지배하던 권세를 사탄에게서 넘겨받아 다스리기 시작하셨다.

[18] 본 절은 계시록의 남은 자들의 메시지를 요약하는 역할을 한

다. 요한은 여기서 "이방인들의 분노"와 "주의 진노"를 날카롭게 대조한다. 주 하나님의 진노는 세상 사람들의 분노로 인해 임하는 것이다. 본 절의 표현은 구약 시편 2:1을 반영하는데, 이 구절에 따르면 "열방이 분노하다"란 문구와 "민족들이 허사를 경영한다"는 문구와 병행관계에 있다. 그리고 민족들이 허사를 경영하는 실제 내용은 "여호와와 그의 기름 부음 받은 자를 대적하며" "그들의 맨 것을 끊고 그의 결박을 벗어 버리자"는 2-3절을 통해 부연설명 된다. 그렇다면 이방들이 분노하는 의미와 정황은 분명하다. 세상 나라와 백성들이 분노한 것은 하나님과 그가 보내신 메시아를 거절하여 하나님의 지배에서 벗어나려고 했기 때문이다. 사실 그들의 이 반역적인 분노는 사탄인 용의 분노로 인해 자극된 것이기도 하다(12:12). 이 때문에 하나님은 땅의 백성들에게 진노를 내리셨다. 진노를 내리는 '때'(καιρὸς)는 마지막 심판의 때로서 하나님은 세 가지 일을 하신다. 첫째는 "죽은 자를 심판하시는" 일이고, 둘째는 "종 선지자들과 성도들과 또 작은 자든지 큰 자든지 주의 이름을 경외하는 자들에게 상 주시는" 일이며, 셋째는 "땅을 망하게 하는 자들을 멸망시키시는" 일이다. 사실 죽은 자들을 심판하는 일은 20:11-15에서 묘사되고, 의인들에게 상을 베푸는 일은 21:1-4, 22:3-5에서 묘사되며, 땅을 망하게 하는 자들을 멸하는 일은 19:2,11; 20:10에서 묘사된다. 심판하고 상주고 멸하는 일은 최후심판 때 발생하는 일이기 때문에, 일곱째 나팔 재앙은 하나님나라가 완성되고 최후심판이 집행되는 마지막 종말의 때를 가리킨다고 할 수 있다. 16장에서 여전히 일곱 대접 재앙들이 남아 있음에도 불구하고 벌써 일곱째 나팔 재앙에서 최후심판의 장면이 등장한다면, 인, 나팔, 대접 심판 시리즈를 단순히 연대기 순서에 따라 진행되는 것으로 볼 수 없다는 것은 자명하다. 본 절에서 상을 받는 사람들이 세 그룹으로 언급된다. 첫째는 하나님의 종 선지자들이고, 둘째는 성도들이며, 셋째는 하나님의 이름을 경외하는 자들이다. 상을 베풀 자들의 목록 중에서 '선지자들'이 제일 먼저 언급된 것은 그들이 순교를 무릅 쓰고 예언사역을 감당했기 때문일 것이다(11:3-5).

[19] 일곱째 천사가 나팔을 불어 하나님나라의 완성과 최후심판의 시행에 대해 선포한 후에 요한은 열린 하늘성전에서 하나님의 언약궤를 환상으로 보게 되었다. 하늘성전이 열렸다는 말은 "하늘에 열린 문이 있다"는 4:1의 말씀을 연상하게 만든다. 다만 차이가 있다면 4:1은 초림 때 일어나는 현상이고 11:19은 마지막 재림 때 일어날 현상일 것이다. 언약궤는 이스라엘 종교의 핵심에 놓인 요소로서 구약에서 아주 중요한 상징들 중의 하나였다. 그것은 하나님이 이스라엘 회중 가운데 계심을 나타내는 임재의 징표였고, 그들을 향한 하나님의 신실함을 나타내는 언약의 징표이기도 했으며, 그들을 위한 속죄가 이루어지는 중심자리이기도 했다(Harrington, 1993: 126; Osborne, 2002: 448). 언약궤는 느브갓네살 왕의 군대가 예루살렘을 침공하여 성전을 불태울 때(BC 586) 파괴된 것으로 알려져 있다(왕하 25:8-10). 하지만 유대교 전설에 따르면 이스라엘이 마지막 회복될 때까지 예레미야가 시내 산 동굴에다 숨겨놓았다고 한다. 요한은 본 절에서 그러한 전설을 염두에 둔 것으로 볼 수 없다. 왜냐하면 그는 하늘성전에 있는 언약궤를 말하고 있기 때문이다(Johnson, 1982: 510). 하늘성전의 언약궤는 그리스도께서 자신의 십자가 죽음을 통해 도래시킨 새 언약을 상징한다. 옛 언약 시대에 언약궤는 대제사장 외에 아무나 들어갈 수 없도록 휘장으로 막혀 있었지만, 새 언약 시대에는 그리스도께서 성도들을 위해 완전한 속죄를 이루셨기 때문에 하늘성전의 언약궤는 그들 모두가 볼 수 있도록 개방된다. 언약궤는 지성소에 놓여 있어서 대제사장만이 매년 대속죄일에 한 차례 들어가 볼 수 있었지만, 지금 하늘성전에 있는 언약궤가 모두가 볼 수 있게 된다. 예수께서 십자가에서 죽으실 때 지성소 휘장이 둘로 찢어져 하나님께 나아가는 새로운 길이 열렸다(히 9:8-10, 12;

10:19-21).

본 절은 특별히 하나님나라의 최종적 완성을 전제하기 때문에(18절) 재림 이후의 상황을 묘사하고 그것은 실제로 20-22장에서 묘사된 내용이다. 언약궤는 이스라엘이 광야를 거쳐 약속의 땅에 들어갈 때까지 하나님의 임재와 신실한 사랑을 나타내는 징표였다면, 하늘성전의 언약궤가 새 언약백성에게 보인다는 것은 그들이 세상에서 고난을 당할지라도 완성된 천국에 들어갈 때까지 그리스도의 신실한 사랑과 보호를 약속하는 징표 구실을 한다. 하늘성전에서 언약궤가 보일 때 "번개와 음성들과 우레와 지진과 큰 우박"이 있었다. 이런 현상은 계시록에서 신현에 동반되는 종말적 현상으로서 하나님의 신적 위엄과 연관된다(Osborne, 2002: 449). 본 절은 4:5과 8:5의 목록에다 '큰 우박'을 덧붙여 놓았다. 이것은 심판에서 시위되는 하나님의 신적 위엄을 한층 더 강화하는 역할을 한다.

> 해설

본 섹션은 일곱째 천사가 나팔을 불 때 최후심판의 때가 이르러 드디어 하나님의 나라가 완성될 것을 선포하는 내용을 담고 있다. 일곱째 나팔 심판은 땅위에 임할 구체적인 재앙 현상들을 담고 있지 않기 때문에, 어떤 학자들은 그것이 16장의 대접 재앙들을 가리킨다고 생각하기도 한다. 하지만 하나님 나라의 완성은 최후심판이 집행될 때 이루어지기 때문에 둘을 따로 떼어 생각할 수 없다. 하늘에서 들린 큰 음성들은 하나님 보좌를 둘러싼 천상적 존재들의 음성을 가리킨다. 천상적 존재들은 큰 소리로 죄의 지배를 받던 세상나라가 그리스도의 나라로 변화되어 그리스도께서 영원토록 왕노릇하실 것이라고 선포한다. 이십사 장로들은 또한 하나님께 엎드려 경배하면서 그리스도의 나라가 세워질 때 하나님의 통치가 궁극적으로 실현될 것임을 노래한다. 과거와 현재를 주관하시는 하나님은 또한 미래를 주관하시는 분이시다. 따라서 마지막 날에 완성될 그리스도의 나라는 하나님의 왕적 통치의 구현이다. 하나님은 마지막 날에 그의 기름 부음을 받은 메시아를 거부하고 그 통치를 벗어버리려는 땅의 거주자들에게 진노를 내리시고 그리스도를 통해 하나님의 의로운 통치를 완성하실 것이다. 요한의 관심은 현 세상이 심판을 받아 사라지는 데 있지 않고 하나님나라의 출현을 위한 무대로 변모된다는 데 있다. 도대체 언제 이런 일이 일어나는가? 그것은 최후심판 때 일어날 것이다. 하나님을 "옛적에도 계셨고 지금도 계신 주"로 묘사한 17절에서 "장차 오실 이"란 문구가 생략된 것은 종말의 때가 이미 도래했기 때문에 더 이상의 미래가 존재하지 않기 때문이다. 마지막 날에 전능자 하나님의 "큰 권능"이 집행되면 이방들의 "분노"는 물거품이 된다. 그 때 하나님은 모든 죽은 자들을 심판하고 성도들에게 상을 베풀며 땅을 망하게 한 자들을 멸하는 일을 하실 것이다. 하나님나라의 최종적 완성은 심판의 날에 이루어질 것이지만, 교회시대(=1260일) 내내 세상 사람들을 대상으로 진행되는 두 증인의 예언사역과 무관하지 않다. 그들의 예언적 메시지에 회개로 응답하는 사람들은 그리스도와 더불어 영원토록 왕노릇하게 될 것이다. 다만 그것을 거부하고 두 증인을 공격하는 자들은 결국 영원한 멸망을 당하게 될 것이다. 마지막 나팔이 울릴 때 하늘성전이 열리고 언약궤가 나타날 것이다. 이것은 새 언약이 최종적으로 완성되었음을 상징한다. 하나님은 그의 백성 중에 영원히 함께 하실 것이다.

다. 하나님과 악의 세력들의 영적 전쟁(12:1-14:20)

마지막 일곱 대접 심판보다 선행하는 본 섹션(12-14장)은 하나님과 악의 세력들 간의 영적 전쟁이란 주제를 넘겨받아 발전시킨다. 물론 이 주제는 앞선 섹션에서 이미 몇 차례 등장한 바 있다(3:10; 6:9-11; 7:14; 11:7-10). 12장은 아이를 잉태한 여인을 삼키려는 용의 비유를 사용하여 사탄이 메시아를 생산한 교회공동체를 멸하려고 공격하지만 교회가 어떻게 하나님의 보호와 양육을 받게 되는지를 묘사한다. 반면에 13장은 동일한 메시지를 다루되 이번에는 용의 하수인 역할을 하는 두 짐승이 교회공동체를 어떻게 박해하는지를 다룬다. 14장은 어린 양의 메시아 전쟁에 참여하는 144,000명이 어떻게 두 짐승과의 싸움에서 승리를 쟁취하게 되며(1-5절) 또한 (추수 이미지를 동원하여) 최후심판이 어떻게 짐승 숭배자들에게 임할 것인지를(6-20절)을 묘사한다.

(1) 여인과 용(12:1-17)

본문

¹ 하늘에 큰 이적이 보이니 해를 옷 입은 한 여자가 있는데 그 발 아래에는 달이 있고 그 머리에는 열두 별의 관을 썼더라 ² 이 여자가 아이를 배어 해산하게 되매 아파서 애를 쓰며 부르짖더라 ³ 하늘에 또 다른 이적이 보이니 보라 한 큰 붉은 용이 있어 머리가 일곱이요 뿔이 열이라 그 여러 머리에 일곱 왕관이 있는데 ⁴ 그 꼬리가 하늘의 별 삼분의 일을 끌어다가 땅에 던지더라 용이 해산하려는 여자 앞에서 그가 해산하면 그 아이를 삼키고자 하더니 ⁵ 여자가 아들을 낳으니 이는 장차 철장으로 만국을 다스릴 남자라 그 아이를 하나님 앞과 그 보좌 앞으로 올려가더라 ⁶ 그 여자가 광야로 도망하매 거기서 천이백육십 일 동안 그를 양육하기 위하여 하나님께서 예비하신 곳이 있더라 ⁷ 하늘에 전쟁이 있으니 미가엘과 그의 사자들이 용과 더불어 싸울새 용과 그의 사자들도 싸우나 ⁸ 이기지 못하여 다시 하늘에서 그들이 있을 곳을 얻지 못한지라 ⁹ 큰 용이 내쫓기니 옛 뱀 곧 마귀라고도 하고 사탄이라고도 하며 온 천하를 꾀는 자라 그가 땅으로 내쫓기니 그의 사자들도 그와 함께 내쫓기니라 ¹⁰ 내가 또 들으니 하늘에 큰 음성이 있어 이르되 이제 우리 하나님의 구원과 능력과 나라와 또 그의 그리스도의 권세가 나타났으니 우리 형제들을 참소하던 자 곧 우리 하나님 앞에서 밤낮 참소하던 자가 쫓겨났고 ¹¹ 또 우리 형제

들이 어린 양의 피와 자기들이 증언하는 말씀으로써 그를 이겼으니 그들은 죽기까지 자기들의 생명을 아끼지 아니하였도다 ¹² 그러므로 하늘과 그 가운데에 거하는 자들은 즐거워하라 그러나 땅과 바다는 화 있을진저 이는 마귀가 자기의 때가 얼마 남지 않은 줄을 알므로 크게 분내어 너희에게 내려갔음이라 하더라 ¹³ 용이 자기가 땅으로 내쫓긴 것을 보고 남자를 낳은 여자를 박해하는지라 ¹⁴ 그 여자가 큰 독수리의 두 날개를 받아 광야 자기 곳으로 날아가 거기서 그 뱀의 낯을 피하여 한 때와 두 때와 반 때를 양육 받으매 ¹⁵ 여자의 뒤에서 뱀이 그 입으로 물을 강 같이 토하여 여자를 물에 떠내려 가게 하려 하되 ¹⁶ 땅이 여자를 도와 그 입을 벌려 용의 입에서 토한 강물을 삼키니 ¹⁷ 용이 여자에게 분노하여 돌아가서 그 여자의 남은 자손 곧 하나님의 계명을 지키며 예수의 증거를 가진 자들과 더불어 싸우려고 바다 모래 위에 서 있더라.

주해

본 섹션의 환상 장면은, 많은 주석가들이 인정하듯이, 계시록 전체의 중심 주제를 서술한다. 왜냐하면 하나님과 그의 백성이 용과 그의 추종자들과 전쟁을 하고, 어린 양과 그를 따르는 144,000명이 두 짐승과 싸우는 것은 계시록의 핵심을 구성하기 때문이다. 얼핏 보면 요한은 고대근동이나 그리스-로마 사회에서 흔히 발견되는 신화적 전설들을 끌어다 쓰는 것처럼 보이지만, 배후에 놓인 요한 자신의 목적은 사뭇 복음적이고 구원사적이다. 하나님과 사탄 간에 벌어지는 영적 전쟁은 실제 인류역사 가운데서 구현되고 있기 때문이다(Osborne, 2002: 454). 또한 요한은 신화적 환상 장면들을 동원하여 복음을 제시한 것은 그리스-로마 사회를 살아가는 사람들의 관심을 끌려는 목적을 지녔을 것이다. 하지만 실제 요한의 환상 언어는 구약적 배경을 많이 반영하고 있다(Beale, 1999: 624f). 이것은 여인과 용의 환상 장면 묘사가 고대근동이 아니라 구약의 세계관에 뿌리를 박고 있음을 시사해준다.

[1-2] 요한은 아이를 잉태한 한 여자 환상을 보았는데, 그녀는 해를 옷 입고 발아래 달이 있고 머리에 열두 별의 관을 쓴 여자였다. 요한은 이 환상을 "하늘에 큰 이적"으로 부른다. 한글성경은 '이적'이란 술어를 썼지만 그것은 본래 '표적' 또는 '징조'(σημεῖον)를 가리키는 말이다. 신약에서 표적은 어떤 실체를 나타내거나 알리는 역할을 하거나, 또는 사건이나 대상이 지닌 보다 깊은 영적 의미를 지칭할 때 사용된다. 예를 들면, 예수의 기적 행위들은 하나님의 나라가 세상에 임했다는 사실을 나타내주는 표적이다. "하늘에 큰 표적"이란 표현은 신적인 출처를 지녔으며 아주 중대한 내용을 지닌 징조라는 것을 시사해준다. 표적의 첫 내용은 여자가 "해를 옷 입고" 있었고 "그 발아래에는 달이 있고 그 머리에는 열두 별의 관을 썼다"는 것이다. 해, 달, 별이 모두 빛을 발하는 발광체이다. 이것은 여자가 찬란한 영광을 지닌 존재라는 것을 시사해준다. 이들 세 발광체는 구약에서 언약백성 이스라엘을 묘사할 때 자주 등장한다(창 37:9; 단 12:3; 사 60:19-20). 특별히 주목할 것은 여자가 머리에 "열두 별의 면류관"을 썼다는 표현이다. 면류관은 구약에서 승리, 영광, 통치, 아름다움을 나타내는 은유이다. "열두 별의 면류관"은 아마도 하나님께서 그의 백성에게 주신 승리와 영광을 상징하는 것 같다. 특별히 '열두 별'은 구약에서 이스라엘의 열두 지파를 지칭하는 전형적 표현이다. 하지만 '여자'의 정확한 정체는 논란거리이다. 어떤 학자들은 그녀가 이스라엘의 열두 지파들을 가리킨다고 보기도 하고, 어떤 학자들은 그녀가 열두 지파와 열두 사도를 가리킨다고 보기도 한다. 필자는 1절의 여자가 전체 하나님백성 공동체를 지칭한다고 본다(Lohmeyer, 1926: 96; Osborne, 2002: 457). 요한은 환상 중에 아이를 잉태한 여자를 보았는데, 그녀는 해산의 진통으로 아파서 부르짖고 있었다. 강조점은 해산의 고통에 있다. 구약에서 하나님백성의 고난은 흔히 메시아와 새 시대가 오기위한 전조적 진통으로 묘사되곤 했다(사 26:17; 66:7-8; 막 4:10)(Johnson, 1982: 514; Osborne, 2002: 457). 본문은 예수를 낳

기 위해 마리아가 진통하는 모습을 그리고 있지 않고 오히려 하나님백성 공동체가 겪는 시련과 고통을 통해 메시아가 오셨다는 것을 묘사해준다.

[3] 요한은 하늘에서 "큰 붉은 용"에 관한 또 다른 표적을 보았다. 큰 붉은 용은 나중에 9절에서 사탄 또는 마귀로 동일시된다. 붉은 용이 여기서 소개되는 것은 사탄을 여자의 대적자로 제시하기 위함이다. '용'은 구약에서 이집트나 이집트의 왕 바로를 상징하는 언어로 사용되곤 했는데(사 51:9; 겔 29:3), 12장에 등장하는 출애굽 모티브와 잘 어울린다(Beale, 1999: 632). 사탄이 "큰 붉은 용"으로 제시된 것은 바로가 이스라엘 백성을 대적했던 것처럼 사탄이 용과 같이 파괴적인 큰 권세를 가지고 하나님의 백성을 대적하는 존재라는 것을 나타내기 위함이다. 용이 '붉은' 색을 띤 것은 사탄이 "성도들의 피와 예수의 증인들의 피"를 흘리는데 혈안이 되어 있다는 것을 함축하는 것 같다. 여기서 용은 몇 가지 방식으로 묘사된다. 첫째로, 용은 "머리가 일곱"을 지닌 괴물이다. 어떤 학자들은 일곱 개의 머리들이 각각 무엇을 뜻하는지 찾아내려고 애쓰지만, 그럴 필요는 없을 것 같다. 일곱 머리의 은유는 시편 74:13에서 끌어온 것으로 사탄이 하나님의 주권을 흉내 내어 땅의 주권자인 것처럼 행세하고 있음을 함축할 수 있다(Osborne, 2002: 460). 둘째로, 용은 "열 뿔"을 갖고 있다. 고대에는 '뿔'은 권세와 능력을 상징한다. 일곱 머리와 열 뿔이 어떻게 조합이 되는지 이해하기 어렵지만, 일곱 머리와 열 뿔은 사탄이 온갖 사악한 힘과 권세를 가지고 세상의 주권자 행세를 하고 있음을 나타낸다. 유사한 묘사가 13장과 17장에서도 등장한다. 바다에서 올라온 짐승도 일곱 머리 열 뿔을 지녔고(13:1), 음녀가 올라탄 짐승도 일곱 머리 열 뿔을 지녔다. 이것은 사탄과 짐승이 사악한 힘과 권세를 공유하고 땅의 거주자들에게 주권자 행세를 하고 있음을 시사해준다. 하지만 계시록 5:6에 따르면 어린 양만이 "일곱 뿔"을 지닌 진정한 정복자로 묘사된다. 셋째로, 용은 일곱 머리

에 "일곱 왕관"을 쓰고 있었다. '왕관'은 통치자가 쓰는 관을 지칭한다. 때문에 사탄이 그리스도께서 쓰신 면류관을(19:12) 모방했다는 사실을 알 수 있다(Osborne, 2002: 460). 신약에서 마귀는 "이 세상의 임금"(요 12: 31; 14:30), "공중의 권세 잡은 자"(엡 2:2), "이 세상의 신"(고후 4:4)으로 불린다. 하지만 마귀는 거짓 임금에 불과하다. 그의 통치는 잠시일 뿐이고 그리스도의 나라가 완성되면 무너지고 말 것이다.

[4] 용이 큰 권세를 가졌다는 것은 그 꼬리로 "하늘의 별 삼분의 일을 끌어다가 땅에 던지는" 괴력을 발휘하기 때문이다. 이것은 다니엘 8:10을 반영하는 표현으로 보인다. 학자들은 이 구절의 '별들'이 하나님의 백성이나 천사 중에 어떤 것을 지칭하는지를 놓고 해석을 달리한다. 다니엘서에서 천사들은 하나님의 백성을 대변하는 존재이다. 하지만 다니엘 12:3의 경우에 의인들이 하늘의 별들로 비유되는 것으로 보아 '별들'은 천사만 아니라 하나님의 백성을 뜻할 수도 있다(마 13:43). 이것은 하나님백성이 하늘에 그들의 정체성의 뿌리를 두고 있다는 사실을 말해준다(Beale, 1999: 635, 1:20 주석 참조). 그렇다면 용이 하늘의 별들을 땅에 던졌다는 것은 무엇을 뜻하는가? 이것은 천사들의 타락사건을 가리키기보다 하나님백성이 사탄에게 박해를 당하는 사건을 가리킨다(Moffatt, 1970: 424). 하나님백성은 천상에 뿌리를 두고 있기 때문에, 사탄이 그들을 공격한다는 것은 그들을 대변하는 천사들에 대한 공격을 뜻할 수도 있다. 4절에 함축된 박해의 시점은 메시아의 탄생 이전이다. 그렇다면 요한은 본 절에서 메시아 탄생 이전에 하나님백성이 불경건한 나라나 통치자들에게 당한 박해와 꼬임을 염두에 두었을 것이다. 별들의 '삼분의 일'이 땅에 떨어졌다는 것은 하나님백성에 대한 사탄의 공격이 부분적이라는 것을 뜻한다. 참 하나님백성은 궁극적으로 보호를 받겠지만 그들도 사탄의 공격을 면할 수는 없다.

본 절 후반부는 언약백성 공동체가 메시아를 낳으면 그를 없애버리기 위해 응시하는 용의 모습을 묘사한다. 용의 공격 대상은 여자 자신이 아니라 여자가 낳을 아이였다. 용이 아이를 공격 표적으로 삼은 것은 아이가 메시아라는 사실과, 메시아가 태어나면 자신에게 치명적인 상처를 안길 것이라는 사실을 미리 알고 있었기 때문이다. 이와 관련하여 계시록의 묘사는 역사적 사실과 부합하지 않는 면들을 갖고 있다. 아이가 출생하기도 전에 용이 그를 공격하려고 했고, 태어나자마자 아이가 하늘로 올라갔다는 11:4의 이야기도 공관복음서의 서술과 잘 들어맞지 않는다. 왜냐하면 그것은 메시아의 탄생과 승천만 서술할 뿐 그가 죽게 된 과정을 생략하기 때문이다. 하지만 아이가 태어나면 용이 그를 죽이려고 했다는 이야기는 헤롯이 두 살 이하 유아들을 학살한 사건을 생각나게 만들고(마 2:16), 아이가 "하나님 앞과 그 보좌 앞으로 올려갔다"(5절)는 말은 예수의 승천 사건을 지칭하는 것이 분명하다. 그렇다면 사탄의 공격 시점은 메시아 탄생 이전부터 그의 사역이 끝나는 지점까지 전 기간을 포괄한다고 보는 것이 옳다(Beale, 1999: 637). 사탄은 메시아 예수가 태어날 때 헤롯을 동원하여 그를 죽이려고 했고, 공생애 초기에 광야에 나가 금식할 때 그를 유혹하려고 했으며, 나사렛의 군중들을 동원하여 그를 절벽 아래로 떨어뜨려 죽이려고 했으며, 결국 십자가는 아이를 집어삼키려는 용의 시도들 가운데 최종적인 목표였다. 사탄이 아이를 잉태한 여자 앞에 있었다는 것은 그가 교회공동체와 메시아를 통해 이루려고 하는 하나님의 구속계획을 항상 위협하는 세력이라는 것을 후대 교회에 보여준다(Johnson, 1982: 515).

[5] 본 절은 여자가 낳게 될 아이의 전 생애, 즉 그의 출생, 왕이 될 미래 운명, 승천 등을 간략하게 서술한다. 우선 아이의 신분은 "여자가 아들을 낳았다"는 말을 통해 표현된다. 2절에 언급된 '아이'는 5절에서 '아들' 그리고 '남자'로 동일시된다. 이것은 남자 아이로 태어난 메시아 예수의 성적 정체성을 나타내준다. 둘째로, 아이의 정체는 "장차 철장으로 만

국을 다스릴 남자"라는 표현을 통해 함축된다. 이것은 시편 2:7-9의 표현을 암시한다. 시편 2편은 하나님의 아들 메시아가 세상의 모든 원수들을 패배시키고 장차 온 땅의 통치자로 등극할 것을 예언한다. 본 절에서 메시아를 '남자 아들'로 명시한 것은 시편 2편 예언이 예수를 통해 성취되기 시작했다는 사실을 시사해준다. 이것은 계시록 2:26-28을 통해 이미 확인된 바 있다. 인자 되신 예수는 "철장을 가지고 그들을 다스려 질그릇 깨트리는 것과 같이 할" 권세를 가진 다윗 계통의 왕적인 메시아이며, 그는 이 권세를 하나님 아버지로부터 받았다. 셋째로, 하나님은 "그 아이를 하나님 앞과 그 보좌 앞으로 올려가셨다." 이 표현은 메시아 예수의 승천 사건을 지칭하는 것이 분명하다. '올려갔다'(ἡρπάσθη)는 동사는 '갑자기 채가다'를 뜻하는 강한 술어이다(BAGD, 109). 그렇다면 사탄이 예수를 '삼키려고' 하자 하나님이 그를 부활시켜 하늘로 '채가셨다'는 뜻이 된다. 예수를 삼키려는 사탄의 시도는 그의 부활과 승천을 통해 좌절된 셈이다 (Beale, 1999: 639). 주목할 것은 아이가 "하나님 앞으로" 올려간 것만 아니라 "그 보좌 앞으로" 올려갔다는 사실이다. 이것은 부활, 승천하신 예수께서 "만국을 철장으로 다스릴" 왕권을 받게 되었다는 사실을 함축한다. 계시록 22:1을 보면 '보좌'를 "하나님과 어린 양의 보좌"로 언급된다. 예수께서 하늘에 올라 앉아 다스릴 보좌는 하나님 자신의 보좌이다. 하나님의 우주적 왕권은 이제 승천하신 예수의 것이 될 것이다.

[6] 메시아 아이가 하늘로 올려가자 용의 공격 표적은 이제 그를 낳은 여자에게로 옮겨가게 되었다(13절 참조). 여자가 '광야'로 도망한 것은 용의 공격을 피하기 위함이었다(14절). 어떤 학자들은 여자의 광야 도피를 문자적으로 해석하여 초기 예루살렘 기독교인들이 펠라로 피신한 사건을 지칭한다고 보기도 한다. 하지만 대부분의 학자들은 광야를 영적인 의미로 해석한다. '광야'란 술어는 출애굽 모티브를 반영한다. 이스라엘 백성이

이집트를 탈출하여 40년간 광야 생활을 하면서 하나님의 보호와 양육과 인도를 체험했다. 그들에게 광야는 약속의 땅 가나안으로 가기 위해 거쳐야 할 중간 지역으로 현실적으로 매우 메마르고 척박한 환경 때문에 살아가기가 힘든 장소이지만, 다른 한편으로 매일 믿음의 투쟁을 하면서 하나님의 특별한 보호와 양육, 인도하심을 체험하는 곳이기도 했다. 계시록에서도 광야는 천국으로 가는 길목에서 성도들이 거쳐야 할 중간 과정인 '세상'을 상징하는 술어이다. 세상은 성도들이 하나님의 백성으로서 살아가기에 거칠고 힘든 장소이다. 그곳은 성도들이 사탄의 공격을 받기 쉬운 영역이면서도 동시에 믿음의 투쟁을 통해 하나님의 특별한 보호와 양육, 인도하심을 경험하는 이중성을 갖고 있다(이필찬, 2006: 538). 6절하는 광야를 하나님으로부터 양육을 받기 위해 준비된 장소로 묘사한다. 하나님이 광야를 준비한 목적은 교회공동체를 양육하기 위함이다. '양육하다' 술어는 복수 3인칭 동사이다. 즉 '그들이' 양육했다는 뜻인데, 그들은 누구인가? 성도들을 양육하는 주체는 물론 하나님이지만, 하나님은 천사들을 동원하여 그들을 양육하기 때문에 양육의 주체에 천사들을 포함하는 것이 옳은 것 같다(이필찬, 2006: 539). 그리고 여자로 상징되는 교회공동체가 광야에서 보호와 양육을 받는 기간은 1260일이다. 세대주의 학자들은 문자적인 해석을 선호하여 그것이 7년 대환란기 중에 특히 환란이 심한 후삼년 반의 기간을 가리킨다고 해석한다. 하지만 계시록에서 1260일은 종말론적 상징성을 가진 기간으로 초림부터 재림까지 전체 교회시대를 상징한다. 이 기간은 성전 바깥뜰이 이방인에게 짓밟히는 때이고(11:1-2) 두 증인이 예언사역을 감당하는 때이기도 하다(11:3-13). 전후문맥으로 볼 때 이 기간은 메시아 탄생에서 시작되기 때문에 초림 때부터 시작되는 교회시대 전 기간을 지칭하는 것이 분명하다.

[7] 7-12절은 하늘에서 벌어지는 미가엘과 용의 전쟁 장면을 다룬다.

이들 구절은 여자가 왜 용의 공격을 피해 광야로 도망하게 되었는지 그 배경을 설명하는 역할을 한다. 이 단락은 두 부분으로 구성된다. 첫째 부분(7-9절)은 하늘에서 미가엘 진영과 용의 진영 간에 전쟁이 일어났고 그 결과로 용이 패배하여 하늘에서 땅으로 쫓겨난 이야기를 다루고, 둘째 부분(10-12절)은 천상에서 울려 퍼지는 승리의 찬양을 다룬다. 천상의 전쟁에서 미가엘이 용을 패배시킨 것은 얼핏 보기에 여자가 메시아 아이를 낳기 이전에 발생한 것이기 때문에 예수 그리스도와는 무관한 사건으로 보인다. 그래서 어떤 학자들은 미가엘이 용을 패배시킨 사건이 창조 때 발생한 것으로 보기도 한다(Osborne, 2002: 470). 반면에 다른 학자들은 그리스도의 승리를 언급하는 10-12절이 용의 패배를 해설하는 문맥에서 등장한다는 사실에 주목하고 용의 패배와 축출이 어쨌든 예수 그리스도의 성육신, 사역, 죽음, 부활과도 연관된다고 보기도 한다(Caird, 1966: 149f; Johnson, 1982: 516). 문맥의 흐름으로 볼 때 전자의 해석이 더 타당한 것 같다. "내가 하늘에서 번개처럼 사탄이 떨어지는 것을 보았다"(눅 10:18)고 한 예수의 말씀도 창조 때 벌어진 사탄 패배 사건을 지칭하는 것으로 보인다. 본 절의 초점은 땅에서 성도들을 공격하는 사탄이 하늘에서 이미 패배한 세력이라는 사실을 보여주는 데 있다.

[8-9] 본 절은 천상의 전쟁에서 미가엘이 승리한 결과로 용과 그 천사들이 하늘에서 땅으로 쫓겨난 이야기를 다룬다. '땅'은 이제 패배한 용과 그 사자들에게 남은 유일한 활동 영역이 되었다. 하나님의 백성이 기억해야 할 것은 그들이 살아가는 지상의 상황이 어떤 것이든 간에 궁극적인 승리는 그들의 것이라는 사실이다. 사탄이 자신의 때가 얼마 남지 않음을 알고 그들을 맹렬하게 공격하겠지만 그것은 그리스도의 나라가 세워지기 전에 허망한 발악에 불과하다(12절). 하나님의 백성을 삼키려는 용은 "옛 뱀 곧 마귀라고도 하고 사탄이라고도 하며 온 천하를 꾀는 자"(9절)로 불린

다. 사탄을 '옛 뱀'으로 부른 것은 에덴동산에서 거짓말로 하와를 꾀였던 뱀을 생각나게 만든다(창 3:1,14). 용은 또한 '마귀' 또는 '사탄'으로 불린다. 이 두 술어는 동격 표현이다. 히브리어의 '사탄'이 칠십인경에서 '마귀'로 번역되었기 때문이다. 마귀 또는 사탄의 본질은 "온 천하를 꾀는"데 있다. 땅의 모든 거주자들로 하여금 하나님을 믿고 바른 길로 가지 못하도록 속이는 것이 마귀 사탄이 주로 하는 일이다(20:3). 마귀의 능력은 속임수에 있고 온 세상은 마귀의 거짓말에 속아 하나님을 거역하게 되었다.

[10-12] 본 단락은 천상에서 울린 찬양 내용을 다룬다. 시의 형태로 구성된 본 단락은 세 행으로 구성되어 있고 하늘에서 벌어진 전쟁(7-9절)을 해석해준다. 첫째 행(10절)은 하나님의 나라가 그리스도의 권세와 함께 영광스럽게 도래한 사실을 노래하고, 둘째 행(11절)은 성도들이 어린 양의 피와 그들이 증언하는 말씀으로 용을 이겼다는 사실을 노래하며, 셋째 행(12절)은 성도들의 최종적 승리를 알리면서 용이 자기 때가 얼마 남지 않음을 깨닫고 분노하여 그들에게 내려갔기 때문에 땅과 바다에 화가 임할 것을 말한다. 우선 첫째 행(10절)은 그리스도의 승리가 역사 속에서 어떻게 성취되는지를 노래한다. 그리스도께서 쟁취한 승리는 "하나님의 구원과 능력과 나라와 또 그의 그리스도의 권세"를 통해 나타났다. 이런 찬양의 내용은 11:15의 것과 유사하다. 다만 두 구절은 하나님의 나라가 나타나는 시점을 달리 말하는 것으로 보인다. 11:15은 일곱째 나팔을 분 후에 찬양이 등장하기 때문에 마지막 재림의 상황을 묘사한 것이라면, 12:10은 문장 초엽에 '이제'(now)란 말이 언급되는 것으로 보아 예수의 초림으로 시작된 현재적 상황을 묘사하는 것이 분명하다. 여기서 우리는 초림과 재림의 연속성을 주목해야 한다. 그리스도 안에 나타난 하나님의 구속은 예수의 초림으로 성취되기 시작했고 그의 재림으로 완성될 것이기 때문이다(이필찬, 2006: 546f). 본 절에 언급된 '구원'은 신약에서 폭넓은 의미를 지

닌 개념이지만, 근접문맥에서 그것은 악의 세력들을 쫓아내는 것과 연관된다(19:2). 또한 하나님의 나라는 "그리스도의 권세가 나타난" 시점과 밀접한 연관성이 있다. 그것의 실질적 성취는 예수께서 하늘 보좌에 올라 하나님으로부터 만유를 다스릴 권세를 받으실 때 이루어지기 때문이다(행 5:30-31). 10절상의 본문은 그리스도의 생애, 죽음, 부활, 승천을 포괄적으로 함축한다. 그리스도의 이런 역사적 사건들을 통해 사탄의 통치권은 도전을 받게 되었고 역사의 위기는 심화되었다(Johnson, 1982: 517). 사탄은 두 번의 패배를 당했다. 그는 하늘에서 미가엘과의 전쟁에서 패배해서 땅으로 쫓겨났고(12:9), 또한 그리스도의 십자가 죽음을 통해 돌이킬 수 없는 치명적인 패배를 당하게 되었다(12:10).

'왜냐하면'(ὅτι)이란 접속사는 한글성경에는 명시적으로 나타나지 않지만 10절하의 헬라어 본문에는 들어 있다. 그것은 10절하가 10절상의 내용에 대한 이유를 제시한다는 사실을 나타내준다. 말하자면 그리스도께서 승천하셔서 하나님의 우주적 통치권을 넘겨받으셨기 때문에 하나님 앞에서 성도들을 밤낮 참소하던 마귀가 하늘에서 쫓겨났다는 뜻이다. 사탄이 하늘에 있을 때 주로 담당했던 역할은 하나님 앞에서 성도들을 밤낮 "참소하는" 일이었다. 이 동사는 본래 '고발하다'(accuse)는 뜻을 가진 법정 술어이다. 사탄은 하늘법정에서 성도들의 죄를 고발하는 검사와 같은 역할을 담당했고, 하나님은 사탄의 고발의 정당성을 인정하여 한 때 하늘법정에서 그의 활동을 허용하셨다. 하지만 성도들의 "고발자"로만 아니라 "온 천하를 꾀는"(9절) 자로 본색을 드러낸 사탄은 미가엘과의 전쟁에서 패배하여 땅으로 쫓겨나게 되었다. 이제 십자가에 못 박히신 그리스도는 승천하여 "하나님 앞에" 성도들의 변호자로 계신다. 하나님의 공의는 십자가를 통해 만족되었고, 성도들을 향한 사탄의 고발은 더 이상 소용이 없게 되었다(Johnson, 1982: 517).

[11] 찬양시의 두 번째 행은 성도들이 "어린 양의 피와 자기들이 증언하는 말씀으로써 그를 이겼다"는 사실을 선언한다. 성도들은 본문에서 "우리 형제들"로 언급되는데, 그들은 밤낮 사탄의 집요한 참소를 당하던 (10절) 하나님의 백성을 가리킨다. 그들이 사탄을 이긴 두 수단이 본 절에서 언급된다. 하나는 그들이 "어린 양의 피"에 참여한 자들이라는 것이고, 다른 하나는 그들이 죽기까지 "증거의 말씀"을 붙든 자들이라는 것이다. 성도들이 사탄을 이길 수 있게 된 근거는 어린 양 그리스도께서 피로서 이룬 십자가 구속에 토대한다. 사탄에 대한 그들의 승리는 "일찍 죽임을 당한 어린 양"(5:5-6)의 승리 때문에 가능해졌다. 또한 사탄에 대한 그들의 승리는 그들이 죽기까지 붙들었던 '증거의 말씀'으로 인해 쟁취된 것이다. 본문에 등장하는 "증거의 말씀"은 계시록 다른 곳에서 "그리스도의 증거"(1:2), "하나님의 말씀과 예수의 증거"(1:9), "하나님의 말씀과 그들이 가진 증거"(6:9), "예수를 증언함과 하나님의 말씀"(20:4)으로 다양하게 표현된다. 사실 "증거의 말씀"의 중심 내용은 "어린 양의 피", 즉 그리스도께서 자신의 죽음을 통해 이룬 십자가 구속을 가리킨다. 그렇다면 성도들이 사탄을 이길 수 있었던 근거는 두 가지다. 그들은 어린 양이 이룬 피의 구속에 참여한 자이기 때문에 이길 수 있었고, 또한 십자가 구속의 선포를 중심내용으로 하는 "증거의 말씀"을 죽기까지 굳게 붙잡았기 때문에 이길 수 있었다. 본 절은 소아시아 일곱 교회가 처해 있었던 상황을 반영해준다. 황제숭배가 강요되는 1세기 상황에서 어린 양의 십자가 구속을 증언하고 굳게 붙들 때 그들은 불가피하게 죽음을 불사하는 상황에 놓이게 될 수도 있다. 따라서 본문은 그들이 이렇게 죽음을 무릅쓸 때만 사탄의 어떠한 참조와 공격에도 능히 이길 수 있다는 교훈을 전해준다.

[12] '그러므로'(διὰ τοῦτο)란 접속사는 '왜냐하면'을 뜻하기보다 '그래서'를 뜻한다고 보는 것이 옳다. 그렇다면 12절은 11절의 진술에 대한 결

과를 소개한다고 볼 수 있다(Osborne, 2002: 471). 사탄이 패배하여 하늘에서 쫓겨났고 그의 공격을 당하던 성도들이 승리한 결과로 "하늘과 그 가운데 거하는 자들은 즐거워하라"는 명령이 하달된다. "하늘에 거하는 자들"은 모든 천상적 존재들을 포함하겠지만 수사적인 초점은 성도들에게 있다. 이것은 그들의 참 신분이 하늘 장막에 있다는 사실을 함축해준다(Beale, 1999: 666). 그들이 즐거워해야 하는 이유는 성도들이 지금 어린 양의 피의 구속으로 인해 구원을 향유하고 있기 때문이다. 하늘에 거하는 성도들이 사탄에 대한 승리를 즐거워하는 반면, 화는 땅과 그 가운데 거하는 자들에게 임한다. 화가 선언되는 이유는 사탄이 더 이상 하늘에서 있을 자리를 얻지 못하고 땅으로 쫓겨났기 때문이다. 사탄은 이제 온 힘을 다 기울여 땅의 거주자들을 꼬이고 혼란에 빠뜨릴 것이다. 사탄은 이미 하늘에서 패배했다. 하지만 사탄은 패배를 인정하지 않고 "크게 분내어" 지상의 성도들과 싸우려고 땅으로 내려갔다. 사탄의 '큰 분노'는 성도들을 향한 분노임이 분명하다(11,13-17절). 사탄은 하늘에서 자신의 자리를 잃었기 때문에 분노한 것이고, 그의 분노는 결국 땅을 혼란에 빠뜨리고 성도들을 공격하는 데로 향할 수밖에 없다. 무엇보다도 사탄의 분노는 "자기의 때가 얼마 남지 않은 줄을 알았기" 때문에 더 작열하게 되었다. 이 표현은 하나님나라의 완성과 사탄의 최종적 패배가 임박했다는 사실을 말해준다(Beale, 1999: 667). 사탄이 이 사실을 알기 때문에 더욱 더 파괴적인 일에 집착하게 될 것이다.

[13-14] 여자가 용을 피해 광야로 도망한 후에(6절) 용이 "남자를 낳은 여자를 박해하는" 이야기가 본 절에서 재개된다. 용이 미가엘과의 전쟁에서 패배한 뒤에 하늘에서 쫓겨난 것을 깨닫고(7-12절), 용은 곧바로 "남자를 낳은 여자"를 박해하기 시작한다(13-17절). 한글성경에서 '박해하다'로 번역된 헬라어 술어는 본래 '쫓다, 추적하다'를 뜻한다. 여자가 남자 아

이를 낳고 용의 공격을 피해 광야로 도망하자 용은 여자를 죽이려고 쫓기 시작한 것이다. 이점에서 13절은 앞선 단락에서 언급한 내용을 요약하는 역할을 한다.

14절은 6절의 내용을 좀 다르게 부연설명을 한다. 여자는 "큰 독수리의 두 날개를 받아 광야 자기 곳으로 날아갔다." 이 표현은 출애굽기 19:4과 신명기 32:11-12의 말씀을 반영한다. 이들 구약 본문은 이스라엘 백성의 출애굽 구원을, 어미 독수리가 두 날개로 새끼들을 업고 날아가 안전한 곳으로 데려간 사건으로 비유한다. 하나님이 이스라엘 백성을 바로의 압제로부터 해방시켜 광야 안전한 곳으로 인도하신 것처럼, 하나님은 신약의 성도들을 사탄의 공격으로부터 구원하고 그들을 안전한 곳으로 인도하는 분이다. 다만 두 본문들 간에 다른 점이 있다. 출애굽기 본문은 하나님이 이스라엘을 독수리의 날개로 업고 날아간 것처럼 비유하지만, 계시록 본문은 여자에게 독수리의 두 날개를 주어 스스로 날아가게 한 것처럼 비유한다. 본문의 출애굽 모티브 사용은 교회공동체의 구속을 새로운 출애굽 사건으로 이해하려는 요한의 의도와 맞물려 있다. 광야에서 여자가 용의 공격으로부터 보호를 받는 기간은 "한 때와 두 때와 반 때"(=3년 반, 1260일)이다. 앞의 주해에서 밝힌 것처럼 이것은 초림부터 재림까지의 교회시대를 지칭하는 종말론적 표현이다. 하나님백성이 살아가는 세상의 환경은 광야처럼 척박하여 사탄의 공격을 받기 쉬운 곳이기도 하지만 하나님의 특별한 보호와 양육을 경험하는 이중성을 갖고 있다. 구약에서도 광야는 피난처로나 하나님이 돌보는 장소로 묘사된다. 여자가 "뱀의 낯을 피하여" 도망했다는 것은 교회가 마귀의 궤계와 속임수로부터 보호를 받게 될 것을 말해주고(Osborne, 2002: 483), 그녀가 도망한 '광야'는 6절에서 "하나님께서 예비하신 곳"으로 표현된다. 이곳에서 여자는 "한 때 두 때 반 때" 동안 하나님의 '양육을 받는다'(τρέφεται). 이 동사는 하나님께서 광야에서 이스라엘 백성을 만나와 메추라기로 먹이신 사건을 생각나게 만든다. 하나님은 그의 백성을 광야와 같은 세상에서 마귀의 공격과 궤계로부터 보호하고 신령한 말씀의 만나로 그들을 먹이는 분이시다.

[15-16] 본 절은 여자를 공격하려는 용의 시도가 어떻게 좌절하게 되는지를 묘사한다. 뱀은 여자의 뒤에서 "그 입으로 물을 강같이 토하여 여자를 물에 떠내려가게 하려"(15절) 했다. 구약에서 큰 '강물'은 원수의 파괴행위를 뜻하기도 하고(시 32: 6; 69:1-2; 나 1:8) 사람들이 당하는 재앙을 뜻하기도 한다(시 18:4). 사탄은 적대 세력들을 동원하여 성도들을 공격하거나 그들에게 재앙들을 임하게도 한다. 사탄이 이렇게 입에서 큰 강물을 토하여 여자를 죽이려고 하지만, "땅이 여자를 도와 그 입을 벌려 용의 입에서 토한 강물을 삼킨다"(16절). 계시록에서 '큰 강물'이나 '바다'는 악의 세력들을 나타내는 비유적 표현이다. 뱀이 입으로 토하는 '큰 강물'은 마귀의 궤계나 속임수를 상징한다. 그렇다면 땅이 입을 벌려 뱀이 토한 강물을 삼켰다는 것은 하나님께서 마귀의 궤계와 속임수로부터 그의 백성을 구출하고 보호하신다는 사실을 함축한다(Osborne, 2002: 484). 그리고 땅이 입을 벌려 삼켰다는 이미지 표현은 땅이 입을 벌려 고라를 삼킨 사건을 묘사하는 민수기 16:30, 32 신명기 11:16을 연상시킨다. 그렇다면 땅이 고라를 심판하는 하나님의 도구로 사용된 것처럼, 그것은 또한 온갖 궤계로 교회공동체를 공격하는 사탄을 심판하는 하나님의 도구로 사용된다.

[17] 용이 여자를 공격하는데 실패하자 그의 공격 표적은 이제 "여자의 남은 자손"을 향하게 되었다. 그들은 "하나님의 계명을 지키며 예수의 증거를 가진 자들과 더불어 싸우려고 바다 모래 위에 서있는" 자들로 묘사된다. 용이 교회공동체 전체를 없애버리고 하다가 실패하자 교회공동체에 속한 개별 신자들을 공격 표적으로 삼는다. 용의 '분노'는 두 번에 걸쳐 표현된다. 용은 하늘전쟁에서 패하여 땅으로 내쫓긴 것에 분노했고(12절),

그는 또한 여자를 삼키려는 공격이 무위로 끝나자 분노했다(17절). 12절의 분노는 땅의 거주자들을 향한 것인 반면, 17절의 분노는 "여자의 남은 자손" 즉 하나님의 백성을 향한 것이다. 이 표현을 문자적으로 번역하면 "여자의 씨(후손)의 남은 자들"이다. '여자의 씨'는 창세기 3:15의 표현을 반영하는 말로서 예수 그리스도를 가리킬 수 있고, '남은 자'란 말은 유대인이나 이방인을 막론하고 예수 그리스도에게 속한 개별 신자들을 가리킬 수 있다. 용이 여자를 향한 공격이 무위로 끝나자 그녀의 남은 자손들을 공격한다. 어떤 학자들은 여자나 그녀의 남은 후손도 모두 교회공동체를 뜻하기 때문에 둘은 서로 '별개의 존재'가 아니라고 본다(이필찬, 2006: 558). 하지만 17절 본문이 둘을 구태여 구분한 것은 교회가 지닌 천상적이며 지상적인 이중성을 강조하기 위함일 수 있다. 하늘에 기원을 둔 교회는 난공불락의 무적인 반면(12:1), 지상교회의 개별 성도들은 사탄의 공격 대상이 될 수 있다(Beale, 1999: 679).

그들의 성격은 두 가지로 묘사된다. 첫째로, 그들은 "하나님의 계명을 지키며 예수의 증거를 가진 자들"이다. 이것은 11절의 표현과 유사하다. 두 현재분사들을 사용한 것은 하나님의 명령에 순종하고 예수를 증언하는 일을 지속하는 지상교회의 견인을 강조해준다(Osborne, 2002: 485). 하나님의 말씀에 대한 순종과 예수에 관한 신실한 증거는 교회공동체가 말세에 사탄에 대해 승리할 수 있는 두 비결이다. 둘째로, 그들은 지금 여자의 남은 후손들과 더불어 "싸우려고 바다 모래 위에 서 있는" 자들이다. 사탄이 하나님의 백성과 싸워 이길 수는 없지만, 그는 그들을 대적하는 전쟁을 벌일 수는 있다. 그렇다면 여자로 상징되는 천상교회는 사탄이 결코 이길 수 없는 무적 공동체면서도 역설적으로 그녀의 남은 자손들로 상징되는 지상교회는 사탄의 공격을 받기 쉬운 취약한 공동체이기도 하다(Johnson, 1982: 519). 그들이 용과 "싸우려고 바다 모래 위에 선" 장면은 요한이 바다에서 올라오는 짐승을 본 13장의 장면과 연관된다. 용은 하늘에 뿌리를 둔 여자와 메시아를 죽이려고 했지만 무위로 끝나자 지상교회의 성도들에게 분노를 쏟으려고 한다. 용이 바닷가에 선 것은 지상교회의 성도들을 박해하는 도구로 쓰일 바다짐승을 불러내기 위해서다(Ladd, 1972: 175).

해설

본 장은 하나님의 진영과 사탄의 진영, 용과 여자, 용과 여인의 아들 또는 용과 그녀의 후손들 간의 전쟁에 대해 다룬다. 하늘에서 전쟁이 있었다. 하나님의 천사장인 미가엘과 사탄 간에 벌어진 전쟁에서 사탄이 패배하여 그 사자들과 함께 하늘에서 땅으로 쫓겨났다. 사탄은 본래 하나님 앞에서 성도들을 밤낮 참소하던 천사였다. 성도들의 죄에 대한 사탄의 고발의 정당성은 하나님에 의해 인정을 받아 하늘법정에서 그의 활동은 용인을 받았으나 사탄이 미가엘과 전쟁을 하는 것을 보면 하나님을 향해 반란을 일으킨 것으로 보인다. 천사장과의 전쟁에서 패한 사탄은 그의 사자들과 함께 하늘에서 있을 곳을 찾지 못하고 땅으로 쫓겨났다. 미가엘과 사탄 간에 벌어진 천상의 전쟁은 아마도 창조 때 벌어진 사건일 것이다. 용이 여인을 죽이려고 공격하는 사건은 천사장과 사탄 간에 벌어진 천상의 전쟁을 배경으로 전개된다. 여자는 하늘에 기원을 둔 교회공동체를 상징한다. 찬란한 영광을 덧입은 이 여자는 메시아를 잉태하였는데, 사탄은 여자가 메시아를 낳으면 그를 삼키려고 기다렸다. 여자가 낳은 아이는 시편 2편의 예언대로 "장차 철장으로 만국을 다스릴" 다윗 계통의 왕적인 메시아이다. 하지만 여자가 낳은 아들 메시아는 승천하여 하나님의 우편 보좌에 오르셨고 이제 하나님에게서 우주적 통치권을 넘겨받게 되셨다.

메시아를 죽이려는 용의 계획이 무위로 끝나자 용은 이제 메시아를 낳은 여자, 즉 교회공동체를 공격하기 시작한다. 하지만 어미 독수리가 새끼들을 날개로 업어 안전한 곳으로 데려가는 것처럼, 하나님은 교회공동체에게 두 날개를 주어 광야 즉, 그가 예비한 안전한 곳으로 날아가게 하셨고, 그곳에서 1260일 동안 즉 초림부터 재림 때까지 교회시대 내내 그들을 안전하게 보호하고 양육하셨다. 광야는 매우 척박하고 메마른 장소이지만 이스라엘 백성이 하나님의 특별한 보호와 양육을 경험했던 곳이었다. 마찬가지로 교회공동체는 거칠고 힘든 광야 같은 세상에서 사탄의 공격을 받기 쉽지만 그럼에도 사탄의 온갖 궤계와 속임수로부터 하나님의 특별한 보호와 양육을 경험하기도 한다. 용은 메시아를 낳은 여자를 죽이려고 입에서 큰 강물을 토하여 떠내려가게 하고자 하지만, 땅이 여자를 도와 그 입을 벌려 용이 토한 모든 강물을 삼켜버렸다. 구약에서 '큰 강물'은 원수들의 파괴나 큰 재난을 상징하는 비유적 언어이다. 용으로 상징되는 사탄은 큰 재난이나 원수들의 파괴공작을 일으켜 하나님의 백성을 공격한다. 그러나 하나님은 오히려 땅이 입을 벌려 사탄의 모든 공격을 삼키게 함으로써 사탄의 궤계에 대한 심판을 행하신다. 이것은 하나님을 거역했던 고라를 땅이 입을 벌려 삼킨 구약의 사건을 연상시킨다. 여기서 땅이 입을 벌려 고라는 삼킨 것은 그를 징치한 하나님의 심판을 나타낸다. 결국에 용은 여자를 죽이려고 공격하지만 이 공격도 무위로 끝나자 분노하여 여자의 후손의 남은 자들을 공격 방향을 바꾼다. 여자나 여자 후손의 남은 자들이나 모두 교회공동체를 상징하는 표현이다. 17절 본문이 둘을 구별한 것은 의미가 없지 않다. 1절의 묘사에 따르면 여자는 하늘에 기원을 둔 교회공동체를 상징한다. 그녀는 사탄의 공격에도 무너지지 않는 천상적인 보편교회를 가리키는 반면, 여자 후손의 남은 자들은 광야 세상에 발을 딛고 살면서 사탄의 공격을 받기 쉬운 지상교회 구성원들을 가리킨다. 이것은 교회가 지닌 이중적 성격을 말해준다.

　본 섹션은 사탄이 두 번에 걸쳐 패배한 존재로 묘사한다. 첫 번째 패배는 하늘전쟁에서 이었다. 하나님의 천사장인 미가엘과의 하늘전쟁에서 패배한 사탄은 '분노하여' 땅으로 내려왔다. 두 번째 패배는 사탄이 메시아를 낳은 여자 즉 교회공동체를 없애려고 했지만 하나님의 특별한 보호와 양육으로 인해 그의 공격이 또 무산되자 '분노하여' 여자 후손의 남은 자들, 즉 지상교회의 성도들을 향해 공격 표적을 또 바꾸게 된다. 용의 분노는 두 번에 걸친 패배로 인해 생겨난 것이다. 하늘전쟁에서 패배하여 땅으로 쫓겨난 용은 자신의 때가 얼마 남지 않았다는 사실을 깨닫고 여자와 그녀의 남은 후손들을 더욱 더 박해하지만 용의 모든 박해 공격은 다 수포로 돌아갈 운명을 지녔다. 사탄에 대한 여자의 승리는 하늘전쟁에서 천사장이 승리한 사건에 뿌리를 두고 있고, 사탄에 대한 여자 후손의 남은 자들의 승리는 그들이 어린 양의 십자가 구속에 참여하는 자들이라는 사실과 그들이 '증거의 말씀'을 굳게 붙잡은 사실에 토대를 둔다. 이 두 사실은 그들이 어린 양의 승리에 동참할 수 있는 토대요 수단이 된다. 결국 사탄에 대한 하나님의 승리는 창조 때 하늘전쟁에서 이미 확보되었고 또한 그 승리는 갈보리 십자가에서 최종 확정되었다. 십자가 위에서 죽으시고 부활, 승천하신 어린 양 예수는 이제 하늘 보좌에 오르셔서 만유를 다스리는 우주적 통치권자가 되셨다. "하나님의 구원과 능력과 나라와 또 그의 그리스도의 권세"는 드디어 일찍 죽임을 당한 어린 양이 사탄을 이기고 하나님의 보좌 우편에 앉으실 때 나타났다. 보좌에 앉으신 어린 양의 승리로 인해 "하늘과 그 가운데 거하는 자들"은 찬양하며 즐거워할 것을 명령받는다. 사탄과 그 하수인들이 그들의 패배를 인정하지 못하고 최후까지 발악하며 여자 후손의 남은 자들과 싸우겠지만, 최후승리는 이미 하나님에게 있고 그의 백성들에게 있다.

(2) 두 짐승들 (13:1-18)

본문

1 내가 보니 바다에서 한 짐승이 나오는데 뿔이 열이요 머리가 일곱이라 그 뿔에는 열 왕관이 있고 그 머리들에는 신성모독 하는 이름들이 있더라 **2** 내가 본 짐승

은 표범과 비슷하고 그 발은 곰의 발 같고 그 입은 사자의 입 같은데 용이 자기의 능력과 보좌와 큰 권세를 그에게 주었더라 **3** 그의 머리 하나가 상하여 죽게 된 것 같더니 그 죽게 되었던 상처가 나으매 온 땅이 놀랍게 여겨 짐승을 따르고 **4** 용이 짐승에게 권세를 주므로 용에게 경배하며 짐승에게 경배하여 이르되 누가 이 짐승과 같으냐 누가 능히 이와 더불어 싸우리요 하더라 **5** 또 짐승이 과장되고 신성 모독을 말하는 입을 받고 또 마흔두 달 동안 일할 권세를 받으니라 **6** 짐승이 입을 벌려 하나님을 향하여 비방하되 그의 이름과 그의 장막 곧 하늘에 사는 자들을 비방하더라 **7** 또 권세를 받아 성도들과 싸워 이기게 되고 각 족속과 백성과 방언과 나라를 다스리는 권세를 받으니 **8** 죽임을 당한 어린 양의 생명책에 창세 이후로 이름이 기록되지 못하고 이 땅에 사는 자들은 다 그 짐승에게 경배하리라 **9** 누구든지 귀가 있거든 들을지어다 **10** 사로잡힐 자는 사로잡혀 갈 것이요 칼에 죽을 자는 마땅히 칼에 죽을 것이니 성도들의 인내와 믿음이 여기 있느니라 **11** 내가 보매 또 다른 짐승이 땅에서 올라오니 어린 양 같이 두 뿔이 있고 용처럼 말을 하더라 **12** 그가 먼저 나온 짐승의 모든 권세를 그 앞에서 행하고 땅과 땅에 사는 자들을 처음 짐승에게 경배하게 하니 곧 죽게 되었던 상처가 나은 자니라 **13** 큰 이적을 행하되 심지어 사람들 앞에서 불이 하늘로부터 땅에 내려오게 하고 **14** 짐승 앞에서 받은 바 이적을 행함으로 땅에 거하는 자들을 미혹하며 땅에 거하는 자들에게 이르기를 칼에 상하였다가 살아난 짐승을 위하여 우상을 만들라 하더라 **15** 그가 권세를 받아 그 짐승의 우상에게 생기를 주어 그 짐승의 우상으로 말하게 하고 또 짐승의 우상에게 경배하지 아니하는 자는 몇이든지 다 죽이게 하더라 **16** 그가 모든 자 곧 작은 자나 큰 자나 부자나 가난한 자나 자유인이나 종들에게 그 오른손에나 이마에 표를 받게 하고 **17** 누구든지 이 표를 가진 자 외에는 매매를 못하게 하니 이 표는 곧 짐승의 이름이나 그 이름의 수라 **18** 지혜가 여기 있으니 총명한 자는 그 짐승의 수를 세어 보라 그것은 사람의 수니 그의 수는 육백육십육이니라.

> 주해

본 장의 두 짐승 이야기는 12장의 이야기를 넘겨받는다. 이것은 용이 바다에서 올라오는 짐승을 호출하려고 "바다 모래 위에 서 있는"(12:17) 장면을 통해 뒷받침된다. 12장이 용을 소개한다면 13장은 두 짐승을 소개한다. 두 짐승은 용이 부리는 악의 세력들로서 용의 조종을 받아 여자 후손의 남은 자들을 핍박하는 존재들이다. 13장은 크게 두 부분으로 구성된다. 전반부(1-10절)는 바다에서 올라오는 첫째 짐승을 소개하고, 후반부(11-18절)은 땅에 올라오는 둘째 짐승을 소개한다. 요한은 본 장에서 사탄과 두 짐승의 연합세력들이 요구하는 짐승숭배에 동참하지 말고 그들의 신앙을 신실하게 붙잡을 것을 격려한다. 본장 해석에 연루된 두 문제는 짐승들의 정체에 관한 것이고 또한 그들이 통치하는 시기에 관한 것이다. 본장의 해석과 관련한 학자들의 다양한 해석들은 이 두 문제를 바라보는 시각이 서로 다르기 때문에 생겨난다. 필자는 주석을 통해 이 두 문제에 대한 견해를 피력할 것이다.

[1] 요한은 바다에서 올라오는 짐승에 관한 환상을 보았다. 첫째 짐승에 관한 소개는 두 부분으로 구성된다. 1-4절은 첫째 짐승의 일반적인 특징들을 묘사하고, 5-10절은 첫째 짐승의 활동을 서술한다. 우선 첫째 짐승의 외적인 모습은 여러 다양한 방식으로 비유된다. 첫째로, 첫째 짐승은 "바다에서 올라온다." 이것은 "바다 모래 위에 서 있는"(12:17) 용의 모습과 관련된다. 용이 바닷가에 서 있는 것은 13장에서 소개될 바다짐승을 호출하기 위해서다. 계시록에서 '바다'는 악의 영역을 상징한다(Osborne, 2002: 490). 그렇다면 바다에서 나오는 짐승은 사탄의 앞잡이로서 하나님의 백성을 핍박하는 악의 세력이 분명하다. 특별히 이 짐승은 이미 11:7에서 "무저갱으로부터 올라오는 짐승"으로 묘사된 바 있다. 여기서 바다는 하나님을 거역하는 마귀 세력들의 거주지로서 무저갱과 같은 의미를 지닌

다(Johnson, 1982: 523). 둘째로, 그것은 "열 뿔과 일곱 머리"를 지닌 짐승이었다. 첫째 짐승의 이런 모습은 열 뿔과 일곱 머리를 지닌 용을 그대로 닮은 것인데, 그들이 서로 밀접한 관계를 맺고 있는 연합세력이라는 사실을 말해준다. 다만 머리와 뿔의 순서가 첫째 짐승(13:1)과 용(12:3)의 묘사 간에 뒤바뀐 것은 그들이 악의 연합세력이면서도 구별된 역할을 지닌 세력이라는 것을 함축해준다: 용은 악의 제국의 왕이라면 짐승은 그의 앞잡이로서 군사적 행동대원이다(Osborne, 2002: 490). 더욱이 그들의 모습은 "일곱 뿔"을 가진 어린 양 그리스도를 모방한 것이다. 용이 하나님의 자리를 찬탈하려는 거짓 왕이라면, 바다짐승 또한 그리스도의 자리를 찬탈하려는 거짓세력이다.

학자들은 열 뿔과 일곱 머리를 가진 짐승의 모습이 다니엘 7장에 언급된 네 짐승의 이미지들을 조합한 것으로 본다. 오스본은 빌의 견해를 좇아서 첫째 짐승이 지닌 '일곱 머리'는 다니엘 7장에 등장하는 네 짐승들의 머리를 합한 것이고, 열 뿔 위의 '열 왕관'은 넷째 짐승이 지닌 열 뿔을 지칭하고, 열 뿔은 넷째 짐승을 추종하는 열 왕들을 가리킨다고 보았다(Beale, 1999: 683; Osborne, 2002: 490f). 다니엘 7장은 네 짐승과 열 왕들을 하나님의 백성 이스라엘을 박해하는 나라들로 묘사하는데, 열 왕 이후에 '작은 뿔'로 상징되는 또 다른 왕이 출현하여 하나님을 비방하고 그의 백성을 박해할 것으로 내다보았다(단 7:23-25). 계시록의 저자도 짐승의 열 뿔을 '열 왕'으로 해석해준다(계 17:12-14). 그들은 잠시 동안 하나님의 허락을 받아 어린 양과 싸울 권세를 얻을 테지만 그들은 끝내 멸망당하고 말 것이다.

해석의 난제는 바다에서 올라온 짐승의 정체와 관련된다. 어떤 학자들은 첫째 짐승이 로마제국을 상징한다고 해석한다(Bauckham, 1993b: 423). 이를 뒷받침한다고 여겨지는 근거들은 다음과 같다. 첫째로, 로마 황제들이 신성모독을 하는 칭호들을 사용했기 때문에 하나님을 비방하는 첫째 짐승은 로마제국을 지칭한다. 둘째로, 로마제국은 기독교인들을 극심하게 탄압한 나라였기 때문에 하나님백성을 탄압하는 바다짐승이 로마제국을 가리킬 가능성이 높다. 셋째로, 계시록 17:9에 "그 일곱 머리는 여자가 앉은 일곱 산"이라는 진술이 나오는데, 이것은 일곱 개의 산을 지닌 로마를 지칭한 표현이다. 넷째로, 이런 표현은 넷째 짐승(왕국)에 관한 다니엘 7:7의 묘사와 비슷하다. 다섯째로, 네로 황제의 수가 666인데 이 숫자가 첫째 짐승을 묘사할 때 등장하는 것으로 보아(13:18) 첫째 짐승은 로마제국을 지칭한다. 마지막으로, 죽은 네로가 다시 살아나 귀환한다는 전설이 계시록 13:3의 배경에 놓여 있다. 물론 네로 생환설의 문제점은 죽었다가 다시 살아난 존재가 짐승의 열 머리들 중 하나가 아니라 첫째 짐승 자체라는 데 있다(이필찬, 2006: 573).

다른 학자들은 바다짐승이 재림 직전 적그리스도의 나라를 상징한다고 해석한다(Osborne, 2002: 491). 이 해석을 뒷받침한다고 여겨지는 근거들은 다음과 같다. 첫째, 13장에서 바다짐승은 "온 땅"을 지배할 권세를 행사할 뿐만 아니라(3절) 땅의 모든 거주자들이 짐승을 경배할 것으로(8절) 묘사된다. 때문에 그것이 지중해 주변 나라들을 다스렸던 로마제국만을 지칭한다고 보기 곤란하다. 둘째로, 바다짐승이 적그리스도의 나라를 지칭한다면 그리스도와 적그리스도는 서로 닮은 점들을 공유한다. 그들은 온 땅을 지배하는 권세를 행사하며(13:7; 17:12), 추종자들의 이마에 그들의 이름이 새겨 있으며(13:16-17; 14:1), 둘 다 죽었다가 다시 살아나는 존재로 묘사된다(13:3)(Johnson, 1982: 525f).

상기 두 해석들 중에서 두 번째 해석이 계시록 본문의 의미에 더 적합한 것으로 판단된다. 바다짐승을 로마제국과 동일시할 경우에 계시록 메시지는 로마제국 당대에 다 성취되었다고 보는 과거주의 해석의 오류를 벗어나기 어렵다. 오히려 예언서에 특징적인 동시적(synchronic) 전망이 본문해석에 도움이 된다. 요한이 첫째 짐승에 관한 환상을 묘사할 때 1세기 그의 독자들은 로마제국을 연상하면서 그것을 이해했을 것이다. 하지만 요한의 짐승 묘사는 로마제국을 초월하는 면들을 갖고 있다. 그는 13장에서 장차 로마제국과 같은 악역을 담당할 적그리스도의 나라가 출현할 것으로 내다보았을 가능성이 높다. 그렇다면 로마제국은 장차 출현할 적그리스도의 나라를 미리 지시하는 예표역할을 한다.

바다짐승의 일곱 머리에는 "신성모독 하는 이름들이 있었다." 이것은 지존자 하나님을 비방할, "작은 뿔"을 언급하는 다니엘 7:25을 반영한다. 첫째 짐승은 다니엘 7장의 '작은 뿔'처럼 신처럼 행세하면서 하나님과 그리스도 대신하여 자신을 경배하도록 명한다. 일곱 머리들 위에 "신성모독하는 이름들"이 있다는 것은 로마황제들이 자신들을 "주", "구원자," "신의 아들", "주와 하나님" 등으로 부르게 한 사실을 반영한다(Osborne, 2002: 491; Böcher, 1999: 25). 장차 출현할 적그리스도는 로마황제들의 이런 행습을 따라 자신이 곧 하나님의 이름과 권위를 대신한 존재인 것처럼 행세할 테지만, 그들의 이런 신성모독조차도 하나님이 그렇게 하도록 허용한 것일 뿐이다. 하지만 그들이 신성모독을 하는 기간은 잠시일 뿐이고 여전히 하나님의 주권적 통제 아래 있다.

[2] 요한이 본 바다짐승은 "표범과 비슷하고 그 발은 곰의 발 같고 그 입은 사자의 입 같은" 모습을 하고 있었다. 이것은 다니엘서 7장에 언급되는 처음 세 짐승들의 특징들을 결합한 것이다. 이와 달리 넷째 짐승은 다니엘서 7장에서 열 뿔을 가진 모습을 하고 있었다. 다니엘서 7장의 네 짐승들은 연이어 등장할 세상 제국들을 상징한다. 바다에서 올라온 짐승이 다니엘서 7장에 언급된 네 짐승들의 특징들을 결합한 모습을 갖고 있다면, 요한은 연이어 등장할 세상 제국들의 두렵고 포악한 모든 특징들이 바다짐승 가운데 집중적으로 발견되는 것을 묘사한다(Ladd, 1972: 178; Morris, 1987: 159f). 한 짐승이 여러 짐승들의 특징들을 다 갖는다는 것은 현

실세계에서 어렵기 때문에 중요한 것은 요한의 상징적 의미이다. 바다짐승은 표범처럼 은밀한 포식자 역할을 하고 곰의 발처럼 상대를 무자비하게 짓밟고 찢는 공격력을 갖추고 있으며 사자의 입처럼 상대를 물어뜯고 삼키는 능력을 갖고 있다. 이런 모습들은 바다짐승이 포악하고 잔인하며 공포스러운 제국이라는 것을 시사해준다. 하지만 요한은 바다짐승이 자체의 능력으로 그렇게 하는 것으로 보지 않는다. "용이 자기의 능력과 보좌와 큰 권세를 그에게 주었다"(2절하)는 표현은 바다짐승이 사탄이 부여한 권세로 활동하는 앞잡이라는 것을 보여준다. 용과 짐승이 하나님을 모방하고 있다는 사실은 용이 짐승에게 준 "능력, 보좌, 권세"라는 표현에서 발견된다. 천상적 존재들의 찬양은 존귀와 능력과 권세를 보좌에 앉으신 하나님과 어린 양에게 돌리는데(4:9, 11; 5:12-13), 용과 짐승은 하나님과 어린 양께 돌려야 할 권세를 찬탈하는 악의 세력들이다(Osborne, 2002: 492). 사탄이 짐승에게 준 '능력'은 세상 사람들이 보는 앞에서 기사와 표적을 행하는 능력을 가리키고(3절), '보좌'는 세상을 다스리는 통치권을 가리키며(Mounce, 1998: 247), '권세'는 땅의 거주자들에게 용과 짐승을 경배하도록 만드는 권위를 가리킨다(13:2, 4, 12-13). 계시록을 읽어보면 용으로부터 첫째 짐승(13:2, 4), 둘째 짐승(13:12), 그리고 짐승을 숭배하는 열 왕들에게로(17:12-13) 권세가 점차 이동된다(Osborne, 2002: 492). 따라서 첫째와 둘째 짐승, 그리고 첫째 짐승을 숭배하는 열 왕들이 행사하는 권세는 모두 사탄에게서 비롯된 것이다. 하지만 그들이 행사하는 권세는 잠정적일 뿐이고(5절), 하나님은 그의 천사들에게 "큰 권세"를 주셔서 용을 결박하고(20:1-2) 땅에 재앙을 내리고 큰 성 바벨론을 멸하게 하실 것이다(18:1).

[3] 바다짐승은 '일곱 머리'를 갖고 있었는데, "그의 머리 하나가 상하여 죽게 된 것 같더니 그 죽게 된 상처가 나으매 온 땅이 놀랍게 여겨 짐승을 따랐다." 요한은 짐승의 머리 하나가 왜 상처를 입었는지, 그 상처가 어

떻게 낫게 되었는지에 대해 자세히 말하지 않는다. 단지 그는 치명상을 입은 것처럼 보였던 상처가 다시 낫게 되었다는 사실만 말한다. "죽게 된 것 같은"(ὡς ἐσφαγμένην)이란 말은 직역하면 "살해당한 것 같은"을 뜻한다. 본래 이 표현은 5:6에서 어린 양에게 사용된 바 있다. 그렇다면 이것 역시 "일찍 죽임을 당했다가" 다시 살아나신 어린 양을 흉내 낸 것이라 할 수 있다. 13:14은 머리의 치명적 상처가 '칼'로 입은 상처라는 것을 말해준다. 칼은 보통 세상나라가 소유한 공권력을 상징하는데(롬 13:4), 로마제국은 이 공권력의 칼로 그리스도를 처형했다. 짐승의 머리 하나가 치명적인 상처를 입어 죽게 되었다가 다시 치유를 받아 '살아난'(14절) 것은 그리스도의 죽음과 부활을 패러디한 것이다(Osborne, 2002: 495; Morris, 1987: 162).

바다짐승을 로마제국으로 보는 학자들은 머리들을 로마제국의 황제들로 생각하고 치명적인 상처를 입었다가 치유를 받아 살아난 머리 하나는 죽었다가 다시 생환할 것이라는 네로 전설을 가리킨다고 해석한다. 하지만 존슨의 분석에 따르면, 요한의 묘사는 네로 생환설과 일치하지 않는 점을 지닌다. 12, 14절은 상처를 입은 '머리'가 짐승의 머리들 중 하나가 아니라 "칼에 상하였다가 살아난 짐승" 자체로 동일시된다. 만일 상처를 입은 머리 하나가 네로를 가리킨다면, 자살로 상처를 입은 네로가 어떻게 로마제국 전체에 치명적 상처를 입히게 되고 또한 그의 극적인 치유가 어떻게 짐승이나 용의 권세를 높이는 계기가 되었는지 설명하기 어렵다(Johnson, 1982: 526). 요한이 네로 전설을 인식했다 하더라도 기독론적 풍자를 위해 그것을 활용했을 것이다(Bauckham, 1993b: 437). 이런 풍자를 통해 요한이 의도한 것은 "짐승의 능력이 그리스도에 필적할 만큼 매우 위협적이라는 것과 그리스도와 짐승 사이의 대립적 관계를 명백히 하기 위함일"(이필찬, 2006: 576) 것이다. 13절 하반절은 땅의 모든 거주자들이 큰 권세와 능력을 지닌 바다짐승을 경이롭게 생각하고 그를 추종한다는 사실을 묘사한다. 이것 역시 온 세상이 어린 양 그리스도를 따르는 것과 유사하다. 모든 점에서 용과 짐승은 하나님과 어린 양을 모방하고 그의 권세를 찬탈하려는 악의 세력들이다.

[4] 용과 첫째 짐승의 목표는 자신들에 대한 우상숭배를 조장하는 것이고, 나중에 땅에서 올라오는 둘째 짐승의 목표는 첫째 짐승에게 모든 권세를 위임받아 사람들로 그를 경배하게 하는 것이다(12, 15절). 4절 문장의 주어는 온 땅의 사람들이다. 그들이 용과 짐승에게 경배하는 이유는 용이 짐승에게 권세를 주었기 때문이다. 4절하의 질문("누가 이 짐승과 같으냐 누가 능히 이와 더불어 싸우리요")은 짐승이 천하무적이기 때문에 땅의 모든 거주자들이 짐승을 따르고 경배한다는 것을 말해준다. 그들은 천하에 짐승을 대적할 자가 없다고 생각했지만, 짐승을 멸할 분이 어린 양 예수라는 사실과(5:5; 17:14) 그의 진정한 원수는 어린 양을 따르는 성도들이라는 사실을(12:11) 깨닫지 못했다. 용과 짐승은 그들만이 천하무적이며 경배를 받기에 합당한 것처럼 사람들에게 환각을 심어주었다. 하지만 성도들이 어린 양의 발자취를 따라 그의 십자가 고난과 죽음에 동참할 때에 용과 짐승이 심어준 환각들을 깨부수고 그들을 이길 수 있다는 사실을 알아차리지 못했다(Johnson, 1982: 527).

[5-6] 첫째 짐승이 용에게 권세를 위임받아 활동하는 기간은 "마흔두 달 동안"이다. 필자는 11:2-3과 12:6,13을 주석할 때 그것이 초림부터 재림까지 전체 교회시대를 상징하는 종말론적 표현이라고 주장한 바 있다. 그렇다면 첫째 짐승이 재림 직전 대환란기에 활동할 적그리스도 세력을 가리킨다는 견해는 마흔두 달의 기간을 너무 좁혀 해석한 것이다. 로마제국과 같은 적그리스도 제국은 초림 이후 어느 시대나 등장할 수 있다. 짐승의 머리들에 "신성모독 하는 이름들이 있다"고 한 1절의 표현은 5-6절에서도 유사한 형태로 발견된다. 이것은 첫째 짐승이 하나님을 모독하는

존재라는 것을 말해준다. 짐승이 하는 일은 자신을 신격화하여 사람들의 경배 대상이 되는 것이며, 짐승의 "과장된" 말은 신성모독 발언들을 뜻한다. 짐승은 과장된 신성모독의 발언들만 한 것이 아니라 "입을 벌려 하나님을 향하여 비방하되 그의 이름과 그의 장막 곧 하늘에 사는 자들을 비방하였다." 비방의 대상은 하나님에게만 국한되지 않고 "그의 장막 곧 하늘에 사는 자들"까지 포함된다. 하나님의 장막은 이스라엘 백성이 출애굽한 뒤에 광야 여정동안 하나님의 처소로 사용된 성막을 생각나게 한다. 그런데 본문은 "하나님의 장막"과 "하늘에 사는 자들"을 동일시하고, 또한 "하늘에 사는 자들"은 "땅에 사는 자들"과 대조된다. 그렇다면 본문의 표현을 통해 교회의 두 특징들이 확인된다. 하나는 교회가 천상적 기원을 갖는다는 것이고, 다른 하나는 하나님께서 그들을 거처로 삼으신다는 것이다(Osborne, 2002: 500). 하나님과 그의 교회는 짐승의 비방과 신성모독의 대상이 된다. 이것은 짐승이 성도들을 핍박할 때 말로만 아니라 육신적으로도 공격했다는 것을 시사해줄 수 있다.

[7] 짐승이 성도들과 "싸워 이기는" 것은 하나님이 허용한 권세이다. 이것은 작은 뿔이 "성도들과 더불어 싸워 그들에게 이겼다"는 다니엘 7:21을 반영한다. 하지만 짐승의 이 권세는 하나님의 주권적 통제 하에 있을 뿐만 아니라 지존하신 하나님이 작은 뿔에게 심판을 내리고 그의 왕국을 세울 때까지만 허용되는 잠정적 권세일 뿐이다. 11:7은 본 절과 마찬가지로 무저갱으로부터 올라오는 짐승이 성도들과의 전쟁에서 이길 것이라고 말하는 반면, 12:11과 15:2은 성도들이 용과 그 사자들을 이길 것이라고 말한다. 두 구절의 진술은 얼핏 서로 모순처럼 보인다. 하지만 요한은 짐승과 성도들이 서로 반반씩 승리를 공유했다는 것을 말하기보다 승리를 바라보는 시각과 관점의 차이를 말할 뿐이다(이한수, 2011: 344). 세상적 관점에서 짐승은 성도들을 박해하고 죽이기 때문에 그가 이긴 것처럼 보

이겠지만, 영적인 관점에서 진정한 승리는 "어린 양의 피와 자기들이 증언하는 말씀"으로 용과 짐승과 싸워 이긴 성도들에게 있다. 그렇다면 본문에서 "싸워 이겼다"는 말은 짐승이 성도들의 육신적 생명을 앗아간 것을 시사해준다. 성도들의 생명을 죽인 짐승이 승리의 개가를 부르는 순간 하나님은 그것을 짐승의 패배로와 성도들의 승리로 뒤바꾸어 놓으신다(Johnson, 1982: 528). 하나님이 짐승에게 허락한 잠정적 권세는 본 절 후반부에서 "각 족속과 백성과 방언과 나라를 다스리는 권세"로 해설된다. 계시록에서 수차례 등장하는 이 사중 형식은 하나님을 거역하고 짐승을 추종하면서 성도들을 박해하는 세상 나라들을 가리킨다. 짐승은 세상 나라들을 완전히 지배하고 자신에게 무릎을 꿇게 하는 권세를 발휘하지만, 그의 권세는 마흔두 달 동안만 잠정적으로 지속될 것이고 또한 땅의 거주자들에게만 영향을 미치는 제한된 권세일 뿐이다(Osborne, 2002: 501).

[8] 본 절에서 요한은 짐승에게 경배할 자들의 정체를 두 가지로 밝힌다. 첫째로 그들은 "죽임을 당한 어린 양의 생명책에 창세 이후로 이름이 기록되지 못한" 자들이고, 둘째로 그들은 "이 땅에 사는 자들"이다. 생명책은 3:5에서 이미 언급되었고, 그것은 13:8과 21:27에서 "어린 양의 생명책"으로 불린다. "창세 이후로"란 문구는 문법적으로 "기록되지 못한"을 수식할 수도 있고 "죽임을 당한"을 수식할 수도 있지만 전자가 문맥에 훨씬 잘 어울린다. 어린 양의 생명책에 기록된 사람들은 창세 이후로 구원을 받은 자들의 이름을 기록한 명부이다. 그들의 이름이 창세 전에 기록되었다는 것은 환난 당하는 성도들에게 큰 위로와 격려가 되었을 것이다. 반면에 어린 양의 생명책에 기록되지 못한 자들은 "이 땅에 사는 자들"로 설명된다. 이 문구는 계시록에서 예외 없이 불신 세상 사람들을 지칭하는 표현이다. 그들은 짐승의 권세 앞에 무릎을 꿇을 뿐만 아니라 그에게 경배한다. '다'(all)란 말은 짐승 경배가 로마제국에 한정되지 않고 전 세계에 미

친다는 것을 시사해준다. 그렇다면 본 절이 염두에 둔 사건은 짐승이 온 세상을 지배하는 미래의 종말론적 사건일 가능성이 높다(Aune, 1998a: 746).

[9-10] 9절의 문구는 아시아 일곱 교회들에게 보낸 편지 끝머리에 늘 등장하는 명령이다. 요한은 적그리스도를 상징하는 짐승에 관한 묘사를 마무리하면서 이 명령으로 결론 짓는다. 9절의 명령은 10절하의 권면을 위해 덧붙여졌을 것이다. 10절은 하나님이 허락한 기간 동안 적그리스도 세력이 성도들을 박해하고 죽일 것이기 때문에 그들이 특별히 믿음과 인내를 나타낼 것을 권면한다. 때문에 어떤 학자들은 그것이 13장 전체의 핵심 주제라고 주장하기도 한다(Johnson, 1982: 528; Kiddle, 1940: 248). 10절 하의 표현("사로잡힐 자는 사로잡혀 갈 것이요 칼에 죽을 자는 마땅히 칼에 죽을 것이니") 은 짐승의 등장으로 교회공동체가 고난을 당하게 될 것을 시사해주는 것 같다(Beale, 1999: 704). 그렇다면 9-10절의 논리적 권면 흐름은 다음과 같다. 짐승의 출현으로 고난의 때를 만난 성도들은 포로로 잡혀가거나 칼로 죽임을 당할 수밖에 없으나 환난 때에도 그들은 신실함과 오래 참음을 나타내야 한다(Charles, 1920: 1,355; Johnson, 1982: 529). 누구든지 믿음의 귀를 가진 자라면 성령께서 교회들에게 하신 말씀을 분별할 줄 알아야 한다.

[11] 요한은 땅에서 올라오는 두 번째 짐승을 보았다. 계시록에서 용, 바다짐승, 땅 짐승은 소위 악의 삼두체제라 불리고, 이것 역시 성부, 성자, 성령의 삼위일체를 모방한 것이다. 땅 짐승은 바다짐승과 독립적으로 활동하기보다 후자에게 종속되어 철저하게 그를 위해 활동하는 일을 한다. 계시록 후반부로 가면 요한은 땅 짐승을 "거짓 선지자"로 부르기도 한다 (16:13; 19:20; 20:10). 성도들과 전쟁하여 이기고 온 세상에 대한 지배권을 행사하는 바다짐승은 좀 더 군사적인 역할을 담당한다면, 온 세상을 미혹하여 바다짐승(적그리스도)을 경배하게 하는 땅 짐승은 좀 더 종교적인 기

능을 갖는 것이 분명하다(Osborne, 2002: 610). 해석상의 문제는 이들 짐승의 정체를 확인하는 난제와 얽혀 있다. 어떤 학자들은 땅 짐승을 어떤 세력이나 기관으로 보는 반면, 다른 학자들은 그것을 말세에 적그리스도와 연합하여 활동할 어떤 인물로 보기도 한다. 전자의 견해를 취하는 사람들은 첫째 짐승이 세상을 지배하는 어떤 정치세력을 가리킨다면, 둘째 짐승은 세상 사람들로 하여금 바다짐승을 경배하도록 조장하는 어떤 종교기관을 가리킨다고 본다(Michaels, 1997: 164). 이들 중에 과거주의 해석을 취하는 여러 학자들은 첫째 짐승이 로마제국을 가리키고, 둘째 짐승은 당시 로마 황제숭배를 조장했던 이교 제사장직을 가리킨다고 해석한다(Yarbro Collins, 1992a: 301; Bauckham, 1993b: 446f). 하지만 이런 해석에 대해 두 가지 비판을 가할 필요가 있다. 첫째로, 둘째 짐승이 기관이 아니라 사람이라는 것은 그가 큰 기적을 베풀고 사람들 앞에서 불이 하늘로부터 땅에 내려오게 만들며(13절) 마지막 날에 용과 함께 "불 못에 던져질"(20:14) 것이기 때문이다. 둘째로, 둘째 짐승의 역할은 로마 황제제의를 초월하는 면들을 지닌다. 감람산 강화에서 예수는 재림 전 대환난 때에 사람들을 미혹할 "거짓 그리스도와 거짓 선지자들"의 등장을 언급하고(마 24:24; 막 13:22), 바울은 재림 전에 배교를 조장할 "불법의 사람 곧 멸망의 아들"이 나타날 것으로 내다보았다(살후 2:3-4). 이들의 활동은 계시록 본문이 말하는 땅 짐승을 가리킬 가능성이 높다(Johnson, 1982: 530; Osborne, 2002: 510). 요한이 본문에서 땅 짐승을 묘사할 때 1세기 독자들은 로마의 황제제의를 연상했을 테지만, 황제제의의 이교 사제들을 땅 짐승의 예표로 간주하는 것이 저자의 의도에 더 부합한다. 땅 짐승의 활동을 로마 황제제의나, 또는, 종교개혁자들이 주장한 것처럼, 로마 교황이나 로마교회에 국한시킬 수 없는 것은 땅 짐승이 범세계적인 영향력을 행사할 뿐만 아니라(13:12, 14) 1260일 동안 예언하는 두 증인의 역할과 많이 닮았기(11:3-6) 때문이다. 그렇다면 땅 짐승은 초림부터 재림 때까지 어느 시기나 주기적으로 출현할 수 있는 거짓 선지자들을 가리키며(Johnson, 1982: 530) 특별히 그들의 미혹 활동은 재림 직전에 더 심화될 것이다.

땅에서 올라오는 둘째 짐승은 "어린 양 같이 두 뿔이 있고 용처럼 말을 했다." 땅 짐승이 "어린 양 같이 두 뿔"을 가졌다는 것은 그가 어린 양 그리스도를 모방하는 존재라는 것을 말해준다. '두 뿔'을 가진 땅 짐승은 11장에 언급된 '두 증인'과 대조를 이루고, 그는 또한 '일곱 뿔'을 가진 어린 양을 흉내 내는 거짓 선지자이다. 고대세계에서 '뿔'은 권세와 힘을 상징하기 때문에, 땅 짐승은 어린 양 그리스도의 참된 능력을 모방한 권세를 행사하는 존재이다. 그가 지닌 권세는 사람들 앞에서 큰 이적을 행하는 데서도 나타나지만(13절) 사실은 거짓 교훈을 통해서 세상 사람들을 미혹하고 속여서 하나님과 어린 양이 아니라 첫째 짐승을 경배하게 하는 능력을 발휘하는 데서 나타난다(12절). 땅 짐승이 악하다는 사실은 그가 어린 양 같은 모습을 하고 있기는 하지만 "용처럼 말하는" 데서 확인된다. 사탄의 속성은 사람들을 미혹하고 속이는 것이기 때문에, 둘째 짐승은 사탄처럼 자신을 어린 양처럼 위장하되 실은 사람들을 속이는 존재이다. 예수도 거짓 선지자들의 이중성을 지적하신 바 있다: "거짓 선지자들을 삼가라 양의 옷을 입고 너희에게 나아오나 속에는 노략질하는 이리라"(마 7:15). 둘째 짐승은 양 같은 온순한 모습을 띠지만 실은 용과 같이 흉폭하고 음흉한 모습을 띤 거짓 선지자이다(Johnson, 1982: 530; Morris, 1987: 165).

[12] 거짓 선지자의 활동 목표는 첫째 짐승을 경배하도록 조장하는 것이다(14절). 둘째 짐승은 독립적으로 활동하기보다 첫째 짐승으로부터 '모든 권세'를 위임받아 활동하는 존재로서, 그는 자신이 받은 권세를 활용하여 땅의 모든 거주자들로 첫째 짐승에게 경배하도록 만들었다. '모든 권세'란 표현은 첫째 짐승이 자신의 모든 권한을 둘째 짐승에게 넘겼다는 것을 뜻하지만, 둘째 짐승은 이 권세를 "그의 앞에서" 행한다. 이것은 둘

째 짐승이 이 권세를 첫째 짐승의 권위 아래서 행한다는 것을 시사해준다(Osborne, 2002: 512; cf. *EDNT* 1:462). 요한은 첫째 짐승을 "곧 죽게 되었던 상처가 나은 자"라고 부연설명을 한다. 어린 양이 일찍 죽임을 당했으나 다시 살아난 것처럼, 땅 짐승도 어린 양의 죽음과 부활을 모방한 적그리스도 세력이다.

[13-14] 둘째 짐승이 지닌 권세는 "큰 이적을 행하되 심지어 사람들 앞에서 불이 하늘로부터 땅에 내려오게" 하는 기적들을 행해서 땅의 거주자들을 속이는 것이다. 성경에서 거짓 선지자들도 참 선지자들과 같이 이적들을 행했다는 기록은 종종 발견된다(신 13:1-5; 막 13:22; 살후 2:9). 성경 저자들이 거짓 선지자들이 행하는 이적들을 보고 현혹되지 말 것을 권면하는 이유가 이 때문이다. 둘째 짐승이 행하는 큰 이적 중에 하나는 "불이 하늘로부터 땅에 내려오게" 하는 것인데, 이것은 갈멜산에서 불을 내리게 한 엘리야 사건을 생각나게 만든다(왕상 18:38). 두 증인도 그들의 입에서 불을 내어 그들의 원수들을 삼키는 기적을 행한 것처럼(11:5), 거짓 선지자들도 불이 하늘로부터 땅에 내리도록 만드는 기적을 행한다. 다만 두 기사의 차이점이 존재한다. 두 증인은 그들의 입에서 불이 나오지만, 거짓 선지자는 "사람들 앞에서" 불이 하늘로부터 땅에 내리도록 한다. 이것은 사람들이 보는 앞에서 불이 내리도록 만든 것이기 때문에 대중들을 놀라게 만들어 첫째 짐승을 경배하도록 의도된 것임을 시사해준다.

둘째 짐승이 첫째 짐승 앞에서 행하는 이적들도 하나님의 전적인 허용 아래 행해진 것들이다. "받은"이란 동사는 신적 수동태로서 하나님이 의미상의 주어임을 함축한다. 바다짐승이 이적을 행하는 목적은 두 가지로 표현된다. 첫째 목적은 "땅에 거하는 자들을 미혹하는" 것이고, 둘째 목적은 그렇게 해서 땅의 거주자들에게 "칼에 상하였다가 살아난 짐승을 위하여 우상을 만들라"고 선동하는 것이다. 사탄은 본래 온 세상을 속이는 가장 큰 우주적 대적이다(12:9; 20:3,8,10). '거짓 선지자'로 불리는 둘째 짐승은 사탄의 앞잡이로서 가짜 이적들을 행하여 온 세상을 속일 권세를 하나님에게 받는다. 땅의 거주자들이 둘째 짐승의 속임수에 넘어간 것도 그들을 향한 하나님의 심판의 표현이다. 사람들을 속이는 둘째 짐승의 궁극적 목표는 첫째 짐승을 위해 우상을 만들게 하는 것이다. 14절하의 "이르기를"(λέγων)이란 현재분사는 둘째 짐승이 땅의 거주자들을 속인 결과로 땅의 거주자들이 그의 명령에 순종하게 되었다는 사실을 함축한다(Osborne, 2002: 514; BAGD 469. 2. 1). 둘째 짐승이 땅의 거주자들에게 내린 명령의 내용은 "칼에 상하였다가 살아난 짐승을 위하여 우상을 만들라"는 것이다. 이것은 거대한 금 신상을 만들어 온 땅으로 절하게 하라는 느브갓네살 왕의 명령을 생각나게 한다(단 3:1-6). 이런 신상은 로마제국 시기에도 황제숭배를 위해 제국 도처에 세워지기도 했다. 말세에 활동할 적그리스도 세력도 로마제국의 황제숭배 관습들을 따라서 땅의 모든 거주자들이 용과 짐승을 숭배하도록 만들 것이다. 요한은 세 번째로 첫째 짐승의 치명적 상처에 대해 언급한다(13:3, 12, 14). 본 절은 그의 치명적 상처가 '칼'로 인해 생긴 것이고 그가 '살아났다'는 것을 처음으로 언급한다. 여러 학자들은 본문에서 칼로 자살했다가 살아났다는 네로 전설을 반영한다고 생각한다. 하지만 한글성경에 '상처'(πληγή)로 번역된 헬라어 단어는 또한 '화, 재앙'을 뜻하는 단어이기도 하다. 계시록의 상징적 장르를 고려할 때 본문의 '칼'은 어린 양의 입에서 나오는 신적 심판을 상징할 수 있다(1:16; 2:12, 16; 19:15, 21). 그렇다면 첫째 짐승은 어린 양이 내린 심판재앙으로 치명적 공격을 받아 죽었으나 다시 살아난 것이라 할 수 있다(Bauckham, 1993b: 433; Osborne, 2002: 515). 이것 역시 그리스도의 부활을 모방한 것이다. 첫째 짐승은 하나님의 심판을 받아 죽게 되었다가 살아남으로써 그 초월적 능력을 온 세상에 나타냈다. 요한은 이러한 기독론적 풍자를 통해 어린 양과 바다짐승의 적대적 관계를 극적으로 나타내려고 했다.

[15] 둘째 짐승이 우상을 세운 뒤에, 하나님은 둘째 짐승이 그 우상에게 생기를 불어넣어 말하게 하도록 권세를 부여한다. "생기를 주어"란 표현은 하나님께서 죽은 두 증인에게 생기를 불어넣어 두 발로 일어서게 만든 11:11의 본문에서 유사하게 등장한다. 우상에게 '생기를 준다'는 말은 본래 우상에게 '영을 준다'는 것을 뜻한다. 이것은 사람들에게 생명을 주는 성령을 흉내 낸 것일 수 있다. 고대 지중해 세계에는 신들이 실제로 우상들 속에 거한다고 믿는 신앙들이 있었고, 마술사나 신전 사제들이 우상들에게 생기를 불어넣는 마술 의식들을 행했으며 우상들에 깃든 신들을 대신하여 신탁을 말하는 경우들도 많았다(Osborne, 2002: 515f). 하지만 짐승에 관한 요한의 묘사들은 이런 신앙들을 초월하는 면을 갖는다. 첫째 짐승 자신은 죽었다가 다시 살아났고, 둘째 짐승은 우상에게 생기를 주어 직접 말하게 하기 때문이다. 아마도 본문의 묘사를 비유적 의미로 취하는 것이 좋을 듯하다. 우상에게 생기를 주어 말하게 한다는 것은 우상숭배를 크게 활성화시켜 우상이 실제로 활력과 능력을 가진 존재인 것처럼 만드는 거짓 선지자들의 활동을 뜻할 수 있다(Johnson, 1982: 532).

둘째 짐승이 우상에게 생기를 불어넣은 두 번째 결과는 그것에 경배하지 않는 자는 누구나 죽이는 것이다. 다니엘의 세 친구들도 느브갓네살 왕의 신상에 절하지 않은 죄로 풀무 불에 던져진 적이 있었고(단 3:6, 11, 15), 로마제국 시대에도 황제숭배를 거부한 기독교인들이 처형을 당한 실례들이 가끔 존재했다(Beale, 1999: 712). 본문의 내용을 로마제국 당대의 이런 몇몇 실례들에 국한시켜 해석하는 것은 옳지 못하다. 그런 실례들은 장차 일어날 적그리스도 세력의 우상숭배를 예시하는 예표에 불과하다.

[16] 짐승숭배의 직접적 결과는 모든 계층의 사람들의 오른 손이나 이마에 표를 받게 하는 것이다. 흥미로운 것은 짐승, 그의 우상, 표, 이름이 차례대로 언급된다는 사실이다. '표'는 첫째 짐승에 대한 충성을 나타내는

표시로서 문맥상 "짐승의 이름"과 병행을 이룬다. 고대세계에는 사람의 손이나 이마에 실제의 표를 새겨두는 전례는 없었고 대신 노예나 군인들에게 인을 치는 일은 종종 있었다고 한다. 그렇다면 '표'(χαράγμα)는 여기서 소유권을 나타내는 비유 언어일 것이다(TDNT 9:416). 성도들이 하나님의 소유된 백성으로 인침을 받듯이(7:2-4), 땅의 거주자들도 짐승의 소유된 백성으로 손과 이마에 표를 받는다(14:16). 그렇다면 요한과 그의 독자들은 짐승의 표가 성도들의 인침을 패러디한 것으로 이해했을 것이다(Osborne, 2002: 517). 짐승의 표를 받는 대상은 "작은 자나 큰 자나 부자나 가난한 자나 자유인이나 종들"을 막론한 모든 사람이다. 그들은 이미 12, 14절에서 "땅에 거하는 자들"로 불린 바 있다. 그들은 신분귀천의 차이, 빈부의 차이, 신분계층의 차이를 초월한 모든 불신 세상 사람들을 가리킨다. 표를 오른손과 이마에 하는 것은 손과 이마가 가장 쉽게 보이는 신체의 부분이기 때문이다. 따라서 이것은 세상 사람들이 자신의 소유라는 것을 가장 분명한 방식으로 표시하려는 짐승의 광포한 탐욕을 나타내준다.

[17] 손과 이마에 짐승의 표를 해두는 것은 소유권이 짐승에게 있음을 표시해두는 것일 뿐만 아니라 "누구든지 이 표를 가진 자 외에는 매매를 못하게 하려는" 목적을 지닌다. 이것은 짐승숭배를 거절한 자들에 대한 경제적 제제조치를 나타낸다. 로마제국은 기독교인들을 박해하기는 했지만 매매를 못하게 하는 경제적 제제를 집행한 적이 없었기 때문에, 몇몇 학자들은 이런 경제적 제제조치가 지방당국자들에 의해 가해졌을 것으로 생각한다(Caird, 1966: 173; Johnson, 1981: 532f). 실제로 소아시아의 교회들 중에는 핍박을 당해 경제적으로 빈궁한 교회들이 있었다(2:9; 3:8). 고대사회는 길드조직이 이방종교들의 우상숭배 관습과 밀접한 관련을 맺고 있어서 우상숭배에 참여하지 않으면 상업거래 활동에 상당한 제약을 받지 않을 수 없었다. 매매를 못하거나 직업을 잃고 소유까지 빼앗기는 기독교인

들은 자연히 이교적 관습들을 수용해야 하는 엄청난 압박에 직면해야 했다. 요한 당대에는 사정이 그랬던 것처럼, 적그리스도 세력이 활동하게 될 미래에는 성도들의 경제적 궁핍이 더욱 더 심화될 것이다. 17절하에서 짐승의 표는 "짐승의 이름"과 동일시되고, 짐승의 이름은 또한 "그 이름의 수"와 동일시된다. 이것 또한 짐승이 어린 양을 흉내 낸 것이다. 성도들이 그들의 이마에 하나님과 어린 양의 이름을 갖고 있듯이(22:4), 땅의 거주자들도 그들의 이마에 짐승의 이름을 지니고 있다(14:17). 고대사회에는 히브리어나 헬라어의 각 알파벳 문자로 숫자를 표기하는 방식(gematria)이 통용되고 있었다. 그렇다면 17절하의 문구는 숫자로 사람의 이름을 표기하는 방식을 염두에 둔 것이다. "그 이름의 수"란 말은 "짐승의 이름"을 표현하는 다른 방식이다.

[18] 교회사적으로 수많은 추측을 야기한 구절은 18절 본문일 것이다. 짐승의 숫자는 사람의 이름을 나타내는 방식이기 때문에, 숫자 666으로 표기되는 적그리스도의 이름은 무엇일까? 사람들은 숫자 666의 지시대상 확인에만 몰두하는 사이에 18절상의 의미 확인에 대해서는 소홀히 하는 경향이 있다. 요한은 짐승의 표를 확인하는 일에 '지혜'를 가질 것을 호소한다. 지혜와 총명을 가질 것을 호소하는 이유는 짐승의 정체를 바로 '이해하기' 위함이다. 18절상의 호소는 "오직 지혜있는 자는 깨달으리라"는 다니엘 12:10의 말씀을 반영한 것이다. 말세를 살아가는 성도들은 장차 나타날 적그리스도 세력에 대해 올바로 이해하는 지혜를 가져야 한다. 문제는 짐승의 이름에 내포된 숫자를 계산해 보라는 명령의 의미를 해석하는 데 있다. 짐승이름의 숫자인 666을 문자적인 숫자로 보고 계산하려는 사람들은 그것이 네로 황제를 지칭한다고 해석한다. 하지만 이런 문자적 계산방법의 문제점은 그들의 라틴어 이름을 히브리어로 음역하고 더욱이 몇 철자를 임의로 빼는 것인데, 요한이 그의 독자들이 이런 음역과정을

거쳐 짐승의 정체를 확인할 것으로 기대했을 것 같지 않다. 짐승의 수를 계산하는 것보다 더 중요한 것은 짐승의 영적 본질을 파악하는 지혜이다. 짐승은 땅의 거주자들에게 자신을 신격화하는 과장된 말을 하는 존재이다. 용과 바다짐승과 거짓 선지자는 삼위일체 하나님을 모방하는 악의 삼두체제이며, 죽었다가 다시 살아난 바다짐승도 어린 양의 부활을 모방하는 적그리스도 세력이다. 만일 3이 신의 수이고 6은 사람의 수이며 7은 완전수라면, 6이란 숫자가 셋이 있다는 것은 적그리스도 세력이 아무리 신처럼 행세를 해도 완전수 7에는 항상 모자라는 가짜 세력이라는 것을 함축할 수 있다(권성수, 1999: 301-02). 만일 요한이 13장에서 죽었다가 살아 돌아온 네로 전설을 의식하고 있었다면, 그는 네로 전설의 배경을 활용하여 장차 네로와 같은 적그리스도 세력이 나타날 것을 내다보았을 가능성이 높다.

해설

여자와 그 후손을 향한 용/사탄의 공격은(12장) 이제 바다에서 올라온 짐승의 공격으로(13장) 이어진다. 이것은 단순히 사탄 공격의 뒤를 이어 짐승의 공격이 시작된다는 뜻이 아니다. 용이나 짐승 모두 일곱 머리와 열 뿔을 가졌으며(12:3; 13:1) 짐승도 용과 같은 권세를 지녔다는 사실로 볼 때 사탄이 짐승의 모습을 띠고 활동한다는 것을 보여준다(Osborne, 2002: 488). 용과 짐승의 관계는 하나님과 어린 양의 관계를 흉내 낸 것이다. 어린 양이 하나님의 아들인 것처럼, 짐승은 용의 분신이다. 또한 짐승은 그리스도의 부활을 흉내 내어 죽었다가 다시 살아난 존재이다. 용과 바다짐승과 거짓 선지자는 삼위일체 하나님을 흉내 낸 악의 삼두체제이다. 그렇다면 우리는 몇 가지 결론에 이르게 된다. (1) 용과 바다짐승과 거짓 선지자는 하나님을 대항하여 전쟁하는 악의 세력들이며, (2) 삼위일체 하나님을 패러디한 악의 삼두체제는 하나님의 권세를 결코 넘어설 수 없는 가짜 모방세력들이고, (3) 그들의 권세는 무소불위의 권세가 아니라 하나님의 주권적인 허용과 통제 하에 있으며, (4) 짐승은 여자의 후손인 하나님백성을 박해하고 죽일 수는 있으나 진정한 승리는 짐승이 아니라 그들에게 있다.

바다에서 올라온 첫째 짐승은 몇 가지 특징을 지녔다. 첫째, 바다짐승은 용의 분신이다. 둘 다 일곱 머리와 열 뿔을 지닌 모습을 지녔다. 둘째, 용은 자신의 "능력과 보좌와 큰 권세"를 바다짐승에게 부여하였다. 용의 권세를 받은 바다짐승은 용과 자신을 신격화하고 땅의 거주자들이 용과 자신에게 경배하도록 미혹하며 하나님과 그의 백성을 비방하는 일을 한다. 셋째, 일곱 머리를 지닌 바다짐승은 열 뿔을 지닌 어린 양을 흉내 낸 적그리스도 세력이다. 짐승이 일곱 머리의 괴물 모습을 지녔다는 것은 그의 마귀적 속성을 나타낸다. 어린 양이 하나님의 보좌에 앉으신 것처럼, 짐승은 용의 보좌를 물려받았다. 더욱이 짐승이 칼로 죽임을 당했다가 살아났다는 것은 "일찍 죽임을 당한 어린 양"(5:6)을 패러디한 것이다. 그가 죽었다가 살아났을 때, 거짓 선지자로 불리는 땅의 짐승은 첫째 짐승의 부활을 이용하여 온 세상으로 그를 경배하도록 만들었다. 물론 짐승숭배란 세계적 종교를 만드는 배후에 용이 있다. 넷째, 짐승 숭배는 1세기에 만연했던 로마제국의 황제숭배를 반영한 것이다. 바다짐승이 자신을 신격화하고, 땅의 짐승이 그를 위해 우상을 만들며 사람들로 그를 경배하게 하고, 바다짐승이 하늘에 계신 하나님을 비방하고 그 우상에게 절하지 않는 성도들을 박해하는 행위들은 로마의 황제숭배 정책을 통해 나타났던 일들이기 때문이다. 하지만 요한의 짐승 묘사들은 로마의 황제제의를 넘어서는 측면들을 갖고 있다. 요한의 독자들은 13장을 읽으면서 로마제국의 황제제의를 떠올렸겠지만, 요한은 그것을 초월하여 장차 로마제국과 같은 적그리스도 세력이 나타나 황제제의를 더 극단화한 세계종교를 만들 것을 내다보았을 것이다. 그때가 되면 성도들은 큰 환란을 통과하면서

투옥도 되고 순교도 당할 것이지만, 그들이 용과 짐승과의 싸움에서 승리하는 비결은 "인내와 믿음"을 갖는 것이다.

땅에서 올라온 둘째 짐승은 가짜 삼위일체의 한 구성원으로서 '거짓 선지자'로 불리는 존재이다. 둘째 짐승이 하는 일은 가짜 이적들을 행하여 땅의 모든 거주자들로 하여금 용과 바다짐승을 경배하고 추종하게 하는 것이다. 첫째 짐승은 성도들을 정복하고 온 세상을 장악하는 등의 일을 한다는 점에서 용의 군사적 용병 역할을 한다면, 둘째 짐승은 세상을 속여서 첫째 짐승을 경배하게 하는 일을 하기 때문에 둘째 짐승의 종교적 사제 역할을 한다. 첫째 짐승이 세속적인 정치세력이라고 한다면, 둘째 짐승은 첫째 짐승의 숭배를 조장하는 종교기구나 인물이다(Osborne, 2002: 510; Michaels, 1999: 164). 둘째 짐승은 몇 가지 특징을 지녔다. 첫째, 두 뿔을 지닌 땅 짐승은 열 뿔을 지닌 어린 양을 모방한 거짓 선지자이다. 그는 어린 양과 같은 겉모습을 지녔으나 용처럼 말을 하는 이중성을 지녔다. 둘째, 그는 첫째 짐승에게 권세를 위임받아 사람들 앞에서 하늘에서 불이 내려오게 하는 등 큰 이적을 행하여 땅의 모든 거주자들을 속여 첫째 짐승을 위해 우상을 만들라고 명령하고 우상에게 또한 생기를 불어넣어 말하게 하는 이적을 행한다. 만일 첫째 짐승의 우상에게 절하지 않는 자들은 누구든지 죽임을 당한다. 둘째 짐승은 또한 땅의 모든 거주자들의 손이나 이마에 표를 받게 하여 첫째 짐승에게 속한 백성이라는 확실한 표식을 해둔다. 짐승의 표를 받지 않은 사람은 누구나 매매를 못하게 하는 등 경제적 제제를 통해 궁핍하게 만들어 짐승을 숭배하지 않으면 안 되도록 압력을 가한다. 요한은 그의 독자들에게 짐승 이름의 수(666)를 계산하여 그의 정체를 분별하는 지혜를 가질 것을 호소한다. 666이란 숫자를 문자적으로 취하여 짐승이 네로 황제와 같은 역사적 개인들을 가리킨다고 해석하는 것은 계시록의 상징적 장르 성격을 고려할 때 온당하지 못하다. 비록 요한이 죽었다가 살아났다는 네로 전설을 의식했다고 해도, 그는 그 짐승이 네로 자체를 가리킨다고 보기보다 장차 재림 전에 네로와 같은 적그리스도 세력이 나타날 것을 내다본 것이 분명하다. 적그리스도 세력은 자신을 신격화하고 어린 양을 흉내 내며 큰 권세를 가진 것처럼 행세하겠지만, 하나님의 완전수인 7보다 항상 모자라는 가짜 모방세력에 불과하다. 첫째 짐승은 용과 둘째 짐승과 더불어 어린 양과의 전쟁에서 패하여 결국 영원한 불 못에 던져질 운명을 지녔다.

(3) 어린 양과 144,000명(14:1-5)

본문

¹ 또 내가 보니 보라 어린 양이 시온 산에 섰고 그와 함께 십사만 사천이 서 있는데 그들의 이마에는 어린 양의 이름과 그 아버지의 이름을 쓴 것이 있더라 ² 내가 하늘에서 나는 소리를 들으니 많은 물 소리와도 같고 큰 우렛소리와도 같은데 내가 들은 소리는 거문고 타는 자들이 그 거문고를 타는 것 같더라 ³ 그들이 보좌 앞과 네 생물과 장로들 앞에서 새 노래를 부르니 땅에서 속량함을 받은 십사만 사천 밖에는 능히 이 노래를 배울 자가 없더라 ⁴ 이 사람들은 여자와 더불어 더럽히지 아니하고 순결한 자라 어린 양이 어디로 인도하든지 따라가는 자며 사람 가운데서 속량함을 받아 처음 익은 열매로 하나님과 어린 양에게 속한 자들이니 ⁵ 그 입에 거짓말이 없고 흠이 없는 자들이더라.

주해

본 단락은 어린 양과 함께 시온 산에 서 있는 144,000명을 소개하고 (1절), 그들이 하나님의 보좌 앞과 네 생물과 장로들 앞에서 새 노래를 부르는 모습을 소개하며(2-3절), 그들이 속량을 받아 하나님과 어린 양의 백성이 된 사실을 소개한다(4-5절). 13장과 14장 간에는 여러 흥미로운 대조들이 나타난다. 하늘의 영역과 땅의 영역, 땅에서 활동하는 짐승과 하늘에 계신 어린 양, 땅에 사는 자들과 하늘에 사는 자들, 손과 이마에 짐승의 표를 받은 사람들과 이마에 어린 양의 이름이 기록된 자들이 서로 날카롭게 대조를 이룬다. 이런 대조는 하나님의 백성이 어떤 정체성을 지닌 사람들인지를 각인시키는 효과가 있다.

[1] 요한은 어린 양이 시온산에서 144,000명과 함께 서있는 것을 보았다. 이것은 용이 짐승을 호출하기 위해 바닷가에 서있는 것과 대비를 이룬다. 본 절의 '시온 산'은 하늘에 있는 시온산을 가리키는 것이 분명하다. 앞서 이미 지적한 것처럼 13장과 14장은 땅의 영역과 하늘의 영역을 각각 묘사하기 때문이다. 그렇다면 하늘 시온산에 어린 양과 함께 서있는 144,000명은 어린 양의 피로 속량 받아 궁극적 승리를 얻은 천상적인 교회공동체를 지칭한다(이필찬, 2006: 607). 요한은 이미 13:6에서 성도들을 "하늘에 사는 자들"로 표현한 바 있다. 그들은 지상에서 짐승의 공격과 비방의 대상이 되고 있지만, 그들의 진정한 신분은 하늘에 있다. 144,000명은 이미 7장에서 등장한 바 있지만 그곳에서 그들은 지상에서 어린 양과 함께 메시아 전쟁에 참여한 군사들로 제시되었다. 반면에 14장에서 그들은 시온산에서 어린 양과 함께 승리를 쟁취한 천상적인 교회공동체로 그려진다. 같은 실재를 땅과 하늘의 시각에서 각각 달리 묘사하는 것은 계시록 저자의 특징적인 서술방식이다.

144,000명은 "그들의 이마에 어린 양의 이름과 그 아버지의 이름을 쓴 것"을 지닌 자들이다. 이것은 땅의 거주자들이 오른손과 이마에 짐승의 표를 받은 것과 대조를 이룬다(13:16). 이마에 어떤 사람의 이름을 썼다는 것은 소유권이 그에게 있다는 것을 나타내는 표식이다. 그렇다면 그들은 어린 양과 하나님의 인침을 받은 자들로서 그의 소유된 백성이다(7:4).

[2] 요한은 또한 "하늘에서 나는 소리"를 들었는데, 이 소리의 출처가

하나님인지 천사들인지 분명하지 않으나 천사들의 우렁찬 찬양 소리로 보인다. 그들의 찬양 소리는 요한에게 큰 인상을 주었던지 삼중적으로 묘사된다. 그것은 "많은 물소리와도 같고 큰 우렛소리와도 같고," 또한 "거문고 타는 소리와도 같았다." 천사들의 합창은 굉장히 컸지만 하프를 연주하는 것처럼 멜로디를 지닌 아름다운 소리였다. 본 절에서 '하프'가 등장하는 것은 3절의 '새 노래'와 연관된다.

[3] 본 절은 144,000명이 "보좌와 네 생물과 장로들 앞에서" 새 노래를 부르는 모습을 묘사한다. 여기서 "보좌와 네 생물과 장로들"은 4:4-11에서 하나님의 보좌를 둘러싼 천상적 존재들의 정황과 연관된다. "보좌 앞에서" 불렀다는 것은 하나님의 임재 앞에서 불렀다는 것을 의미한다. 하나님 앞에서 부르는 144,000명의 노래는 '새 노래'로 불린다. 그것은 "땅에서 속량함을 받은 십사만 사천 밖에는 능히 이 노래를 배울 자가 없는" 그런 특별한 노래였다. 왜 그들만이 배워 부를 수 있는 노래인지는 언급되지 않으나, 새 노래가 어린 양의 구속이란 사실과 연관된 노래라는 것은 분명하다. 구속 받은 경험이 없는 자가 새 노래를 부를 수 없는 것은 당연한 이치이다(Morris, 1987: 170). 짐승의 표를 받아 그의 지배를 받고 하나님을 거역하는 자들이 어떻게 천상백성이 부르는 구속의 노래를 부를 수 있겠는가!

[4-5] 본문은 새 노래를 부르는 자들의 신분에 대해 몇 가지로 소개한다. 첫째, 그들은 "여자와 더불어 더럽히지 아니하고 순결한 자들"이다. 요한이 여기서 독신생활만을 순결한 것으로 여긴 것처럼 생각하면 안 된다. 신약 저자들은 결혼한 사람들의 성생활을 부정한 것으로 여긴 적이 없기 때문이다(히 13:4). 신약에서 '더럽히다'란 동사는 주로 간음이나 음행과 연관하여 자주 등장하는 술어이지만, 계시록에서 그것은 또한 영적인

간음이나 음행을 묘사하는 술어로 사용되기도 한다(2:14, 21). 신구약 저자들은 하나님의 백성을 정결한 처녀로 묘사할 뿐만 아니라(사 37: 22; 암 5:2; 고후 11:2) 이스라엘의 우상숭배를 하나님을 배반한 간음과 음행으로 정죄하곤 했다(호 2:2-5; 3:1; 9:1). 이런 전통을 이어받아 야고보도 하나님과 등지고 세상과 벗하며 살아가는 신자들을 가리켜 '간음한 여인들'로 부르기도 한다(약 4:4). 짐승숭배가 강요되는 상황에서 상기 문구는 우상숭배에 물들지 않고 하나님께 신앙의 정절을 지키는 성도들의 거룩한 모습을 상징하는 비유적 표현인 것이 분명하다(Morris, 1987: 170). 둘째, 그들은 "어린 양이 어디로 인도하든지 따라가는 자들"이다. 짐승의 표를 가진 자들이 그에게 절하며 그를 추종하듯이, 144,000명은 어린 양의 인침을 받은 자들로서 그를 순종하며 따라가는 자들이다. 구약에서 '인도하다', '따르다' 동사는 목자의 인도가 양들을 푸른 초장으로 인도하는 모습을 연상시킨다(시 23:1-2). 그렇다면 144,000명은 메시아 전쟁에 참여한 어린 양의 군대이며(7:4-8), 우상숭배를 거부하고 영적 순결을 지키는 어린 양의 신부이며(14:4a), 또한 목자의 인도를 따라 어디든지 따라가는 어린 양의 양떼이다(14:4b). 셋째, 그들은 "사람 가운데에서 속량함을 받아 처음 익은 열매로 하나님과 어린 양에게 속한 자들"이다. "사람 가운데서 속량함을 받아"란 본 절의 문구는 "땅에서 속량함을 받은"이란 3절의 문구와 유사하다. 144,000명은 땅의 거주자들 중에서 어린 양이 자신의 피 값을 지불하고 산 자들이며(5:9), 첫 열매의 거룩한 제물로 하나님께 드려진 자들이며(14:4c), 예수께서 그의 피로 죄의 지배로부터 해방한 자들이다(1:5). 이것은 하나님백성이 계시록에서 매매 언어나 희생 제물의 언어로 또는 해방의 언어로 묘사된다는 것을 보여준다. 특히 '첫 열매'는 구약의 희생 제사를 배경으로 한 언어로서 이스라엘 백성은 한 해 농사지은 것 중에 처음으로 거둔 첫 열매를 하나님께 제물로 드렸다(Osborne, 2002: 530). 어떤 배경에서 이해하든 144,000명은 어린 양의 십자가 구속을 통해 소유권이 이전되어 하나님과 어린 양에게 속한 백성이 되었다. 넷째, 그들은 "그 입에 거짓말이 없고 흠이 없는 자들"이다. 하나님에게는 거짓이 없기 때문에 입으로 거짓을 말하는 것은 그의 거룩한 백성의 신분에 부합하지 않는다(사 53:9; 습 1:3). '흠이 없는'이란 표현도 제사용어이다. 하나님께 제물을 드릴 때 흠이 없는 온전한 제물을 드려야 그가 열납하신다. 144,000명은 그렇다면 하나님이 기쁘게 받으실 만한 온전한 제물로 그에게 드려진 백성이다.

해설

앞의 장은 지상의 장면을 다루었다면 14장은 하늘의 장면을 다룬다. 지상에서 용의 분신인 두 짐승이 성도들을 핍박하는 일들이 일어난다면, 하늘에서는 자신을 우상숭배로 더럽히지 않고 궁극적 승리를 쟁취한 성도들에 대한 천사들의 찬양이 울려 퍼진다. 본 섹션은 어린 양과 함께 시온 산에 서서 새 노래를 부르는 144,000명에 대해 소개한다. 그들은 두 짐승의 박해에도 불구하고 영적 순결을 지킨 자들, 즉 우상숭배를 거절하고 자신들을 순결하게 지킨 처녀들이다. 또한 요한은 제사 용어를 빌려 그들의 모습을 묘사하기도 한다. 그들은 하나님과 어린 양에게 '첫 열매'로 드려진 흠 없는 희생 제물이다. 그들이 흠 없는 첫 열매로서 하나님과 어린 양의 소유된 백성이 된 것은 어린 양의 피로 구속함을 받았기 때문이다. 14장에서 궁극적 승리를 쟁취한 성도들의 순결하고 거룩한 모습을 제시한 것은 우상숭배가 만연한 세상에서 어린 양의 순결한 백성으로서 자신의 정체성을 지키라고 도전하고 경고하는 목적을 지닌다.

(4) 땅의 추수 (14:6-20)

본문

6 또 보니 다른 천사가 공중에 날아가는데 땅에 거주하는 자들 곧 모든 민족과 종

족과 방언과 백성에게 전할 영원한 복음을 가졌더라 [7] 그가 큰 음성으로 이르되 하나님을 두려워하며 그에게 영광을 돌리라 이는 그의 심판의 시간이 이르렀음이니 하늘과 땅과 바다와 물들의 근원을 만드신 이를 경배하라 하더라 [8] 또 다른 천사 곧 둘째가 그 뒤를 따라 말하되 무너졌도다 무너졌도다 큰 성 바벨론이여 모든 나라에게 그의 음행으로 말미암아 진노의 포도주를 먹이던 자로다 하더라 [9] 또 다른 천사 곧 셋째가 그 뒤를 따라 큰 음성으로 이르되 만일 누구든지 짐승과 그의 우상에게 경배하고 이마에나 손에 표를 받으면 [10] 그도 하나님의 진노의 포도주를 마시리니 그 진노의 잔에 섞인 것이 없이 부은 포도주라 거룩한 천사들 앞과 어린 양 앞에서 불과 유황으로 고난을 받으리니 [11] 그 고난의 연기가 세세토록 올라가리로다 짐승과 그의 우상에게 경배하고 그의 이름 표를 받는 자는 누구든지 밤낮 쉼을 얻지 못하리라 하더라 [12] 성도들의 인내가 여기 있나니 그들은 하나님의 계명과 예수에 대한 믿음을 지키는 자니라 [13] 또 내가 들으니 하늘에서 음성이 나서 이르되 기록하라 지금 이후로 주 안에서 죽는 자들은 복이 있도다 하시매 성령이 이르시되 그러하다 그들이 수고를 그치고 쉬리니 이는 그들의 행한 일이 따름이라 하시더라 [14] 또 내가 보니 흰 구름이 있고 구름 위에 인자와 같은 이가 앉으셨는데 그 머리에는 금 면류관이 있고 그 손에는 예리한 낫을 가졌더라 [15] 또 다른 천사가 성전으로부터 나와 구름 위에 앉은 이를 향하여 큰 음성으로 외쳐 이르되 당신의 낫을 휘둘러 거두소서 땅의 곡식이 다 익어 거둘 때가 이르렀음이니이다 하니 [16] 구름 위에 앉으신 이가 낫을 땅에 휘두르매 땅의 곡식이 거두어지니라 [17] 또 다른 천사가 하늘에 있는 성전에서 나오는데 역시 예리한 낫을 가졌더라 [18] 또 불을 다스리는 다른 천사가 제단으로부터 나와 예리한 낫 가진 자를 향하여 큰 음성으로 불러 이르되 네 예리한 낫을 휘둘러 땅의 포도송이를 거두라 그 포도가 익었느니라 하더라 [19] 천사가 낫을 땅에 휘둘러 땅의 포도를 거두어 하나님의 진노의 큰 포도주 틀에 던지매 [20] 성 밖에서 그 틀이 밟히니 틀에서 피가 나서 말 굴레에까지 닿았고 천육백 스다디온에 퍼졌더라.

주해

땅의 추수 장면, 즉 어린 양의 원수들에 대한 최종을 묘사하는 본 섹션은 144,000명의 궁극적 승리 장면으로부터(1-5절) 일곱 대접심판 재앙들로(16장) 옮겨가기 위한 이전단락 구실을 한다. 그것은 세 천사들이 차례로 나타나 영원한 복음(6-7절), 큰 성 바벨론의 멸망(8절), 짐승과 그 우상 숭배자들의 멸망(9-11절)을 선포한다. 그리고 요한은 성도들에게 인내를 촉구하고(12-13절), 곡식과 포도주를 포함한 땅의 소산물을 추수하는 장면을 묘사한다(14-20절). 본 섹션의 전체 주제는 천사들을 동원하여 구속과 심판을 선포하고 땅의 거주자들에게 회개를 촉구하는 데 있다.

[6-7] 본 절은 첫째 다른 천사가 선포한 메시지를 담고 있다. 그가 공중에 날아가면서 땅의 모든 거주자들에게 '영원한 복음'을 선포한다. 땅의 거주자들은 짐승을 추종하던 자들이지만, 천사가 그들에게 영원한 복음을 선포하는 것은 "하나님을 두려워하며 그에게 영광을 돌릴"(7절) 것을 그들에게 촉구하기 위한 것이다. 두 다른 천사들의 심판과 멸망 선언 이전에 첫째 다른 천사가 영원한 복음을 먼저 선포한 것은 짐승 추종자들이 그것을 듣고 회개하여 하나님께 돌아올 소망이 여전히 남아 있다는 사실을 알려주기 위함이다. 첫째 다른 천사가 '공중에 날면서' 복음을 선포한 것은 독수리가 공중에 날면서 '화'를 선포한 것과(8:13) 병행을 이룬다. 왜 하필이면 천사들이 공중을 날면서 복음이나 화를 선언하는 것일까? 사탄이 천상의 전쟁에서 패하여 땅으로 쫓겨나 이제 땅은 사탄과 짐승이 지배하는 영역이 되었다. 그렇다면 '공중'은 하늘과 땅의 중간 장소로서 아직 용과 짐승의 저항을 받지 않는 하나님의 통치 영역일 수 있다(Bauckham, 1993b: 286). 또한 천사는 하나님의 통치를 전하며 집행하는 대리자로서 공중을 날면서 온 세상에 하나님의 복음과 심판 메시지를 전한다는 점에서 공중은 그들의 활동의 보편적 성격을 뜻할 수도 있다(Harrington, 1993: 149).

첫째 천사가 전한 메시지를 '영원한 복음'으로 표현한 것은 학자들 간에 논란이 되고 있다. 심판 선언을 거론하는 전후문맥을 고려하여 어떤 학자들은 그것을 심판의 메시지로 보려고 하지만 구원과 심판을 다 말하는 메시지로 보는 것이 더 타당할 것 같다(Beale, 1999: 748; Johnson, 1981: 541)). 하나님의 심판을 선포하는 것은 복음의 핵심 내용을 구성하기 때문이다. 복음 선포의 대상은 "땅에 거주하는 자들 곧 모든 민족과 종족과 방언과 백성"이다. 그들은 손과 이마에 짐승의 표를 받고 그를 경배하고 따르던 자들이지만, 복음이 그들에게 선포된다는 것은 아직 그들에게 소망이 있다는 것을 말해준다.

땅의 거주자들이 복음을 듣고 나타내야 할 반응은 "하나님을 두려워하며 그에게 영광을 돌리는"(7절) 것이다. 그들은 본래 용과 짐승을 두려워하여 그를 경배하던 자들이지만, 그들이 회개한다면 하나님을 경외하고 그에게 영광을 돌리는 하나님백성이 될 것이다. 그들이 복음을 듣고 회개해야 하는 이유는 "심판의 시간이 이르렀기" 때문이다. 이 문구는 계시록에서 처음 등장한 표현이며(16:7; 18:10; 19:2) '하나님의 진노'와 같은 의미를 지닌다. 첫째 다른 천사는 최후심판의 때를 예고하면서 다시 한 번 "하늘과 땅과 바다와 물들의 근원을 만드신 이를 경배하라"고 촉구한다. 하나님은 모든 만물의 창조자이시기 때문에 모든 피조물인 인류가 그를 두려워하고 경배하는 것은 마땅한 본문이다. 그의 심판은 모든 피조세계에 다 미치기 때문에 어떤 인생도 그것을 피할 수 없다.

[8] 또 다른 둘째 천사가 큰 성 바벨론의 멸망을 선언한다. 본문은 17장과 18장에서 본격적으로 다루어질 큰 성 바벨론의 멸망을 예시적으로 선언한 것이다. 따라서 바벨론의 최종멸망은 마지막 대접심판이 내려질 때까지 발생하지 않는다(16:19). 요한이 바벨론을 말할 때 그의 독자들은 분명히 로마제국을 떠올렸을 것이다. 유대교 묵시문헌이나 신약 저자

들도 바벨론을 로마제국을 비유하는 말로 사용한 전례가 있기 때문이다 (2 Bar 11:1; Sib. Or. 5:143; 벧전 5:13). 로마제국을 바벨론에 비유하는 이유는 두 나라가 유대 땅을 정복하고 예루살렘 성전을 파괴했으며 정복한 나라들로 우상을 숭배하도록 만들었기 때문이다. 로마제국을 바벨론에 비유함으로써 요한은 로마제국의 운명이 고대 제국 바벨론이 걸었던 운명의 전철을 밟게 될 것으로 생각했을 것이다. 하지만 장차 멸망당하게 될 큰 성 바벨론은 단순히 로마제국을 지칭하는 말로 동일시할 수는 없다. 어떤 의미에서 본문이 묘사한 바벨론은 로마제국과 같이 하나님을 거역하고 우상을 숭배한 인류 공동체의 상징이기 때문이다(Morris, 1987: 173). 악의 제국의 멸망은 아직 미래에 일어날 일이지만 둘째 천사는 바벨론이 '무너졌다'고 선언한다. 이것은 선취적 부정과거의 전형적 실례로서 장차 발생할 바벨론 멸망의 절대적 확실성을 부각시켜주는 역할을 한다(Poter, 1994: 37; Osborne, 2002: 537). 하반 절은 바벨론의 범죄 내용을 언급한다. 바벨론은 "모든 나라에게 그의 음행으로 말미암아 진노의 포도주를 먹이던 자"였다. 모든 나라들로 하나님을 대적하고 우상을 숭배하도록 로마제국이 주도한 것처럼, 장차 나타날 악의 제국 역시 동일한 일을 주도할 것이다. '음행'은 하나님을 대적하고 우상숭배를 자행한 행위를 가리키는 반면, '진노의 포도주'란 표현은 다양한 해석이 가능하다. 어떤 학자들은 '진노'가 세상 나라들이 성도들을 핍박할 때 나타낸 진노를 가리킨다고 생각한다(Krodel, 1989: 268). 이 해석은 바벨론이 "성도들의 피와 예수의 증인들의 피에 취했다"(17:6)는 표현을 통해서 뒷받침될 수도 있다. 그렇다면 본문은 바벨론이 성도들을 박해하는 진노의 잔에 세상 나라들도 동참하게 만들었다는 것을 뜻하게 된다. 하지만 계시록에서 '진노'란 술어는 9회 정도 등장하는데 그것은 주로 하나님의 진노를 말하거나 짐승의 진노를 말하는 용례로 사용된다. 더욱이 근접문맥에서 그것은 "하나님의 진노의 포도주"(14:10)를 표현할 때 등장하기 때문에 하나님의 진노를 나타내는 비유적 표현인 것이 분명하다(Osborne, 2002: 539; Beale, 1999: 756f). 로마제국이 조장한 우상숭배와 부도덕에 동참한 모든 나라들은 하나님의 진노의 포도주를 마시게 될 것이다.

[9-12] 본 절은 셋째 천사가 짐승을 따르는 자들에게 심판을 선언하는 내용을 담고 있다. 짐승과 그 우상에 대한 언급으로 볼 때 9-12절은 13장의 내용을 배경으로 한다. 거짓 선지자로 불리는 둘째 짐승은 첫째 짐승의 표를 받지 않으면 매매를 못하게 만들고 심지어 죽이기까지 했다. 하지만 짐승의 표를 받고 그 우상에게 절하는 자들은 훨씬 더 중한 벌을 받게 될 것이다. 바벨론이 주는 잔을 마시는 자들은(8절) 하나님이 주는 더 큰 진노의 잔을 받게 될 것이다(10절). 그들이 받을 진노는 "하나님의 진노의 포도주"를 마시는 것으로 표현되고 그 실제적인 심판 상황은 10-11절에서 묘사된다. 유대 문헌들은 하나님의 진노를 흔히 독이 들어있는 술잔으로 묘사하곤 했다(렘 25:15-18; 사 51:17). 왕이 죄를 범한 자들에게 독 잔을 마시게 하여 죽게 한 것처럼, 하나님은 짐승 추종자들에게 그의 진노의 잔을 마시게 하실 것이다. 1세기에 사람들은 보통 포도주에 물을 섞어 마시곤 했는데, 완전히 취하려는 사람들은 물을 섞지 않은 순전한 포도주를 마셨다고 한다(Aune, 1998a: 833; Osborne, 2002: 540). 그렇다면 진노의 잔에 아무것도 섞은 것 없이 부은 포도주라고 한다면 그것은 짐승 추종자들에게 하나님의 완전한 심판이 임할 것을 시사해준다. 이렇게 그들에게 하나님의 완전한 진노가 쏟아 부어질 때 그들은 "거룩한 천사들 앞과 어린 양 앞에서 불과 유황으로 고난을 받게 될" 것이다. "불과 유황"으로 인한 고통은 하나님을 거역하는 세력들이 받게 될 영원한 심판을 지칭하는 비유적 표현이다. 계시록을 보면 용과 두 짐승, 짐승의 표를 받은 자들, 그리고 생명책에 이름이 기록되지 않은 자들이 "유황불 붙은 못"에 들어가 "밤낮 쉼을 얻지 못하고" 영원히 고통을 당하게 될 것이다. 고난의 연기가 '올라

가다'는 말은 성도들의 기도의 향이 하나님께 올라간다고 말하는 5:8의 표현과 반대 평행을 이룬다. 또한 "불과 유황"의 연기는 귀신적인 말들의 입에서 나와서 사람들을 죽게 하는 "불과 연기와 유황"은 연상시킨다(9:17). 이것은 귀신적인 세력들의 입에서 나오는 유황불 연기가 사실은 유황불 못(=지옥)에서 나오는 연기와 모종의 연관성을 지닌다는 것을 시사해 준다.

본문에 등장하는 표현들(즉, "불과 유황으로 고난을 받으리니," "그 고난의 연기가 세세토록 올라가리로다," "밤낮 쉼을 얻지 못하리라")은 모두 불신자들이 당할 영원한 심판의 고통을 말해준다. 그들은 이 영원한 고통을 "거룩한 천사들 앞과 어린 양 앞에서" 당할 것이다. 믿음 때문에 고난당한 성도들이 조롱하는 불신 대중들과 구경꾼들 앞에서 고난을 당한 것처럼, 영원한 심판의 고통을 당할 자들도 천사들과 어린 양이 보는 앞에서 그렇게 고통을 당하게 될 것이다(Morris, 1987: 174f). 다만 불신자들을 향한 최후심판의 성격에 대해서는 논란이 있다. 어떤 학자들은 그들이 최후심판을 받게 되면 영원히 멸절되어 존재 자체가 없어질 것이라고 보기도 하고, 다른 학자들은 존재 자체가 소멸되기보다 영원한 고통을 당할 것으로 보기도 한다. 하지만 본문의 진술들은 후자를 뒷받침한다. 본 절과 같이 20:10은 영원한 유황불 못에 들어간 자들이 소멸되지 않고 그곳에서 쉬지 않고 밤낮 고통을 당하게 될 것이라고 말할 뿐만 아니라, 계시록에서 '고통'을 언급할 때는 의식을 지닌 채 당하는 지속적인 고통을 지칭하는 의미로 사용된다. 그렇다면 세세토록 올라가는 '고난의 연기'는 "실제적이고 지속적이며 영원하고 의식적인 고통을 포함한 하나님의 징벌을 비유하는"(Beale, 1999: 762f) 표현이다. 짐승 추종자들이 세세토록 올라가는 고난의 연기 때문에 밤낮 쉼을 얻지 못한다는 것은(11절) 어린 양을 따르는 성도들이 그들의 모든 수고를 그치고 쉬게 된다는 사실과(13절) 극명한 대조를 이룬다.

어린 양과 함께 영원한 쉼을 얻기 위해 성도들에게 요구되는 것은 그들의 '인내'이다. 그들이 고난 중에도 인내를 발휘하여 어린 양 되신 예수에게 충성하고 짐승들의 속임수에 넘어가지 않는다면 주와 함께 영원한 안식에 참여하게 될 것이다. 인내의 본질적 성격은 "하나님의 계명과 예수에 대한 믿음을 지키는"데 있다. 믿음을 지키는 것과 하나님의 계명을 순종하는 것은 별개의 것이 아니다. 믿음은 결국 계명에 대한 순종 행위로 나타나기 때문이다.

[13] 지금까지 하늘에서 들리는 음성은 네 번째 등장하는데, 그것이 천사의 음성인지 그리스도의 음성인지는 분명하지 않다. 천상의 음성은 어린 양을 좇다가 순교한 자들에게 복을 선언한다. 계시록 전체에 걸쳐 순교는 패배가 아니라 승리이며 사탄을 정복하는 길이라는 주제가 내내 강조된다. 몇몇 학자들은 이 복을 순교자들에게만 주어지는 것으로 이해하지만 그것은 "주 안에서 죽는" 모든 자들에게도 주어진다(Osborne, 2002: 544). 땅의 거주자들이 짐승을 좇고 그 우상에게 절하면 영원한 형벌을 받게 되지만, 세상에서 주를 좇다가 죽는 성도들은 영원한 축복을 경험하게 될 것이다. "주 안에서 죽는" 것은 그리스도를 삶의 영역으로 삼아 죽는 그날까지 신실함을 잃지 않고 사는 것을 뜻한다. "지금 이후로"란 표현은 요한이 계시록을 기록하던 때 이후를 뜻한다(Johnson, 1981: 542). 요한은 성도들을 향한 짐승의 공격과 박해가 점점 더 심해질 것으로 내다보았기 때문에 그러한 상황 속에서 죽기까지 주께 신실함을 지키는 자들이 복을 받게 될 것으로 생각했을 것이다.

계시록의 성령은 예언의 영으로 불릴 만하다(Turner, 1996: 95f). 여러 곳에서 성령은 때로 계시의 원천으로, 두 증인을 살리는 생명의 원천으로, 예언과 환상의 원천으로 묘사되곤 하기 때문이다. 오직 본문에서만 성령이 직접 말씀하기 때문에 독자들이 그의 말씀에 주목했을 것이다. "그러하다"는 말은 실제로 '아멘'과 같은 의미를 갖는다(1:7; 22:20). 아마도 성령의 말과 구분되는 천상의 음성은 그리스도 자신의 음성일 가능성이 높다. '기록하라'는 명령은 요한에게 들린 하늘의 음성인데, 계시록에서 12회 등장하는 이 명령은 메시지나 환상장면의 극적인 전환을 나타낼 때 자주 쓰인다. 성령은 하늘의 음성에 '그러하다'(yes)고 동조하면서 "그들이 수고를 그치고 쉬리니 이는 그들의 행한 일이 따름이라"고 말씀한다. 주 안에서 죽는 자들이 그들의 수고를 그치고 쉴 것이라는 말씀은(13절) 짐승과 우상 숭배자들과 그 이름의 표를 받은 자들이 "밤낮 쉼을 얻지 못하리라"는 말씀과(11절) 대조를 이룬다. 쉼 또는 안식 개념이 중요한 신학적 주제로 등장하는 곳은 히브리서이다(히 4:1-11). 여기서 히브리서 저자는 마음을 강퍅하게 하지 않는 자들이 하나님의 안식에 들어갈 것이라고 약속한다. 하나님의 안식에 들어가는 자들은 그들의 모든 수고를 그치고 쉬는 사람들이다. '수고'는 계시록 문맥에서 충성된 증인으로서 그리스도를 위해 일하는 모든 노력, 그리고 믿음을 지키다가 당하는 박해와 인내 등을 다 포함하는 술어이다(Osborne, 2002: 545). '이는'(γὰρ)이란 술어는 이유 접속사라기보다 설명 접속사로 취하는 것이 좋다. 주 안에서 죽는 자들은 이런 모든 수고를 그치고 영원한 안식에 들어갈 뿐만 아니라 그들의 모든 희생과 성취에 대해 보상을 받게 될 것이다. 13절 문맥에서 '일'과 '수고'는 상호 교환 가능한 술어들이다. 요한은 여기서 행위심판의 성경원리를 천명한다(시 62:12; 롬 2:6; cf. 1 En. 41:1-2; 2 Bar. 14:12). 하나님을 위한 일이든 하나님을 거역한 일이든, 선행이든 악행이든 행위심판의 원리가 적용된다. 주를 위해 수고하고 박해 중에 신실함을 지킨 모든 '일 또는 행위'는 마지막 심판 날에 보상을 받게 될 것이며, 하나님을 거역하고 행한 모든 악행들도 마땅한 하나님의 징벌을 당하게 될 것이다.

[14-16] 요한은 성도들에게 신실하게 살 것을 격려한 뒤에 이제 14-20절에서 최후심판의 주제를 재개한다. 그는 농경은유를 동원하여 최후

심판을 '마지막 추수'로 비유한다. 요한은 환상 중에 흰 구름 위에 인자 같은 이가 앉아 있는 것을 보았는데 "그 머리에 금 면류관이 있고 그 손에는 예리한 낫을 가진" 분이었다. 어떤 학자들은 구름 위에 앉아 계신 분이 그리스도를 지칭한다고 생각하기도 하고, 다른 학자들은 그가 천사를 가리킨다고 생각하기도 한다. 천사라고 볼만한 증거는 15절에서 찾을 수도 있는데, 이 구절에서 구름 위에 앉은 이는 다른 천사의 명령을 받고 낫을 휘둘러 추수하는 것으로 묘사되기 때문이다. 하지만 다니엘 7:13에서 인자 같은 이가 구름을 타고 강림하는 장면은 인자 되신 메시아 예수를 예언하는 말씀으로 널리 알려져 있다. 그리고 다른 천사가 "성전으로부터 나와 구름 위에 앉은 이"에게 낫을 휘둘러 추수하라고 외친 것은 하늘성전 보좌에 앉으신 하나님의 명령을 대행한 것에 불과할 수 있다. 요한은 '인자 같은 이'를 몇 가지 특징적인 술어로 묘사한다(Osborne, 2002: 550f): 첫째, 인자 같은 이가 흰 구름 위에 앉아 있다는 것은 메시아가 장차 "구름을 타고 오실" 것을 말하는 다니엘 7:13을 반영한다. 다니엘서의 언어를 빌려 심판자를 묘사한 것은 의심할 여지도 없이 인자 되신 메시아 예수를 염두에 둔 것이다. 그리고 계시록에서 '흰' 색은 순결, 지혜, 영광, 승리 등을 상징한다. 흰 구름을 탄 심판자의 모습은 예수께서 영광스러운 승리자가 되셔서 세상을 심판하러 오실 것을 뜻한다. 둘째, 인자 같은 이는 머리에 금 면류관을 쓰고 있었다. 계시록에서 금관은 24 장로들(4:4)과 마귀적인 황충들(9:7)이 쓴 것으로 언급되는데, 그것은 항상 "왕적인 권위와 신적인 영광"을 나타낸다. 그렇다면 이런 권위와 영광을 입고 세상의 심판자로 임한다면 그것은 올리심을 받은 그리스도일 수밖에 없다. 셋째, 인자 같은 이는 또한 그의 손에 '예리한 낫'을 가진 분으로 묘사된다. 본문에서 그것은 마지막 추수 때 하나님의 심판을 상징하는 비유 언어이다. 낫이 '예리하다'는 것은 인자의 심판이 최종적 권세로 행해질 것임을 시사해준다.

마지막 추수 장면이 묘사된 뒤에 또 다른 천사가 하늘 성전에서 나온다. 이것은 천사가 하늘성전 보좌에 앉아계신 하나님의 추수 명령을 전달하는 임무를 가졌다는 것을 뜻한다. 계시록을 보면 "번개와 음성들과 우레와 지진과 큰 우박"이 하늘 성전에서 나오고(11:19), 일곱 대접 재앙들을 가진 천사들도 하늘 성전에서 나오고(15:5-8), 또한 대접들을 쏟아 부으라는 명령도 하늘 성전에서 나온다(16:1, 17). 이것은 인자 되신 예수의 최후심판이 하늘성전 보좌에 앉으신 하나님의 명령을 따라 집행되며 천사는 하나님의 이 심판명령을 전달하는 역할을 한다는 것을 말해준다. 14-16절의 심판장면은 17-20절의 것과 다르다. 전자의 구절은 신자들을 향한 긍휼의 심판을 그린다면, 후자의 구절은 불신자들에게 공의만이 요구되는 심판을 그린다(Osborne, 2002: 551). 낫을 휘둘러 땅의 익은 곡식을 거두라는 천사의 '큰 음성'은 메시지의 중요성을 강조해주는 역할을 한다. 그리스도가 천사에게 들은 내용은 "땅의 곡식이 다 익어 거둘 때가 이르렀기" 때문에 "당신의 낫을 휘둘러 거두라"는 명령이다. 낫을 휘둘러 익은 곡식을 거두라는 명령은 구약에서도 등장한다(호 6:11; 욜 3:13). 익은 곡식을 추수할 때가 되었다는 것은 심판의 긍정적 측면을 나타내준다. 요한은 이미 144,000명을 '첫 열매'로 묘사한 적이 있기 때문에, 주를 위해 수고한 성도들의 모든 행위를 익은 곡식을 추수하는 것으로 묘사했을 가능성이 높다. 열매를 맺지 못한 나무 가지들을 낫으로 베어 불에 던져 넣는 이미지가 등장하는 요한복음 15:6을 고려할 때, 익은 곡식을 추수하는 때는 구속받은 성도들의 선행을 보상하는 최후심판의 때를 가리킨다(요 4:34-38). 인자 되신 예수는 하나님의 명령을 수행하는 천사의 지시를 따라 낫을 휘둘러 땅의 익은 곡식을 거두게 된다(16절).

[17-20] 앞의 추수장면은 성도들을 향한 긍휼의 심판을 묘사했다면, 본 절의 추수장면은 불신자들을 향한 공의의 심판을 묘사한다. 두 번째

또 다른 천사도 하늘 성전에서 나와 예리한 낫을 손에 쥐고 추수를 거둘 준비를 한다(17절). 그런데 "불을 다스리는 다른 천사가 제단으로부터 나와 예리한 낫을 가진 자를 향하여 큰 음성으로 불러" 말하기를 땅의 포도가 무르익었기 때문에 "네 예리한 낫을 휘둘러 땅의 포도송이를 거두라"고 명령한다. 18절의 또 다른 천사는 성전이 아니라 제단에서 나온다는 것이 특이하다. 계시록에서 '제단'은 제물을 태우거나 향을 피우는 제단을 종종 나타낸다(6:9; 8:3). 두 구절에서 하나님의 보응은 성도들의 기도에 대한 응답으로 주어진다. 말하자면 그들의 기도가 하나님에게 상달되어 하나님이 천사를 보내어 심판의 보응을 내리는 셈이다. 그런데 하나님의 보응을 준비하는 천사가 18절에서 "불을 다스리는 천사"로 묘사된다. '불'은 계시록만 아니라 신약성경에서 신의 심판을 상징하는 비유 언어이다(고전 3:14-15; 계 14:18). 그렇다면 "불을 다스리는 천사"는 불신자들을 향한 하나님의 심판을 책임진 천사를 가리킨다.

이 천사도 15절의 천사처럼 큰 음성으로 첫째 천사에게 낫을 들고 "땅의 포도송이"를 거두라고 명령한다. 15절에서 추수 대상은 땅의 익은 곡식이지만, 18절에서 추수 대상은 땅의 포도송이이다. '땅'이 몇 차례 언급된 것은 심판이 땅에 임하는 심판이라는 것을 시사해준다. 포도가 20절에서 '피'와 연결되기 때문에 포도송이 추수는 성도들을 죽여 피를 흘리게 한 악행에 대한 피의 보복 심판임을 드러내기 위함일 것이다. 땅의 거주자들이 성도들을 박해하고 죽여 피를 흘리게 한 악행이 포도송이처럼 무르익을 때 하나님은 성도들의 탄원하는 기도소리를 들으시고 그들을 보복하기 위해 "하나님의 진노의 큰 포도주 틀"에 던져 짓밟으실 것이다. 이러한 생생한 이미지 언어는 구약 요엘서 3:13에서 등장하고, 계시록 본문이 이를 넘겨받았다. 큰 성 바벨론은 모든 나라들에게 그의 음행에 동참하게 해서 "하나님의 진노의 포도주"를 마시게 한 범죄를 저질렀고(14:8), 거짓 선지자는 짐승의 우상에게 경배하지 않는 자들은 누구나 죽이게 했다(13:15). 땅의 거주자들도 바벨론과 거짓 선지자의 음행에 동참하여 짐승숭배를 거부하는 성도들을 죽여 피를 흘리게 한 만큼, 하나님도 그들을 거대한 진노의 포도주 틀에 던져 넣고 짓밟아 피가 말굴레에 닿을 때까지 응징하실 것이다. 다 익은 포도송이를 포도주 틀에 넣고 짓밟으면 붉은 포도즙이 터져서 흐르는 장면은 하나님께서 땅의 거주자들에게 행하는 맹렬한 피의 보복을 생생하게 만들어주는 효과가 있다. 피가 말굴레에까지 찼다는 표현은 하나님의 심판의 강도가 그만큼 맹렬하고 강력하다는 것을 시사해주고, 또한 용과 짐승을 심판하는 전쟁에서 백마 탄 예수의 옷이 피로 물든 정황과도 연관된다(Bauckham, 1993b: 40-47). 피가 천육백($4 \times 4 \times 10 \times 10$) 스다디온에 퍼졌다는 말은 하나님의 심판의 온 세상을 다 포괄한다는 것을 뜻한다. 계시록에서 4는 동서남북으로 표시되는 온 세상을 상징하는 숫자이고(5:6; 7:1) 10은 열 왕들에게 적용된 바 있는 숫자이다(17:2-14). 이것은 심판이 온 세상의 거주자들과 왕들을 대상으로 한다는 것을 암시한다.

하나님의 진노의 포도주 틀이 밟히는 장소는 "성 밖"이다. 구약에서 성 밖에서 처형된다는 것은 저주를 받아 언약백성의 반열에서 끊어진다는 것을 의미한다. 인자 되신 예수는 일찍이 빌라델비아 교회에 보낸 편지에서 승리자들이 하나님의 성전의 기둥이 되어 다시는 성전 밖으로 나가지 않을 것이라고 약속하셨고(3:12), 또한 신실한 성도들이 새 예루살렘 성의 문들을 열고 그 안에 들어갈 권세를 얻게 될 것이라고 약속하셨다(22:14). 그렇다면 땅의 거주자들이 성 밖에서 진노의 포도주 틀에 던져져 짓밟힌다는 것은 하나님으로부터 완전히 거절되어 맹렬한 심판의 대상이 될 것이라는 것을 말해주고, 그것은 또한 새 예루살렘 성에 들어가 영원한 생명을 누리는 자들의 축복된 상태와 날카롭게 대조된다(Osborne, 2002: 555).

> 해설

본 섹션은 크게 세 부분으로 구성된다. 첫째는 144,000명이 새 노래를 부르는 장면이고(1-5절), 둘째는 세 천사가 전하는 메시지를 다루며(6-13절), 그리고 셋째는 땅의 곡식과 포도를 거두는 최후심판 장면이다(14-20절). 흥미로운 것은 저자가 하늘의 영역과 땅의 영역을 오가며 성도들의 미래 운명과 죄인들의 미래 운명을 날카롭게 대조한다는 사실이다. 천상의 영역에는 하나님과 어린 양이 성도들과 함께 영광스러운 승리를 축하하는 모습이 그려지지만, 지상의 영역에는 또한 두 짐승이 성도들과 싸워 이기는 장면이 그려진다. 요한은 성도들은 비록 지상에서 악의 세력들과의 싸움에서 박해를 당하고 죽임을 당할 수는 있겠지만 그들은 장차 천상에서 영광스러운 승리자로 우뚝 설 것임을 보여줌으로써 거친 세상 환경에서 살아가는 성도들을 격려하고자 한다. 12-13장은 용과 짐승들이 하나님과 그의 백성을 대항하여 전쟁하는 장면을 다룬다면, 14장은 하나님과 그의 백성이 이에 반응하여 어떤 행동들을 할 것인가를 다룬다. 주제별로 14장은 두 부분으로 구성되는데, 첫째 부분은 성도들의 영광스러운 승리를 그리고(1-5절) 둘째 부분은 땅의 거주자들을 향한 하나님의 심판을 그린다(6-20절). 특히 둘째 부분에서 세 천사는 영원한 복음이 땅의 거주자들에게 전해졌고 멸망의 심판이 그들에게 임박했다는 사실을 선포한다. 그들은 이제 하나님의 인침을 받고 그의 백성으로 살 것인가 아니면 짐승의 표를 받고 그를 경배하며 살 것인가를 놓고 선택을 해야 한다.

우선 첫 단락은 구속을 받은 144,000이 새 노래를 부르는 환상 장면을 그린다(1-5절). 13장에서 요한은 두 짐승에 의해 박해를 당하는 지상의 성도들을 다루었다면, 14장에서 장면이 바뀌어 어린 양과 함께 시온 산에 서서 새 노래를 부르는 모습이 다루어진다. 그들은 두 짐승과의 영적 전쟁에서 승리한 자들이며 짐승과 우상 숭배에 자신을 더럽히지 않고 하나님 앞에서 영적인 순결을 지킨 자들이다. 그들은 하나님과 어린 양에게

'첫 열매'로 드려진 흠 없는 새 백성으로서 하늘에서 새 노래를 부르며 영원한 기쁨에 참여하게 될 것이다. 천국의 기쁨과 축복에 참여하기 위한 조건은 불경건한 세상에 동화되어 하나님 아닌 것들을 신처럼 떠받들고 부도덕한 생활이나 세상 쾌락에 매몰되지 않는 삶, 그리고 어린 양이 이끄는 대로 어디든지 따라가는 신실한 삶을 사는 것이다.

둘째 단락은 세 천사가 전하는 메시지들을 담고 있다(6-13절). 첫째 천사는 땅의 모든 거주자들에게 영원한 복음이 전파되었고 심판의 때가 이르렀기 때문에 회개할 것을 촉구하고(6-7절), 둘째 천사는 열국으로 음행에 동참하게 만들어 진노의 포도주를 마시게 한 큰 성 바벨론의 멸망을 선포하며(8절), 셋째 천사는 짐승과 그의 우상에게 경배하고 이마나 손에 짐승의 표를 받은 자들이 영원한 유황불 못에 던져져 밤낮 쉬지 않고 고통을 당하게 될 것을 선포한다(9-11절). 따라서 영원한 심판에 떨어지지 않고 영광스러운 승리자로서 어린 양과 함께 시온 산에 서기 위해서 요한은 고난 중에 인내하고 하나님의 계명과 예수에 대한 믿음을 지킬 것을 촉구한다. 결국 세 천사들의 메시지는 영원한 복음을 듣고 회개할 자들의 운명과 그렇게 회개하기를 거부하는 자들의 운명을 날카롭게 대조시킴으로써 둘 중의 한 길을 선택할 것을 촉구하는 역할을 한다. 첫째 천사가 공중을 날며 땅의 모든 거주자들에게 영원한 복음을 선포하는 것은 계시록의 선교신학의 주제를 부각시켜준다. 복음은 "땅의 거주하는 자들 곧 모든 민족과 종족과 방언과 백성"에게 전해야 할 보편적인 메시지이다. 짐승과 그의 추종자들이 비록 성도들을 박해하고 죽이겠지만, 성도들은 그들의 공격을 피해 숨지 않고 세상에서 증인 역할을 신실하게 감당하는 자들이다(11:3-6). 땅의 거주자들은 대부분 교회공동체의 증언을 거부하겠지만, 만일 그들 중의 소수라도 그 증언을 받아들여 회개한다면 하나님의 진노의 포도주를 마시지 않고 성도들과 함께 영원한 기쁨에 동참하게 될 것이다.

마지막 단락은 땅의 추수 장면을 묘사한다(14-20절). 요한은 요엘

3:13의 언어를 빌려와 최후심판을 낫을 가지고 땅의 소산을 거두는 추수로 비유한다. 본 단락은 모두 최후심판 장면을 묘사하지만, 땅의 곡식을 추수하는 장면(14-16절)은 성도들을 향한 긍휼의 심판을 묘사한다면 땅의 포도송이를 추수하는 장면(17-20절)은 불신자들을 향한 공의의 심판을 묘사한다. 추수 때가 이르러 익은 곡식을 추수하는 은유는 신약성경에서 성도들을 향한 심판을 묘사할 때 몇 차례 등장한다. 그리스도는 다니엘 7:13에서 예언된 인자처럼 금 면류관을 쓴 만왕의 왕이며 예리한 낫을 가진 심판자이시다. 그는 성도들이 주를 위해 수고한 모든 행위들에 대해 보상하실 것이지만, 성도들을 핍박하고 죽여 피를 흘린 땅의 거주자들에 대해서는 피의 보복을 행하실 것이다. 익은 포도를 큰 포도주 틀에서 넣어 짓밟으면 붉은 포도즙이 터져 흐르듯, 하나님은 땅의 거주자들에게 피의 응징을 시행하여 그들의 피가 온 세상에 가득 채워지게 할 것이다. 불신자들에 대한 하나님의 진노의 심판이 새 예루살렘 밖에서 집행된다는 것은 그들이 하나님에 의해 완전히 거절된다는 것을 뜻한다. 이것은 구속받은 백성이 새 예루살렘 성에 들어가 누리게 될 축복의 상태와 대조를 이룬다. 땅의 거주자들이 성도들과 선지자들의 피를 흘리게 했기 때문에, 하나님이 그들로 피를 흘리게 하는 응징을 하는 것은 당연한 것이다.

라. 일곱 대접 심판(15:1-19:10)

후속되는 섹션을 구분하는 것은 쉽지 않지만 마지막 일곱 대접 심판 시리즈에 바벨론의 멸망을 포함시키는 것이 옳다. 마지막 천사가 일곱 번째 대접 재앙을 쏟자 바벨론 성이 세 갈래로 무너지는 것으로 보아서 바벨론 성의 멸망을 묘사하는 17-18장은 일곱 대접 심판 이야기에 속한 것이 분명하다(Johnson, 1981: 544). 본 섹션은 크게 여섯 부분으로 구성된다. 첫째 단락은 일곱 천사가 지닌 마지막 일곱 재앙들을 묘사하고(15:1-8), 둘째 단락은 천사들이 일곱 대접 재앙을 실제로 쏟아 붓는 장면을 묘사하며 (16:1-21), 셋째 단락은 큰 음녀와 짐승의 멸망을(17:1-18), 넷째 단락은 큰 성 바벨론의 멸망을(18:1-24), 다섯째 단락은 바벨론 멸망에 대한 찬양을 (19:1-5), 그리고 여섯째 단락은 어린 양의 혼인에 대한 찬양을(19:6-10)을 그린다.

(1) 일곱 천사가 지닌 마지막 일곱 재앙들(15:1-8)

본문

¹ 또 하늘에 크고 이상한 다른 이적을 보매 일곱 천사가 일곱 재앙을 가졌으니 곧 마지막 재앙이라 하나님의 진노가 이것으로 마치리로다 ² 또 내가 보니 불이 섞인 유리 바다 같은 것이 있고 짐승과 그의 우상과 그의 이름의 수를 이기고 벗어난 자들이 유리 바다 가에 서서 하나님의 거문고를 가지고 ³ 하나님의 종 모세의 노래, 어린 양의 노래를 불러 이르되 주 하나님 곧 전능하신 이시여 하시는 일이 크고 놀라우시도다 만국의 왕이시여 주의 길이 의롭고 참되시도다 ⁴ 주여 누가 주의 이름을 두려워하지 아니하며 영화롭게 하지 아니하오리이까 오직 주만 거룩하시니이다 주의 의로우신 일이 나타났으매 만국이 와서 주께 경배하리이다 하더라 ⁵ 또 이 일 후에 내가 보니 하늘에 증거 장막의 성전이 열리며 ⁶ 일곱 재앙을 가진 일곱 천사가 성전으로부터 나와 맑고 빛난 세마포 옷을 입고 가슴에 금 띠를 띠고 ⁷ 네 생물 중의 하나가 영원토록 살아 계신 하나님의 진노를 가득히 담은 금 대접 일곱을 그 일곱 천사들에게 주니 ⁸ 하나님의 영광과 능력으로 말미암아 성전에 연기가 가득 차매 일곱 천사의 일곱 재앙이 마치기까지는 성전에 능히 들어갈 자가 없더라.

주해

15장은 일곱 대접 심판 시리즈를 언급하는 16장을 준비하는 서론에 해당하고, 후속되는 17, 18장은 일곱 대접 심판의 결과로 큰 성 바벨론이 무너져 멸망할 것을 묘사한다. 14장은 이미 진노의 포도주 잔(10절), 땅의 곡식의 추수(14-16절), 땅의 포도송이 추수(17-20절) 등의 이미지 언어를 동원하여 최후심판을 예시했는데, 이제 그것은 일곱 대접 재앙들을 통해서 보다 구체적으로 해설된다. 이 최후심판에는 하나님을 거역하는 땅의 거주자들만 포함되기 때문에 일곱 대접 심판은 그들을 징벌하는 성격이 강하다(16:2). 이런 징벌적 심판 중에도 하나님은 그들에게 회개를 촉구하기는 하지만 땅의 거주자들 중 아무도 그들의 우상숭배를 돌이키지 않는다(16:9,11). 회개하지 않는 자들에게 하나님의 진노는 더 무섭고 중하다. 15장과 16장은 서로 밀접한 연관을 맺고 있다. 두 장은 모두 하나님의 진노를 담은 일곱 대접들이 언급되지만, 15장은 예비적이라면 16장은 서술적인 성격을 지닌다(Johnson, 1981: 545). 전자는 짐승과 싸워 이긴 성도들이 승리의 노래를 부르는 장면(1-4절)과 일곱 대접 재앙을 가지고 하늘 성전에서 나온 일곱 천사들의 장면(5-8절)을 묘사한다면, 후자는 일곱 천사가 일곱 대접 재앙들을 실제로 땅에 쏟아 붓는 장면을 서술한다(16:1-21).

[1] 본 절은 일곱 대접 재앙 시리즈를 설명하는 15, 16장의 표제어 역할을 한다. 요한은 "하늘에 크고 이상한 다른 이적을 보게" 되었다. 한글 성경에 '이적'으로 번역된 헬라어 술어(σημεῖον)는 본래 '표시, 표적, 징표, 군호' 등의 뜻으로 사용되는데, 그것은 본문에서 환상장면을 통해 보다 실체적인 영적 진실을 계시하는 것을 가리킨다. 계시록에는 몇 차례 '이적' 또는 '표적'(sign)이 언급되는데, 첫 번째는 해를 옷 입은 여인이 나타난 표적이고(12:1), 두 번째는 붉은 용이 나타난 표적이며(12:3), 세 번째는 일곱 대접 재앙을 지닌 일곱 천사들이 나타난 표적이다(15:1). 요한은 이 셋째 표적에 대해서만 "크고 놀라운"이란 수식어를 붙였다. 그는 일곱 대접 심판들을 "마지막 재앙"이라고 부른다. 학자들은 '마지막'이란 말을 서로 다른 의미로 해석한다. 어떤 학자는 그것을 시간적 의미로 해석하기

를 선호한다(Johnson, 1981: 546; Osborne, 2002: 561). 하나님의 진노가 최종적으로 완성되는 일은 일곱 천사들이 땅에 쏟아 붓는 일곱 재앙들을 통해 이루어질 것이기 때문에, 요한은 역사에 종지부를 찍게 될 이 마지막 재앙을 '크고 놀라운' 표적이라고 부른다. 다른 학자는 '마지막'이란 말은 대접 재앙들이 일곱 심판 시리즈들 중의 마지막 환상 장면이라는 것을 뜻할 뿐이라고 해석한다(Beale, 1999: 786). 그렇다면 대접 재앙들은 최후심판의 정점을 향하면서도 전 시대에 걸쳐 나타날 재앙들을 좀 더 자세하게 설명한 것이 되고, '마치리로다'란 말은 하나님의 진노가 일곱 대접 재앙으로 가득 채워질 것을 뜻하게 된다. 필자는 계시록이 점진적 반복의 방식으로 서술되었다고 생각한다. 때문에 인, 나팔, 대접 재앙들이 엄격한 연대기 순서를 따라 전개되는 것은 아닌 것으로 본다. 각 심판 시리즈의 마지막 재앙은 항상 최후심판 장면으로 끝나기에 더욱 그렇다. 따라서 인, 나팔, 대접 심판은 각각 최후심판을 향하면서도 전 역사에 걸쳐 임할 심판 재앙들을 하나의 사이클처럼 점진적이고 반복적으로 강화시킨다. 점진적인 것은 각 심판 시리즈가 최후심판을 향해 움직이기 때문이고, 반복적인 것은 역사의 전 기간에 걸쳐 임하는 재앙들을 인, 나팔, 대접 심판으로 옮겨가면서 점층적으로 강화시키는 문예적 서술방식을 취하기 때문이다. 대접심판 시리즈가 '마지막 재앙'인 것은 그 이후에 다른 심판 시리즈가 더 이상 없을 것이라는 문학적 의미로 쓰였기 때문일 것이다(이필찬, 2006: 651).

[2] 요한은 또한 승리한 성도들이 하늘에 서있는 큰 환상을 보았다. 그들이 서있는 곳은 "불이 섞인 유리바다 같은" 곳이다. 이 표현은 요한이 하나님의 보좌 앞에 펼쳐진 "수정과 같은 유리바다"(4:6)를 본 광경과 유사하다. 때문에 두 광경 모두 하늘 보좌 앞에 펼쳐진 동일한 광경을 묘사한 것이 분명하다. 다만 차이점은 "수정과 같은 유리바다"가 "불이 섞인 유리바다"로 바뀌었다는 사실이다. 계시록에서 '불'은 종종 심판의 상징

으로 사용된다. 낫으로 땅의 포도송이를 거두라고 명령하는 천사가 "불을 다스리는 천사"(14:18)로 불리고, 짐승과 거짓 선지자가 사로잡혀 "유황불 붙은 못"(19:20)에 던져지는 것도 심판의 문맥에서 등장한다. 근접문맥은 일곱 대접 재앙을 언급하기 때문에 그것이 심판과 연관된 표현인 것은 분명하다. 많은 학자들이 주장하듯이(Bauckham, 1993b: 297; Morris, 1987: 181), 만일 우리의 본문이 출애굽 모티브를 반영한다면, 요한은 여기서 승리한 성도들이 이스라엘 백성들처럼 심판이 임하는 바다를 무사히 통과하여 하늘 보좌 앞에 서게 된 것을 염두에 두었을 수 있다. 불이 섞인 유리바다 가에 승리자로 서 있는 자들은 "짐승과 그의 우상과 그의 이름의 수를 이기고 벗어난" 성도들이다. '짐승'은 바다에서 나온 첫째 짐승을 말하고, '그의 우상'은 첫째 짐승의 우상을 말하며, '그의 이름의 수'는 첫째 짐승의 이름을 환산한 666을 가리킨다. 이들 세 표현은 하나님과 그의 교회를 대적하는 악의 세력들을 통칭한다. 악의 세력들은 성도들을 박해하고 죽일 수 있지만 결코 진정한 의미에서 그들을 이길 수 없다. 계시록의 저자는 승리의 길이 생명을 안전하게 보존하는 것이 아니라 죽기까지 믿음을 지키는 데 있다는 것을 자주 강조한다. 우상숭배를 거절하고 죽기까지 믿음을 지킨 성도들은 유리바다 가에 승리자로 서서 "하나님의 거문고" 가지고 노래한다. 이 소유격 표현은 하나님 앞에서 그를 위해 연주하는 거문고란 뜻을 지닐 수 있다. 하나님의 보좌 앞에서 거문고(하프)로 예배하는 광경은 이십사 장로들(5:8)과 144,000명(14:2)과 연관하여 등장한다.

[3-4] 구속받은 성도들이 부르는 노래는 "하나님의 종 모세의 노래, 어린 양의 노래"로 불린다. 모세의 노래는 홍해 바다에서 애굽 군사들을 패배시킨 여호와 하나님의 승리를 축하하기 위해 이스라엘 백성이 부른 노래를 가리킨다(출 15:1-18). 모세의 노래가 어린 양의 노래와 함께 등장하는 것은 어린 양의 구속을 출애굽 모티브와 관련하여 이해하려는 요한의

의도를 나타내준다. 이스라엘 백성이 이집트 군사의 공격으로부터 그들을 구원하신 하나님의 승리를 노래한 것처럼, 성도들도 자신의 피로 그들을 용과 짐승들의 공격으로부터 구원하신 어린 양의 승리를 노래한다. 학자들은 3-4절에 등장하는 "모세의 노래, 어린 양의 노래"가 신명기 32장만 아니라 구약 여러 본문들의 주제들을 반영한다고 생각한다(Johnson, 1981: 547; Du Rand, 1995: 203ff.). 그것은 전쟁이나 출애굽 모티브를 동원하여 짐승을 이긴 어린 양의 승리를 묘사한다. 모세의 노래와 어린 양의 노래는 서로 설명적 관계에 있다. 즉 모세의 노래가 곧 어린 양에 관한 노래이다. 모세가 축하한 출애굽 해방의 승리는 어린 양의 피로 이룬 새로운 출애굽 해방의 승리를 예표한 것이다.

3절하의 찬양은 새로운 출애굽 구원을 이룬 하나님을 "전능하신 이" 또는 "만국의 왕"으로 부르면서 하나님이 "하시는 일이 크고 놀랍고" 그의 길이 "의롭고 참되다"고 칭송한다. 이런 하나님 칭호나 표현들은 시편과 예언서에서 끌어온 것이다. 모세가 이스라엘 백성과 함께 부른 노래는 출애굽기 15:1에서, 주의 행사가 놀랍다는 말은 시편 139:14에서, 전능하신 주 하나님이란 말은 아모스 4:13에서, 주의 길이 의롭고 참되다는 말은 신명기 32:4에서, 그리고 만국의 왕이란 말은 예레미야 10:7에서 각각 등장한다. 이런 구약 구절들 배후에는 그의 백성과 언약을 맺고 그들을 신실하고 진실하게 대하시는 하나님 사상이 놓여 있다. 언약의 하나님은 원수의 손에서 그의 백성을 구원하는 일에서 항상 신실하고 진실하며 그의 백성의 원수들을 권능의 손으로 징치하고 심판하는 일에 있어서도 항상 의로운 분이시다. 대접 재앙을 쏟는 천사가 전능자 하나님이 "심판하시는 것이 참되시고 의로우시다"(16: 7)고 말한 것도 이런 배경을 지닌다. 하나님의 행위가 크고 놀라운 것은 어린 양이 이룬 위대한 구원을 칭송하는 내용이고, 하나님의 길이 의롭고 참되다는 것은 심판과 구원에 나타난 그의 주권적 공의를 칭송하는 내용이다. "만국의 왕"이란 하나님 호칭은 "만국이 와서 주께 경배할"(4절하) 것이라는 주제와 연관된다. 어린 양의 구속은 만국에 대한 하나님의 왕적 통치를 실현시킨 사건이며, 그의 구속을 경험한 사람들은 모든 나라들로부터 나와 하나님께 경배하게 될 것이다.

4절의 찬양은 수사적 질문들로 구성된다. 첫째는 "누가 주의 이름을 두려워하지 아니하겠느냐"는 질문인데 예레미야 10:7에서 인용된 것이다. 이 수사적 질문은 심판과 구원에 나타난 하나님의 주권과 능력을 아는 자는 누구나 그를 두려워하고 경외하지 않을 수 없다는 사실을 강조한다. 둘째는 "누가 주의 이름을 영화롭게 하지 아니하오리이까"라는 질문이며 시편 86:9에서 인용된 것이다. 하나님을 두려워하고 그를 영화롭게 하는 것은 서로 밀접하게 연관된 개념이다. 시편 86편은 다윗이 원수들에게 둘러 쌓여있을 때 하나님에게 도움을 탄원하는 시이다. 이 시의 핵심 부분은 세상 어떤 신들과 비교할 수 없는 위대한 하나님을 경배하는 내용을 담고 있다. 다윗이 했던 것처럼, 성도들을 핍박하던 짐승과 그의 추종자들을 심판하시고 그들에게 새로운 출애굽 해방을 선사하신 의롭고 거룩하며 신실하신 하나님을 경외하고 영화롭게 하는 것은 그들의 마땅한 본분이다. 주의 의로운 일이 나타났기 때문에 세상 나라들이 주께 나아와 경배할 것이라는 주제는 출애굽기 15:11과 예레미야 10:6-7에서 등장한다. "주의 의로운 일"은 구원사 속에 나타난 어린 양의 구속을 가리킨다. 그의 구속행위가 '의로운' 이유는 짐승의 공격으로부터 성도들을 해방하는 것이 하나님의 언약적 성실성을 나타낸 것이기 때문이다. 하나님의 언약적 성실성은 그의 백성을 짐승과 그의 추종자들의 공격으로부터 구원하는 행위를 통해 나타난다. "만국이 와서 주께 경배할" 것이라는 것은 계시록에서 강조되는 선교 동기를 반영한다. 세상 나라들은 하나님의 진노를 경험할 테지만, 그들 중에 어떤 사람들은 주를 두려워하고 영화롭게 할 것이다. 이것은 진노 중에서 '영원한 복음'(14:6-7)을 듣고 회개할 사람이 있다는 것을 시사해준다(Osborne, 2002: 567).

[5-8] 본 단락은 일곱 재앙을 가진 일곱 천사가 하늘 성전에서 나오는 장면을 묘사한다. 요한은 "하늘에 증거 장막의 성전"이 열리고 "맑고 빛난 세마포 옷을 입고 가슴에 금띠를 띤" 일곱 천사가 성전으로부터 나오는 환상을 보았다. 성전이 '증거 장막'으로 불린 것은 광야의 성막을 연상시킨다. '증거'란 말이 장막을 수식한 것은 성막 안의 법궤 속에 십계명의 두 돌 판이 들어있었기 때문이다. 십계명은 이스라엘을 향한 하나님의 뜻과 목적을 증언하는 역할을 하기 때문에, 그것을 담고 있는 십계명의 두 돌 판은 '증거판'으로(출 16:34), 법궤는 '증거궤'로 불렸다(레 16:13). 성전을 증거 장막으로 부른 것은 언약의 배경 하에서 이해되어야 한다. 하나님은 이스라엘과 언약을 맺고 그들에게 율법을 지킬 것을 명하셨다. 율법 준수는 그들에게 부과된 언약의 의무였고, 하나님은 그것을 순종하는 자에게 복을, 그것을 범하는 자에게 저주를 선언하셨다. 열방은 하나님과의 언약을 깨트린 자들이기 때문에 하나님이 그들에게 재앙을 내리는 것은 당연한 결과이다. 11:19에서 하늘 성전이 열리고 언약궤가 보인 것은 언약의 성취와 하나님의 자비를 나타내지만, 본문에서 하늘 성전의 증거 장막이 열린 것은 언약을 깨트린 자들에게 임할 하나님의 심판을 상징한다(Osborne, 2002: 569).

요한은 열린 하늘성전에서 "일곱 재앙을 가진 일곱천사"가 나오는 것 나오는 것을 보았다. 이들 천사가 가진 일곱 재앙은 최고 재판자로서 하나님이 죄인들에게 내린 법적 처분의 결과이다. 본래 일곱 재앙들은 "네 생물 중의 하나가 영원토록 살아계신 하나님의 진노를 가득히 담은 금 대접 일곱을 그 일곱 천사들에게 준" 재앙들이다. '금 대접'은 성전제의 용기로서 보통 제물이나 제물의 피 또는 향을 담기 위해 사용되었다(5:8; 출 27:3; 왕상 7:50). 일곱 금 대접에 하나님의 진노가 가득 담겼다는 것은 하나님의 재앙 심판들이 완전하고 충만하게 집행될 것을 말해준다. 4:6-8에서 "네 생물"은 하나님의 보좌를 호위하면서 피조세계 전체를 관장하는 천상적 존재들이다. 네 생물 중 하나가 일곱 천사에게 하나님의 진노를 가득 담은 금 대접들을 건네준다. 이것은 네 생물이 죄인들의 생존 환경인 피조세계를 향한 하나님의 심판을 집행하는 존재라는 것을 말해준다. 성전에서 나온 일곱 천사들은 "맑고 빛난 세마포 옷을 입고 가슴에 금 띠를 띤"(6절) 모습을 하고 있었다. 보통 세마포 옷은 성전제의를 수행하는 제사장들이 착용하였기 때문에(레 16:4,23) 요한은 천사들이 하늘성전에서 제사장직 역할을 한 것으로 그린 것 같다. 어린 양의 신부나(19:8) 하늘의 군대가(19:14) 희고 깨끗한 세마포 옷을 입은 것으로 보아서 일곱 천사들이 "맑고 빛나는" 세마포 옷을 입었다는 것은 그들의 "순결과 영광"을 나타낸 것이라 할 수 있다(Osborne, 2002: 570). 일곱 천사가 일곱 금 대접을 받고 하늘성전에서 나올 때 "하나님의 영광과 능력으로 말미암아 성전에 연기가 가득 찼다." 성전에 가득 찬 연기는 "하나님의 영광과 능력으로부터" 나온 것이며 구약에서 연기 또는 구름은 하나님의 두렵고 영광스러운 임재를 상징한다. 하나님의 임재는 특별히 그가 땅 위에 일곱 재앙들을 쏟아 붓는 심판 행위 속에서 두렵고 영광스러운 형태로 나타난다.

하나님의 두렵고 영광스러운 임재는 "일곱 천사의 일곱 재앙이 마치기까지는 성전에 능히 들어갈 자가 없다"(8절)는 말 속에 표현된다. 학자들은 아무도 성전에 들어가지 못하는 이유에 대해서 달리 해석한다. 어떤 학자들은 성전이 더 이상 중보나 신원을 위한 장소가 되지 못하고 닫혔기 때문에 아무도 들어갈 수 없다고 생각하기도 하고, 어떤 학자들은 하나님의 진노가 마칠 때까지 아무도 그에게 나아갈 수 없다고 생각하기도 하며, 또 어떤 학자들은 성전이 하나님의 위엄과 영광과 능력으로 가득 찼기 때문에 아무도 들어갈 수 없다고 생각하기도 한다. 구약은 하나님을 가까이 갈 수 없는 영광의 빛 가운데 계신 분으로 생각하기 때문에 아무도 성전에 계신 하나님께 나아갈 없다. 더욱이 "심판을 결행하시려는 하나님의 의지로 말미암아 성전에 하나님의 영광이 가득 차 있기 때문에"(이필찬, 2006: 664) 누구도 성전에 들어갈 수가 없다.

> 해설

본장은 크게 세 부분으로 나뉜다. 첫째는 요한이 본 크고 놀라운 이적, 즉 재앙들을 가진 일곱 천사에 관한 장면이고(1절), 둘째는 짐승을 이기고 승리한 성도들이 노래를 부르는 장면이며(2-4절), 셋째는 일곱 재앙을 받은 일곱 천사들이 하늘 성전에서 나오는 장면이다(5-8절). 성도들의 신원과 죄인들의 심판이 본장을 관통하는 중심 주제이다.

첫째 단락에서 짐승과 싸워 이긴 성도들이 유리바다 가에 서서 거문고를 타며 "모세의 노래, 어린 양의 노래"를 부른다. 일곱 천사가 일곱 대접 재앙들을 땅에 쏟아 붓기 위해 준비하는 상황에서 성도들이 짐승과 싸워 쟁취한 승리를 축하하는 장면의 소개는 어떤 의미가 있는가? 일곱 대접 재앙들은 불신 세상을 향한 하나님의 심판을 지칭하기 때문에 기본적으로 징벌적인 성격을 지닌다. 2절은 승리한 성도들이 땅이 아니라 하늘에서 노래를 부르는 것으로 그린다. 그들이 서있는 유리바다는 네 생물이 하늘보좌 앞에 펼쳐진 "수정 같은 유리바다"(4:6)와 같은 장소이다. 그렇다면 짐승을 "이기고 벗어난"(15:2) 성도들은 지금 하늘 보좌 앞에 승리자들로 서있다. 반면에 5-8절은 일곱 재앙을 가진 일곱 천사가 성전으로부터 나와 그 재앙들을 땅에 쏟아 부을 준비를 하는 장면을 그린다. 지상에서 진노의 심판이 아직 진행 중인 상태에서 성도들이 하늘 보좌 앞에서 승리를 축하하는 장면을 삽입한 것은 요한의 수사적 의도와 연관된다. 일곱 대접 심판 때 성도들은 여전히 땅위에 있는가? 어떤 학자는 일곱 대접 심판 때 성도들은 지상에 존재하지 않고 하늘 보좌 앞에 있다고 생각한다 (Farrer, 1949: 155). 하지만 이런 견해는 계시록의 사건들이 연대기적 순서에 따라 기록되었다는 전제 하에서만 성립될 수 있다. 최후심판 장면들은 땅의 곡식과 포도송이 추수를 언급하는 14:14-20에서 이미 서술된 바 있는 반면, 땅의 거주자들에게 임할 일곱 대접 심판은 16장에 가서야 제시된다. 요한은 종종 지상과 하늘을 대조하고 현재와 미래를 대조함으로써 지상을 천상의 전망으로, 또는 현재를 미래의 전망에서 바라볼 것을 도전한다. 15장 본문도 일곱 대접 심판을 앞두고 성도들의 궁극적 승리를 미리 내다보게 함으로써 독자들로 그들의 현재 상황을 하늘의 전망과 미래의 전망에서 이해하도록 돕고자 한다.

하늘 보좌 앞에서 성도들이 부른 노래는 모세의 노래, 즉 어린 양에 관한 노래였다. 출애굽 모티브를 활용하여 어린 양 그리스도의 구속을 묘사하는 것은 요한에게 특징적이다. 이스라엘 백성이 바로의 군대를 따돌리고 홍해를 무사히 건넌 후 승리의 노래를 부른 것처럼, 성도들도 짐승과 싸워 이기고 새로운 출애굽 구원을 경험한 뒤에 유리바다 가에서 승리의 노래를 부른다. 성도들의 승리는 하나님의 언약적 신실하심을 나타낸 결과이며, 하나님이 행하신 모든 일들은 이런 뜻에서 의롭고 참되시다. 새로운 출애굽 해방은 하나님이 성도들을 위해 이룬 크고 놀라운 일들이다. 하나님의 의로운 행위가 나타났기 때문에 만국 백성이 주께 나와 그를 경배하게 될 것이다. 하나님의 심판은 만국 백성으로 그를 두려워하고 그에게 영광을 돌리게 하는 목적을 지닌다(4절). 진노의 심판이 땅의 거주자들에게 임할 때 대부분의 사람들은 여전히 죄를 회개하지 않을 것이나, 그들 중의 어떤 사람들은 회개하고 하나님을 경배하게 될 것이다. 회개하지 않는 자들은 진노의 심판 앞에 두려워 떨게 될 것이고 회개하는 자들은 하나님을 경배하는 기쁨을 경험하게 될 것이다.

지상의 성전은 예수께서 십자가에 못 박혀 운명하실 때 열렸다(막 15:38). 신약 저자들은 성전이 열린 사건을, 하나님께 나아가는 길이 열린 것으로(히 10:19-20) 또는 이방선교의 문이 열린 것으로(막 15:37-39) 이해했다. 반면에 15:5에서 하늘성전 문이 열린 것은 일곱 대접 재앙을 땅에 쏟아 붓는 진노의 심판의 시작을 예시한다. 일곱 대접 재앙을 가진 일곱 천사들은 "맑고 빛난 세마포 옷"을 입고 있었다. 이것은 그들이 하나님의 심판집행을 중개하는 제사장적 역할을 담당한다는 것을 말해준다. 그들이 "금 띠"를 띤 것은 어린 양의 전령들로서 숭고한 신분을 지녔다는 것을 뜻한다. 네 생물은 하늘 보좌 앞에서 온 세상을 관장하는 천상적 존재들이다. 그들 중의 하나가 하나님의 진노를 가득 담은 일곱 금 대접을 일곱 천사들에게 건네 주었다. 5:8에서 금 대접은 순교자들의 기도의 향을 담아 하나님께 올릴 그릇으로 언급된다. 그렇다면 일곱 재앙들은 순교자들의 신원 기도에 대한 응답으로 하나님께서 쏟아 붓는 징벌적 재앙들이다. 일곱 금 대접이 일곱 천사들에게 주어질 때 연기가 하늘 성전을 가득 차서 아무도 들어갈 수가 없었다. 연기는 구약에서 하나님의 거룩한 임재를 상징한다. 하나님의 위엄은 그의 심판 행위 가운데서 나타난다. 진노의 심판을 결행하려는 하나님의 성전에 그의 위엄이 가득하기 때문에 아무도 들어갈 수 없는 것은 당연하다. 하나님의 심판은 성도들에게는 신원의 때이기 때문에 기쁨의 순간이지만, 땅의 거주자들에게는 심판의 때이기 때문에 비탄과 고통의 때이다.

(2) 일곱 대접 재앙들을 쏟아 부음(16:1-21)

본문

¹ 또 내가 들으니 성전에서 큰 음성이 나서 일곱 천사에게 말하되 너희는 가서 하나님의 진노의 일곱 대접을 땅에 쏟으라 하더라 ² 첫째 천사가 가서 그 대접을 땅에 쏟으매 짐승의 표를 받은 사람들과 그 우상에게 경배하는 자들에게 악하고 독한 종기가 나더라 ³ 둘째 천사가 그 대접을 바다에 쏟으매 바다가 곧 죽은 자의 피 같이 되니 바다 가운데 모든 생물이 죽더라 ⁴ 셋째 천사가 그 대접을 강과 물 근원에 쏟으매 피가 되더라 ⁵ 내가 들으니 물을 차지한 천사가 이르되 전에도 계셨고 지금도 계신 거룩하신 이여 이렇게 심판하시니 의로우시도다 ⁶ 그들이 성도들

과 선지자들의 피를 흘렸으므로 그들에게 피를 마시게 하신 것같이 합당하니이다 하더라 ⁷ 또 내가 들으니 제단이 말하기를 그러하다 주 하나님 곧 전능하신 이시여 심판하시는 것이 참되시고 의로우시도다 하더라 ⁸ 넷째 천사가 그 대접을 해에 쏟으매 해가 권세를 받아 불로 사람들을 태우니 ⁹ 사람들이 크게 태움에 태워진지라 이 재앙들을 행하는 권세를 가지신 하나님의 이름을 비방하며 또 회개하지 아니하고 주께 영광을 돌리지 아니하더라 ¹⁰ 또 다섯째 천사가 그 대접을 짐승의 왕좌에 쏟으니 그 나라가 곧 어두워지며 사람들이 아파서 자기 혀를 깨물고 ¹¹ 아픈 것과 종기로 말미암아 하늘의 하나님을 비방하고 그들의 행위를 회개하지 아니하더라 ¹² 또 여섯째 천사가 그 대접을 큰 강 유브라데에 쏟으매 강물이 말라서 동방에서 오는 왕들의 길이 예비되었더라 ¹³ 또 내가 보매 개구리 같은 세 더러운 영이 용의 입과 짐승의 입과 거짓 선지자의 입에서 나오니 ¹⁴ 그들은 귀신의 영이라 이적을 행하여 온 천하 왕들에게 가서 하나님 곧 전능하신 이의 큰 날에 있을 전쟁을 위하여 그들을 모으더라 ¹⁵ 보라 내가 도둑 같이 오리니 누구든지 깨어 자기 옷을 지켜 벌거벗고 다니지 아니하며 자기의 부끄러움을 보이지 아니하는 자는 복이 있도다 ¹⁶ 세 영이 히브리어로 아마겟돈이라 하는 곳으로 왕들을 모으더라 ¹⁷ 일곱째 천사가 그 대접을 공중에 쏟으매 큰 음성이 성전에서 보좌로부터 나서 이르되 되었다 하시니 ¹⁸ 번개와 음성들과 우렛소리가 있고 또 큰 지진이 있어 얼마나 큰지 사람이 땅에 있어 온 이래로 이같이 큰 지진이 없었더라 ¹⁹ 큰 성이 세 갈래로 갈라지고 만국의 성들도 무너지니 큰 성 바벨론이 하나님 앞에 기억되신 바 되어 그의 맹렬한 진노의 포도주 잔을 받으매 ²⁰ 각 섬도 없어지고 산악도 간 데 없더라 ²¹ 또 무게가 한 달란트나 되는 큰 우박이 하늘로부터 사람들에게 내리매 사람들이 그 우박의 재앙 때문에 하나님을 비방하니 그 재앙이 심히 큼이러라.

> 주해

16장은 인, 나팔 심판 시리즈와 달리 중간에 막간 이야기가 삽입되어 있지 않고 대접 심판을 끝으로 모든 심판 시리즈를 종료한다. 각 심판 시리즈의 여섯째나 일곱째가 최후심판 장면으로 끝나기 때문에, 일곱 대접 심판을 '마지막 재앙'(15:1)이라 부른 것은 인과 나팔 심판이 종료된 후에 연속적으로 일어날 재앙이란 뜻이 아니라 앞선 재앙들에 계시된 심판 사상을 완성하기 때문일 것이다. 그렇다면 처음 다섯 대접 재앙들은 처음 여섯 나팔 재앙들과 마찬가지로 초림과 재림 전 기간에 걸쳐 임할 재앙들을 포괄한다면, 일곱째 나팔 재앙과 대접 재앙은 최후심판 장면과 관계된다. 대접 재앙은 인, 나팔 재앙보다 시간적으로 뒤에 위치하면서도 그것들을 더 심화시킨 형태를 띤다. 대부분 인정하듯이, 구약의 출애굽 재앙들은 대접 재앙들을 묘사하기 위한 문예적, 신학적 모델로 활용된다. 요한이 일곱 재앙들을 언급한다고 해서 그것들을 재림 직전에 실제로 일어날 일곱 개의 특정한 재앙들로 해석하는 것은 옳지 않다. 계시록에서 '일곱'은 항상 완전함을 상징하는 숫자이기 때문에 일곱 재앙은 신적 심판의 완전성을 나타내는 의도된 표현이다. 또한 큰 성 바벨론의 멸망이 일곱째 대접 심판 때 발생하기 때문에 그것을 언급하는 후속되는 두 장들은 16장의 대접 심판 시리즈에 속한다. 마지막으로 주목할 것은 악의 세력의 등장순서가 16장 전후로 뒤바뀌는 현상이다. 본장 이전에는 용(12장), 짐승(13:1-10), 거짓 선지자(13:11-18), 바벨론(14:6- 11)의 순서로 등장하는 반면, 본장 이후에는 바벨론(17-18장), 짐승과 거짓 선지자(19:17-20), 용(20:1-10)의 순서로 등장한다. 이런 뒤바뀜 현상은 계시록의 서술방식이 엄격한 연대기적 순서를 따르지 않는다는 사실을 보여준다. 계시록은 사건들을 점진적이면서도 반복적인 방식으로 기술되기 때문에 해석할 때 저자의 문예적 의도에 주의를 기울일 필요도 있다.

[1] 요한은 성전에서 나는 큰 음성을 들었는데, 그것은 일곱 천사에게 "하나님의 진노의 일곱 대접을 땅에 쏟으라"는 음성이었다. 계시록에서 자주 등장하는 '큰 음성'은 하늘에서 들리거나 또는 본문에서처럼 성전에

서 들린다. 성전에서 큰 음성이 들린 것은 하늘에 열린 "증거 장막의 성전"으로부터 일곱 재앙을 가진 일곱 천사들이 나온 장면 때문일 것이다(15:5-8). 성소는 하나님이 계신 임재의 장소이기 때문에(15:8) 성전에서 난 큰 소리는 하나님의 음성일 것이다. "하나님의 진노의 일곱 대접"이란 말은 하나님의 진노를 담은 일곱 대접이란 뜻이고, 일곱 대접에 담긴 재앙들을 "땅에 쏟으라"란 명령은 하나님의 진노가 지향하는 곳이 '땅'이라는 사실을 말해준다.

[2] 첫째 천사가 대접을 땅에 쏟을 때 "짐승의 표를 받은 사람들과 그 우상에게 경배하는 자들에게 악하고 독한 종기가 나게" 되었다. 재앙을 땅에 쏟는 것은 하나님의 진노가 땅만 아니라 땅의 모든 거주자들에게 임한다는 것을 뜻한다. 이전 심판 시리즈들과 달리 대접 심판은 온 세상에 임하는 심판이지만, 심판의 대상은 "짐승의 표를 받은 사람들과 그 우상에게 경배하는 자들"이다. 첫째 대접 재앙이 임한 결과는 그들에게 "악하고 독한 종기"가 생기는 것이다. 이것은 출애굽기 9:10-11에 언급된 여섯째 재앙을 연상시킨다. 본문의 종기는 극심한 고통을 수반하는 악성 피부병을 가리키는데 보통 감염으로 생긴다. 악성 종기를 앓는 사람은 너무 고통스러워 걷거나 앉거나 누울 수 없게 된다.

[3] 둘째 천사가 대접을 바다에 쏟을 때 "바다가 곧 죽은 자의 피 같이 되니 바다 가운데 모든 생물이 죽게" 된다. 이 또한 출애굽기 7:14-21에 언급된 첫 번째 재앙을 연상시킨다. 이 구절에서 모세는 나일 강을 피로 변하게 해서 모든 물고기를 죽게 만든 것으로 묘사된다. 다만 다른 점은 첫 번째 출애굽 재앙이 모든 물고기를 죽게 만들었다고 한 반면, 두 번째 대접 재앙은 바다의 모든 생물을 죽게 만들었다고 말한다는 사실이다. 바다 전체가 심각하게 오염된다는 것은 인간의 중요한 생존 환경이 파괴되

는 것을 뜻한다. 몇몇 학자들은 첫째 대접 재앙이 바다의 오염만 말할 뿐만 아니라 인간문명의 종말을 함축한다고 생각하기도 한다(Beale, 1999: 580; Osborne, 2002: 580). 바다는 로마제국 시대에 상업과 무역의 항로를 제공해주었기 때문에 바다가 파괴된다는 것은 인류문명의 몰락을 뜻한다는 것이다. 하지만 이런 함축은 본문에 명시적으로 들어있지는 않다.

[4] 셋째 천사가 대접을 "강과 물 근원에 쏟으매 피가 되었다." 이 재앙 역시 나일 강물을 피로 변하게 만든 첫 번째 출애굽 재앙과 유사하다. 모든 바다 생물이 죽었다고 진술하는 두 번째 대접 재앙과 달리 세 번째 대접 재앙은 그런 표현을 담고 있지 않지만 그런 함축이 들어있는 것은 분명하다. 땅의 신선한 물은 인간 생활에 필수적이기 때문에, 그것의 전체적 오염은 인간생존 환경의 붕괴를 뜻할 수밖에 없다.

[5-7] 본 절은 땅의 신선한 물을 피로 변하게 하신 신적 심판의 정당성을 강조한다. 셋째 대접 심판에서 "물을 다스리는 천사"가 등장한 것은 둘째와 셋째 대접심판에서 바다와 물과 물 샘이 심판의 대상이 된 사실과 연관된다. 물을 관장하는 천사는 바다와 강과 물 샘을 향한 하나님의 심판이 정당하다는 것을 찬양한다. 그는 하나님을 "전에도 계셨고 지금도 계신 거룩하신 분"으로 부르면서 하나님이 바다와 강과 물의 근원을 심판하는 것이 '의롭다'고 찬양한다. 하나님을 "전에도 계셨고 지금도 계신" 분으로 묘사하는 방식은 1:4에서 등장한다. 하지만 이 구절에 등장하는 "장차 오실 이"란 표현 대신에 본문에는 "거룩하신 이"란 표현이 삽입되었다. 이런 변경은 하나님의 심판을 강조하는 문맥과 관련된다. 하나님은 전체 역사를 주관하는 주권자이면서도 그의 거룩성은 대접 재앙을 쏟는 심판의 과정 속에서 나타난다. 강과 물의 근원을 피로 변하게 만든 하나님은 '의로운' 분이시다. 하나님의 심판이 의로운 이유는 6절에서 설명

된다. 땅의 거주자들이 짐승을 추종하면서 "성도들과 선지자들의 피를 흘리게" 했으므로 하나님도 "그들에게 피를 마시게 하신 것이 합당하기" 때문이다. 땅의 거주자들에게 피를 마시게 함으로 순교자들의 피를 신원하는 것이 하나님의 공의이다. 요한은 제단에서 누군가 말하는 소리를 들었다. 제단은 성전의 가장 핵심 부분으로서 그곳에서 나는 소리 역시 하나님의 음성일 것이다. 그가 들은 음성은 전능하신 하나님의 심판이 "참되고 의롭다"는 것이다. "주 하나님 곧 전능하신 이"란 칭호는 모세의 노래에서 등장한 바 있다(15:3). 계시록에서 그것은 "우주의 주이시며 전능한 신적 전사"가 되신 하나님에게 붙여진 일차적인 칭호이다(Osborne, 2002: 585). 성도들이 피를 흘리게 한 원수들을 응징하는 분이 바로 이런 전능자 하나님이시다. 또한 15:3에서처럼 전능자 하나님의 심판은 "참되시고 의롭다." '참된'이란 단어는 '에멛'(EMET)이란 구약 개념에 가깝다. 그것은 신뢰할 만하거나 신실한 어떤 것을 수식할 때 쓰인다(*TDNT* 1:249). 하나님에 대해 쓰일 때 그것은 그의 언약적 성실성을 지칭한다(Osborne, 2002: 585). 하나님의 심판은 모든 일에 참되고 의로운 그의 성품을 반영한 것이다.

[8-9] 넷째 천사가 대접을 해에 쏟을 때 "해가 권세를 받아 불로 사람들을 태우게" 되었다. 이것은 출애굽기의 열 재앙 중에서 어느 것에도 해당되지 않는 유일한 경우이다. 사람들이 훨씬 더 뜨거워진 태양열로 인해 화상을 입거나 타죽는 일은 하나님이 주신 권세로 그렇게 된 것이다. 하나님은 144,000명이 하늘성전에 들어가 그를 섬길 때 다시는 "해나 아무 뜨거운 기운에 상하지 않게 될"(7:16) 것을 약속하셨는데, 이 약속은 본 절의 내용과 극명한 대조를 이룬다. 9절은 넷째 재앙에 대한 사람들의 반응을 묘사한다. 그들은 "이 재앙들을 행하는 권세를 가지신 하나님의 이름을 비방하며 또 회개하지 아니하고 주께 영광을 돌리지 않았다." 본래 하나님의 이름을 비방하는 것은 짐승이 하던 일이었다(13:6). 이것은 하나님의 이

름을 모독하는 자들이 짐승에 속한 자들이라는 것을 반증해준다. 그들이 진노의 재앙을 당할 때 회개하거나 하나님께 영광을 돌리지 않았다는 것은 대접 심판이 회개를 목적으로 임한 심판이 아니라는 것을 말해준다.

[10-11] 다섯째 천사가 대접을 "짐승의 왕좌에 쏟으니 그 나라가 곧 어두워지며 사람들이 아파서 자기 혀를 깨물고 아픈 것과 종기로 말미암아 하늘의 하나님을 비방하고 그들의 행위를 회개하지 않았다." '보좌'(throne)란 말은 왕이 앉아 다스리는 어좌를 가리키며 계시록에서는 왕의 통치권을 상징하는 전형적인 술어이다. 2:13에서 요한은 버가모를 '사탄의 보좌'가 있는 곳으로 묘사한다. 이것은 버가모가 사탄의 요새 역할을 했다는 것을 말해준다. 13:2에서 용이 자기의 보좌를 첫째 짐승에게 준 것으로 언급된다. 그렇다면 짐승의 보좌는 사탄이 허락한 것이기 때문에 짐승은 사탄의 통치권을 대행하는 세력이다. 짐승의 권좌에 대접을 쏟았다는 것은 사탄을 심판하는 것과 마찬가지를 뜻한다. 다섯째 대접 심판의 결과는 몇 가지로 언급된다. 첫째는 짐승의 나라가 곧 어두워지는 것이다. 이것은 아홉째 출애굽 재앙을 연상하게 만든다(출 10:21-29). 구약에서 어두움은 하나님의 심판 현상 중의 하나였다(사 8:22; 욜 2:2,10,31). 어떤 학자들은 본문의 '어두움'을 문자적인 어두움으로 보기도 하고, 다른 학자들은 그것을 영적이며 도덕적인 어두움으로 보기를 선호한다. 아마도 짐승의 나라가 어두워졌다는 것은 후자의 영적 의미로 이해하는 것이 옳은 것 같다. 짐승이 왕처럼 다스리는 곳에는 영적인 어두움과 도덕적 혼란이 가중되어 사람들은 삶의 의미와 방향을 잃고 살아갈 수밖에 없다(Johnson, 1981: 550). 비슷한 재앙이 다섯째 나팔 재앙에서도 나타난다. 연기가 무저갱에서 올라와서 해와 공기를 어둡게 하고, 또 연기 속에서 황충이 나타나 사람들을 괴롭게 하였다(9:1-6). 둘째는 "사람들이 아파서 자기 혀를 깨물었다." 영적인 어두움은 사람들을 괴롭게 만든다. 이런 고통은 죄인들이 영

원한 지옥 불에 들어가 "울며 이를 가는"(마 8:12) 것과 유사하다. 몇몇 학자들은 "혀를 깨무는" 것과 "이를 가는" 것을 극심한 고통을 나타내는 동의어적 표현들로 생각한다(Nouw and Nida, 1988: 1: 254). 어두움과 고통이 연결된 것은 다섯째 대접 재앙과 영원한 형벌의 고통을 연관 지으려는 수사적 의도 때문일 것이다(Osborne, 2002: 588). 하지만 사람들은 대접 재앙으로 극심한 고통을 당함에도 불구하고 그들의 행위를 회개하지 않고 도리어 하늘의 하나님을 비방하기만 했다. 죄악 중에도 회개하지 않는 완고함은 심판의 원인이 되기도 하지만 그 자체가 하나님의 심판이기도 하다(롬 1:24-28).

[12-16] 여섯째 천사가 대접을 "큰 강 유브라데에 쏟으매 강물이 말라서 동방에서 오는 왕들의 길이 예비되었다." 여섯째 대접 재앙은 여섯째 나팔 재앙과 약간 유사한 점을 갖고 있다(9:13-21). 여섯째 나팔을 불 때 유브라데 강에 결박된 네 천사들이 풀려나자 마병대 귀신세력들이 나타나 세상 인구의 삼분의 일을 죽이는 일이 벌어졌기 때문이다. 다른 점이 있다면 여섯째 나팔은 유브라데 강에 결박된 네 천사들이 풀려나자 마병대 귀신세력이 나타나 사람들을 죽인 반면, 여섯째 대접은 유브라데 강이 말라서 동방의 왕들이 넘어와 하나님과 전쟁할 준비를 했다고 말한다는 사실이다. 유브라데 강은 근동지역에서 가장 큰 강이고 이스라엘만 아니라 로마제국의 동쪽 경계선이었다. 이 강의 경계선 너머에는 로마제국조차도 두려워했던 파르띠안 제국이 이었다(Osborne, 2002: 590; Ladd, 1972: 213). 하지만 본문의 내용이 무엇을 말하는지 해석들이 분분하다. 문자적인 해석을 선호하는 세대주의 학자들은 동방의 왕들이 유브라데 강이 마르자 그 강을 넘어와 온 세상의 왕들과 연합하고 성도들을 박해하게 될 것을 말한 것으로 해석하기도 하고, 역사주의 해석을 선호하는 학자들은 파르띠안 군대가 유브라데 강의 경계선을 넘어와 로마제국을 침공한 역사적

사건을 말한 것으로 해석하거나, 또는 파르띠안 군대의 침공을 배경삼아 동방의 왕들이 온 세상의 왕들과 전쟁을 벌이고 로마제국을 상징하는 바벨론 성을 파괴할 것을 말한 것으로 해석하기도 한다.

본문의 표현들을 문자적으로 해석하는 것은 계시록 자체가 지닌 상징적 장르의 성격을 소홀히 하는 것이다. 유브라데 강은 이스라엘 나라의 국경선이었고 역사적으로 이방 백성의 군대들이 종종 이 국경선을 넘어 하나님의 백성을 침략하곤 했다. 본문에서 유브라데 강이 마른 것은 이방 군대가 못 넘어오게 했던 장애물이 사라졌다는 사실을 상징하는 의미를 지닌다. 많은 학자들이 지적하듯이, 본문은 파르띠아인들이 유브라데 강 건너편에 있는 동방의 왕들을 끌어 모아 로마제국을 침공한 역사적 사건을 배경으로 했을 수 있다. 하지만 본문 묘사에는 그것을 초월하는 측면들이 많다. 14절의 전쟁은 전능자 하나님의 큰 날에 있을 종말론적 전쟁을 말하기 때문이다. 가장 자연스러운 해석은 "동방의 왕들" 즉, 하나님을 거역하는 온 세상 나라들이 연합하여 메시아 진영과 싸우는 마지막 종말론적 전쟁을 묘사한 것으로 보는 것이다(Ladd, 1972: 213). 이 종말론적 전쟁에는 나라와 종족들 간의 경계선이 사라지고 짐승이 지배하는 연합정부가 메시아 백성을 공격하게 될 것이다. 이 마지막 전쟁을 위해 온 세상의 왕들을 끌어 모으는 일 배후에는 "개구리 같은 세 더러운 영들"(13절)이 역사한다. 이것은 세상 정체 세력이 더러운 귀신의 영들에 의해 움직여진다는 것을 함축한다. 또한 그들의 전쟁 준비는 짐승 추종자들 위에 임한 대접 심판들에 대한 반발로 이루어진 것이다(Osborne, 2002: 591). 하나님이 대접 재앙을 땅과 짐승의 권좌에 쏟아 붓자 악의 삼두체제인 용과 짐승과 거짓 선지자가 처음으로 연합 세력을 구축한다. 성경에는 '더러운'이란 말은 종종 귀신들에게 쓰이고(막 1:23) 그들의 불결한 성격은 "개구리 같다"는 수식어를 통해 한층 더 강화된다. 구약의 율법은 개구리를 불결한 생물로 언급한다. 귀신의 영들이 더러운 것은 만국을 속여서 사탄을 좇게 만들고 결국 하나님의 심판을 받게 만들기 때문이다. 요한 당대의 로마제국이나 종말에 나타날 짐승 제국이나 모두 하나님의 백성을 박해하고 거짓 신들을 경배하게 하며 하나님을 모독하는 반기독교 정책을 공유하는데 그들의 이런 정책 배후에는 더러운 귀신의 영들이 역사한다. 이들 귀신의 영들이 "용의 입과 짐승의 입과 거짓 선지자의 입에서 나온다"는 것은 그들이 만국을 속일 목적으로 악의 삼두체제의 메신저로 파송을 받는다는 사실을 함축한다(이필찬, 2006: 680). 여기서 용, 짐승, 거짓 선지자의 입에서 더러운 귀신의 영들이 나온다는 것은 그리스도의 입에서 좌우에 날선 검이 나온다는 것(1:16; 19:15)과 날카로운 대조를 이룬다.

    귀신의 영들의 사역은 "이적을 행하여 온 천하 왕들에게 가서 하나님 곧 전능하신 이의 큰 날에 있을 전쟁을 위하여 그들을 모으는" 목적을 지닌다(14절). 그들이 준비하는 전쟁은 "하나님 곧 전능하신 이의 큰 날"에 있게 될 마지막 전쟁이다(Beale, 1999: 835). 이 문구는 6:17에 등장하는 "진노의 큰 날"이란 문구와 유사하다. 그것이 '큰 날'인 이유는 창조 이래로 진행되어온 하나님의 구속계획을 정점에 끌어올려 완성하는 날이기 때문이다(Osborne, 2002: 592). 그 날에 귀신 세력들은 이적을 행하여 천하 왕들을 끌어 모아 그리스도와 싸우는 마지막 전쟁을 준비하겠지만, 악의 모든 세력들을 심판하고 역사에 종지부를 찍은 후 영원히 다스리실 분은 전능자 하나님뿐이시다(11:17). 계시록에서 '이적'이 긍정적인 의미로 쓰일 때 하나님의 구속의지를 계시하는 역할을 하지만, 귀신의 영들이 행하는 이적은 하나님과 어린 양을 대항하는 영적 전쟁을 일으키도록 세상 지도자들을 속이는 부정적 역할을 담당한다. 이 마지막 전쟁은 물리적 전쟁이 아니라 영적인 전쟁을 가리킨다. 종말론적 전쟁의 대상이 세상 나라들 간의 세계대전이 아니라 하나님 나라와 세상 나라 사이에, 사탄의 진영과 하나님백성의 진영 사이에 벌어지는 전쟁이기 때문이다. 짐승의 지배를 받는 세상 나라들은 범세계적인 연합 세력을 구축하여 거짓 신들을 숭배하게 만들고 하나님을 모독하며 그의 백성을 박해하는 영적 전쟁을 일으킬 것이다.

마지막 영적 전쟁에서 성도들이 취해야 할 자세는 "도둑 같이" 오실 그리스도를 맞이하기 위해 항상 깨어있는 삶을 사는 것이다(15절). "보라 내가 도둑 같이 오리니"란 말은 마지막 영적 전쟁 상황과 맞물려 주어진 진술로서 15절 권면의 근거로 제시된다. 그리스도의 재림을 '도둑'에 비유한 것은 유쾌한 일은 아니지만 그가 예기치 못한 시각에 갑작스럽게 오실 것이라는 사실을 강조해준다. 도둑 모티브는 신약에서 예수의 재림을 묘사할 때 자주 동원되곤 한다(마 24:42-44; 살전 5:2; 벧후 3:4). 요한은 그의 독자들에게 "깨어 자기 옷을 지키는" 자는 복이 있다고 권면한다. 밤, 잠, 깸, 옷을 지킴, 벌거벗음 등의 표현들은 모두 비유적인 언어들이다. 바울은 현 시대를 밤이 깊고 낮이 가까운 때로 간주하고 낮에 속한 성도들은 옷을 벗은 채로 깊은 잠에 빠져서는 안 되고 빛의 갑옷을 입고 동터오는 낮을 준비해야 한다고 가르친다(롬 13:11-14). 마찬가지로 요한도 성도들이 마지막 영적 전쟁을 준비하지 못하고 귀신의 영들의 미혹에 넘어가 세상과 타협하며 사는 것은 갑자기 임하는 주의 날에 벌거벗은 자신의 모습으로 인해 부끄러움을 당하지 말 것을 권면한다. 계시록에는 일곱 차례나 복을 선언하는 구절들이 등장하는데(1:3; 14:13; 16:15; 19:9; 20:6; 22:7, 14), 이들 구절을 관통하는 주제는 영적으로 깨어있는 삶이다. 주의 재림을 맞아 깨어있는 삶은 두 가지로 묘사된다. 첫째는 "자기 옷을 지켜 벌거벗고 다니지 않는" 것이다. 이것은 그리스도를 향한 자신의 헌신을 유지하는 것을 나타내는 비유적 표현이다. "흰 옷을 사서 입어 벌거벗은 수치를 보이지 않게 하라"(3:18)는 예수의 말씀도 본문의 표현과 유사하다. 둘째는 "자기의 부끄러움을 보이지 않는" 것이다. 벌거벗음을 수치로 생각하는 개념은 구약에서 종종 언급되며 벌거벗음은 심판의 상징으로도 가끔 등장한다(사 20:4; 겔 16:36). 본문에서 벌거벗은 수치는 그리스도에 대한 헌신을 잃어버리고 심판 날에 하나님 앞에서 수치를 당하게 될 것을 상징한다. 진정한 복은 마지막 영적 전쟁 상황을 앞두고 오실 주님을 고대하여 그에게 변치 않고 헌신하며 살아가는 자에게 주어진다.

귀신의 영들이 벌일 마지막 전쟁은 '아마겟돈'이라 불리는 곳에서 일어난다. 세 영들이 온 세상의 왕들을 이곳으로 불러 모아 마지막 전쟁을 준비할 것이다. 아마겟돈은 히브리어로 "므깃도의 산"을 뜻한다. 하지만 므깃도에는 산이 없기 때문에 아마겟돈을 '므깃도의 도시'로 번역하는 것이 더 나을 것 같다. 고대에 이곳은 교통, 무역, 군사의 요충지였기 때문에 팔레스틴을 둘러싼 열강들이 이곳에서 자주 전쟁을 치르곤 했다. 특별히 구약 본문들은 므깃도를, 하나님을 대적하는 왕들이나 거짓 선지자들이 심판받는 장소로 종종 언급한다(삿 4:7; 왕하 23:29f; 대하 35:20ff; 슥 12:11ff). 세대주의자들이 주장하듯이 아마겟돈 전쟁을 재림 직전에 온 세상의 왕들이 므깃도에 모여 벌일 실제의 세계대전으로 해석하는 것은 옳지 않다. 오히려 아마겟돈은 본문에서 세상의 왕들을 속여 하나님과 그리스도를 대적하는 영적 전쟁을 일으킬 악의 삼두체제에 대한 심판의 장소로 간주되는 것이 분명하다(Reddish, 2001: 374; Beale, 1999: 840). 악의 세력들은 누구든지 진노의 심판을 당할 때 파멸을 당할 것이다.

[17-21] 일곱째 천사가 마지막 대접을 공중에 쏟을 때 "큰 음성이 성전에서 보좌로부터 나서 이르되 되었다 하였다." 공중은 여러 다른 의미로 해석 가능하지만 아마도 그것은 짐승의 보좌가 있는 장소를 지칭하는 것 같다. 사탄을 "공중의 권세 잡은 자"(엡 2:2)로 언급한 바울의 주장에 비추어볼 때 본문의 공중은 사탄이 통치하는 영역을 뜻할 수 있다. 그렇다면 일곱째 대접 재앙을 공중에 쏟았다는 것은 어두움과 고통을 야기하는(16:10) 악의 삼두체제에 대한 심판을 지속한다는 뜻을 갖는다(Osborne, 2002: 597). 일곱째 천사가 공중을 향하여 대접을 쏟을 때 요한은 "성전에

서 보좌로부터 나서 이르되 되었다"고 말하는 큰 음성을 듣게 되었다. 보좌는 하늘성전에 있는 보좌를 뜻하기 때문에 큰 음성은 하늘성전 보좌에서 들리는 하나님 자신의 음성을 가리킬 것이다. 하늘의 음성은 "되었다"(γέγονεν)고 말함으로써 완성된 종말을 선언한다. 완료시제 동사는 보통 취해진 행동의 지속상태를 뜻하기 때문에(BDF §340) '되었다'는 선언은 하나님의 심판이 최종적 완성에 도달하고 역사의 종말에 이르렀다는 것을 뜻한다(Beale, 1999: 842).

심판의 완성이 선언될 때 "번개와 음성들과 우렛소리가 있고 또 큰 지진"이 발생했다(18절). 일곱째 인 심판에는 "우레와 음성과 번개와 지진"(8:5)이 나타났다면, 일곱째 나팔 심판에는 "번개와 음성들과 우레와 지진과 큰 우박"(11:19)이 나타나고, 일곱째 대접 심판에는 "번개와 음성들과 우렛소리와 큰 지진"만 아니라 "한 달란트나 되는 큰 우박"(16:18,21)이 나타난다. 일곱째 나팔 심판은 일곱째 인 심판에 없던 '큰 우박'을 덧붙일 뿐만 아니라 상기 세 심판에 다 등장하는 지진을 한층 더 강화시켜 "사람이 땅에 있어온 이래로 이같이 큰 지진이 없었다"(18절)고 말한다. 여기서 우리는 인, 나팔, 대접 심판으로 진행되면서 뒤로 갈수록 심판 현상들이 더 추가되거나 심화된다는 사실을 발견하게 된다. 지진이 너무 심각하게 발생해서 "큰 성이 세 갈래로 갈라지고 만국의 성들도 무너진다"(19절). 이것은 여섯째 인 심판 때 발생한 큰 지진으로 "각 산과 섬이 제 자리에서 옮겨졌다"는 진술을 연상시킨다(6:12-14). "큰 성 바벨론"은 학자들마다 다른 의미로 해석한다. 그것은 예루살렘 성을 가리키는가, 또는 로마를 가리키는가, 아니면 하나님을 반역하는 인류를 상징하는가? 요한이 큰 성 바벨론의 멸망을 말할 때 그의 1세기 독자들은 아마도 로마를 연상했을 것이 분명하다. 하지만 그것은 마지막 종말에 무너질 큰 도성이기 때문에 로마와 같이 하나님을 반역하는 세상 체제를 가리킨다고 보는 것이 옳다(Beale, 1999: 827). 큰 성이 "세 갈래로 갈라졌다"는 표현은 큰 지진의 여파로 발생한 현상으로서 바벨론이 완전하게 황폐화되었다는 것을 나타내는 은유적 표현이다. 바벨론의 죄는 "모든 나라에게 그의 음행으로 말미암아 진노의 포도주를 먹이는"(14:8) 것이었다. 바벨론은 만국으로 우상숭배와 도덕적 타락에 동참하게 만들고 이를 거부하는 하나님백성의 피를 흘리게 했기 때문에, 결국 바벨론이 멸망할 때 타락한 세상 체제를 추종하던 세상 나라들도 무너질 수밖에 없다. 특별히 바벨론이 하나님의 "진노의 포도주 잔을 받았다"는 은유적 표현은 성도들의 피를 흘리게 한 바벨론의 죄와 연관된다(17:6; 18:24). 하나님은 바벨론의 그러한 죄를 잊지 않고 피의 응징을 하시는 분이다. 때문에 포도송이를 포도주 틀에 던져 넣고 짓밟을 때 붉은 포도즙이 터져 나오듯, 하나님은 성도들의 피를 흘리게 한 바벨론과 세상 나라들을 진노의 포도주 틀에 던져 넣고 짓밟아(14:19-20) 거기서 터져 나오는 진노의 포도주를 그들로 마시게 할 것이다. "맹렬한 진노"란 말은 하나님의 진노의 심판이 지닌 극렬함을 시사해준다. 하나님이 바벨론을 심판하실 때 바벨론의 멸망만 가져오는 것이 아니라 우주적 붕괴 현상을 동반하게 된다. "각 섬도 없어지고 산악도 간 데 없더라"(20절)는 말이 그것을 말해준다. 하나님은 반역적 세상 체제를 심판하실 때 그것을 뒷받침하는 자연계도 함께 파괴하실 것이다. "없어지고" "간 데 없다"는 문구는 18장에서도 몇 차례 반복되는 표현으로서 멸망의 최종적 성격을 강조해준다.

21절은 일곱째 대접 심판에 대한 사람들의 반응을 묘사한다. "무게가 한 달란트나 되는 큰 우박이 하늘로부터 사람들에게 내리는"것을 본 사람들은 회개하기는커녕 "그 우박의 재앙 때문에 하나님을 비방하니 그 재앙이 심히 컸다." 우박 재앙은 첫째 나팔 재앙 때와(8:7) 일곱째 나팔 재앙 때(11:19)도 임하지만, 일곱째 대접 재앙 때는 "무게가 한 달란트나 되는 큰 우박"이 내릴 뿐만 아니라 이번에는 한 지역이나 나라에만 국한되지 않고 하나님을 반역하는 땅의 모든 거주자들 위에 임한다. 우박(16:21)

이나 불(20:9)이 하늘로부터 내린다는 것은 불신자들에 대한 최종적 징벌이라는 것을 뜻한다. 한 가지 의문이 제기된다. 우박 재앙은 출애굽기에서 마지막 재앙으로 언급되지 않는데도 계시록은 왜 그것을 마지막 일곱 번째 대접 재앙에 언급하는 이유가 무엇인가? 출애굽기 19장에서 하나님이 시내 산에서 강림하실 때 불, 연기, 지진, 큰 소리 등과 같은 우주적 현상들이 나타났다(출 19:18-19). 몇몇 학자는 출애굽기 9장의 우박 재앙이 시내 산에서 하나님이 강림하실 때 나타난 그러한 우주적 현상과 연결된다고 본다(Beale, 1999: 845). 그렇다면 큰 우박 재앙이 마지막 대접 심판 때 언급된 것은 불신 세상을 심판하기 위해 하나님이 최종적으로 강림하시기 때문일 것이다. 하지만 땅의 거주자들은 극심한 우박 재앙 때문에 회개하지는 않고 도리어 하나님을 비방하기만 한다. 하나님을 비방하는 것은 짐승이 본래 하던 일이고(13:6) 또한 짐승을 추종하는 세상 나라들이 하던 일이었다(16: 9, 11, 21). 사람들의 하나님 비방은 극심한 우박으로 인한 고통에만 초점을 두고 하나님의 메시지를 소홀히 했기 때문이다. 더 이상 회개의 기회가 주어지지 않기 때문에 일곱째 대접 재앙으로 마지막 종말이 이르렀다는 것은 분명하다.

해설

대접 심판은 인, 나팔 심판을 훨씬 강화한 것이고 온 세상에 영향을 미친다. 처음 네 나팔 재앙을 땅과 바다와 강과 물 샘의 1/4을 파괴되지만 처음 네 대접 재앙은 우주 전체에 영향을 미친다. 처음 네 재앙은 인간의 생존환경인 자연계를 향한 심판이라고 한다면, 나머지 세 재앙은 진노의 심판을 야기한 악의 세력의 핵심을 치는 심판이다. 대접 재앙이 짐승의 보좌에 쏟아진 결과 그 나라에 속한 백성은 극심한 영적 어두움과 고통을 겪게 되고, 더러운 귀신의 영들이 열국의 왕들에게 역사하여 그들로 연합하여 큰 영적 전쟁을 일으키게 하지만, 하나님은 마지막 날에 심판자로 임하셔서 큰 성 바벨론을 무너뜨리고 바벨론의 죄악에 참여한 모든 사람들에게 맹렬한 진노의 포도주를 마시게 하실 것이다. 중요한 것은 대접 재앙이 성도들을 향한 것이 아니고 불신자들을 향한 심판이라는 사실이다(2절). 진노의 심판이 자연계 전체에 임하는데 어떻게 성도들만 그것을 피할 수 있는지는 의문이다. 세대주의 학자들은 7년 대환난이 오기 전에 성도들은 다 하늘로 휴거하기 때문에 그들은 자연계의 재앙을 겪지 않는다고 주장하지만, 계시록은 성도들도 큰 환난을 통과하는 것으로 말하기 때문에(7:14) 세대주의 해석은 신빙성이 없다. 대접 재앙을 묘사할 때 요한이 출애굽 모티브를 활용한 것이 분명하다면, 그는 출애굽 때 재앙들이 이집트 백성들에게만 임한 반면 하나님께서 이스라엘 백성을 특별히 보호한 사실을 염두에 두었을 가능성이 높다. 또한 주목할 만한 현상은 인, 나팔 심판 시리즈가 중간에 여러 막간 이야기들을 삽입하는 반면, 대접 심판은 어떤 막간 이야기도 없이 신속하게 진행한다는 사실이다. 이것은 종말이 곧 가까웠다는 수사적 효과를 나타낸다.

앞서 지적한 것처럼 처음 다섯 대접 재앙은 출애굽 재앙들을 배경으로 한다. 출애굽 때에 이집트 사람들에게 임했던 것과 유사한 재앙들이 처음 다섯 대접 심판 때 임하지만, 그렇다고 출애굽 때 임했던 동일한 물리적 재앙이 역사의 종말에 그대로 임할 것으로 기대할 필요는 없다. 출애굽 재앙들을 모형론적으로 사용한 목적은 하나님의 심판이 불신자들의 지상적 안전을 무너뜨려 그들 자신을 심판하는 데 있음을 보여주는 것이다. 일곱 대접 심판의 목적은 하나님이 세상의 진정한 주권자가 되신다는 사실을 확증할 뿐만 아니라 그의 의로운 심판을 통해 세상 사람들 앞에서 하나님의 영광을 논증하는 데 있다. 하나님은 그의 백성을 신원하시는 분이다. 하나님의 백성을 박해하고 그들의 피를 흘리게 한 악의 세력들에게 피의 응징을 하는 것이 하나님의 공의이다. 성도들을 공격하고 그들에게 고통을 안겨준 악의 세력들은 가짜 삼위일체로 불리는 용(12장), 짐승(13:1-

10), 그리고 거짓 선지자(13:11-18)이고, 또한 큰 성 바벨론(14:6-11), 땅의 거주자들이다. 16장 이후로 악의 세력들이 등장하는 순서의 뒤바뀜 현상이 나타나 바벨론(17-18장), 짐승과 거짓 선지자(19:17-20), 그리고 마지막으로 용(20:10)이 차례대로 심판을 받고 제거된다. 대접 심판은 계시록의 중심 부분(6:1-16:21)을 마무리 짓는 역할을 한다. 때문에 그것은 인 심판과 나팔 심판에서 임한 재앙들을 완성하고 역사에 종지부를 찍는 종말을 도래시킨다. 하지만 계시록의 서술방식은 순환적이다. 일곱 대접 심판으로 종말의 때가 도래하겠지만, 이로써 하나님의 모든 심판 장면이 다 서술된 것은 아니다. 아직 남은 사건은 악의 제국의 멸망(17-19장)과 최후 심판 장면(20장)이다. 대접 심판이 진행되는 과정에서 다루지 못한 채 아직 남은 이들 사건이 16장 이후로 전개된다.

(3) 큰 음녀와 짐승(17:1-18)

본문

1 또 일곱 대접을 가진 일곱 천사 중 하나가 와서 내게 말하여 이르되 이리로 오라 많은 물 위에 앉은 큰 음녀가 받을 심판을 네게 보이리라 **2** 땅의 임금들도 그와 더불어 행음하였고 땅에 사는 자들도 그 음행의 포도주에 취하였다 하고 **3** 곧 성령으로 나를 데리고 광야로 가니라 내가 보니 여자가 붉은 빛 짐승을 탔는데 그 짐승의 몸에 하나님의 이름을 모독하는 이름들이 가득하고 일곱 머리와 열 뿔이 있으며 **4** 그 여자는 자주 빛과 붉은 빛 옷을 입고 금과 보석과 진주로 꾸미고 손에 금 잔을 가졌는데 가증한 물건과 그의 음행의 더러운 것들이 가득하더라 **5** 그의 이마에 이름이 기록되었으니 비밀이라, 큰 바벨론이라, 땅의 음녀들과 가증한 것들의 어미라 하였더라 **6** 또 내가 보매 이 여자가 성도들의 피와 예수의 증인들의 피에 취한지라 내가 그 여자를 보고 놀랍게 여기고 크게 놀랍게 여기니 **7** 천사가 이르되 왜 놀랍게 여기느냐 내가 여자와 그가 탄 일곱 머리와 열 뿔 가진 짐승의 비밀을 네게 이

르리라 **8** 네가 본 짐승은 전에 있었다가 지금은 없으나 장차 무저갱으로부터 올라와 멸망으로 들어갈 자니 땅에 사는 자들로서 창세 이후로 그 이름이 생명책에 기록되지 못한 자들이 이전에 있었다가 지금은 없으나 장차 나올 짐승을 보고 놀랍게 여기니라 **9** 지혜 있는 뜻이 여기 있으니 그 일곱 머리는 여자가 앉은 일곱 산이요 **10** 또 일곱 왕이라 다섯은 망하였고 하나는 있고 다른 하나는 아직 이르지 아니하였으나 이르면 반드시 잠시 동안 머무르리라 **11** 전에 있었다가 지금 없어진 짐승은 여덟째 왕이니 일곱 중에 속한 자라 그가 멸망으로 들어가리라 **12** 네가 보던 열 뿔은 열 왕이니 아직 나라를 얻지 못하였으나 다만 짐승과 더불어 임금처럼 한동안 권세를 받으리라 **13** 그들이 한 뜻을 가지고 자기의 능력과 권세를 짐승에게 주더라 **14** 그들이 어린 양과 더불어 싸우려니와 어린 양은 만주의 주시오 만왕의 왕이시므로 그들을 이기실 터이요 또 그와 함께 있는 자들 곧 부르심을 받고 택하심을 받은 진실한 자들도 이기리로다 **15** 또 천사가 내게 말하되 네가 본 바 음녀가 앉아 있는 물은 백성과 무리와 열국과 방언들이니라 **16** 네가 본 바 이 열 뿔과 짐승은 음녀를 미워하여 망하게 하고 벌거벗게 하고 그의 살을 먹고 불로 아주 사르리라 **17** 이는 하나님이 자기 뜻대로 할 마음을 그들에게 주사 한 뜻을 이루게 하시고 그들의 나라를 그 짐승에게 주게 하시되 하나님의 말씀이 응하기까지 하심이라 **18** 또 네가 본 그 여자는 땅의 왕들을 다스리는 큰 성이라 하더라.

주해

큰 성 바벨론의 멸망은 일곱째 대접 재앙 때 일어나기 때문에(16:19) 그것을 묘사하는 17-18장은 일곱 대접 심판에 속한 이야기로 볼 수 있다. 그러면서도 바벨론의 멸망은 또한 가짜 삼위일체인 용, 짐승, 거짓 선지자의 멸망을 묘사하는 17-20장의 이야기에 속해 있다. 요한은 우선 바벨론과 가짜 삼위일체의 멸망을 다루고 난 후(17:1-20:15) 새 창조와 새 예루살렘의 도래(21:1-22:9)를 묘사한다. 특별히 전자는 바벨론의 심판과 멸망(17:1-19:10), 두 짐승의 심판과 멸망(19:11-15), 용의 심판과 멸망(20:1-10),

그리고 용을 추종하던 자들의 최후심판(20:11-15) 등의 순서로 이야기를 진행하는데, 이것은 용이 먼저 등장하고(12장), 두 짐승이 등장하며(13장), 그리고 나중에 바벨론이 등장하는(14:8; 16:19) 순서를 뒤바꾼 것이다. 16장 이전의 이야기 순서는 악의 세력의 근원이 용에게 있음을 말한 것이라면, 16장 이후의 이야기 순서는 용의 심판과 멸망이 모든 악의 세력들에 대한 심판의 정점에 있음을 말한다. 어린 양의 신부가 새 창조 질서에 들어가는 일은 그것을 오염시키고 망하게 한 악의 모든 세력들이 심판받아 멸망에 들어갈 때 가능하다. 두 섹션에서 바벨론과 새 예루살렘, 음녀와 신부가 극명한 대비를 이루는 것은 주목할 만하다. 요한은 이런 대조를 통해 새 창조에 들어갈 교회공동체의 거룩한 정체성과 자격을 부각시키려고 한다.

요한은 17장과 18장에 걸쳐 바벨론의 심판과 멸망을 다루는데, 두 장의 내용은 몇 가지 주목할 만한 차이점을 나타낸다. 우선 17장은 주로 하나님을 모독하고 땅의 임금들로 음행하게 하는 바벨론의 종교적 성격에 초점을 두면서도 짐승을 올라 탄 바벨론의 정치적 성격을(7-13절) 서술하기도 한다. 반면에 18장은 경제적 부와 사치를 추구하는 바벨론의 상업적인 성격에 초점을 두면서도 그것을 각종 귀신의 영들의 처소로 묘사하기도 한다(2절). 또한 17장은 바벨론의 멸망을 미래의 사건으로 묘사한 반면(1, 14-17절), 18장은 그것의 멸망을 완성된 과거 사건처럼 묘사한다(2, 3, 8, 10, 21절). 바벨론 멸망을 묘사하는 일에 두 장이나 할애하는 것은 그것이 악의 세력에 대한 하나님의 심판에서 중요한 위치를 차지하기 때문이다. 과거주의 해석을 취하는 학자들은 바벨론을 로마와 동일시하기를 선호하지만, 계시록의 바벨론 묘사는 로마를 초월하는 면들을 갖고 있다(11:8). 1세기 독자들은 계시록을 읽을 때 로마를 떠올렸을 테지만 바벨론, 소돔, 이집트, 로마, 예루살렘이든 역사적인 어떤 도시도 17-18장의 묘사와 깔끔하게 들어맞지 않는다. 이를테면, 바벨론의 정치, 종교, 경제적 영향력은 가히 범세계적이고(1, 15절), 그것은 지정학적이고 시간적인 경계선을 지닌 어떤 특정한 도시로 동일시될 수 없고 우상숭배로 특징되는 반기독교적인 세상 체제에 가깝다(Beale, 1999: 854). 이런 의미에서 '큰 음녀'로 불리는 바벨론은 마귀적인 능력과 속임수를 지닌 반기독교적인 세상 체제의 종말론적 상징이다(Johnson, 1981: 554). 가짜 삼위일체가 우상숭배를 조장하고 하나님을 모독하며 성도들을 박해하고 죽이는 세력인 것처럼, 바벨론도 "성도들의 피와 예수의 증인들의 피에 취한" 반기독교인적인 세상세력이다. 1세기에 로마가 그런 역할을 담당했다면 종말에는 로마와 같은 반기독교적인 세상세력이 등장할 것이다.

[1-2] 본 절은 바벨론에 관한 환상을 도입하는 서론 부분이다. 일곱째 대접심판을 묘사하는 16:19에서 바벨론의 멸망을 선언했다면, 17장은 바벨론이 왜 '큰 음녀'로 불리게 되었고 하나님의 진노의 심판을 받을 수밖에 없는지를 보다 구체적으로 해설한다. 이것은 바벨론의 심판과 멸망을 다루는 17:1-19:4의 섹션이 일곱 번째 대접 심판을 부연하고 확장하는 이야기라는 것을 보여준다(Osborne, 2002: 607). 때문에 일곱 대접을 가진 천사들 중 하나가 요한에게 와서 "이리로 오라 많은 물 위에 앉은 큰 음녀가 받을 심판을 네게 보이리라"(1절)고 말한다. '이리로 오라'는 천사의 명령은 장소의 이동을 뜻하기보다 환상에 시선을 집중하도록 유도하는 명령이다. 장차 심판을 받게 될 바벨론은 "많은 물 위에 앉은 큰 음녀"로 묘사되는데 구약 예레미야 51:13의 표현을 반영한다. 이것은 바벨론이 수많은 운하나 지류들과 연결된 유브라데 강에 위치한 도시라는 사실을 암시할지도 모른다. 아무튼 계시록에서 음행과 우상숭배는 서로 상관된 개념이다. 그렇다면 바벨론이 자행한 음행의 본질은 하나님을 거부하고 배역하는 불신앙에 있다. 바벨론이 "많은 물 위에 앉은 큰 음녀"로 불리게 된 것은, 2절이 해설하듯이, 세상 모든 나라와 땅의 모든 거주자들 위에 막강한 지배력과 영향력을 행사하면서 그들로 우상을 숭배하고 성도들을 박

해하는 일에 동참하도록 만들었기 때문이다. 1세기에 이런 일을 자행했던 로마는 장차 나타날 반기독교적인 세상세력의 종말론적인 유형이기도 하다. 땅의 거주자들이 "그 음행의 포도주에 취했다"는 표현은 그들이 바벨론의 음행에 동참하여 마치 포도주에 취한 것처럼 우상을 숭배하고 성도들을 박해하는 일에 몰두했다는 것을 뜻한다. 이런 행위는 하나님의 진노를 유발하게 만들기 때문에 "음행의 포도주"와 "진노의 포도주"(14:19)는 서로 상관된 개념이다.

[3] 요한은 환상 중에 성령에 이끌려 광야로 갔다(1:10; 4:1; 17:3; 21:10). 환상 경험은 계시록에서 종종 성령의 감동으로 주어지며 계시적 메시지를 전달하는 매체 역할을 한다. '광야'는 용이 교회를 박해하는 장소이면서도(12:15) 또한 하나님이 교회를 특별하게 보호하고 양육하는 장소이기도 하다(12:6, 14). 본문의 광야는 마귀의 세력들이 활동하는 장소로 그려진다. 요한이 광야에 도착했을 때 그는 "붉은 빛 짐승을 탄" 여자를 보았다. 이 여자는 1절에서 '큰 음녀'로 불리는 바벨론을 상징한다. 여자가 짐승을 올라탄 것은 바벨론이 짐승에 대해 영향력을 행사하는 위치에 있다는 사실을 함축한다(Osborne, 2002: 610). 짐승은 여기서 열 뿔과 일곱 머리를 지닌 바다짐승을 가리킨다(13:1). 13장에서 바다짐승은 로마의 네로나 도미티안과 같이 적그리스도 제국의 정치 세력을 가리킨다면, 17장에서 여자는 하나님을 모독하고 땅의 사치를 추구하는 반기독교적인 세상 체제를 가리킨다. 짐승이 '붉은 빛'을 띤 것은 그것이 '붉은 용'(12:3)에 속한 마귀 세력이라는 것을 말해주고, 또한 땅의 사치를 누리고 왕족 행세를 하면서 하나님의 왕권을 흉내 내거나 도전하는 존재라는 것을 말해준다(17:4; 18: 12,16). 그것은 흰 옷을 입고 메시아 전쟁에 나가는 예수와 대조를 이룬다(19:14). "짐승의 몸에 하나님을 모독하는 이름들이 가득하다"는 것은 짐승이 본성적으로 하나님을 대적하고 비방하는 속성이 가득하다는 것을 말

해준다. 본문의 짐승은 열 뿔과 일곱 머리를 지닌 존재이기 때문에 13장의 바다짐승과 동일한 존재이다. 또한 짐승은 열 뿔과 일곱 머리를 지닌, 12장의 용과도 분리할 수 없는 존재이다.

[4] 3-6절은 큰 음녀를 묘사하는 본문이다. 4절은 특히 매우 사치스럽고 도덕적으로 부패한 여자의 모습을 그린다. 여자는 "자주 빛과 붉은 빛 옷을 입고 금과 보석과 진주로 꾸미고 손에 금 잔을" 가졌는데, 이런 차림은 18:16에서 큰 성 바벨론을 특징짓는 사치 목록들 가운데서 다시 등장한다. 고대 로마에서 자주 빛은 보통 왕이 입는 옷의 색깔이고 붉은 색은 부유한 사람들이 입는 옷의 색깔이다. 또한 금과 보석과 진주와 같은 장식은 부와 사치와 화려함을 상징했다. 그렇다면 큰 음녀는 부와 권세와 사치를 추구하는 세상 체제를 가리킨다고 할 수 있다(Mounce, 1998: 310). 음녀는 손에 금 잔을 들고 있었는데, 금 잔에 어울리지 않고 그 안에는 온갖 가증한 물건과 음행의 더러운 것들로 채워져 있었다. '가증한 물건'은 우상숭배와 관련이 있다면, '음행의 더러운 것'은 우상숭배 때문에 도덕적, 영적으로 불결해진 것을 뜻한다(Beale, 1999: 856; Osborne, 2002: 611). 음녀가 들고 있는 금 잔은 땅의 거주자들이 "음행의 포도주에 취했다"(17:2)는 표현과도 연관된다. 금 잔을 들고 있는 음녀의 모습은 외면적인 사치와 화려함을 나타내겠지만, 그녀의 외면적 사치와 화려함 이면에는 가증한 우상숭배와 도덕적, 영적 불결함에 취해있는 모습이 가득했다.

[5] 음녀의 이마에 기록된 이름은 "비밀이라, 큰 바벨론이라, 땅의 음녀들과 가증한 것들의 어미"라는 말로 불렸다. 계시록에서 이마에 쓰인 이름은 어떤 사람의 본질적 속성을 드러낸다. 학자들은 '비밀'이 여자 이름의 일부인지 아니면 여자 이름과 병행적 위치에 있는지를 두고 의견을 달리한다. 계시록에 나타난 용례로 볼 때(1:20; 10:7) 비밀은 여자 이름과 동격

으로 사용되거나 후자를 수식하는 것으로 보는 것이 요한의 용법에 더 잘 들어맞는다(Johnson, 1981: 556). 그렇다면 음녀의 이름이 곧 비밀이거나 또는 음녀가 비밀스런 이름을 가진 것이 된다. 계시록에서 비밀은 계시 용어로서 전에 감춰져있었지만 마지막 때가 되어 드러난 어떤 것을 가리킨다. 근접문맥을 살필 때 본문이 말하는 비밀은 바벨론이 화려하고 사치스런 외양을 지녔지만 영적인 시각에서 보면 "소돔이나 애굽"(11:8)과 같은 곳이며 진노의 심판을 받아 조만간 망할 수밖에 없는 성격을 지녔다는 것을 말해준다(Beale, 1999: 858). 5절하는 음녀의 비밀스런 정체가 드러난다. 음녀는 다름 아닌 바벨론이며 "땅의 음녀들과 가증한 것들의 어미"이다. 어떤 것의 '어미'라는 표현은 그것의 속성을 대변할 뿐만 아니라 그것을 재현한다는 것을 함축한다. '가증한'이란 말은 우상숭배와 관련된 수식어이고 '음녀'란 말은 부도덕에 빠져 하나님을 배역하며 사는 자를 가리키는 술어이다. 그렇다면 바벨론은 부와 권세를 가지고 땅의 모든 나라와 거주자들에게 막강한 영향력을 행사하여 그들로 온갖 우상숭배와 부도덕한 삶에 빠지도록 만들어 결국 하나님을 배역하게 만든 도성이라 할 수 있다(Beale, 1999: 859). 바벨론은 본질적으로 짐승 제국을 대변하는 도성이고, 1세기에 로마가 그런 역할을 담당했다.

[6] 4절은 음녀의 손에 들린 금 잔에 "가증한 물건과 그의 음행의 더러운 것들이 가득했다"고 말한 반면, 본 절은 음녀가 "성도들의 피와 예수의 증인들의 피에 취했다"고 말한다. 바벨론은 우상숭배와 도덕적 방종에 취해 있었기 때문에 우상숭배를 거절하고 거룩한 삶을 영위하고자 하는 하나님의 백성을 살해하는 폭력성을 드러냈다. '성도들'과 '예수의 증인들'은 상호 보충해서 설명하는 술어들이다. 성도들은 곧 예수의 증인들이다. 즉 그들은 예수의 말씀을 지키는 자들일 뿐만 아니라 그것을 세상에 증언하는 사람들이다. 음녀가 그들의 피에 취했다는 것은 성도들을 살해하고

그들의 피를 흘리게 하는 일에 큰 쾌감을 느꼈다는 것을 말해준다. 14:8과 17:2은 음녀 바벨론이 땅의 임금들과 나라들로 그녀의 우상숭배와 부도덕에 취하도록 했다고 말했다면, 본문은 그녀가 성도들의 피에 취했다고 말한다. 붉은 포도주가 피처럼 보이기 때문에 두 이미지의 연관성은 한층 더 강해진다. 음녀 바벨론은 마치 포도주에 취한 자처럼 우상숭배, 부도덕, 사치, 기독교인 박해에 취한 세속 도성이다. 본 절은 그런 세속 도성에서 예수의 충성된 증인들로 사는 성도들을 박해하고 살해하는 일에 취한 불경건한 바벨론의 폭력성을 이미지화한다. 요한이 음녀 바벨론을 보고 크게 놀란 것은 성도들, 즉 예수의 증인들의 피에 취한 그녀의 모습을 보았기 때문이다.

[7] 요한은 7-15절에서 그가 본 환상에 대한 천사의 해석을 소개한다. 7-15절은 다섯 부분으로 구성된다. 여기서 요한은 짐승의 정체(7-8절), 일곱 머리(9-11절), 열 뿔(12-14절), 음녀가 앉은 많은 물(15절), 그리고 음녀(18절)에 관해 차례로 서술한다. 요한은 우선 짐승의 정체에 관해 묘사한다(7-8절). 우선 천사는 환상을 보고 놀란 요한에게 "여자와 그가 탄 일곱 머리와 열 뿔 가진 짐승의 비밀"을 말해준다. 여기서 '비밀'은 여자만 아니라 그녀가 탄 짐승과도 관계된다. 요한이 느낀 놀라움은 당혹감과 혼란, 그리고 두려움이 섞인 감정이다. 천사는 바벨론이 받게 될 심판을 요한에게 보여주리라고 말했지만(1절), 그가 실제로 본 것은 음녀 바벨론의 부와 영광과 사치와 승리였기 때문이다(Osborne, 2002: 614). 하지만 요한이 놀랄 필요가 없는 것은 음녀가 예상치 못한 방식으로 곧 멸망에 들어갈 것이기 때문이다(Beale, 1999: 858). 천사가 요한에게 일러준 비밀은 "여자와 그가 탄 일곱 머리와 열 뿔 가진 짐승"에 관한 것이고, 그 비밀에 관한 해석은 8절에서 주어진다. 하지만 8절은 짐승에 초점을 맞출 뿐 여자에 대해서는 아무런 설명도 하지 않고, 16절에 가서야 음녀가 짐승에 의해 멸망하게

되는 것으로 묘사된다.

[8] 요한이 환상 중에 본 짐승은 "전에 있었다가 지금은 없으나 장차 무저갱으로부터 올라와 멸망으로 들어갈 자"이다. 해석의 온갖 난점들은 이 짐승의 역사적 지시대상을 확인하는 데서 생긴다. 학자들은 일곱 머리를 차례로 즉위한 로마 황제들에 맞춰 해석하려고 하거나,[6] 또는 죽었다가 다시 돌아왔다는 네로 귀환설에 맞춰 해석하려고 하기도 하고, 또는 로마 제국이 등장할 때까지 차례로 등장한 고대의 제국들에 맞춰 해석하려고 한다. 어떤 해석을 적용하든 간에 본문의 묘사에 잘 들어맞지 않는 면이 생겨난다. 요한의 묘사는 '정치적이라기보다 신학적인' 성격을 갖기 때문에 그의 서술 언어를 과거의 특정한 인물이나 사건들에 일대일식으로 연관시키려는 시도는 불필요하다(Johnson, 1981: 557). "전에 있었다가 지금은 없으나 장차 무저갱으로부터 올라와 멸망으로 들어갈 자"란 본문의 표현은 13장과 17장에서 유사한 형태로 등장한다. 13장에서 짐승은 "죽게 된 상처가 나았다"(12절)든가 또는 "칼에 상하였다가 살아난"(14절) 일로 인해 사람들의 경배의 대상이 된 자로 묘사된다. 반면에 17장에서 짐승은 장차 멸망으로 들어갈 운명을 지닌 무력한 존재로 묘사된다. 특별히 오스본은 본문의 문구가 "전에도 계셨고 지금도 계시고 장차 오실"(1:4, 8; 4:8; 11:17; 16:5) 하나님과 그리스도를 패러디한 것이라고 생각한다(Osborne, 2002: 615). 더욱이 "전에 있었다가 지금은 없다"는 문구는 예수의 죽음과 부활을 패러디한 것이다. 그렇다면 짐승은 하나님과 그리스도를 모방하여 적그리스도 세력으로서 "이 세상의 신"(고전 4:4)으로 경배를 받고자 하나 끝

---

6. 즉위한 순서를 따라 로마 황제들의 이름을 열거하면 Julius Caesar(44 B.C), Augustus(27 B.C – A.D 14), Tiberius(14-37), Caligula(37-41), Claudius(41-54), Nero(54-68), Galba, Otho, Vitellius(68-69), Vespasian(69-79), Titus(79-81), Domitian(81-96), Nerva(96-98), Trajan(98-117)이다.

내는 멸망에 들어갈 운명을 지닌 존재이다. "전에 있었다가 지금은 없다"는 말은 짐승이 그리스도의 십자가로 인해 패배를 당한 사실을 암시한다(Johnson, 1981: 557). 영적인 관점에서 보면 짐승은 지금은 패주에 불과하다(요 12:31; 골 2:15). 마지막 때에 짐승이 잠시 무저갱에서 올라와 하나님과 그의 백성을 공격하는 일을 하겠지만(12:12; 13:5; 20:3) 끝내는 하나님의 심판을 받아 멸망에 들어가게 될 것이다(1절 참조). 짐승이 무저갱에서 올라온다는 진술은 지금까지 세 차례 등장하는데(11:7; 13:1; 17:8), 본문은 그것을 장차 일어날 미래의 사건으로 묘사한다. 어떤 학자들은 본문이 전 역사에 걸쳐 반기독교적인 군주들이 계속해서 등장할 것을 지칭한다고 생각한다(Hendriksen, 1967: 170). 하지만 요한은 여기서 마지막 종말에 나타날 적그리스도 세력을 염두에 둔 것이 분명하다(Beale, 1999; 865; Osborne, 2002: 616). 짐승의 운명은 이미 정해졌다: 그는 무저갱에서 올라올 것이지만 곧 멸망으로 들어갈 것이다. 무저갱은 귀신의 영들이 거하는 처소나 감옥이다. 그리고 짐승이 무저갱에서 올라와서 활동하는 영역은 사람들이 살아가는 지상이다. 짐승은 무저갱에서 올라와서 땅의 거주자들을 미혹하는 귀신의 속성을 지닌 세상세력이다. 땅의 거주자들은 "하늘에 거하는 자들"(13:6)과 대조되는 그룹으로서 "창세 이후로 그 이름이 생명책에 기록되지 못한 자들"이다. 그들은 "이전에 있었다가 지금은 없으나 장차 나올 짐승"을 보고 기이하게 여겼다. 그들은 모두 짐승을 추종하는 자들이기 때문에 짐승을 보고 긍정적인 반응을 보인 것은 당연하다.

[9] 17장에서 음녀는 많은 물(1,15절), 짐승(3절), 그리고 일곱 산 위에 앉은 자로 묘사된다(10절). 전통적으로 '일곱 산'은 로마를 둘러싼 일곱 언덕을 가리키고, 일곱 머리는 로마제국의 일곱 황제들을 가리키는 것으로 해석되어 왔다(Mounce, 1998: 313f). 하지만 일곱 산은 여자가 아니라 짐승을 묘사하는 표현이다. 일곱 머리(또는 일곱 산)를 가진 짐승 위에 앉아 그를 지

배하는 것은 여자이다. 만일 여자가 로마를 상징한다면, 로마가 일곱 명의 로마 황제들을 지배한다고 보는 것은 좀 작위적이다(Minear, 1968: 237ff; Johnson, 1981: 558). 게다가 일곱 산이 로마 자체를 가리킨다고 보는 해석은 짐승을 탄 여자가 로마제국을 가리킨다고 보는 해석과 충돌을 일으킨다. '일곱 산'은 10절상에서 '일곱 왕'으로 부연된다. 구약 예언서에서 산은 세상의 권력자들을 비유하는 의미로 종종 등장한다(사 2:2; 렘 51:25; 슥 4:7). 그렇다면 일곱 산 또는 일곱 머리는 일곱 왕들을 가리키는 것이 분명하다. 학자들 중에는 일곱 왕이 로마제국의 어떤 황제들을 가리키는지에 대해 많은 추측을 하지만 그들의 정체를 규명하는 것은 불가능에 가깝고 또 본문의 의도와도 거리가 멀다. 일곱 산 또는 일곱 왕에 대한 언급은 짐승이란 존재의 성격을 부각시키는 역할을 할 뿐이다(이필찬, 2006: 732). 7은 완전함을 상징하는 숫자이기 때문에 짐승이 일곱 머리를 지녔다는 것은 악의 권세를 온전하고 충만하게 소유한 존재라는 것을 함축한다.

[10] 만일 짐승이 악으로 충만한 권세를 지닌 존재라고 한다면, 요한은 왜 "다섯은 망하였고 하나는 있고 다른 하나는 아직 이르지 않았다"고 말하는 이유가 무엇인가? 본문의 이런 진술 때문에 그것을 1세기 로마 황제들의 즉위순서에 맞춰보려는 시도들이 있어 왔다. 하지만 존슨이 잘 지적한 것처럼 즉위 순서의 기점을 어느 황제로 잡을 것인지, 모든 황제들을 다 포함시킬 것인지 아니면 황제숭배를 강요한 황제들만 포함시킬 것인지, 또는 잠시 황제 계승의 경쟁자로 있다가 물러난 갈바, 오토, 비텔리우스를 배제할 것인지 등 여러 논란들을 해소하기 어렵다(Johnson, 1981: 559). 게다가 짐승과 동일시되는 여덟째 왕은 일곱 왕들 중 하나가 될 수 없지 않은가(11절)? 다른 학자들은 일곱 왕들이 일곱 왕국을 대변한다고 보고 본문의 내용이 하나님의 백성을 핍박했던 나라들의 등장 순서를 가리킨다고 해석한다(Ladd, 1972: 229). 그렇다면 이미 망한 다섯 나라는 이집트,

앗수르, 바빌론, 페르시아, 그리스이고, 현재 있는 나라는 로마이고, 아직 이르지 않은 나라는 미래의 세계 제국이 될 것이다. 하지만 하나님의 백성을 극심하게 핍박했던 셀루커스 왕조를 임의로 누락시킨 것은 이 해석의 약점이다. 게다가 어떻게 일곱 왕 또는 일곱 나라가 음녀의 멸망에도 살아남아 그녀를 위해 애통해할 수 있는가(18:9)? 그리고 짐승과 동일시되는 여덟째 왕 또는 여덟째 나라가 어떻게 "일곱 중에 속한 자"가 될 수 있는가?

필자는 이미 앞에서 일곱 머리가 짐승에게 속한 것이기 때문에 그 의미는 바벨론이 아니라 짐승과의 관련성 속에서 찾아야 한다고 주장한 바 있다. 짐승의 머리가 일곱이라는 것은 문자적인 의미보다 짐승이 지닌 완전한 악의 권세를 상징하는 의미로 해석되어야 한다(Johnson, 1981: 560). 다섯 머리가 이미 망했다는 것은 짐승이 하나님의 심판을 받아 그 힘과 권세를 상당한 정도로 상실했다는 것을 상징하고, 머리 하나가 지금 있다는 것은 하나님의 백성을 핍박하는 짐승의 대리자들이 현재 활동 중이라는 것을 말해주며, 머리 하나가 장차 이른다는 것은 마지막 때에 잠시 나타났다가 멸망에 들어갈 것을(8절) 시사해준다. 신성모독적인 짐승의 권세가 최종적으로 나타날 때가 남아 있지만 그 기간은 '잠시일' 뿐이다. 일곱째 머리 또는 왕은 짐승이 진노의 심판을 받아 영원한 불 못에 들어가기 전에(19:20) 악의 세력이 마지막으로 잠시 동안 짐승과 함께 세상을 지배할 것임을 나타내준다(560).

[11] 본 절은 계시록에서 가장 해석하기 어려운 부분 중의 하나이다. 학자들 중에는 그것을 네로 귀환설과 연관하여 해석하려는 경향이 있다. 네로가 죽었다가 다시 살아서 귀환할 것이라는 전설을 염두에 두고 요한은 한 악한 황제가 성육신한 네로가 되어 나타날 것을 묘사한 것이라는 것이다(Beasley-Murray, 1970: 1300). 9-10절을 황제나 나라의 등장 순서에 맞춰

해석하려는 어떤 시도도 11절에서 무너지고 만다. 존슨의 견해를 좇아 필자는 9-11절을 "양적인 의미보다 질적인 의미로, 역사적이거나 또는 정치적인 의미보다 신학적인 의미로"(Johnson, 1981: 560) 해석하는 것이 옳다고 본다. 일곱 왕 다음에 여덟째 왕이 이를 것이지만, 이 여덟째 왕은 일곱 왕 중에 속한 자이고 그가 곧 짐승 자체이다. 이 진술은 양적인 의미로 풀려고 하면 영원히 풀기 어려운 수수께끼로 남을 뿐이다. 초대교회의 월력에 여덟째 날은 예수께서 부활하신 날인데, 그것은 새로운 칠일 주간이 시작하는 날이기도 하다. 여덟째 날은 따라서 악의 세력을 이긴 날이기 때문에 새 시대가 시작하는 날이다(Johnson, 1981: 561). 초대교회에 유행하던 이런 월력 계산 전통은 본문 해석에 도움을 줄 수 있다. 짐승은 세 단계에 걸쳐 역사의 무대에 등장한다. 즉 짐승은 전에 있었고 지금 있으며 장차 이를 것이다. 하지만 이 세 단계들 중에 마지막 단계만이 무저갱에서 올라오는 짐승과 연관된다(8절). 짐승이 "전에 있었다가 지금 없어졌다"는 것은 그리스도께서 십자가 죽음으로 짐승을 결정적으로 멸하셨기 때문에 신자들에게 짐승은 "지금은 없는" 존재, 즉 그들에게 아무런 권세를 갖지 못하는 존재라는 것을 뜻할 수 있다. 반면에 짐승이 "지금 있다"(10절)는 것은 짐승에 속한 악의 세력이 현재 활동 중이라는 것을 말하고, 짐승이 "아직 이르지 않았다"는 것은 그가 어린 양과 그의 백성과 싸우는 마지막 전쟁을 일으킬 것이나 곧 패하여 영원한 불 못에 들어갈 것을 말해준다. 종말에 무저갱에서 올라올 짐승을 "여덟째 왕"이라고 부른 것은 그가 일곱 왕에 속하지 않은 전혀 새로운 왕이라는 것을 뜻하지 않는다. 그는 그리스도에 의해 치명적인 상처를 받아 죽게 된 이전 짐승이 종말의 때에 잠시 되살아난 존재이기 때문에 "일곱 중에 속한 자"로 명명한 것이다. 그는 잠시 머물면서 만국을 미혹하여 어린 양과 그의 백성을 공격하는 최후 전쟁을 일으킬 것이지만 곧 심판을 받아 멸망으로 들어갈 존재이다.

[12-13] 본 절은 짐승이 가진 열 뿔을 해석해준다. 열 뿔은 전통적으로 로마황제의 지배 아래 있는 위성 국가들의 왕들을 가리킨다고 해석되거나 또는 종말에 다시 되살아날 로마제국의 열 왕들을 가리킨다고 해석되었다(Walvoord, 1966: 254f). 하지만 일곱 머리를 해석할 때처럼 열 왕도 상징적인 의미로 해석하는 것이 옳다. 10은 충만함, 완전함을 상징하는 숫자이고(느 4:12; 단 1:12) 뿔은 힘과 권세를 상징한다(Mounce, 1977: 319; Johnson, 1981: 561). 그렇다면 열 뿔은 문자적인 열 왕이나 왕국을 지칭하는 것이 아니라 짐승 제국에 속한 연합세력의 막강한 권세를 상징한다. 그들은 아직 나라를 얻지 못했지만 짐승이 출현할 때 그와 더불어 잠시 다스리는 권세를 얻게 될 것이다. 이들 왕의 연합세력은 독자적으로 통치하는 것이 아니고 짐승과 함께 잠시 통치하다가 그와 함께 멸망당할 존재들이다. 여기서 요한은 다니엘 7:7, 24을 암시한다. 다니엘서의 이 구절을 보면 네 번째 짐승이 열 왕을 뜻하는 열 뿔을 갖고 있고 열 왕 중에서 적그리스도의 역할을 하게 될 마지막 왕이 등장하게 된다. 적그리스도 세력인 짐승이 열 뿔을 가졌다는 것은 짐승의 지배를 받는 땅의 모든 나라들의 총체적 권세를 상징한다(Ladd, 1972: 231f). 짐승 제국의 열 왕들이 '한 뜻으로' 연합하여 어린 양과 싸운다(13-14절). 유사한 장면이 16:12에서도 제시된다. 유브라데 강이 마르자 "동방의 왕들"이 연합세력을 구축하여 짐승의 전쟁을 지원한다. 악의 삼두체제가 "개구리 같이 더러운 영들"을 보내어 온 세상의 왕들을 불러 모아 그들로 아마겟돈에서 마지막 전쟁을 하게 한다. 이들 왕의 연합세력은 한 뜻을 가지고 자신들의 능력과 권세를 짐승에게 이양한다. 그들이 이양한 권세는 본래 짐승에게서 받은 것이다. 권세를 넘긴다는 것은 짐승과 완전히 연합하여 그에게 복종한다는 것을 뜻한다. 그렇다면 어린 양과 전쟁하는 네 그룹이 부각된다. 그것은 적그리스도 세력인 짐승, 그에게 경배하는 땅의 거주자들, 짐승에게 완전한 권세를 이양한 열 왕들, 그리고 그들과 연합한 나머지 "천하 왕들"(16:14)이다(Osborne, 2002: 622).

[14] 그들이 연합세력을 구축하는 유일한 목적은 어린 양과 전쟁하는 것이다. '싸우다' 동사가 미래시제이기 때문에 종말의 때에 일어나게 될 최후의 영적 전쟁이 있게 될 것을 암시한다. 짐승의 연합세력이 어린 양과 벌일 마지막 전쟁은 16:12,14에서 시작되고 19:19에서 결판이 난다. 열 뿔을 가진 짐승은 '일곱 뿔'(5:6)을 가진 어린 양의 권세를 흉내 내지만, 다섯 뿔은 이미 망하고 한 뿔은 현재 있지만 나머지 한 뿔은 잠시 나타났다가 곧 멸망에 들어갈 짐승과 달리, 일곱 뿔을 가진 어린 양은 완전한 권세를 가진 분으로서 짐승과 그 모든 추종자들과 싸워 이기실 것이다. 본문의 강조점은 정복자 이상의 권세를 가진 어린 양에게 있다. 어린 양이 진정한 정복자가 되는 이유는 그가 "만주의 주시오 만왕의 왕이시기" 때문이다. 로마 황제는 제국의 지배를 받는 모든 군주들을 다스리는 존재이기 때문에 왕들 중의 왕으로 불렸다. 하지만 어린 양만이 진정한 절대적 주권을 갖고 있기 때문에 로마 황제의 절대적 권세는 가짜 권세에 불과하다. 구약에서 "만주의 주, 만왕의 왕"과 같은 칭호는 본래 하나님에게 붙여진 것이지만 이제 그러한 칭호는 어린 양 그리스도께서 귀속된다. 만주의 주이며 만왕의 왕 되신 어린 양의 절대적 주권과 통치는 짐승과 그 연합세력 위에 진노의 삼판을 쏟으실 때 논증된다. 최종적이고 궁극적 승리는 절대적 정복자가 되신 어린 양에게 속한 것이지만, 성도들도 그의 승리에 동참하게 될 것이다. 성도들은 어린 양과 "함께 있는 자들 곧 부르심을 받고 택하심을 받은 신실한 자들"로 특징화된다. 성도들을 어린 양과 함께 있는 자들로 묘사한 것은 어린 양과 짐승 간에 벌어지는 우주적이고 종말론적인 전쟁에서 어린 양의 진영에 속해 메시아 전쟁을 하는 사람들을 가리킨다. 그들은 7:4-9, 14:1-5에 등장하는 144,000명과 동일한 무리이다. 성도들을 "부르심을 받고 택하심을 받은 신실한" 자들로 묘사한 것은 그들이 하나님의 소유된 백성으로서 환난 중에서 견인하는 삶을 사는 자들이라는 것을 함축한다. 부르심과 택하심은 그들의 구원을 가능하게

한 신적 주도권을 나타낸다면, 신실함은 그 신적 주도권에 대한 인간 쪽의 반응이다. 하나님께 속한 참 백성이라는 사실은 그들의 신실한 삶, 즉 환난 중에서도 예수의 충성스러운 증인으로 살아가는 삶을 통해 자명해질 뿐이다(12:17; 14:12). 마지막 종말론적 전쟁에서 이기는 승리의 비결은 어린 양의 편에 서있는 것이고 또한 그의 충성스러운 증인의 사명을 다하는 것이다.

[15] 본 절은 음녀가 앉은 많은 물에 대해 해석해준다. 지금까지 요한은 짐승에 초점을 두었으나 본 절 이후부터는 음녀에 초점을 두고 서술한다. 천사의 해석에 따르면 음녀가 앉아 있는 물은 "백성과 무리와 열국과 방언들"을 상징한다. 이것은 바벨론으로 상징되는 반기독교적인 세상 체제의 영향이 보편적이라는 사실을 시사해준다(Mounce, 1977: 320).

[16-17] 본 절은 예상 밖의 반전 상황을 묘사한다. 음녀 바벨론은 지금까지 짐승에 올라 앉아 그를 지배해 왔지만 이제는 놀랍게도 열 뿔(=열 왕)과 짐승이 연합하여 그녀를 망하게 하기 때문이다. 음녀 바벨론이 로마제국을 가리킨다는 해석은 (Swete, 1906: 222) 여기서 무너진다. 황제들이 로마제국에 등을 돌려 그것을 망하게 한다는 것은 로마제국의 역사와 들어맞지 않기 때문이다. 본문은 단지 마지막 심판 때에 악의 제국이 스스로 분열하게 될 것을 말할 뿐이다. 음녀가 전에 결탁했던 짐승의 미움을 받아 벌거벗겨지고 짐승은 그녀의 살을 먹고 아주 불살라버릴 것이다. 이런 표현들은 음녀 도시들에 임한 하나님의 심판을 묘사하는 구약 본문들을 배경으로 한다(겔 16:39-40; 23:25-29,47)(Beale, 1999: 893). 제사장의 딸들이 음행을 하다가 적발이 되면 하나님을 그들을 불살라 죽이라고 명한 것처럼(레 21: 9), 음녀 바벨론도 하나님의 심판의 불로 아주 소멸될 것이다. 하지만 짐승과 열 왕과 음녀는 서로 분리될 수 없는 연합세력인데 어떻게 그들

의 분열로 음녀가 멸망당하는 일이 가능한가? 짐승과 열 왕이 음녀에 등을 돌린 것은 그들 자체 안에 내재된 "악의 자기 파괴적 능력"(Harrington, 1993: 175; Caird, 1966: 221)에 기인한다. 하나님은 악의 세력의 분열을 그의 심판 목적을 이루는 수단으로 활용하신다.

요한은 17절에서 악의 연합 세력의 분열 때문에 음녀 바벨론이 망하게 된 근본 이유를 설명한다. '이는'(gar)이란 접속사는 16절과 17절을 원인, 결과로 연결해주는 역할을 한다. 다시 말해서 악의 연합세력의 분열과 음녀 바벨론의 멸망은 하나님의 주권적 계획에 따른 것이다. "하나님이 자기 뜻대로 할 마음을 그들에게 주셨다"는 말은 악의 세력이 이루고자 하는 목적, 그들이 어린 양을 대적하기 위해 연합 전선을 구축하는 것, 열 왕이 한 뜻으로 그들의 능력과 권세를 짐승에게 이양하고 그들의 나라를 그에게 넘겨주는 것, 그리고 마침내 연합 세력이 분열하여 음녀 바벨론이 멸망당하는 것 등, 이 모든 것이 하나님의 주권적 섭리와 계획에 따른 것이다. 그렇다면 짐승과 열 왕이 연합하여 득세하는 것도 "하나님의 말씀이 응하기까지만" 허락될 뿐이다. 여기서 '하나님의 말씀'은 심판의 맥락에서 등장하기 때문에 바벨론의 심판이나 또는 최후 심판과 관련된 모든 약속의 말씀을 가리킨다(Osborne, 2002: 629).

[18] 본 절에서 천사는 여자를 "땅의 왕들을 다스리는 큰 성"으로 해석해준다. '큰 성'은 1세기 독자들에게 로마를 가리키는 말로 이해되었겠지만 사실 그것은 하나님과 어린 양을 대적하는 불경건한 세상질서를 상징한다. 세상은 땅의 왕들에게 막강한 지배력을 행사하는 일종의 권력질서이다. 계시록에서 '성'(cities)은 인간들이 모종의 가치를 공유하면서 살아가는 공동체 사회를 상징한다. 두 종류의 성이 존재한다. 하나는 하나님의 도성인 새 예루살렘이다. 그것은 어떤 지정학적인 도시를 가리키기보다 어린 양의 신부 또는 교회공동체를 상징한다. 다른 하나는 사탄의 도성인

큰 성 바벨론이다. 바벨론은 음녀로 불리는 불신 인류사회를 상징한다. 그렇다면 바벨론은 땅의 모든 왕들과 거주자들을 지배하는 초역사적인 악의 체제를 가리킨다(Johnson, 1981: 563).

> 해설

본 섹션은 큰 음녀, 물, 왕들, 붉은 빛 짐승 등을 주요 등장인물로 삼아 짐승을 탄 큰 음녀의 심판과 멸망을 극적으로 그린다. 그것은 크게 네 단락으로 구성되는데, 첫 단락은 물 위에 앉은 큰 음녀가 받을 심판을 서론적으로 선언하고(1-2절), 둘째 단락은 음녀의 사치와 영광과 타락을 묘사하며(4-6절), 셋째 단락은 요한이 본 짐승 환상에 대한 천사의 해석을 제시하고(7-14절), 넷째 단락은 짐승과 열 왕의 배반으로 음녀가 멸망하는 내용을 묘사한다(15-18절). 재림 직전의 사건을 묘사한 마지막 섹션(17:1-19:4)은 붉은 빛 짐승을 탄 큰 음녀에 관한 환상으로 시작한다. 큰 음녀로 불리는 바벨론은 1세기 독자들에게 로마를 연상시켰겠지만 그것은 역사 속에 존재했던 어떤 특정한 지정학적 도시의 면모를 초월하는 면을 갖는다. 음녀 바벨론은 가증한 우상숭배, 부와 사치, 도덕적 타락으로 점철된 세속 도시였다. 또한 그녀는 적그리스도 세력인 붉은 빛 짐승 위에 앉아 그것을 지배하는 힘을 발휘할 뿐만 아니라 땅의 모든 임금들을 부추겨 자신과 동일한 죄를 짓도록 만들었다. 무엇보다도 하나님의 진노를 초래케 만든 것은 성도들의 피에 취한 것이다. 음녀가 화려하고 사치스럽게 치장한 외모 이면에는 우상숭배와 도덕적인 부패, 그리고 잔인한 폭력성이 도사리고 있었다. 계시록에서 '성'(城)은 단순히 지정학적 도시를 가리키지 않고 공동체를 상징하며 두 대립되는 도성이 존재한다. 하나는 하나님의 성으로서 새 예루살렘이다. 후에 새 예루살렘은 빛나고 깨끗한 세마포 옷을 입고 혼인잔치에 들어갈 준비를 하는 어린 양의 신부로 묘사된다(19:7-9). 다른 하나는 사탄의 성으로서 바벨론이며 17-18장에서 큰 음녀로 불린다. 그렇다면 큰 음녀 바벨론은 악하고 반기독교적인 세상을 상징한다. 그녀가 성도들의 피에 취했기 때문에 하나님은 그녀에게 피로 보복하여 진노의 포도주 잔을 마시게 하실 것이며 그녀를 향한 진노의 심판이 곧 임할 것이라고 약속하신다(16-17절).

셋째 단락은 요한이 본 짐승 환상을 해설해준다(7-14절). 짐승은 그리스도의 부활을 패러디한 가짜 삼위일체 세력이다. 그리스도께서 "전에도 계셨고 지금도 계시고 장차 오실 분"인 것처럼 짐승도 "이전에 있었다가 지금은 없으나 장차 나올"(8절) 존재이다. 그는 위조된 부활 사건을 통해 사람들을 놀라게 하고 온 세상으로 자신을 경배하도록 했지만(13:4,12-14) 사실은 곧 멸망에 들어갈 무력한 존재이다. 짐승은 일곱 머리와 열 뿔을 가진 괴물이다. 일곱 머리는 9절에서 "여자가 앉은 일곱 산"으로 묘사되기도 하고 10절에서는 일곱 왕을 가리키는 말로 언급되기도 한다. 전통적으로 일곱 산은 로마를 둘러싼 일곱 언덕을 가리키고 일곱 왕은 일곱 명의 로마 황제들을 가리키는 것으로 해석되었다. 만일 일곱 산 또는 일곱 왕을 가진 짐승이 로마제국을 상징한다면, 짐승을 탄 음녀 바벨론이 로마를 상징한다는 해석과 충돌하게 된다. 앞서 우리는 바벨론이 역사 속에 존재한 어떤 특정한 도시를 가리키기보다 반기독교적인 악의 세상 체제를 상징한다고 주장한 바 있다. 그렇다면 붉은 빛 짐승은 반기독교적인 악의 세상 체제에 기반을 둔 적그리스도 제국을 가리킨다. 7은 완전함을 상징하는 숫자이기 때문에 짐승이 일곱 머리(=일곱 산, 일곱 왕)를 가졌다는 것은 적그리스도 제국이 완전하고 충만한 악의 권세를 지녔다는 것을 상징한다. 다섯 머리가 이미 망했다는 것은 짐승이 하나님의 심판을 받아 그 힘과 권세를 상당한 정도로 상실했다는 것을 뜻하고, 머리 하나가 지금 있다는 것은 하나님의 백성을 핍박하는 짐승의 대리자들이 현재 활동 중이라는 것을 말해주며, 나머지 머리 하나가 장차 이른다는 것은 마지막 때에 짐승이 무저갱에서 올라와 잠시 득세하다가 멸망에 들어갈 것을 시사해준다. 요한은 장차 이를 일곱째 머리를 여덟째 왕으로 부르면서도 그를 일곱 머리 중에 속한 자로 명명하고 바로 그를 짐승 자체로 동일시하기도 한다. 수수께끼 같은 이 진술은 양적인 의미로 해석하면 해석적 난관에 부딪힌다. 일곱 머리는 짐승이 지닌 완전하고 충만한 권세를 상징할 뿐이다. 적그리스도 세력인 짐승은 이미 하나님의 심판을 받아 치명적 타격을 받았지만 마지막 때에 잠시 세상 임금들과 함께 연합 세력을 구축하여 잠시 득세하다가 곧 멸망에 들어갈 것을 숫자의 상징을 통해 묘사한 것뿐이다.

일곱 머리를 해석할 때처럼 열 왕도 상징적인 의미로 해석하는 것이 옳다. 10은 충만함, 완전함을 상징하는 숫자이고 뿔은 힘과 권세를 상징하는 언어이다. 그렇다면 열 뿔은 문자적인 열 왕이나 왕국을 지칭하지 않고 짐승 제국에 속한 연합 세력의 막강한 권세를 상징한다. 그들은 아직 나라를 얻지 못했지만 짐승이 출현할 때 그와 더불어 잠시 다스리는 권세를 얻게 될 것이다. 이들 연합 세력은 독자적인 세력이 아니라 짐승과 함께 잠시 통치하다가 그와 함께 멸망당할 존재들이다. 요한의 이런 묘사는 다니엘 7:7, 24을 배경으로 한다. 이 구절에서 네 번째 짐승이 열 왕을 뜻하는 열 뿔을 갖고 있고 열 왕 중에서 적그리스도의 역할을 하게 될 마지막 왕이 등장하게 된다. 적그리스도 세력인 짐승이 열 뿔을 가졌다는 것은 짐승의 지배를 받는 땅의 모든 나라들의 총체적 권세를 상징한다. 짐승 제국의 열 왕들이 '한 뜻으로' 연합하여 어린 양과 싸운다(13-14절). 유사한 장면이 16:12에서도 제시된다. 유브라데 강이 마르자 "동방의 왕들"이 연합세력을 구축하여 짐승의 전쟁을 지원한다. 악의 삼두체제가 "개구리 같이 더러운 영들"을 보내어 온 세상의 왕들을 불러 모아 그들로 아마겟돈에서 마지막 전쟁을 하게 한다. 이들 왕의 연합세력은 한 뜻을 가지고 자신들의 능력과 권세를 짐승에게 이양한다. 그들이 이양한 권세는 본래 짐승에게서 받은 것이다. 권세를 넘긴다는 것은 짐승과 완전히 연합하여 그에게 복종한다는 것을 뜻한다. 그렇다면 어린 양과 전쟁하는 네 그룹이 존재한다. 짐승, 그에게 경배하는 땅의 거주자들, 짐승에게 완전한 권세를 이양한 열 왕들, 그리고 그들과 연합한 나머지 땅의 모든 왕들이다(16:14).

큰 음녀는 짐승 위에 올라 앉아 세상의 모든 임금들 위에 막강한 권세와 영향력을 행사했지만, 그녀는 짐승과 그의 연합 세력의 배반으로 뜻하지 않은 방식으로 멸망당하고 만다. 하나님은 악에 내재한 자기 파괴적 속성을 이용하여 결국 불신앙적인 세상사회를 멸망시킬 것이다. 본 섹션 전체를 주도하는 큰 흐름은 하나님의 절대적 주권성이다. 악의 세력이 한 때 득세하여 온 세상에 악의 체제를 구축해놓고 온갖 사치와 방탕에 취해 하나님을 대적하고 그의 백성을 박해하는 일을 하겠지만, 그들이 구축해놓은 세상 체제는 그것이 부리던 바로 그 악의 세력에 의해 파괴될 것이다. 이 모든 일은 하나님의 주권적인 섭리와 계획 속에서 일어나는 일이다. 악의 세력의 분열로 인한 바벨론의 심판과 멸망은 하나님이 최후심판에 관해 약속한 말씀을 성취한 것이다. 신성모독적인 짐승의 권세가 최종적으로 나타날 때가 남아 있지만 그 기간은 '잠시일' 뿐이다. 일곱째 머리 또는 왕은 짐승이 진노의 심판을 받아 영원한 불 못에 들어가기 전에 (19:20) 악의 세력이 마지막으로 잠시 동안 짐승과 함께 세상을 지배할 것이다. 하지만 열 왕의 연합 세력은 독자적인 통치를 하지 못하고 짐승과 함께 통치를 하다가 짐승이 멸망할 때 함께 멸망에 들어갈 것이다.

(4) 큰 성 바벨론의 멸망(18:1-24)

본문

¹ 이 일 후에 다른 천사가 하늘에서 내려 오는 것을 보니 큰 권세를 가졌는데 그의 영광으로 땅이 환하여지더라 ² 힘찬 음성으로 외쳐 이르되 무너졌도다 무너졌도다 큰 성 바벨론이여 귀신의 처소와 각종 더러운 영이 모이는 곳과 각종 더럽고 가증

한 새들이 모이는 곳이 되었도다 ³ 그 음행의 진노의 포도주로 말미암아 만국이 무너졌으며 또 땅의 왕들이 그와 더불어 음행하였으며 땅의 상인들도 그 사치의 세력으로 치부하였도다 하더라 ⁴ 또 내가 들으니 하늘로부터 다른 음성이 나서 이르되 내 백성아, 거기서 나와 그의 죄에 참여하지 말고 그가 받을 재앙들을 받지 말라 ⁵ 그의 죄는 하늘에 사무쳤으며 하나님은 그의 불의한 일을 기억하신지라 ⁶ 그가 준 그대로 그에게 주고 그의 행위대로 갑절을 갚아 주고 그가 섞은 잔에도 갑절이나 섞어 그에게 주라 ⁷ 그가 얼마나 자기를 영화롭게 하였으며 사치하였든지 그만큼 고통과 애통함으로 갚아 주라 그가 마음에 말하기를 나는 여왕으로 앉은 자요 과부가 아니라 결단코 애통함을 당하지 아니하리라 하니 ⁸ 그러므로 하루 동안에 그 재앙들이 이르리니 곧 사망과 애통함과 흉년이라 그가 또한 불에 살라지리니 그를 심판하시는 주 하나님은 강하신 자이심이라 ⁹ 그와 함께 음행하고 사치하던 땅의 왕들이 그가 불타는 연기를 보고 위하여 울고 가슴을 치며 ¹⁰ 그의 고통을 무서워하여 멀리 서서 이르되 화 있도다 화 있도다 큰 성, 견고한 성 바벨론이여 한 시간에 네 심판이 이르렀다 하리로다 ¹¹ 땅의 상인들이 그를 위하여 울고 애통하는 것은 다시 그들의 상품을 사는 자가 없음이라 ¹² 그 상품은 금과 은과 보석과 진주와 세마포와 자주 옷감과 비단과 붉은 옷감이요 각종 향목과 각종 상아 그릇이요 값진 나무와 구리와 철과 대리석으로 만든 각종 그릇이요 ¹³ 계피와 향료와 향과 향유와 유향과 포도주와 감람유와 고운 밀가루와 밀이요 소와 양과 말과 수레와 종들과 사람의 영혼들이라 ¹⁴ 바벨론아 네 영혼이 탐하던 과일이 네게서 떠났으며 맛있는 것들과 빛난 것들이 다 없어졌으니 사람들이 결코 이것들을 다시 보지 못하리로다 ¹⁵ 바벨론으로 말미암아 치부한 이 상품의 상인들이 그의 고통을 무서워하여 멀리 서서 울고 애통하여 ¹⁶ 이르되 화 있도다 화 있도다 큰 성이여 세마포 옷과 자주 옷과 붉은 옷을 입고 금과 보석과 진주로 꾸민 것인데 ¹⁷ 그러한 부가 한 시간에 망하였도다 모든 선장과 각처를 다니는 선객들과 선원들과 바다에서 일하는 자들이 멀리 서서 ¹⁸ 그가 불타는 연기를 보고 외쳐 이르되 이 큰 성과 같은 성이 어디 있느냐 하며 ¹⁹ 티끌을 자기 머리에 뿌리고 울며 애통하여 외쳐 이르되 화 있도다 화 있도다 이 큰 성이여 바다에서 배 부리는 모든 자들이 너의 보배로운 상품으로 치부하였더니 한 시간에 망하였도다 20 하늘과 성도들과 사도들과 선지자들아, 그로 말미암아 즐거워하라 하나님이 너희를 위하여 그에게 심판을 행하셨음이라 하더라 21 이에 한 힘 센 천사가 큰 맷돌 같은 돌을 들어 바다에 던져 이르되 큰 성 바벨론이 이같이 비참하게 던져져 결코 다시 보이지 아니하리로다 22 또 거문고 타는 자와 풍류하는 자와 통소 부는 자와 나팔 부는 자들의 소리가 결코 다시 네 안에서 들리지 아니하고 어떠한 세공업자든지 결코 다시 네 안에서 보이지 아니하고 또 맷돌 소리가 결코 다시 네 안에서 들리지 아니하고 23 등불 빛이 결코 다시 네 안에서 비치지 아니하고 신랑과 신부의 음성이 결코 다시 네 안에서 들리지 아니하리로다 너의 상인들은 땅의 왕족들이라 네 복술로 말미암아 만국이 미혹되었도다 24 선지자들과 성도들과 및 땅 위에서 죽임을 당한 모든 자의 피가 그 성 중에서 발견되었느니라 하더라.

주해

큰 음녀 또는 큰 성 바벨론이 멸망은 17장에서 미래의 사건으로 언급되지만(16절) 18장에서는 이미 완성된 사건으로 선포된다. 본장을 주도하는 중심주제는 경제적 사치와 억압을 일삼던 바벨론의 심판과 멸망에 있다. 본 장은 크게 다섯 단락으로 구분된다. 첫째 단락은 바벨론의 멸망에 관한 천사의 선언을 소개하고(1-3절), 둘째 단락은 바벨론에 곧 심판이 임할 것이기 때문에 성도들은 거기서 나오라는 명령을 언급하고(9-19절), 넷째 단락은 하늘과 성도들이 바벨론의 멸망을 즐거워하라고 요청하며(20절), 마지막 다섯째 단락은 바벨론의 멸망을 결론적으로 묘사한다(21-24절). 거대한 상업도시의 멸망이란 이미지 언어를 동원하여 요한은 세상이 어떻게 풍요와 사치 속에서 별안간 멸망에 이르게 되는지를 극적으로 묘사한다.

[1-3] 본 단락은 바벨론의 멸망에 관한 천사의 선언을 언급한다. "이 일 후에"란 문구는 사건의 연대기적 순서를 나타내지 않고 요한이 본 환상의 순서를 뜻하는 전형적인 표현이다. 곧 일어날 사건이 너무도 장엄해서 온 땅이 하나님의 소식을 전해주는 천사의 영광으로 인해 환하게 되었다. 본문의 천사는 17장에 등장했던 천사와 다른 존재이다. 17장의 천사는 요한이 본 짐승과 여자의 환상을 해석해주는 역할을 하지만, 18장의 천사는 바벨론의 멸망을 선포하는 역할을 한다. 18장의 '다른 천사'는 몇 가지 특징을 지녔다. 첫째, "하늘에서 내려오는" 다른 천사는 "무저갱에서 올라오는"(17:8) 짐승과 대조를 이룬다. 전자는 하나님의 명령을 집행하는 전령 역할을 하지만, 후자는 사탄의 명을 수행하는 앞잡이이다. 둘째, "큰 권세를 가진" 다른 천사는 용에게서 "큰 권세를 받은"(13:2) 짐승과 대조를 이룬다. 전자는 하나님이 주신 권세로 바벨론의 멸망을 선포하지만, 후자는 용이 준 권세로 땅에 적그리스도 제국을 세우려고 한다. 셋째로, 다른 천사는 온 땅을 환하게 비추는 '영광'을 지녔지만, 계시록은 어떤 악의 세력도 영광을 지닌 것으로 묘사한 적이 없다. 다른 천사의 영광은 하나님 본연의 영광을 반영할 뿐이다(Osborne, 2002: 634).

하늘에서 내려온 다른 천사는 힘찬 음성으로 두 번이나 큰 성 바벨론이 '무너졌다'고 외친다. 힘찬 음성은 천사의 권위 있는 선포를 나타내주고, '무너졌다'는 부정과거 동사는 바벨론 멸망의 확실성을 강조해준다. 2절의 선언은 이사야 21:9을 반영한다. 이 구절에서 이사야는 바벨론이 그 조각한 모든 신상들과 함께 무너졌다고 예언한다. 바벨론이 하나님의 심판을 받아 무너질 수밖에 없는 이유는 그것이 "귀신의 처소와 각종 더러운 영이 모이는 곳과 각종 더럽고 가증한 새들이 모이는 곳이 되었기"(2절) 때문이다. 이런 표현 역시 이사야 13:21-22에서 끌어온 것이다. 요한은 고대 바벨론에 임한 심판을 연상시키는 언어를 사용하여 가증한 것들과 악령들이 거주하는 세상 체제의 멸망을 극적으로 묘사한다. 신자들은 하나님과 성령이 거하는 성전이라면(엡 2:22), 큰 성 바벨론은 귀신들이 거하는 처소가 되었다. 그 의미는 다음 두 표현을 통해 한층 부연된다. 바벨론은 "각종 더러운 영이 모이는 감옥"이 되었다. 한글성경은 단순히 '곳, 장소'로 번역되었지만 헬라어 원문은 '감옥 또는 파수대'를 뜻한다. 상기 표현은 음부를 악령들의 감옥으로 여긴 고대근동의 견해를 반영한 것으로 보인다(Osborne, 2002: 636; cf. EDNT 3:441). "각종 더러운 영"은 귀신들을 더러운 존재로 여겼던 유대교 사상을 반영하고 그것은 "더러운 귀신"을 언급하는 공관복음서에서도 나온다(막 9:25). 바벨론은 또한 "더럽고 가증한 새들이 모이는 감옥"이 되었다. 악령들은 동물 사체를 뜯어먹기 위해 기다리는 독수리들처럼 멸망당한 음녀 바벨론을 내려다본다. 19장에서 천사가 공중에 나는 새들을 적그리스도 군대의 시체를 뜯어먹는 잔치에 불러 모으는 장면이 나온다(19:17-18,21).

3절은 진노의 심판을 받아 멸망할 세 그룹을 언급하고, 그들이 망할 수밖에 없는 이유들도 제시한다. 첫째 그룹은 '만국'이고, 둘째 그룹은 '땅의 왕들'이며, 셋째 그룹은 '땅의 상인들'이다. 첫째, 만국이 무너진 이유는 "그 음행의 진노의 포도주로 말미암은" 것이다. 요한은 2절에서 바벨론의 멸망을 선포하고 3절에서는 모든 나라의 멸망을 선포한다. 모든 나라들이 망한 것은 그들이 바벨론의 음행에 동참했기 때문이다(14:8). "음행의 진노의 포도주"란 말은 계시록에서 음행이 하나님을 거역하는 불신앙과 우상숭배, 그리고 도덕적 타락을 상징하는 언어이고, 바벨론과 만국이 음행의 진노의 포도주에 취했다는 것은 술 취한 자들처럼 그러한 죄에 흠뻑 빠져 하나님의 진노를 초래하게 만들었다는 것을 뜻한다. 둘째, 땅의 왕들이 멸망당한 이유는 그들이 바벨론의 음행에 동참했기 때문이다. 동일한 내용이 14:10에서도 등장한다. 바벨론은 "모든 나라에게 그의 음행으로 말미암아 진노의 포도주를 먹이던 자"였다. 셋째, '땅의 상인들'이 멸망한 이유는 "그 사치의 세력으로 치부하였기" 때문이다. 요한 시대에는 엄청난 물품을 실고 로마제국 전 지역을 오가며 상거래를 하는 거상들이 많았다(18:15, 23). 그들은 대량 무역을 통해 엄청난 부를 축적할 수 있었다. "사치의 세력"(δυνάμις τοῦ στρήνους)이란 말은 원천의 소유격으로서 사치가 능력의 원천이라는 뜻이다(Beale, 1999: 896). 또한 과도한 사치를 자신의 능력을 과시하는 수단으로 삼았다는 뜻일 수도 있다(Bauckham, 1993b: 372). 요한시대의 상인들은 엄청난 부로 방종에 가까운 향락을 누렸고 그런 향락을 유지하고 자기 능력을 과시하기 위해 과도한 소비와 사치를 추구했다. 더욱이 로마인들은 부를 얻기 위해 군대와 상인들을 보내어 다른 나라들을 계속 정복하고 착취했다(Osborne, 2002: 637; Oakman, 1993: 203ff.). 심지어 황제숭배도 이런 착취구조의 일부분에 속해 있었다. 상거래를 장악했던 부유층은 정치, 경제, 종교의 모든 영역에 막강한 영향력을 발휘했고 로마제국의 거대한 착취와 억압 구조를 지탱하는 세력이었다. 부는 사람을 교만하게 만들고 그 교만은 자기 능력을 과시하기 위해 더 많은 부와 향락과 사치를 추구하게 만든다. 음행과 사치가 연결된 것은 과도한 부와 사치를 추구하는 사람이 필연적으로 음행의 죄에 빠지게 된다는 것을 함축한다.

[4-8] 본 절은 바벨론의 죄가 심각할 뿐만 아니라 조만간 하나님의 진노의 심판을 받게 될 것이기 때문에 성도들은 바벨론에서 떠날 것을 촉구하는 하늘의 음성을 소개한다. 그들이 바벨론을 떠나야 하는 목적은 두 개의 목적절로 표현된다. 첫째 목적은 바벨론의 "죄에 참여하지 않기" 위함이고, 둘째 목적은 "그가 받을 재앙들을 받지 않기" 위함이다. 이 두 목적은 서로 원인, 결과처럼 연결되어 있다. 왜냐하면 4절의 촉구는 예레미야 50:8, 51:6, 45절의 말씀을 반영한 것이다. 이스라엘은 하나님과 특별한 관계를 맺은 백성이기 때문에 음행과 우상의 도시인 바벨론과 단절하는 당연한 것이다. 5절의 말씀은 성도들이 바벨론에서 나와야 하는 이유

를 한층 더 부연설명을 한다. 그들이 바벨론을 떠나야 하는 이유는 그녀의 "죄가 하늘에 사무쳤으며 하나님은 그의 불의한 일을 기억하시기" 때문이다. 바벨론의 죄가 하늘까지 치솟았다는 표현은 우매한 사람들이 하늘에 이르기 위해 바벨탑을 쌓은 것을 반영하는 것 같다(창 11:4). 또한 상기 표현은 바벨론에 미칠 "화가 하늘에 미쳤고 궁창에 달하였다"는 예레미야 51:9의 언어를 반영한다. 바벨론의 죄는 5절하에서 "그의 불의한 일"과 병행 관계에 있다. 결국 바벨론이 범한 우상숭배, 과도한 사치와 향락, 약자들의 착취와 억압, 도덕적 타락 등은 하나님 보시기에 불의한 행위들이다. 하나님은 그러한 행위들을 잊지 않고 반드시 기억하시며 보응하신다.

바벨론이 범한 죄만큼 되갚아주는 것이 하나님의 공의이다. "그의 행위대로 갑절을 갚아주고"란 표현은 하나님이 공의를 망각하고 과도한 보복에만 집착하는 것처럼 보인다. '갑절'은 바벨론의 범죄에 대한 완전한 응징을 상징하는 비유 언어일 수 있다(Osborne, 2002: 641). 하나님의 공의는 범죄에 상응한 만큼 완전하게 응징하는 것이다. 하지만 구약에는 죄를 갑절로 되갚으라는 구절들이 등장한다(출 22:4,7, 9). 남의 물건을 도둑질한 자에게 갑절로 배상하게 하라는 출애굽기의 말씀은 경제적 착취를 자행한 바벨론에 대한 하나님의 심판의 주제와 어울린다. "그가 섞은 잔에도 갑절이나 섞어 그에게 주라"는 표현은 14:10의 문구와 병행되지만 약간 적용방식이 다르다. 로마 사람들은 빨리 취하지 않기 위해 보통 물을 섞은 술을 마시곤 했는데, 아무것도 섞지 않은 포도주를 마시게 하라는 14:10의 명령은 하나님의 진노를 완전하게 받게 하라는 뜻이다. 반면에 "그가 섞은 잔"이란 본문의 표현은 17:4에서 음녀의 손에 들린 금잔과 연관된다. 그녀의 금잔에는 온갖 가증한 물건과 그녀의 음행의 더러운 것들이 섞여 가득 차 있었다. 하나님은 술에 취한 것처럼 가증한 우상숭배와 도덕적, 영적 부패에 빠져 있던 바벨론에게 하나님의 진노의 잔을 마시게 하실 것이다. "갑절이나 섞어 그에게 주라"는 표현은 죄를 회개하지 않는 자들에게 임하는 하나님의 심판이 얼마나 위중한가를 상징하는 비유 언어이다. 본 절의 장면은 재판정을 배경으로 한다. 하나님은 최고 재판자이시고, 원고는 세상에서 박해를 받고 죽임을 당한 성도들이며(4절), 피고는 우상숭배와 과도한 사치와 부도덕, 경제적 착취와 억압을 저지른 바벨론이다(24절)(Fiorenza, 1991: 99; 이필찬, 2006: 759).

바벨론이 범한 세 범죄는 교만, 사치, 자기기만이고 이들 세 죄악은 내면적으로 상호 연관되어 있다. 이들 범죄는 본질적으로 철저한 자기중심성에 뿌리를 두었기 때문이다. 그녀의 첫 번째 죄는 "그가 얼마나 자기를 영화롭게 하였으며"란 문구로 표현된다. 하나님을 영화롭게 하지 않고 자신을 영화롭게 하는 것이 바벨론이 범한 죄의 본질이다. 자신의 영광을 구하는 자들은 오는 세대의 종말론적 영광에 참여하지 못하고 하나님의 심판에 떨어질 것이다. 바벨론의 두 번째 죄는 과도한 사치와 향락에 빠진 것이다. 과도한 사치는 육적인 향락과 도덕적 방종에 빠지게 만든다. 그런데 하나님은 그녀가 사치와 향락에 빠진 만큼 "고통과 애통함으로 갚아주라"고 명한다. '그만큼'이란 술어는 그녀의 악행에 정확하게 상응하는 보응을 하시겠다는 것을 뜻하고 상응하는 그 보응은 고통과 애통이다. 바벨론의 세 번째 죄는 자기기만이다. 그녀는 자신이 결코 고통과 애통을 겪지 않을 여왕이라고 자랑했다. 여왕으로 앉은 자와 과부는 흥미로운 대조이다. 고대사회에서 보호자가 없었던 과부는 가난과 소외의 고통을 겪을 수밖에 없었다. "과부가 아니다"란 말은 뒤따르는 "결단코 애통함을 당하지 아니하리라"는 표현과 연결되어 있다. 여왕 행세를 하는 바벨론의 모습은 로마제국의 교만한 모습을 많이 닮았다. 수많은 나라를 무력으로 정복하고 엄청난 부와 영화를 누렸던 로마는 여왕으로 앉은 자처럼 고통과 애통함을 모르는 나라였기 때문이다. 바벨론으로 상징되는 세상은 자기중심적인 교만과 사치와 안일함에 취해 있다가 한 순간에 찾아오는 재앙들로 멸망하고 말 것이다. "하루 동안에"란 '순식간에, 갑자기'를 뜻하는 표현으로 이사야 47:9의 표현을 반영한다. 그녀에게 갑자기 임할 네 종류의 재앙은 "사망과 애통함과 흉년" 그리고 "불에 사름"이다. 이들 재앙은 앞에서 이미 언급된 바 있다. 애통함은 바벨론의 심판과 멸망을 묘사할 때 언급되고(7절), 사망과 흉년은 인 심판에서 등장한다(6:8). 불로 사르는 것은 짐승과 그 연합세력의 배반으로 음녀 바벨론이 망할 때 언급된다(17:16). 하나님이 바벨론에 이런 재앙들을 내려 철저하게 응징하는 것은 '강하신' 하나님의 심판 능력을 논증하는 것이다.

[9-19] 본 단락은 바벨론의 멸망을 목도하고 애통해하는 세 부류의 사람들의 애가가 언급된다. 첫째는 땅의 왕들의 애가이고(9-10절), 둘째는 땅의 상인들의 애가이며(11-17절), 셋째는 바다에서 일하는 자들의 애가이다(18-19절). 본 단락에 실린 세 부류의 애가는 4절에서 시작된 하늘에서 들린 음성의 내용을 구성한다.

첫 번째 애가는 땅의 왕들이 부른다(9-10절). 하늘의 음성은 땅의 왕들을 바벨론과 함께 "음행하고 사치하던" 자들로 묘사한다. 그들이 바벨론이 불타는 연기를 보고 애통해하는 것은 그들의 음행과 사치를 보장해주던 바벨론이 멸망당해 사라졌기 때문이다. 땅의 왕들이 바벨론과 음행했다는 것은 그들이 바벨론의 사치에 참여했다는 것과 연관되어 있다. 바울이 탐심을 우상숭배로 간주했던 것처럼(엡 5:5) 사치와 향락을 탐욕적으로 추구하는 행위 자체가 그들이 범한 음행 죄의 일부이기 때문이다(Johnson, 1981: 567). 불타는 연기는 성경에서 심판의 이미지로 종종 사용된다(창 19:24; 벧후 3:12). 땅의 왕들이 "멀리 서서" 불타는 바벨론의 모습을 본 것은 뜨거운 열기 때문이라기보다 바벨론에게 갑자기 임한 고통을 두려워했기 때문이다(10절). 그들은 바벨론을 동정하기보다 그녀에게 임한 재앙이 그들에게도 닥칠까봐 두려워한다. 그들은 바벨론과 같이 큰 성은 절대로 망할 수 없다고 생각하고 그녀의 음행과 사치에 동참을 했었을 것이다. 하지만 순식간에 임한 바벨론의 멸망을 보고 그들은 "화 있도다! 큰 성이여" 하며 슬픈 애가를 부른다. 본 단락은 왕들, 상인들, 바다에서 일하는 자들이 세 번에 걸쳐 "화"를 외친다. 계시록에서 화는 하나님의 심판을 나타내는 술어이지만, 본문의 화는 이미 임한 심판을 보고 슬픔과 공포에 대한 절규를 나타낸다(Osborne, 2002: 646).

두 번째 애가는 상인들이 부른다(11-17절). 땅의 상인들은 3절에서 "그 사치의 세력으로 치부한" 거상들로 묘사되는데, 그들이 바벨론의 멸망을 보고 "울고 애통하는"은 "다시 그들의 상품을 사는 자가 없기" 때문이다. 요한 당시에 세계화된 경제 질서가 로마제국을 중심으로 구축되어 있었던 것처럼, 오늘날도 바벨론으로 상징되는 세상은 세계화된 하나의 경제 시스템을 구축해놓았다. 그것은 본질적으로 바벨론이 추구했던 음행과 사치와 향락을 뒷받침해주는 질서이기 때문에 하나님을 섬기는 교회 공동체를 위협하는 마귀적인 성격을 지녔다. 세상의 사치와 향락을 추구하는 곳에는 스스로를 영화롭게 하며 하나님을 거역하는 인간의 자기중심적 탐욕과 불신앙만이 자리 잡게 된다. 하지만 바벨론의 멸망으로 인해서 땅의 상인들은 사치와 향락을 위해 쓰였던 상품을 사는 사람들이 사라진 사실에 울며 애통해 한다. 다시 한 번 그들의 애통은 바벨론의 멸망 때문에 생긴 애통이 아니라 상품을 팔 기회가 사라진 것 때문에 생긴 이기적 애통이다. 12-13절은 상인들이 거래하는 상품의 목록을 제시한다. 귀금속 종류는 금, 은, 보석, 진주이고, 옷 종류는 세마포, 자주 옷감, 비단, 붉은 옷감이고, 장식품 종류는 각종 향목, 각종 상아 그릇들, 각종 철 그릇들, 각종 대리석 그릇들이며, 향품 종류는 계피, 향료, 향, 향유, 유향이고, 식료품 종류는 포도주, 감람유, 고운 밀가루, 밀이고, 가축 종류는 소, 양, 말, 수레이며, 마지막으로 사람 종류는 종들과 사람의 영혼들이다. 본문에 나열된 상품들이 로마제국 시대에 거래되던 모든 상품들을 다 포괄한 것은 아닐 것이다. 거래 상품들 가운데 주로 값비싼 것들만 나열한 것은 바벨론이 엄청난 사치와 향락을 추구한 세상질서라는 것을 고발하려는 목적을 갖는다. 특별히 눈길을 끄는 상품은 "종들과 사람의 영혼들"이다. 헬라어 표현을 직역하면 "몸들과 사람의 영혼들"이다. '몸들'은 헬라 문헌에서 노예들을 가리키는 숙어처럼 쓰였고, '사람의 영혼들'도 실질적으로 노예들을 지칭하는 표현이다(Johnson, 1981: 568). 로마제국은 수많은 정복전쟁으로 생긴 노예들을 상품처럼 사고 파는 노예매매 관습이 성행했고 당시에 6천만 명 이상의 노예들이 있었던 것으로 추산된다(Mounce, 1998: 334). 바벨론은 로마제국처럼 사람들을 가축처럼 상품화하여 거래함으로써 인간의 가치와 존엄성을 무너뜨리는 세상 체제이다.

땅의 상인들이 애통해하는 것은 바벨론의 멸망으로 이런 값진 사치품을 다시 보지 못하게 되었기 때문이다(14절). "네 영혼이 탐하던 과일"은 문자적인 과일을 지칭하기보다 바벨론이 탐하던 12-13절의 사치품들을 가리킨다. '탐하던'이란 말은 바벨론이 이들 사치품을 탐욕스럽게 욕심을 냈다는 것을 뜻한다. 그런 것들은 음녀 바벨론이 마치 여왕처럼 자신을 영화롭게 하려고 자신을 사치스럽게 치장하는 수단으로 이용되었다. 그런 사치품들이 모두 떠났다. "맛있는 것들과 빛난 것들"은 헬라어 문구를 직역하면 "값지고 아름다운 것들"을 뜻한다. 다시 말해서 아름답게 빛나는 고가의 사치품들을 비유한 표현이다. 그런 사치품들이 다 없어졌다. 이런 값지고 화려한 사치품들이 사라진 것 때문에 애통해하는 사람들은 "바벨론으로 말미암아 치부한 이 상품의 상인들"(15절)이다. 그들이 멀리 서서 울며 애통해하는 이유는 두려움 때문이다. 바벨론이 갑작스럽게 당하는 고통이 그들에게 임할까 무서워하는 것이다. 16-17절은 12절에서 언급된 값진 의류(세마포 옷, 자주 옷, 붉은 옷)와 보석들(금, 보석, 진주)을 다시 언급하는데, 이런 것들은 음녀 바벨론이 여왕처럼 행세하면서 사치를 위해 사용한 사치품이었고(7절) 땅의 상인들이 팔아 치부했던 상품들이었다(12-13절). 이런 사치품과 상품들이 모두 사라졌기 때문에 사람들이 울며 애통해한다. 흥미로운 것은 각 부류의 사람들은 그들 자신의 관심과 시각에서 바벨론의 멸망을 바라본다는 사실이다(Mounce, 1998: 335). 땅의 왕들이든 상인들이든 바벨론 멸망 자체보다 자신들이 입을 손실만을 두려워하고 애통해하는 것은 세상 사람들이 지닌 철저한 자기중심적 이기심을 드러내준다. 바벨론을 통해 상인들이 치부한 모든 것이 한 순간에 망해버린다(17절상).

세 번째 애가는 바다를 삶의 터전으로 삼아 살아가는 사람들의 애가이다(17절하-19절). 그들은 "모든 선장과 각처를 다니는 선객들과 선원들과 바다에서 일하는 자들"이다. 바벨론과 거래한 물품을 운송하고 거래하는 해운업과 무역업 종사자들이 그들이다. 모든 해운업과 무역업이 세계화된 바벨론의 경제 시스템과 연계되어 있는데, 바벨론의 멸망으로 인해 관련 종사자들이 할 일이 사라지는 상황이 초래된 것이다. 그들은 바벨론이 심판을 받아 불타는 연기를 보고 "이 큰 성과 같은 성이 어디 있느냐" 하며 울부짖는다. 이 질문은 바벨론처럼 거대한 부와 힘을 가진 도시가 세상 어느 곳에도 없다는 그들의 인식을 나타내준다. 그들은 바벨론이 너무도 견고하고 강한 도성이기 때문에 결코 무너질 수 없다고 생각했는데, 그것이 순식간에 망하는 것을 보고 아연실색했을 것이다. 하나님을 경외하지 않고 땅의 부와 사치만을 추구하는 자들은 모두 바벨론과 동일한 멸망을 당하고 말 것이다. "티끌을 자기 머리에 뿌리고 울며 애통해한다"는 것은 에스겔 27:30을 반영한다(Osborne, 2002: 653). 에스겔은 이 구절에서 두로의 멸망을 보고 애통해하는 선원들의 모습을 묘사한다. 바다 사람들이 이렇게 재를 뿌리고 애통해하는 것은 멸망이 순식간에 바벨론에 임했기 때문이다.

[20] 본 절은 바벨론의 멸망을 기뻐하는 천상의 노래를 묘사한다. 땅의 임금들, 상인들, 바다 사람들은 그들의 삶을 보장해주던 바벨론의 멸망

을 애통해하는 반면, 천상에서는 "하늘과 성도들과 사도들과 선지자들"은 바벨론의 멸망을 즐거워하라는 소리가 울려 퍼진다. 이 초청의 내용은 용이 하늘에서 쫓겨난 뒤에 울려 퍼진 하늘의 찬양 소리와 비슷하다(12:12). 그렇다면 요한은 "성도들과 사도들과 선지자들"을 "하늘과 그 가운데 거하는 자들"(12: 12)과 동일시하는 것이 분명하다. 어떤 학자는 '선지자'가 여기서 구약 선지자들을 가리킨다고 주장하지만(Beasley-Murray, 1978: 268), 11:18과 22:9의 병행구절에 비추어볼 때 본 절의 선지자는 기독교 선지자들을 가리키는 것이 분명하다. 세 그룹 모두 성도들을 일반적으로 지칭하지만 사도와 선지자는 신약교회의 중심 지도자들이었다(Osborne, 2002: 654). 불신자들은 땅에 거하는 사람들이라면, 성도들은 근본적으로 하늘에 거하는 사람들이다. 그들이 바벨론의 멸망을 기뻐해야 하는 이유는 그것이 "너희를 위한" 하나님의 심판이기 때문이다. 헬라어 원문은 '심판'이란 명사와 '심판하다' 동사를 함께 결합한 형태로 되어있다. '심판'이란 명사는 바벨론이 성도들에게 내린 정죄 판결을 말하고, '심판하다' 동사는 하나님께서 바벨론에 대해 내린 정죄 판결을 뜻한다. 바벨론은 그들의 법정에서 성도들을 정죄하는 판결을 내렸지만, 하나님은 오히려 그의 하늘 법정에서 바벨론을 정죄하는 판결을 내리셨다(Osborne, 2002: 655). 요한은 성도들의 순교를 바벨론이 한 일로 귀속시킨다. 예수를 죽인 것은 유대 종교지도자들과 빌라도였고, 스데반을 죽인 것은 불신 유대인들이었으며, 순교자 안디바를 죽인 것은 이교도들이었지만, 영적인 관점에서 그들 모두를 죽인 것은 바벨론이 한 것이다. 하나님은 성도들을 부당하게 정죄한 바벨론의 판결을 뒤집고 오히려 그녀를 심판하심으로써 성도들을 신원하신다.

[21-24] 본 단락은 바벨론 멸망의 참상을 여러 비유를 동원하여 생생하게 묘사한다. 21절은 우선 멸망당한 바벨론을 바다에 던져진 '큰 맷돌'로 비유한다. 힘센 한 천사가 "큰 맷돌 같은 돌을 들어 바다에" 던지면서

"큰 성 바벨론이 이같이 비참하게 던져져 결코 다시 보이지 아니하리라"고 말한다. 큰 돌이 바닷물에 던져지면 다시는 수면에 떠올라 보이지 않게 되는 것처럼, 바벨론도 이처럼 최종적이고 완전하게 멸망하여 다시는 볼 수 없게 된다는 뜻이다. 21절의 상징적 행동은 예레미야 51:63-64의 말씀에서 끌어온 것으로 보인다.

22-23절은 또 다른 비유를 사용하여 큰 성 바벨론의 참상을 몇 가지로 묘사한다. 첫째 참상은 "거문고 타는 자와 풍류하는 자와 퉁소 부는 자와 나팔 부는 자들의 소리가 결코 다시 네 안에서 들리지 않는" 것이다. 이런 비유적 표현은 예레미야 25:10을 반영한다. 여기에 거론된 음악소리는 일상생활에서 바벨론 거주자들을 즐겁고 기쁘게 해주는 수단이었는데, 그런 음악소리가 다 사라졌다는 것은 바벨론 멸망으로 초래된 황폐한 참상을 강조해준다. 둘째 참상은 "어떠한 세공업자든지 결코 네 안에서 보이지 않는" 것이다. 세공업자는 정교한 물건을 만드는 기술자들을 가리키는데, 그들이 성 안에서 전혀 보이지 않는다는 것은 바벨론의 경제가 완전히 몰락했다는 것을 말해준다. 셋째 참상은 "맷돌 소리가 결코 다시 네 안에서 들리지 않는" 것이다. 맷돌은 곡식을 빻는 기구이다. 맷돌 돌리는 소리가 들리지 않는다는 것은 맷돌에 넣어 돌릴 곡식이 없는 상태, 즉 흉년으로 인한 식량 고갈을 뜻한다. 경제가 몰락하게 되면 자연히 식량 고갈 사태가 초래될 수밖에 없다. 넷째 참상은 "등불 빛이 결코 다시 네 안에서 비치지 않는" 것이다. 맷돌 소리는 주로 낮에 들리는 소리라고 한다면, 등불은 밤을 밝히기 위해 켠다. 고대사회에서 등불은 밤에 집안을 밝히거나 밤길을 밝히거나 세공업자들의 야간작업을 밝히기 위해 켠다. 이런 등불 빛이 밤에 사라진다는 것은 바벨론이 불빛 하나 없는 황폐한 도시가 되었다는 것을 뜻한다. 다섯째 참상은 "신랑과 신부의 음성이 결코 다시 네 안에서 들리지 않는" 것이다. "신랑과 신부의 음성"은 결혼식 때 갓 결혼한 신랑과 신부가 기뻐하는 소리를 나타내준다. 그런 기쁨

의 소리가 성 안에서 사라지고 다시 들리지 않게 될 것이다. 반면에 성도들은 그리스도의 신부가 되어 어린 양의 혼인 잔치의 기쁨에 초대를 받게 될 것이다(19:7).

음녀 바벨론의 참상을 언급한 후에 그녀를 망하게 만든 이유들을 다시 한 번 23하-24절에서 강조한다. 첫째 이유는 "너의 상인들은 땅의 왕족들이라"는 표현 속에 담겨있다. 원문의 표현을 직역하면 바벨론의 상인들은 "땅의 존귀한 자들"이다. 그들은 음녀 바벨론과 마찬가지로(7절) 하나님을 거역하고 자신을 영화롭게 한 패역한 자들이었기 때문에 심판을 당할 수밖에 없었다. 둘째 이유는 바벨론이 "복술로 말미암아 만국을 미혹했기" 때문이다. 계시록에서 '복술 또는 마술'은 땅의 거주자들이 범한 죄악들 중의 하나로 종종 언급된다(9:21; 21:8; 22:15). 본 절에 언급된 복술은 마술이란 좁은 뜻보다 마귀적인 속임수란 폭넓은 비유적 의미로 쓰였다(Osborne, 2002: 658). 특별히 '미혹하다, 속이다' 동사는 계시록에서 사람들을 속여서 우상숭배나 도덕적 타락에 빠지게 만드는 행위를 묘사할 때 자주 쓰인다(2: 20; 21:8; 22:15). 바벨론은 만국을 속여서 그녀의 우상숭배, 사치, 부도덕에 동참하도록 유혹한 죄를 저질러 결국 심판을 자초하고 말았다.

바벨론이 하나님의 심판을 받아 멸망하게 된 또 다른 중요한 이유는 그녀가 성도들을 살해하여 피를 흘리게 한 것이다(24절). "선지자들과 성도들과 및 땅 위에서 죽임을 당한 모든 자의 피가 그 성 중에서 발견되었다"는 것은 바벨론 멸망의 다른 이유들보다 강조적인 위치에 있다. 앞에서 두 번이나 사용한 접속사 '호티'(ὅτι)를 되풀이하지 않고 2인칭에서 3인칭 표현으로 전환한 것을 고려할 때 24절의 이유는 단순히 세 번째 이유가 아니라 독자적인 심판의 이유를 나타낸다고 판단할 수 있다(Osborne, 2002: 659). 바벨론 성에서 발견된 피는 세 부류의 사람들이 흘린 피이다. 첫째는 선지자들이 흘린 피이고, 둘째는 성도들이 흘린 피이며, 셋째는 "땅 위에서 죽임을 당한 모든 자들의 피"이다. 20절은 "성도들과 선지자들"이 바벨론의 멸망을 기뻐하라고 말한다. 왜냐하면 하나님께서 그들의 피를 흘리게 한 자들을 심판하심으로 그들을 신원하셨기 때문이다(24절). 하지만 "땅 위에서 죽임을 당한 모든 자들의 피"는 누구의 피인가? 어떤 학자는 그들은 성도들만 아니라 신자나 불신자를 막론하고 악의 세력들에 의해 죽임을 당한 모든 사람들의 피를 가리킨다고 생각한다. 하지만 "땅 위에서 죽임을 당한 모든 자들"은 "선지자들과 성도들"과 병행적 위치에 있기 때문에 바벨론으로 상징되는 불의한 세상 체제 하에서 순교를 당한 하나님의 백성을 일반적으로 지칭한다.

> 해설

본 장은 17장에서 언급된 음녀 바벨론에 대한 심판 선언이 실제로 어떻게 집행되는가를 묘사한다. 첫 단락(1-3절)은 바벨론의 멸망에 관한 천사의 선포를 다룬다. 요한은 17장에서 본 천사와 다른 한 천사를 보았다. 17장의 천사는 심판 환상을 해석해주는 역할을 하지만, 18장의 다른 천사는 심판을 선포하기 위해 하늘로부터 임한다. 하나님에게서 '큰 권세'를 위임받은 그가 하늘에서 내려올 때 그의 영광으로 인해 온 땅이 환해졌다. 하늘에서 내려온 천사는 무저갱에서 올라온 짐승과 대조를 이룬다. 다른 천사가 힘찬 음성으로 선포한 내용은 두 번에 걸쳐 바벨론이 '무너졌다'고 외친 것이다. 큰 성 바벨론이 멸망할 수밖에 없는 이유는 그것이 더러운 귀신들의 처소가 되었기 때문이다. 음녀 바벨론이 무너질 때 그녀의 "음행의 진노의 포도주"에 취한 만국이 함께 무너지게 된다. 바벨론은 모든 나라들 위에 앉아 여왕처럼 행세를 했기 때문에(17:1, 5) 만국의 멸망은 그녀를 망하게 만든 원인이 되었다. 땅의 왕들이 바벨론과 함께 자행한 '음행'은 땅의 상인들이 바벨론을 통해 부를 쌓고 과도한 사치와 향락을 빠진 것과 내면적으로 연결되어 있다. 음행은 결국 하나님을 대적하고 자기중심적 사치와 향락을 추구하는 불신앙의 태도를 가리키기 때문이다. 그들은 바벨론이 보장해주는 부를 사치와 향락과 부도덕을 영위하기 위한 수단으로 삼았고, 또한 과도한 사치와 향락이 곧 그들의 능력이라고 생각한 자들이었다.

요한은 바벨론의 죄에 동참하지 말고 거기서 떠나라고 촉구하는 하늘의 음성을 들었다(4절). 바벨론을 떠나야 하는 이유는 두 개의 목적절로 표현된다. 첫 번째 이유는 바벨론의 죄에 참여하지 말라는 것이고, 두 번째 이유는 바벨론이 받을 재앙을 받지 말라는 것이다. 누구든지 바벨론의 죄, 즉 그녀의 우상숭배, 과도한 사치와 부도덕에 참여한다면 심판을 피할 수 없다. 또한 바벨론을 떠나야 하는 이유는 5절에서 부연설명 된다. 바벨론의 죄가 하늘에 닿을 정도여서 하나님이 그녀의 불의한 일들을 잊지 않고 반드시 응징하실 것이기 때문이다. 천사는 계속해서 바벨론을 향한 하나님의 심판의 정당성을 법정 언어를 이용하여 변호한다. 하늘 법정에서 최고 재판장은 하나님이시고, 원고는 땅에서 죽임을 당한 성도들이고, 피고는 우상숭배와 강요하며 성도들의 피를 흘리게 한 바벨론이다. 이 하늘 법정에서 바벨론은 살인범으로 확정되고 하나님의 공의는 논증된다. 공의를 집행하는 원칙은 음녀가 준 그대로 되갚아주는 것이고, 그녀가 행한 악행에 대해 갑절을 갚아주며, 음녀의 손에 들린 금잔에 온갖 가증하고 더러운 것들이 섞여 있던 것만큼 갑절로 재앙을 섞어 갚아주는 것이다. 갑절로 갚는다는 것은 바벨론의 악행을 완전하고 충분하게 응징하는 것을 뜻한다. 하나님의 철저한 보응 원칙은 바벨론이 하나님을 섬기기보다 자신을 영화롭게 하고 과도한 사치와 향락에 빠진 만큼 고통과 애통함으로 갚아주는 것이다. 자신은 여왕이지 과부가 아니라는 바벨론의 자기기만은 환각에 불과한 것으로 드러나고 결국 갑자기 임한 그녀의 멸망으로 큰 고통과 애통을 당하고야 말 것이다. 음녀 바벨론의 확신에 넘치는 자만은 요한 당대의 로마제국의 모습을 많이 닮았다. 제국의 군대는 어디를 가나 승리를 했고 전쟁의 승리로 엄청난 부와 사치를 누렸으며 패전으로 인한 고통과 슬픔을 당한 적이 없었기 때문이다. 하지만 하나님의 공의는 엄정하고 그의 심판집행 능력은 강하다. 자기기만적 자만에 빠진 바벨론의 완전하고 갑작스런 멸망은 공의를 집행하는 하나님의 강한 능력을 드러내는 방식이다. 하나님은 바벨론을 불로 완전하게 살라 땅 위에서 흔적조차 남지 않도록 없애버리실 것이다.

요한은 다음으로 세 부류 집단의 애가를 언급한다(9-19절). 첫째 애가는 바벨론과 함께 음행하고 사치하던 땅의 왕들의 애가이다(9-10절). 그들이 음녀 바벨론의 멸망에 대해 애통하는 것은 그들의 음행과 사치를 보장해주던 그녀가 망했기 때문이다. 바벨론의 불타는 연기를 보고 그들이 멀리 서서 무서워한 것은 바벨론에게 닥친 멸망이 그들에게도 닥칠 것이라는 예감 때문이다. 두 번째 애가는 땅의 상인들의 애가이다(11-17절상). 범세계적인 경제 체제가 바벨론을 통해 형성되어 있었는데, 바벨론이 몰락한 후로 그들의 상품을 사는 자가 없어졌다. 본 단락이 음녀 바벨론과 거래했던 각종 상품 목록을 거론하는 것은 그녀가 여왕처럼 얼마나 사치하고 방탕했는가를 보여주기 위함이다. 상품 목록 속에 사람들의 영혼까지 포함된 것은 인간까지 상품화하는 부도덕한 관습이 바벨론에 만연했다는 것을 시사해준다. 셋째 애가는 바다에서 일하는 사람들의 애가이다(17절 하-19절). 그들이 바벨론의 멸망을 슬퍼한 것은 해상운송과 무역거래가 끊어졌기 때문이다. 그들은 바벨론의 멸망에 동정심을 가져서 애곡하기보다 그들의 경제적 손실 때문에 애곡한다. 그들은 음녀 바벨론이 난공불락의 성이라고 생각했지만 갑자기 닥친 그녀의 멸망을 보고 아연실색했을 것이다. 땅에 거하는 세 부류 집단들의 애가와는 대조적으로 천사는 하늘에 거하는 성도들은 기뻐하라는 초청을 받는다(20절). 바벨론은 그들의 법정에서 성도들을 불의하게 정죄 판결했지만, 하나님은 그것을 뒤집고 바벨론의 불의를 정죄하는 심판을 행하신다.

마지막으로 요한은 바벨론 멸망의 참상을 여러 비유를 활용하여 극적으로 묘사한다(21-24절). 멸망당한 바벨론은 바다에 던져진 큰 맷돌처럼 다시는 보이지 않게 될 것이다. 전에 바벨론 성 안에서 들리던 음악소리가 끊어지고 세공업자들이 더 이상 보이지 않게 될 것이며 식량 고갈로 인해 맷돌소리도 들리지 않고 등불 빛이 없는 황폐한 도시가 될 것이며 혼인식 때 신랑과 신부가 즐거워하는 소리도 더 이상은 들리지 않게 될 것이다. 바벨론이 멸망할 수밖에 없는 몇 가지 이유는 땅의 상인들이 하나님을 섬기지 않고 자신을 영화롭게 하는 자기중심적 교만에 빠져 있었기 때문이고, 만국으로 우상숭배와 부도덕에 빠지도록 미혹했기 때문이며, 또한 성도들을 죽여 피를 흘리게 했기 때문이다. 결국 바벨론의 멸망은 우상숭배, 과도한 사치와 방탕, 그리고 성도들을 죽인 죄악에 대한 하나님의 공의로운 심판의 결과이다.

(5) 바벨론 멸망에 대한 찬양(19:1-5)

본문

¹ 이 일 후에 내가 들으니 하늘에 허다한 무리의 큰 음성 같은 것이 있어 이르되 할렐루야 구원과 영광과 능력이 우리 하나님께 있도다 ² 그의 심판은 참되고 의로운지라 음행으로 땅을 더럽게 한 큰 음녀를 심판하사 자기 종들의 피를 그 음녀의 손에 갚으셨도다 하고 ³ 두 번째로 할렐루야 하니 그 연기가 세세토록 올라가더라 ⁴ 또 이십사 장로와 네 생물이 엎드려 보좌에 앉으신 하나님께 경배하여 이르되 아멘 할렐루야 하니 ⁵ 보좌에서 음성이 나서 이르시되 하나님의 종들 곧 그를 경외하는 너희들아 작은 자나 큰 자나 다 우리 하나님께 찬송하라 하더라

주해

17-18장은 큰 성 바벨론의 멸망에 대해서 언급했다면, 본 단락은 바벨론에 대한 하나님의 심판이 참되고 정당하다는 사실을 찬양한다. 전자

는 바벨론과 함께 음행과 사치를 즐기던 자들의 애가를 말했다면, 후자는 바벨론을 멸망케 하신 하나님을 노래하는 하늘의 찬양을 언급한다. 여기서 우리는 바벨론의 멸망을 노래하는 네 가지 찬양소리를 듣게 된다. 첫째 찬양소리는 음녀 바벨론을 정죄하신 하나님을 높이는 허다한 무리의 소리이고(1-2절), 둘째 찬양소리는 큰 성 바벨론의 영원한 멸망을 축하하는 소리이며(3절), 셋째 찬양소리는 이십사 장로와 네 생물이 화답하여 찬양하는 소리이고((4절), 넷째 찬양소리는 하나님의 모든 종들에게 그를 찬양하라고 촉구하는 보좌로부터 나오는 소리이다(5절).

[1-2] 본 절은 음녀 바벨론을 정죄하신 하나님을 높이는 "하늘에 허다한 무리의 큰 음성"을 언급한다. 이들 허다한 무리는 7:9-10에 등장하는 "셀 수 없는 큰 무리"와 같은 무리이며 하늘에 있는 승리한 성도들을 가리킨다(Mounce, 1998: 341; Bauckham, 1993b: 331). 그들은 할렐루야를 외치며 "구원과 영광과 능력이 우리 하나님께 있다"고 찬양한다. '할렐루야'란 말은 "주를 찬양하라," 또는 "하나님을 찬양하라"는 뜻을 가진 히브리어다. '구원'이 하나님께 있다는 것은 폭넓게 보면 하나님의 구원행동이 어린 양의 구속을 통해 나타나고 있다는 것을 뜻하고, 좁게는 하나님이 성도들을 악의 세력들로부터 건져내신다는 것을 뜻한다. '영광과 능력'은 하나님의 구원행동이 나타나면서 동반되는 위엄과 힘을 나타낸다. 하늘에 승리한 성도들이 하나님을 찬양하는 근거는 "그의 심판은 참되고 의롭다"는 사실에 있다. 두 술어는 모두 하나님의 언약적 성실성을 강조해준다. '참된'이란 술어는 '진실하다'는 뜻과 아울러 '신실하다'는 뜻을 함께 내포한다. 바벨론에 대한 하나님의 심판이 신실한 것은 악한 세상 체제로부터 자기 백성을 보호하고 신원해주시겠다는 하나님의 약속을 실현한 것이기 때문이다. 또한 바벨론에 대한 하나님의 심판이 의로운 것은 그것이 하나님의 공의로운 판단에 근거한 것이기 때문이다. 2절하는 바벨론의 음행이

땅을 더럽게 한 것으로 말한다. 이것은 그녀의 우상숭배, 사치와 방탕, 부도덕이 온 땅을 부패시키는 영향력을 발휘한다는 것을 뜻한다(Ladd, 1972: 245). '더럽게 하다' 동사는 또한 '망하게 하다'는 뜻도 가질 수 있다. 결국 바벨론의 음행은 온 세상을 망하게 한 셈이다. 또한 바벨론의 음행에 대한 심판은 성도들의 "피를 그 음녀의 손에 갚는" 행위이기도 하다. 음녀 바벨론은 온 세상 나라들로 그녀의 우상숭배와 부도덕에 동참하도록 만든 거대한 세상 체제이기 때문에 그것을 거부하는 성도들을 박해하고 죽일 수밖에 없었을 것이다. 하지만 하나님은 음녀의 손에 묻은 성도들의 피에 대해 참되고 의로운 심판으로 되갚아주시는 분이시다. 또한 바벨론의 심판과 멸망은 순교한 성도들의 기도에 대한 응답으로 주어진 것이다. 하나님의 나라는 바벨론이 망한 곳에서 세워진다.

[3] 본 절은 바벨론의 영원한 멸망을 축하하는 찬양이다. 큰 성 바벨론이 불타는 "연기가 세세토록 올라가더라"는 말은 하나님을 찬양하는 두 번째 이유를 제공한다(Mounce, 1998: 343). 세세토록 올라가는 '연기'는 바벨론이 영원한 심판에 처해졌다는 것을 상징하는 언어이다. 본 절의 언어는 바벨론을 "불로 아주 사르리라"는 17:16과 땅의 왕들이 바벨론의 "불타는 연기를 보고 위하여 울고 가슴을 쳤다"는 18:8의 표현과 연관되어 있다. 바벨론이 영원한 멸망에 처해진 것은 하나님의 공의로운 불 심판으로 발생한 것이다.

[4] 하늘의 찬양에 화답하여 이십사 장로와 네 생물이 "엎드려 보좌에 앉으신 하나님께 경배하면서" 세 번째로 "아멘 할렐루야" 하고 찬양한다. 이십사 장로와 네 생물은 하나님의 보좌를 둘러싼 천상적 존재들이다(4:4,6). 전자는 하나님백성 공동체를 대표하고, 후자는 전체 피조물을 대표한다. 이들 천상적 존재들이 하늘에 있는 승리한 성도들의 찬양에 "아멘

할렐루야"로 화답하는 것은 자연스럽다. '아멘'은 하늘의 허다한 무리의 찬양이 과연 옳다고 찬동하는 응답이다.

[5] 이 마지막 찬양은 하늘 보좌에서 나오는 음성이다. 주변 문맥은 "우리 하나님"을 언급하기 때문에 보좌의 음성은 하나님의 음성일 가능성이 높다. 5절의 찬양은 시편 113:1과 115:13을 반영한 것이다. 시편 113:1은 "여호와의 종들아 찬양하라"는 말을 담고 있고, 115:13은 "높은 사람이나 낮은 사람을 막론하고 여호와를 경외하는 자들"이란 말을 갖고 있다. 큰 자나 작은 자를 막론하고 모든 하나님의 종들은 여기서 그를 경외하는 모든 성도들을 가리킨다. 그들은 하나님을 주로 섬기는 그의 종들이다. 하나님의 구원에 대한 그들의 반응은 그를 찬양하는 것이다. 진정한 찬양은 하나님을 경외하는 자들에게만 가능하다.

해설

요한은 앞에서 바벨론의 멸망과 참상 그리고 그것을 슬퍼하는 자들의 애가를 언급한 뒤에 하나님의 참되고 의로운 심판을 기뻐하고 찬양하는 하늘의 승리한 성도들, 그 찬양에 "아멘 할렐루야"로 화답하는 이십사 장로와 네 생물, 그리고 하나님의 모든 종들은 무론 대소하고 그를 찬양하라는 하늘 보좌의 음성이 어우러져 하나의 거대한 우주적 하모니를 이룬다. 이들 모두의 찬양 내용은 땅을 더럽게 하고 성도들의 피를 흘린 음녀 바벨론을 향한 하나님의 심판이 정당하다는 것이다. 땅에서는 애곡이 울려 퍼지고 하늘에서는 찬양이 울려 퍼지는 장면들이 극적인 대비를 이룬다. 땅의 거주자들과 하늘의 거주자들의 운명은 마지막 날에 이처럼 큰 반전을 겪게 될 것이다. 현재 땅에서 즐거워하는 자들은 그때에 애곡할 것이지만, 지금 땅에서 고난을 겪는 성도들은 그날에 기뻐하고 즐거워할 것이다.

(6) 어린 양의 혼인에 대한 찬양(19:6-10)

본문

⁶ 또 내가 들으니 허다한 무리의 음성과도 같고 많은 물 소리와도 같고 큰 우렛소리와도 같은 소리로 이르되 할렐루야 주 우리 하나님 곧 전능하신 이가 통치하시도다 ⁷ 우리가 즐거워하고 크게 기뻐하며 그에게 영광을 돌리세 어린 양의 혼인 기약이 이르렀고 그의 아내가 자신을 준비하였으므로 ⁸ 그에게 빛나고 깨끗한 세마포 옷을 입도록 허락하셨으니 이 세마포 옷은 성도들의 옳은 행실이로다 하더라 ⁹ 천사가 내게 말하기를 기록하라 어린 양의 혼인 잔치에 청함을 받은 자들은 복이 있도다 하고 또 내게 말하되 이것은 하나님의 참되신 말씀이라 하기로 ¹⁰ 내가 그 발 앞에 엎드려 경배하려 하니 그가 나에게 말하기를 나는 너와 및 예수의 증언을 받은 네 형제들과 같이 된 종이니 삼가 그리하지 말고 오직 하나님께 경배하라 예수의 증언은 예언의 영이라 하더라.

주해

앞의 섹션(1-5절)은 하나님의 심판이 참되고 의롭다는 사실을 말했다면, 본 섹션은 하나님의 통치를 찬양하고 어린 양의 혼인잔치에 감사를 드린다. 하나님의 통치의 온전한 실현은 악의 세력을 심판하고 하나님의 백성에게 천국잔치의 기쁨을 선사하는 데 있다. 어린 양의 신부가 혼인잔치에 참여하기 위해 깨끗하고 빛나는 세마포 옷을 입고 등장하는 모습은 음녀 바벨론이 음행과 사치로 인해 처참하게 몰락하는 장면과 극명한 대비를 이룬다.

[6-8] "또 내가 들으니"란 도입 문구는 앞의 찬양들과 다른 내용의 찬양이 전개될 것임을 말해준다. 요한이 들은 음성은 "허다한 무리의 음성과도 같고 많은 물 소리와도 같고 큰 우렛소리와도 같은 소리"였다. '허

다한 무리의 음성'은 19:1의 음성을 되풀이한 것으로서 하늘에 승리한 성도들의 찬양소리를 가리킨다. '많은 물소리와 같은' 음성은 1:15에 언급된 하늘 보좌에 앉으신 그리스도의 음성을 가리킨다. '큰 우렛소리 같은' 음성은 14:2-3에 언급된 144,000명의 찬양 소리를 닮았다. 따라서 6절의 삼중적인 소리는 천상적 존재들이 함께 어우러져 찬양하는 장엄한 장면을 부각시켜준다. 그들은 음녀 바벨론을 심판하고 드디어 하나님의 의로운 통치를 시작한 전능자 하나님에게 할렐루야 찬양을 올린다. 그들의 찬양 내용은 "주 우리 하나님 곧 전능하신 이가 통치하신다"는 것이다. 지금까지 하나님의 왕적 통치는 그리스도의 구속을 통해 부분적으로 실현되었지만 아직 그 최종적 완성의 단계에 도달하지는 못했다. 하나님의 왕적 통치가 최종적으로 완성되는 지점은 그리스도께서 재림하셔서 악의 제국을 멸망시키고 하나님의 백성이 어린 양의 신부가 되어 혼인잔치의 영원한 기쁨에 참여하게 될 때이다(Mounce, 1998: 346). '통치하신다'는 동사는 헬라어 원문에 부정과거 시제로 되어 있지만, 그것은 "하나님께서 통치하기 시작하셨다"는 뜻으로 번역하는 것이 더 낫다(Johnson, 1981: 571). 하나님의 통치가 온전히 실현되기 위해서는 그의 모든 적대 세력들이 먼저 제거되어야 한다. 그들의 멸망은 하나님의 왕으로 들어서는 자리다.

하늘에 있는 승리한 성도들은 또한 어린 양의 혼인을 선언한다(8절). 그들이 "즐거워하고 크게 기뻐하며 그에게 영광을 돌리는" 이유는 "어린 양의 혼인 기약이 이르렀고 그의 아내가 자신을 준비하였기" 때문이다. '혼인 기약'은 어린 양의 혼인예식을 가리킨다. 혼인예식이 이르렀다는 것은 그리스도와 교회공동체가 결혼한 부부처럼 완전히 연합할 때가 도래했다는 것을 의미한다(Ladd, 1972: 248). 구약에서 하나님과 그의 백성 간의 언약관계는 혼인한 남편과 아내의 관계로 묘사되곤 한다(호 2:19; 렘 31:32; 겔 16:7-8). 어린 양의 아내가 "자신을 준비하였다"는 말은 교회공동체가 어린 양과의 혼인예식을 위해 자신을 단장했다는 것을 뜻한다(21:2). 혼인예식에 참여하는 신부의 단장은 "빛나고 깨끗한 세마포 옷을 입는"(8절상) 것이다. 8절하는 이 세마포 옷이 "성도들의 옳은 행실"을 상징한다고 해석해준다. 그렇다면 성도들의 의로운 행실은 어린 양의 신부가 혼인예식에 들어가기 위해 요구되는 자격조건을 나타낸다고 할 수 있다. '옳은 행실'로 번역된 헬라어 단어는 '디카이오마타'(δικαιώματα)이다. 그것은 '의로운 요구'(롬 8:4)를 뜻할 수도 있고 본 절에서처럼 '의로운 행실'을 뜻할 수도 있다. 계시록에서 옷의 이미지는 성도들의 거룩한 신분과 삶을 나타내는 상징으로 종종 등장한다. 7:9-14은 각 나라와 민족에서 나온 허다한 무리가 흰 옷을 입고 하나님과 어린 양의 보좌 앞에서 찬양하는 모습을 그린다. 천사는 흰옷을 입은 이들 무리를 가리켜 "어린 양의 피에 그 옷을 씻어 희게 된" 자들이라고 소개한다. 여기서 '흰 옷'은 어린 양의 십자가 구속에 참여하여 하나님의 백성이 된 거룩한 신분 정체성을 나타내는 상징어이다. 반면에 19:7-8은 어린 양의 신부가 혼인잔치에 들어가기 위해 자신을 단장한 모습을 가리켜 "빛나고 깨끗한 세마포 옷"을 입었다고 말한다. "성도들의 의로운 행실"을 신부의 단장으로 말했다면 그것은 어린 양의 십자가 구속의 결과로 나타난 거룩한 삶의 행실을 뜻한다고 볼 수 있다. 요한은 성도들의 거룩한 삶을 어린 양의 혼인잔치에 들어가기 위해 어린 양의 신부가 갖추어야 할 자격조건으로 간주한다. "빛나고 깨끗한 세마포 옷을 입도록 허락했다"는 말은 어린 양 그리스도가 그의 신부에게 결혼예복을 선물했다는 사실을 함축한다(Ladd, 1972: 249). 동시에 그 옷은 어린 양의 아내가 혼인예식에 참여하기 위해 "자신을 준비한"(7절) 옷이기도 하다. 선물로 받은 옷이라는 것과 스스로를 준비한 옷이라는 것은 신의 은혜와 인간의 책임 사이의 긴장관계를 절묘하게 조화시킨 표현이다. 성도들의 의로운 행실은 십자가 구속의 은혜를 경험한 열매로 나타났다는 뜻에서 은혜의 선물의 성격을 지니지만 또한 동시에 그 구속의 은혜에 응답하여 의로운 삶을 영위해야 할 신자의 책임이 작동하여 나타난 결과이기도 하다. 어린 양의 신부가 입은 "빛나고 깨끗한 세마포 옷"은 음녀 바벨론이 입은 "자주 빛과 붉은 빛 옷"(17:4)과 극명하게 대비를 이룬다. 천국 혼인예식에 입어야 할 옷은 "어린 양의 피에 씻어 희게 된"(7:14) 순결한 흰옷이다. 반면에 음녀가 입은 옷은 여왕으로 앉은 자처럼 스스로를 영화롭게 하기 위해 걸친 사치와 허영의 옷이다.

[9-10] 본 절은 요한과 천사 간에 오간 대화 내용을 기록한다. 천사는 우선 요한에게 들은 내용을 기록하라고 말한다. 계시록에는 '기록하라'는 명령이 자주 등장한다(1:11,19; 14:3; 19:9; 21:5). 그것은 주로 계시록 전체 메시지나 아시아의 일곱 교회에게 보내는 편지 내용을 기록하는 것과 관련되지만, 본 절의 명령은 앞에서 언급한 중요한 내용을 재확인하기 위해 기록하는 행위를 가리킨다(Beale, 1999: 945). 그렇다면 요한이 기록해야 할 내용은 7-8절에서 언급된 어린 양의 혼인예식과 관련된 메시지이다. 천사는 요한에게 두 가지를 언급하면서 기록하라고 명령한다. 첫째는 "어린 양의 혼인 잔치에 청함을 받은 자들은 복이 있다"는 것이고, 둘째는 "이것은 하나님의 참되신 말씀이라"는 것이다. '청함을 받다'는 술어는 본래 '부름을 받다'(called)를 뜻하고 신약에서는 구원이나 사역을 위한 부르심을 나타낼 때 종종 쓰인다. 하지만 그것은 또한 '초대를 받다'(invited)를 뜻하는 말로 쓰이기도 한다. 혼인 잔치는 혼인예식이 거행되는 날 저녁 무렵에 시작되고 며칠 동안 지속되는데, 신랑과 신부의 가족만 아니라 친구와 친지들이 초대를 받아 함께 기뻐하고 즐거워하는 때이다. 본 절에서 혼인잔치에 초대를 받은 사람들은 어린 양 예수에게 헌신하는 그의 모든 백성을 가리킨다. 천사는 혼인잔치에 초대되어 어린 양과 함께 기쁨을 만끽할 수 있다는 사람들에게 복이 있다고 선언한다. 결국 '복'은 영원한 천국에서 신랑 되신 그리스도와 연합하여 그와 친밀한 교제를 누리는 축복을 의미한다. 천사는 또한 "이것은 하나님의 참되신 말씀이라"고 선언한

다. '이것들'이 무엇을 지칭하는지 학자들 간에 의견이 분분하다. 본 단락은 17-18장에 언급된 바벨론의 멸망과 연결된 내용이기 때문에, '이것들'은 음녀 바벨론이 하나님의 심판으로 멸망을 당하고 하나님의 의로운 통치가 완성되어 어린 양의 신부공동체를 위해 천국 혼인잔치가 배설될 것을 말하는 근접문맥의 메시지를 가리키는 것으로 보는 것이 옳다(이필찬, 2006: 801). 또한 그것은 가깝게는 7-8절에 언급된 혼인잔치에 관한 말씀의 진실성을 확증하는 역할을 한다(Beale, 1999: 945).

요한은 우상숭배의 위험성에 관한 분명한 계시를 받은 선지자였지만 하나님과 어린 양이 아닌 천사에게 경배하려는 잘못을 범하려고 하였다. 그가 천사의 발아래 엎드려 경배하려고 한 것은 천사가 전달한 장엄한 메시지에 압도되었기 때문이다. 하지만 천사는 그에게 엎드려 경배하려는 요한을 제지하면서 "나는 너와 및 예수의 증언을 받은 네 형제들과 같이 된 종이니 삼가 그리하지 말고 오직 하나님께만 경배하라"고 말한다. 이것은 경배의 대상이 천사가 아니라 하나님뿐이라는 사실을 각인시키는 말씀이다. 천사가 경배의 대상이 되지 못하는 이유는 천사는 요한이나 그의 동료 기독교인들과 같은 위치에 있는 하나님의 종에 불과하기 때문이다. 목회자가 아무리 감동적이고 위대한 메시지를 전할 때 그것을 듣는 청중들은 그런 메시지를 전하는 목회자를 과대하게 높이고 신격화하려는 경향이 없지 않다. 본 절의 경고는 청중들이 메시지의 원천인 하나님에게 초점을 두고 경배해야지 그것을 전하는 인간 목회자에게 초점을 두고 높이지 말아야 한다는 교훈을 준다. 10절하의 진술은 이유를 말하는 접속사 '가르'(γὰρ)로 시작한다. 천사가 경배의 대상이 될 수 없는 이유는 "예수의 증언은 예언의 영이기 때문이다." 어떤 학자들은 '영'을 '핵심, 본질'의 의미로 해석하고자 한다. 그리고 "예수의 증언"은 주격 소유격이나 목적격 소유격으로 번역될 수도 있다. 주격 소유격으로 번역하면 "예수께서 주신 증거"를 뜻하게 되고, 목적격 소유격으로 번역하면 "예수에 관한 증거"를 뜻하게 된다. 소유격 표현을 어떤 식으로 번역하든지 예수께서 주신 증거 또는 예수에 관한 증거가 예언의 핵심을 구성하고 그것은 또한 계시록의 말씀을 통해 잘 드러난다는 식의 의미를 갖게 된다. 하지만 이런 해석은 성령을 핵심 또는 본질로 해석하는 약점을 갖고 있다. 만일 본절의 '영'이 성령을 지칭한다면, 예수께서 주신 증거 또는 예수에 관한 증거는 성령을 통해 주어진 예언이라는 뜻을 얻게 된다(Johnson, 1981: 572). 성령은 부활하신 예수의 영이다. 요한을 비롯하여 신약의 선지자들이 성령의 감동을 받아 예수에 관해 증언한 모든 말씀은 하나님의 말씀이다. 요한이 이 사실을 바로 안다면 천사의 발아래 엎드려 경배하려는 태도를 취해서는 안 된다.

> 해설

과도한 사치와 향락에 취했을 뿐만 아니라 성도들의 피를 흘리게 했던 음녀 바벨론은 멸망당하고 이제 하나님의 의로운 통치가 시작되었다. 성도들의 승리는 본 섹션에서 천상적인 혼인잔치의 이미지로 그려진다. 요한은 음녀 바벨론의 참담한 몰락과 어린 양의 신부의 영광스러운 등장을 극적으로 대조한다. 음녀 바벨론이 입은 옷은 여왕으로 앉은 자처럼 화려하고 사치스러운 옷이지만, 어린 양의 신부가 혼인잔치에 들어가기 위해 입은 옷은 "빛나고 깨끗한 세마포 옷"이었다. 전자는 사치와 방탕으로 옷 입은 음녀의 모습을 하고 있었지만, 후자는 어린 양의 피에 자신의 옷을 씻어 희게 된 순결한 신부의 모습을 하고 있었다. 요한은 어린 양의 아내가 혼인예식을 위해 자신을 준비한 단장을 "성도들의 의로운 행실"로 해석한다. 말하자면 그리스도의 십자가 구속을 경험한 결과로 나타난 삶의 거룩한 변화, 그것은 바로 성도들이 어린 양의 혼인잔치에 들어가기 위해 요구되는 자격조건인 셈이다. 음녀는 음행과 사치와 방탕, 살인을 일삼는 불신 세상사회를 상징한다면, 어린 양의 신부는 그리스도의 구속의 은혜를 경험하여 삶의 의로운 행실을 나타내는 교회공동체를 상징한다. 후자만이 혼인잔치의 기쁨에 참여할 자격을 가진 자들이다. 천사는 천국 혼인잔치에 초대를 받은 성도들에게 복이 있다고 선언하면서, 하나님의 통치가 바벨론의 멸망과 어린 양의 혼인을 통해 완성되기 시작했다는 사실을 기록하라고 명령한다. 요한을 비롯하여 신약의 예언자들이 예언의 영인 성령의 감동을 받아 예수에 관해 증언한 것은 모두 하나님의 말씀이다. 요한은 그것을 기록하여 교회들에게 전해야 할 의무를 지녔다.

C. 악의 삼두체제의 심판(19:11-20:15)

요한은 "내가 하늘이 열린 것을 보았다"는 말로 새로운 섹션을 시작한다. 그것은 그리스도께서 재림하여 악의 삼두체제인 두 짐승과 용을 차례대로 심판하고 영원한 불 못에 던지는 장면을 그린다. 앞의 단락은 예수를 혼인잔치의 주인공인 신랑으로 묘사하지만, 본 섹션은 예수를 악의 삼두체제와 싸워 승리를 쟁취한 위대한 전사로 묘사한다.

가. 백마 탄 자와 두 짐승의 심판(19:11-21)

본문

11 또 내가 하늘이 열린 것을 보니 보라 백마와 그것을 탄 자가 있으니 그 이름은 충신과 진실이라 그가 공의로 심판하며 싸우더라 12 그 눈은 불꽃 같고 그 머리에는 많은 관들이 있고 또 이름 쓴 것 하나가 있으니 자기밖에 아는 자가 없고 13 또 그가 피 뿌린 옷을 입었는데 그 이름은 하나님의 말씀이라 칭하더라 14 하늘에 있는 군대들이 희고 깨끗한 세마포 옷을 입고 백마를 타고 그를 따르더라 15 그의 입에서 예리한 검이 나오니 그것으로 만국을 치겠고 친히 그들을 철장으로 다스리며

도 친히 하나님 곧 전능하신 이의 맹렬한 진노의 포도주 틀을 밟겠고 ¹⁶ 그 옷과 그 다리에 이름을 쓴 것이 있으니 만왕의 왕이요 만주의 주라 하였더라 ¹⁷ 또 내가 보니 한 천사가 태양 안에 서서 공중에 나는 모든 새를 향하여 큰 음성으로 외쳐 이르되 와서 하나님의 큰 잔치에 모여 ¹⁸ 왕들의 살과 장군들의 살과 장사들의 살과 말들과 그것을 탄 자들의 살과 자유인들이나 종들이나 작은 자나 큰 자나 모든 자의 살을 먹으라 하더라 ¹⁹ 또 내가 보매 그 짐승과 땅의 임금들과 그들의 군대들이 모여 그 말 탄 자와 그의 군대와 더불어 전쟁을 일으키다가 ²⁰ 짐승이 잡히고 그 앞에서 표적을 행하던 거짓 선지자도 함께 잡혔으니 이는 짐승의 표를 받고 그의 우상에게 경배하던 자들을 표적으로 미혹하던 자라 이 둘이 산 채로 유황불 붙는 못에 던져지고 ²¹ 그 나머지는 말 탄 자의 입으로부터 나오는 검에 죽으매 모든 새가 그들의 살로 배불리더라.

주해

대부분의 학자들은 본 단락이 그리스도의 재림을 묘사하는 장면을 묘사한다는 사실에 동의한다. 요한은 여기서 어린 양을 전능한 정복자요 신적인 전사로 묘사하고, 계시록 전체에 걸쳐 등장하는 이런 강조점은 본 단락에서 최고 정점에 도달한다. 어린 양 그리스도는 마지막 날에 모든 악의 세력들을 멸하고 하나님의 영원한 나라를 세우기 위해 재림하는 정복자 왕으로 묘사된다(Osborne, 2002: 679). 본 단락은 크게 두 부분으로 구성되는데, 첫 부분은 흰 말을 타신 그리스도의 신분과 모습을 묘사하고(11-16절) 둘째 부분은 그가 두 짐승을 어떻게 심판하고 멸하는지를 묘사한다(17-21절).

[11] 본 단락은 요한이 열린 하늘을 통해 본 환상 장면으로 시작된다. 본 절에 쓰인 현재분사는 하늘이 '열려 있는' 상태를 말해준다. 이 현재분사는 이미 4:1에서 등장한 바 있지만 본 절의 분사 의미는 4:1의 그것

과 좀 다르다. 4:1에서 그것은 그리스도 사건을 통해 개시되고 전개될 하나님의 구원계획에 관한 계시를 알려주는 역할을 하는 반면, 9:11에서 그것은 그 구원계획이 최후심판을 통해 완성될 것임을 알리는 역할을 한다. "내가 하늘이 열린 것을 보니"란 말은 새로운 중요 섹션을 도입할 때 등장하는 전형적인 표현인데, 그것이 등장하는 상기 두 구절을 종합해볼 때 계시록의 전체 말씀은 요한이 열린 하늘을 통해 보거나 들은 계시의 말씀이라고 할 수 있다. 요한이 열린 하늘을 통해 본 것은 "백마와 그것을 탄 자"에 관한 환상 장면이다. 재림주로 오시는 어린 양을 흰 말을 타신 분으로 묘사하는 것은 그를 승리한 정복자로 묘사하려는 의도와 관련이 있다. 계시록에서 의인들이 입은 흰 옷은 순결과 의를 상징하기도 하지만(3:4-5; 6:11; 7:9, 13-14), 본 절에서 말은 정복전쟁에 나가는 전투 말이기 때문에 백마를 탄 그리스도는 여기서 전쟁을 승리한 정복자 왕으로 제시된 것이 분명하다(Osborne, 2002: 679; Wall, 1991: 230). 요한은 그를 몇 가지로 묘사한다. 첫째, 백마 탄 그리스도는 "충신과 진실"이란 이름을 가졌다. 이 이름은 그리스도를 "충성된 증인"(1:4) 또는 "충성되고 참된 증인"으로 언급한 표현들과 연관된다. '충신'이란 말은 계시록에서 예수와 성도들의 관계를 특징짓는 중요한 술어이다. 예수께서 십자가 고난과 죽음을 앞두고 충성된 증인의 길을 가셨던 것처럼, 그를 좇는 성도들도 예수를 본받아 적대적인 세상에서 하나님께 충성하는 자들로 살아야 한다. '진실'이란 말은 '의'란 술어와 마찬가지로 예수께서 악의 세력들을 심판하고 그의 성도들을 신원하는 일에 있어서 항상 참되고 의로우신 분이라는 것을 함축한다(16:7; 9:2). 둘째, 백마 탄 그리스도는 "공의로 심판하며 싸우는" 분으로 묘사된다. 구약에서 하나님은 항상 공의로 심판하시는 분으로 묘사되는 것처럼(시 7:11; 98:9), 예수는 공의로 세상을 심판하는 신적 권세를 하나님으로부터 위임을 받은 분이시다. 그는 악의 세력들과 싸워 하나님의 공의를 심판으로 집행하는 메시아 전사이다.

[12-13] 셋째로, 백마를 탄 그리스도는 "불꽃같은" 눈을 갖고 있다. 이런 표현도 계시록에서 몇 차례 등장한 바 있고(1:14; 2:18) 다니엘 10:6의 표현을 반영한다. 그것은 만물을 불꽃같은 눈으로 꿰뚫어보고 감찰하는 그리스도의 신적 통찰력을 상징하는 표현이다(Osborne, 2002: 681). 그리스도는 그런 신적 통찰력으로 세상을 공의로 심판하는 분이다. 넷째로, 백마를 탄 그리스도는 그의 머리에 "많은 관들"을 쓰신 분이다. 계시록에는 용과 짐승이 왕관을 쓴 것으로 묘사된 것처럼(12:3; 13:1), 그리스도도 왕관을 쓴 것으로 묘사된다(19:12). 그렇다면 본 절의 '많은 관들'은 왕적 통치권을 상징하는 표현이다. 다만 그리스도께서 가짜 삼위일체와 다른 점이 있다면 오직 그리스도만 만유를 통치하는 진정한 왕권을 가지신 분인 반면, 가짜 삼위일체를 그리스도의 왕권을 모방한 세력에 불과할 뿐 거짓 세상임금에 불과하다는 사실이다(요 12:31). 다섯째로, 백마를 탄 그리스도는 자신밖에 아무도 모르는 이름을 쓴 것을 갖고 계신 분이다. 이것도 2:17의 내용을 약간 변형하여 예수 자신에게 적용한 표현이다. 하나님은 그의 백성에게 새 이름을 주실 것을 약속하셨고(사 62:2), 그리스도께서도 이긴 자들에게 하나님 성전의 기둥이 되게 할 것이며 그의 새 이름을 그 위에 기록할 것이라고 약속하셨다(3:12). 성경에서 '이름'은 사람의 인격과 정체성을 가리키는 말이다(Harrington, 1993: 190). 그렇다면 예수께서 아무도 모르는 이름을 갖고 있다는 말은 그의 신적 인격의 초월성을 나타내준다 (Beasley-Murray, 1974: 280). 그의 감추어진 이름이 알려질 종말의 때에 그리스도는 공개적으로 "만왕의 왕이요 만주의 주"로 임하셔서 세상을 심판하시게 될 것이다(16절). 여섯째로, 백마를 탄 그리스도는 "피 뿌린 옷을 입은" 자이다. 13절의 '피'가 십자가에서 흘린 예수 자신의 피를 가리키는지, 순교자들의 피를 가리키는지, 아니면 원수들의 피를 가리키는지 선택하기가 쉽지 않다. 세 해석이 다 가능성이 있지만, 문맥은 전쟁과 관련이 있기 때문에 '피'는 그리스도와 마지막 전쟁을 치루면서 흘린 악의 세력들의 피

를 가리킬 가능성이 크다. 그들을 정복하는 전쟁에서 승리한 그리스도는 원수들을 심판하는 과정에서 튀긴 피로 붉게 적셔진 옷을 입고 계셨다(이필찬, 2006: 820). 이런 이미지는 원수들을 진노의 포도주 틀에 던져 튄 피가 말굴레에까지 찼다는 이미지와 잘 어울린다(14:19-20; 19:15). 마지막으로, 백마를 탄 그리스도는 "하나님의 말씀"이라 불리는 이름을 갖고 있다. 예수를 말씀 하나님으로 언급하는 곳은 요한복음 1:1-14이다. 이 구절에서 예수를 로고스로 제시한 것은 요한의 계시기독론과 맞물려 있다. 예수는 하나님의 계시자로 세상에 육신을 입고 오신 권위 있는 말씀 계시자이시다. 반면에 어린 양 예수를 하나님의 말씀으로 제시한 것은 '군사적이고 법정적인' 뉘앙스를 갖는다(Osborne, 2002: 683). 말하자면, 그리스도는 자신이 선포하는 하나님의 말씀을 '검'으로(19: 15) 삼아 원수들을 무찌르고 심판하는 신적 전사요 최고 재판자시다.

[14] 그리스도께서 악의 세력들을 심판하기 위해 재림하실 때 그를 따르는 "하늘의 군대들"이 있다. 이들 군대는 "희고 깨끗한 세마포 옷을 입고 백마를 타고" 그리스도를 따른다. 이들 하늘 군대는 성도들을 가리키는가 아니면 천사들을 가리키는가? 구약에서는 종종 천사들이 하나님의 군대로 언급되고(왕하 6:17; 시 103:20f), 신약에서도 그리스도께서 천사들을 대동하고 재림하실 것을 말하기도 한다(마 13:41; 16:27; 24:31). 하지만 하늘 군대가 입은 "빛나고 깨끗한 세마포 옷"은 19:8에서 성도들이 입은 옷과 같은 옷이고, 17:14에서 성도들도 종말론적인 전쟁에 참여하여 승리한 자들로 묘사되기 때문에 본 절의 하늘 군대는 성도들을 지칭하는 것으로 보는 것이 옳다(Beale, 1999: 960; Wall, 1991: 231). 그들이 입은 '흰 옷'은 전쟁의 맥락에서 등장하기 때문에 승리를 상징하고 '깨끗한 옷'은 어린 양의 피로 구속함을 받은 하나님백성의 영적 순결성을 상징한다. 이런 이미지 언어는 천사들에게는 적합하지 않아 보인다. 성도들도 백마를 타고 그리스

도를 따른다는 것은 그리스도께서 쟁취한 승리에 동참한다는 것을 시사해준다. 그리스도가 악의 세력들과 싸우는 전쟁에서 백마를 타고 승리를 구가하는 것처럼, 그를 따르는 성도들도 악의 세력들과 싸움에서 그리스도와 더불어 승리의 행진에 참여한다.

[15] 승리의 전사가 되신 메시아를 묘사할 때 본 절은 구약 배경을 지닌 세 표현들을 끌어다 쓴다. 그는 입의 막대기로 세상을 치며(사 11:4) 철장으로 만국을 다스리고(시 2:9) 원수들을 진노의 포도주 틀에 던져 짓밟는 메시아이다(사 63:1-6). 하지만 본 절은 구약의 표현들을 변경하여 어린 양 메시아에게 달리 적용한다. 어린 양은 검을 손에 들고 계신 것이 아니라 입에서 나오는 검으로 원수들과 싸우고 그들을 심판하신다. 그리스도는 그의 입에서 선포되는 말씀의 능력으로 원수들을 이기는 정복자 왕이다(Johnson, 1981: 575). 본 절의 장면은 초림 이후 전체 교회역사에 걸쳐 복음의 말씀으로 세상을 변화시키는 것과 관련된 것이 아니라 종말의 때에 있게 될 최후심판과 관련된 것이다. 그리스도가 재림하면 그의 말씀은 세상을 공의로 심판하는 수단이 될 것이다. 그의 입에서 나오는 심판의 말씀은 예리한 검과 같아서 어느 누구도 그의 심판을 비켜갈 수 없다.

"그들을 철장으로 다스리며"란 문구는 시편 2:9에서 끌어온 것이다. 이 시편 구절에서 다윗 계통의 메시아는 철장으로 열방을 다스리고 그들을 질그릇 부수듯 깨뜨리는 분으로 묘사된다. 본 절의 동사는 목자가 막대기로 양을 '치는'(ποιμανεῖ) 행위를 묘사할 때 쓰이는 미래시제 동사이다. 요한은 막대기를 '칼'로 바꾸고 그 칼을 말씀과 동일시한다. 그리고 '치리라'란 미래시제 동사는 장차 곧 발생할 사건의 확실성을 강조해주는 역할을 한다(Beale, 1999: 685 n. 18). 목자가 양을 칠 때 사용한 막대기가 칼로 바뀐 것은 그것이 양을 잡아먹으려는 짐승들을 공격하는 칼 역할을 하기 때문이다. 따라서 어린 양이 가진 검은 양떼를 보호하기 위한 것이 아니라 원수들을 멸하는 수단이다. 이런 변경을 통해 본 절은 그리스도께서 원수들을 심판하는 우주적 권세를 부각시키려고 한다(Osborne, 2002: 92, 685). 어린 양의 우주적인 심판의 권세는 "하나님 곧 전능하신 이의 맹렬한 진노의 포도주 틀을 밟는" 행위를 통해 집행된다. 이 문구는 14:19-20과 16:19의 표현을 결합시킨 것이다. 하나님은 원수들을 큰 포도주 틀에 던져 짓밟는 심판자가 되시며, 또한 음녀 바벨론에게 진노의 포도주 잔을 마시게 하는 심판자가 되기도 하신다. "맹렬한 진노의 포도주 틀"이 전능하신 하나님의 틀로 묘사한 것은 그리스도가 집행하는 우주적 심판의 권세가 하나님이 위임한 권세라는 사실과, 하나님이 그리스도를 통해 원수들에게 맹렬한 진노를 퍼붓게 하신다는 뜻을 함축한다.

[16] 본 절에서 네 번째로 예수에게 이름이 붙여진다(11, 12, 13, 16절). 즉 그는 "만왕의 왕이요 만주의 주"라는 이름을 가진 분이다. 17:14에서 이 이름은 어린 양 그리스도가 반드시 적그리스도 세력과 싸워 이기리라는 확신을 피력하는 문맥에서 등장한다. 또한 구약과 신약에서 그것은 항상 하나님에 대해 사용되던 호칭이었다(LXX 단 4:37; 딤전 6:15). 그렇다면 어린 양 그리스도는 만유를 다스리고 모든 지상의 임금들을 통치하는 궁극적 주권자 하나님이시다. 적그리스도는 왕관을 쓰고 주권자 행세를 하지만(17장), 참된 주권자는 로마 황제나 짐승이 아니고 그리스도뿐이다. 그가 지금 하늘 보좌에 앉아 다스리신다. 만왕이요 만주의 주"란 이름이 쓰인 곳은 "그 옷과 그 다리"이다. 이 문구는 이름이 두 장소에 쓰인 것처럼 말하고 있지만, 대부분의 학자들은 두 술어가 설명보족어 관계에 있다고 생각한다(Beale, 1999: 963; Osborne, 2002: 686). 즉 이름은 "다리를 덮고 있는 옷"에 쓰여 있었다. 다리는 보통 전사가 칼을 차는 곳이다. 악의 세력들과 싸우기 위해 그리스도께서 백마를 올라타실 때 다리에 적힌 전사의 이름이 좀 더 선명하게 보였을 것이다.

[17-18] 본 절은 한 천사가 공중을 나는 모든 새들을 향하여 "하나님의 큰 잔치"에 모이라고 초청하는 장면을 묘사한다. 그 천사는 모여든 새들에게 백마를 타신 그리스도와의 종말론적 전쟁에서 패배한 모든 짐승 세력들의 살을 먹으라고 말한다. 여기서 '살'은 죽은 사람의 고기를 지칭한다. 전쟁이 끝나면 공중에 나는 새들이 시신들의 고기를 뜯어먹기 위해 모여드는 장면을 생각나게 만든다. 요한은 죽은 자들의 시신을 뜯어먹기 위해 새들이 모여드는 것을 "하나님의 큰 잔치"로 비유한다. 이것은 마곡 땅을 다스리는 곡이란 나라가 회복된 이스라엘과 전쟁을 일으키는 장면을 묘사하는 에스겔 39:17-20을 배경으로 한다. 여기에 묘사된 전쟁은 역사적으로 일어난 적이 없는 전쟁이지만, 요한은 그것을 재림 시에 일어날 종말론적 전쟁을 위한 배경으로 끌어다 쓴다(Beale, 1999: 965f). 18절에 언급된 왕들, 장군들, 장사들, 말들, 그것을 탄 자들, 자유인들, 종들, 작은 자들, 큰 자들은 모두 그리스도를 대적하는 종말론적 전쟁에 참여한 짐승(=적그리스도)의 군대들이다. 천사가 공중의 새들을 향해 그들의 고기를 먹으라고 말한 것은 짐승의 군대가 "만왕의 왕이요 만주의 주"인 그리스도와 싸워 치명적인 패배를 당했다는 것을 함축한다. 짐승 군대의 이 패배는 백마를 탄 그리스도가 재림하여 바벨론으로 상징되는 세상을 멸망시키고 그것을 뒷받침하던 짐승과 거짓 선지자를 심판할 때 일어난 사건일 것이다(Beale, 1999: 965).

[19-21] 본 절은 백마를 탄 그리스도가 재림하여 짐승에게 속한 모든 자들과 전쟁을 할 때 실제로 발생한 상황을 그린다. 짐승에게 속한 자들은 "땅의 임금들과 그들의 군대들"로 묘사된다. "땅의 임금들"은 17:12-14에 언급된 짐승의 열 뿔 즉, 열 왕들을 가리킨다. 그들이 한 곳에 집결하여 백마를 탄 그리스도와 그의 군대와 더불어 마지막 종말론적인 전쟁을 일으킨다. 이것은 16:12-16에서 언급된 아마겟돈 전쟁과 동일한 전쟁

을 가리키지만 후자와는 좀 다른 방식으로 묘사된다. 짐승과 그의 군대로 상징되는 적그리스도 세력이 어린 양과 그의 군대를 대적하기 위해 최후 전쟁을 일으킬 것이지만 전쟁의 결과는 바로 앞 절에서(17-18절) 이미 짐승 진영의 패배로 결정되어 있다. 문자적인 해석을 선호하는 세대주의자들은 이 마지막 아마겟돈 전쟁을 국제적인 전쟁으로 생각하지만, 이 전쟁은 종말의 때에 어린 양의 진영과 적그리스도 진영 간에 치러지는 영적인 성격의 전쟁이다. 왜냐하면 이 전쟁의 승리는 백마를 탄 그리스도의 입에서 나오는 '예리한 검', 곧 하나님의 말씀으로 쟁취되기 때문이다(13,15절)(Osborne, 2002: 689).

20-21절은 최후전쟁의 세 결과들에 대해 묘사한다. 첫째 결과는 "짐승이 잡히고 그 앞에서 표적을 행하던 거짓 선지자도 함께 잡히는" 것이다. 여기서 짐승과 거짓 선지자는 13장에 등장하는 첫째 짐승("바다에서 나오는 짐승")과 둘째 짐승("땅에서 나오는 짐승")을 가리킨다. 13장을 보면 둘째 짐승은 바다에서 나오는 첫째 짐승을 경배하도록 사람들을 미혹하는 자로 묘사되는 반면, 19장에서 둘째 짐승은 첫째 짐승 앞에서 "표적을 행하던 자"로 묘사된다. 흥미롭게도 이 둘째 짐승이 본 절에서 '거짓 선지자'로 동일시된다. 거짓 선지자는 사람들로 첫째 짐승의 우상을 경배하게 만들고 표적들을 행하여 사람들을 속이는 그의 앞잡이이다. 그런데 짐승과 거짓 선지자가 함께 '잡혔다.' 전쟁에서 그들을 패퇴시키고 붙잡은 분은 백마를 탄 어린 양 그리스도이다. 둘째 결과는 "이 둘이 산 채로 유황불 붙는 못에 던져지는" 것이다. 유황으로 타는 불 못은 문자적인 장소라기보다 악의 세력들을 심판하는 장소를 상징하며 유사한 표현이 구약과 유대교 문헌에서도 등장한다(단 7:9-11; 1 En. 54:1; 2 En. 10:2; Sib. Or. 2:19). 특별히 '불'은 신구약 성경에서 심판을 상징하는 전형적인 어휘이다. 짐승과 거짓 선지자가 유황불 붙는 못에 "산 채로" 던져진다는 것은 그들에게 임하는 심판의 고통이 영원히 지속된다는 것을 나타낸다(Beale, 1999: 969).

20:10을 보면 짐승과 거짓 선지자가 던져진 유황불 붙는 못에 용/사탄도 던져져 그곳에서 "세세토록 밤낮 괴로움을 받게 될" 것으로 언급된다. 최후전쟁의 셋째 결과는 짐승과 거짓 선지자가 붙잡혀 유황불 붙는 못에 던져지고 "그 나머지는 말 탄 자의 입으로부터 나오는 검에 죽으매 모든 새가 그들의 살로 배불리게 되는"(21절) 것이다. '그 나머지'란 말은 짐승과 거짓 선지자를 제외한 짐승 세력들, 즉 짐승과 거짓 선지자에게 속아 그들을 따랐던 "땅의 임금들과 그들의 군대들"(19절)을 가리킨다. 흥미로운 사실은 그들이 짐승과 거짓 선지자처럼 유황불 타는 불 못에 던져지는 것이 아니라 백마를 탄 그리스도의 입에서 나오는 검으로 죽고 모든 새들의 먹이가 된다는 것이다. 얼핏 이상하게 보이지만, 20:15의 진술에 비추어 판단할 때 이들 나머지 짐승 세력들도 짐승과 거짓 선지자와 함께 "불 못에 던져지는" 것이 분명하다. 그럼에도 나머지 짐승 세력들이 짐승과 거짓 선지자의 운명과 달리 묘사된 것은 종말적 전쟁을 그린 에스겔 39:17-20의 언어를 끌어다 쓰려는 요한의 의도 때문인 것으로 보인다(이필찬, 2006: 832).

해설

본 섹션은 백마를 탄 그리스도가 승리의 전사로 재림하여 두 짐승으로 대변되는 악의 세력들과 그들의 군대를 멸망시키는 내용을 묘사한다. 첫째 단락은 백마를 타고 오는 메시아 예수의 재림 장면을 그리고(11-16절), 둘째 단락은 그를 대적하는 두 짐승과 그들의 군대를 멸하는 장면을 그린다(17-21절). 우선 요한은 첫째 단락에서 한 천사가 공중에 나는 새들을 향하여 하나님의 큰 잔치에 참여하라고 불러 모은다. 이 잔치는 전쟁이 끝나면 새들이 모여들어 죽은 사람들의 사체를 뜯어먹는 것에 비유되기 때문에 하나님의 엄중한 심판의 잔치를 가리키고 19:7-9에 언급된 어린 양의 혼인잔치와는 대비를 이룬다. 요한은 종말에 있을 최후전쟁의 참혹한 결과를 묘사하기 위해 곡과 마곡의 전쟁을 그린 에스겔 39장의 언어를 끌어온다. 전쟁의 승리는 백마를 타고 재림하는 메시아 전사에게 돌아가고, 짐승을 따르던 자들은 전쟁에 패하여 새들에게 그들의 사체가 뜯어 먹히는 끔찍한 일을 당하게 될 것이다. 물론 이런 극적인 표현은 최후 전쟁이 그리스도와 짐승 진영 간에 벌어지는 영적 전쟁이기 때문에 전쟁의 참혹한 결과를 상징적으로 묘사한 것으로 이해되어야 한다.

요한은 최후전쟁을 메시아 예수와 짐승 진영 간에 벌어지는 종말론적 전쟁으로 생각한한다. 전쟁을 승리로 이끌 주역은 메시아 예수와 그를 따르는 성도들이다. 메시아 예수는 흰 말을 탄 자로 묘사되고, 성도들도 흰 말을 타고 그를 뒤따르는 자들로 묘사된다. 말은 전쟁을 위한 전투마이고, 흰 색은 승리를 상징한다. 하늘의 군대로 나선 성도들은 "희고 깨끗한 세마포 옷"을 입고 있었다. 이것은 어린 양의 신부의 복장과 같다(8절). '흰 옷'은 어린 양의 피의 구속을 입어 하나님백성 된 거룩하고 순결한 신분을 나타내기도 하고(7:14) 또한 승리한 성도들의 신분을 나타내기도 한다(19:14). 희고 빛나는 성도들의 옷은 음녀 바벨론이 입은 화려하고 사치스러운 옷과 대비를 이룬다. 전쟁을 이끄는 어린 양 예수는 만유를 다스리는 궁극적 주권자로서 불꽃같은 눈으로 감찰하고 입에서 나오는 예리한 말씀의 검으로 짐승 군대와 싸워 승리하는 전사 메시아이다. 성도들의 승리는 메시아 예수의 승리에 동참하는 승리이다. 메시아 예수의 승리는 그의 공의로운 심판을 통해 집행되고, 그 심판은 또한 그의 입에서 나오는 말씀의 검으로 실행된다. 하나님의 말씀은 짐승 세력과 싸워 승리하는 무기이고 그들에게 공의로운 심판을 집행하는 수단이다. 메시아 예수는 "충신과 진실"이란 이름을 가진 분으로서 그의 심판 행위는 충성되고 참되게 실행될 것이다. 메시아 예수는 짐승 군대를 철장으로 치는 "만왕의 왕이요 만주의 주"이시다. 그가 입은 "피 뿌린 옷"은 그들을 "맹렬한 진노의 포도주 틀"에 던져 짓밟을 때 튀는 피로 물든 옷이다. 이것은 짐승 세력이 얼마나 철저하게 응징되는가를 시사해주는 표현이다.

두 번째 단락은 두 짐승이 최후전쟁에 패해 멸망당하는 장면을 그린다(17-21절). 짐승 세력의 군대가 모여 백마를 탄 그리스도 진영과 마지막 전쟁을 벌이지만 그들의 패배는 이미 앞의 단락에서 예정된 것이었다. 결국 짐승 진영이 처참한 패배를 당하자 백마를 탄 메시아 예수는 전쟁의 주범인 짐승을 붙잡았고 또한 짐승 앞에서 표적을 행하여 만국을 미혹하고 짐승의 우상에게 경배하도록 하던 거짓 선지자도 함께 붙잡혀 산 채로 유황불이 붙는 불 못에 던져진다. 그리고 짐승 군대에 참여했던 나머지 세력들, 즉 18-19절에 언급된 "땅의 임금들과 그들의 군대"도 흰 말을 탄 그리스도의 입에서 나오는 말씀의 검에 죽임을 당해 모든 새들의 먹이가 될 것이다. 20:15은 "누구든지 생명책에 기록되지 못한 자는 불 못에 던져지리라"고 말씀하기 때문에, 마지막 전쟁에서 짐승을 따랐던 사람들이 모든 새들의 먹이가 된다는 표현은 전쟁 패배의 처참한 결과를 강조하는 비유적 표현이다.

나. 용의 결박과 천년왕국 (20:1-6)

본문

¹ 또 내가 보매 천사가 무저갱의 열쇠와 큰 쇠사슬을 그의 손에 가지고 하늘로부터 내려와서 ² 용을 잡으니 곧 옛 뱀이요 마귀요 사탄이라 잡아서 천년 동안 결박하여 ³ 무저갱에 던져 넣어 잠그고 그 위에 인봉하여 천년이 차도록 다시는 만국을 미혹하지 못하게 하였는데 그 후에는 반드시 잠깐 놓이리라 ⁴ 또 내가 보좌들을 보니 거기에 앉은 자들이 있어 심판하는 권세를 받았더라 또 내가 보니 예수를 증언함과 하나님의 말씀 때문에 목 베임을 당한 자들의 영혼들과 또 짐승과 그의 우상에게 경배하지 아니하고 그들의 이마와 손에 그의 표를 받지 아니한 자들이 살아서 그리스도와 더불어 천년 동안 왕 노릇 하니 ⁵ (그 나머지 죽은 자들은 그 천년

이 차기까지 살지 못하더라) 이는 첫째 부활이라 ⁶ 이 첫째 부활에 참여하는 자들은 복이 있고 거룩하도다 둘째 사망이 그들을 다스리는 권세가 없고 도리어 그들이 하나님과 그리스도의 제사장이 되어 천년 동안 그리스도와 더불어 왕 노릇 하리라.

주해

본 섹션은 신약성경에서 천년왕국을 명시적으로 언급하는 유일한 구절이고 또한 가장 해석하기가 난해한 본문이기도 하다. 구약은 지상에서 이루어질 천년왕국에 대한 명시적 언급을 하지 않지만 장차 도래할 하나님의 나라를 지상에서 이루어질 통치로 언급하기는 한다(사 11:6-9; 슥 14:5-17). 요한이 본 단락에서 언급하는 천년 통치는 역사적으로 계시록을 이해하는 학자들의 방식에 따라 다양한 해석들을 쏟아냈다. 문자적인 해석을 선호하는 전천년설 학자들은 과도기적 천년 통치가 재림 이후 지상에서 실현될 것으로 보기도 하고, 상징적인 해석을 선호하는 무천년설 학자들은 천년 통치가 교회시대 동안에 그리스도와 함께 왕 노릇하는 영적인 통치를 가리킨다고 보기도 한다. 더욱이 계시록이 점진적인 시간순서를 좇아 기록되었다고 보는 전천년설 학자들은 천년왕국이 재림 이후에 이루어질 과도기적 지상통치를 가리킨다고 해석하는 반면, 계시록이 재반복 기법을 따라 기록되었다고 보는 무천년설 학자들은 요한이 음녀 바벨론의 멸망과 두 짐승의 멸망을 기록한 뒤에 20:1-6에 이르러 다시 초림으로 돌아가 교회시대 중에 실현될 영적 통치를 가리킨다고 해석한다. 본 섹션의 주해는 주석자가 어떤 해석방식을 선택하는가에 따라 서로 다른 결론에 도달하곤 한다. 그렇다고 계시록 해석이 전적으로 개인의 해석취향에 달린 것처럼, 또는 개인의 신학적 성향에 따라 전적으로 좌우되는 것처럼 말하는 것도 지나치다. 계시록 장르의 성격, 사건전개 방식 등에 주의를 기울여서 조심스럽게 본문 해석에 임한다면 불필요한 해석의 오류를 미연에 방지할 수 있을 것이다. 본 섹션 주석에서 필자는 역사적 전천년설의 전망에서 본문들을 주해할 것이지만 다른 학설들이 신빙성이 있는 주장을 할 때 열린 마음으로 경청하고자 한다. 하지만 계시록이 같은 사건을 다양한 시각에서 재반복하는 면들이 없지 않지만, 17-20장에 거론된 이야기는 재림이란 정점을 향해 점진적으로 전개되고 있음은 부인할 수 없다. 17-18장은 음녀 바벨론으로 상징되는 세상 체제의 심판과 멸망을 다룰 뿐만 아니라 음녀 바벨론을 떠받들던 두 짐승의 심판과 멸망을 묘사한다. 그리고 19:1-5은 공의의 심판을 집행하고 고난당하는 성도들을 신원하신 하나님을 찬양하고, 19: 6-10은 어린 양의 혼인잔치를 마련한 하나님을 찬양한다. 19:11-21은 백마를 타신 그리스도가 재림하여 짐승 군대와 치룬 최후전쟁에서 승리함으로써 전쟁의 주범인 짐승과 거짓 선지자를 붙잡아 영원히 타는 유황불 못에 던져 넣는다. 바벨론의 멸망, 두 짐승의 멸망 이후에 아직 여전히 남은 우두머리, 즉 가짜 삼위일체 중에서 악의 뿌리인 용/사탄을 붙잡아 천년 동안 무저갱에 가둔다(20:1-6). 천년이 지난 뒤에 잠시 무저갱에서 풀려나 용이 곡과 마곡 전쟁을 일으키지만 곧바로 다시 붙잡혀 영원한 유황불 못에 던져지지만, 그곳에는 이미 앞서 들어간 짐승과 거짓 선지자도 있었다(20:10). 천년왕국은 짐승과 거짓 선지자가 유황불 타는 못에 던져진 19:20의 사건과 용이 나중에 유황불 타는 못에 던져지는 20:10의 사건 사이에 놓여 있다. 그렇다면 20:1-6의 천년왕국은 초림과 재림 사이에 성도들이 그리스도와 함께 왕 노릇하는 영적 통치를 가리키지 않고 백마를 타신 그리스도가 재림하여 음녀 바벨론, 두 짐승을 멸망시키고 용을 붙잡아 무저갱에 가둔 후에 지상에서 실현되는 천년 통치인 것이 분명하다(Ladd, 1972: 260f; Osborne, 2002: 697).

[1-3] 천사가 하늘에서 내려와 옛 뱀 사탄을 붙잡아 결박하고 무저갱에 천년 간 가두는 장면은 19:20-21과 밀접한 관련이 있다. 짐승과 거짓 선지자가 붙잡혀 유황불 붙는 못에 던져진 뒤에 그들의 우두머리인 사탄

이 처리되는 것은 자연스러운 귀결이기 때문이다. 이런 시간적 진행을 무천년설 주장자들이 설득력 있게 설명하지 못한다. 계시록에서 자주 등장하는 "또 내가 보니"란 표현은 환상 장면의 순서를 나타내는 표현이기 때문에 그것만 가지고 계시록이 연대기 순서에 따라 작성된 사실을 증명해 주지는 못한다. 요한은 무저갱의 열쇠와 큰 쇠사슬을 손에 들고 하늘에서 내려오는 한 천사를 보았다. 무저갱은 계시록에서 귀신들의 거주지이고, 열쇠는 문을 열거나 닫을 때 사용된다. 9:1에서 "하늘에서 땅에 떨어진 별(천사) 하나"가 무저갱의 열쇠를 받은 것으로 묘사된다. 그가 그것으로 무저갱의 문을 열자 귀신적인 황충들이 나와 "이마에 하나님의 인침을 받지 아니한 사람들만"(9:4-5) 해하고 괴롭게 했다. 반면에 20:1에서도 "하늘로부터 내려온" 천사가 무저갱의 열쇠를 받는다. 그가 무저갱의 열쇠를 받은 것은 무저갱의 문을 닫기 위함이다. 천사가 무저갱의 문을 닫자 옛 뱀 사탄은 무저갱에 감금이 되고 그의 활동은 중지된다. 그렇다면 무저갱의 문을 여는 것은 마귀들의 활동이 시작되는 것을 뜻하고, 그것을 닫는 것은 사탄의 활동이 중지되는 것을 뜻한다.

어떤 학자들은 1-3절에 묘사된 사탄의 활동이 교회시대에 걸쳐 나타난 사탄의 활동을 재반복한 것으로 보지만 전자와 후자는 여러 면에서 다르다(Johnson, 1981: 581). 12:9에서 용/사탄이 하늘전쟁에서 패배한 뒤에 땅으로 쫓겨나 하나님의 백성을 공격하지만, 20:1-3에서 용/사탄은 땅에서도 쫓겨나 무저갱에 감금되기 때문에 더 이상 열방을 미혹할 수 없게 된다. 12:12에서 용/사탄은 "자기의 때가 얼마 남지 않은 줄" 알고 분노하여 땅으로 내려가지만, 20:1-3에서 용/사탄은 천년 간이나 무저갱에 갇혀 지상에서 만국을 미혹하는 활동을 하지 못한다. 그리고 이전 섹션들에서 용/사탄은 땅에서 활발하게 활동하는 것으로 묘사되지만, 20:1-3에서 그는 무저갱에 감금되어 활동을 못하는 것으로 묘사된다. 사탄이 쇠사슬로 묶여 무저갱에 감금된 결과로 만국을 미혹하는 그의 활동이 중지된 것은 사탄의 활동이 활발했던 교회시대의 상황을 묘사하는 데 적합하지 않다. 천사가 무저갱의 열쇠를 가지고 하늘로부터 내려와 용/사탄을 꼼짝 못하게 큰 쇠사슬로 결박하고 그를 무저갱에 던져 넣은 뒤 무저갱의 문을 열쇠로 잠그고 인봉하여 천년 동안 거기서 나오지 못하게 감금했다는 비유적 표현들은 천년 기간 동안 사탄 활동의 제약 정도를 말하는 무천년설 학자들의 주장을 뒷받침해주지 않는다. 혹자는 사탄이 결박당한 것처럼 말하는 복음서의 구절들에 근거하여(막 3:27; 마 12:29) 20:2에 언급된 사탄의 결박은 지상에서 사탄의 미혹 활동이 완전히 중지된 것을 뜻하기보다 예수께서 사탄과 그의 귀신 세력들을 궁극적으로 지배하고 있다는 사실을 함축할 뿐이라고 주장한다(Beale, 1999: 985). 말하자면 복음이 만국에 전파된다는 것은 사탄에게 결정적 패배를 안긴 예수의 십자가 사건으로 인해 사탄의 영향력이 한풀 꺾였다는 것과 "마귀가 복음전파의 확산을 막을 수 없었다"(Lenski, 1963: 575f)는 사실을 방증한다는 것이다. 하지만 이것은 20:1-3의 구체적이고 명료한 언어를 작위적으로 해석한 것에 불과하다. 본문에서 사탄이 결박당하여 천년 동안 무저갱에 갇힌 결과는 "다시는 만국을 미혹하지 못하게" 하는 것인 반면, 이런 장면은 마귀가 우는 사자처럼 삼킬 자를 찾아 활발하게 활동하고 사람들을 미혹하는 교회시대의 상황과 전혀 어울리지 않는다. 따라서 2절에 묘사된 사탄의 결박과 감금은 천년 동안 지상에서 만국을 미혹하는 그의 활동의 완전한 중지를 상징한다는 학자들의 주장이 훨씬 더 타당하다(Beasley-Murray, 1970: 1305; Mounce, 1977: 353).

어떤 학자들은 또한 용을 붙잡아 쇠사슬로 결박하고 무저갱에 가두고 그 위에 뚜껑을 닫아 잠그고 봉인을 했다는 언어가 환상 장면을 구성하는 상징어들이라는 점에 주목한다. 쇠사슬로 결박당한 것은 용이다. 영적인 존재인 사탄을 쇠사슬로 결박할 수는 없지 않은가? 결국 이런 환상 언어는 사탄이 천년 동안 만국을 미혹하지 못하게 되었다는 사실을 알려줄 뿐이라는 것이다. 이런 주장을 하는 학자는 사탄이 실제로 쇠사슬에 묶여 꼼짝달싹하지 못하게 되었다는 의미로 해석하게 되면 환상 언어와 그 상징적 의미를 뒤섞어버리는 오류를 범하는 것이라고 주장한다. 물론 계시록 해석에서 환상 언어의 차원과 상징적 의미의 차원을 구분하는 것은 중요하다. 그렇다고 해도 환상 언어가 함축하는 의미를 임의적으로 완화시켜 사단의 결박, 감금, 인봉 등의 언어를 사탄의 미혹 활동의 제약 정도로 해석해버리면 안 된다. 12:9에서 하늘 전쟁에서 패하여 땅으로 쫓겨난 사탄은 "온 천하를 꾀는 자"로 언급되는 반면, 20:2-3에서 사탄은 천사에 의해 붙잡히고 결박되고 무저갱에 던져지고 그 뚜껑을 닫아 인봉하여 더 이상 만국을 미혹하지 못하는 자로 언급된다. 이런 표현들은 초림과 재림 사이에 존재하는 사탄과 마귀 세력들의 지속적인 미혹 활동과 전혀 어울리지 않는다.

요한은 3절하에서 천년이 차면 사탄이 "반드시 잠깐 놓일" 것이라고 말한다. 환상 장면 속에 언급된 '천년'은 문자적인 천년인가(Walvoord, Thomas)? 상징적 기간인가(Beale, Osborne)? 계시록에서 144,000명, 42달이 모두 상징적 숫자였듯이 천년도 상징적인 숫자이다. 유대교 문헌에서 10을 여러 번 곱한 숫자는 늘 상징적인 의미로 사용되었다. 때문에 그것은 "불확정하면서도 완전한 기간, 적그리스도가 다스리는 기간(42달)보다 훨씬 긴 기간"(Osborne, 2002: 701)이다. 동시에 또한 그것은 영원이란 시간과 대비되는 한정된 기간일 것이다. 사탄과 그의 세력들이 유황불 붙는 불 못에 던져져 그곳에서 "영원토록 괴로움을 받을 것이라"는 사실에 비추어 보면 사탄이 천년 동안 무저갱에 갇혀 미혹 활동을 못한다는 것은 하나님의 영원한 심판이 이르기 전에 그들이 이 기간에 잠정적으로 활동을 하지 못하게 된다는 것을 뜻한다. 그리고 천년 동안 사탄의 결박과 감금은 부활한 성도들의 천년 통치와 불가분리의 관계를 맺고 있다. 앞서 말한 것처럼 사탄이 무저갱에 감금되고 인봉되는 정도에 관해 학자들은 서로 다른 해석을 내놓기도 하지만, 그것은 사탄이 천년 동안 하나님의 주권적 통제 아래 있어서 절대 무저갱에서 빠져나올 수 없는 '안전한 상황'을 뜻하는 것이 분명하다(Osborne, 2002: 701).

톰슨이 잘 지적한 것처럼, 사탄은 계시록에서 세 단계에 걸쳐 떨어진다(Thompson, 1999: 266; Osborne, 2002: 701). 첫째는 하늘에서 땅으로 쫓겨나는(12:7-9) 단계이고, 둘째는 땅에서 무저갱으로 던져져 감금되는 단계이며(20:1-3), 셋째는 영원한 불 못에 들어가는 단계이다(20:10). 본문은 두 번째 단계를 묘사한다. 사탄이 무저갱에 던져져 감금되고 인봉되는 목적은 그가 더 이상 지상에서 "만국을 미혹하지 못하게" 하는 것이다. 용/사탄은 본래 세상 사람들을 미혹하고 속이는 존재이며(12:9), 그의 사주를 받는 거짓 선지자도 가짜 기적을 행하여 땅의 거주자들을 미혹하던 존재였고(13:14), 큰 성 바벨론에 거하는 땅의 상인들도 복술을 행하여 만국을 미혹하던 자들이었다(18:23). 이런 구절들을 살펴보면 악한 세력들의 일차적 전략은 물리적 힘으로 불신 세상 사람들을 위협하는 것이 아니고 그들을 꼬이고 속이는 것이다. 그런데 주목할 것은 마지막 종말론적 전쟁에서 백마를 탄 그리스도와 그의 군대가 살육한 대상이 '만국'이 아니라 짐승에 속한 '군대들'이란 사실이다(19:18-19). 혹자는 마지막 전쟁에서 하나님을 대적하는 모든 세상 사람들이 다 살육되었는데 어떻게 천년 통치 기간에 다시 '만국'이 등장할 수 있는가 하고 의문을 제기할 수 있다. 마지막 전쟁의 생존자들은 아마도 짐승 군대의 일부가 아니라 짐승을 따랐던 땅의 거주자들이었을 것이다. 그들은 천년왕국에 들어가는가, 못 들어가는가? 본문은 이 질문에 분명한 답을 주지 않는다. 다만 천년왕국 기간에 여전히 '만국'이 언급되는 것으로 보아서 마지막 전쟁에서 살아남은 땅의 거주자들이 천년왕국에 들어가 '만국'으로 불리는 것으로 판단된다. 천년왕국은 더 이상 사탄의 미혹 활동이 없는 기간이기 때문에, '만국'으로 불리는 땅의 거주자들이 사탄의 방해 없이 부활한 성도들의 다스림을 받게 될 것이다(Osborne, 2002: 702). 그렇다면 사탄이 천년 동안 결박되고 감금되는 일은 재림 이후 지상에서 일어날 역사적 사건이며, 이 기간 동안 사람들을 미혹하여 우상을 숭배하게 하고 하나님과 그의 백성을 대적하도록 했던 사탄의 활동이 완전히 중지되어 부활한 성도들이 그리스도와 더불어 만국을 다스리게 될 것이다. 천년 통치가 재림 이후에 있을 미래의 사건이라면, 사탄의 결박과 감금도 재림 이후에 있을 미래의 사건이다. 그리고 사탄의 결박과 감금이 지상에서 이루어질 상황이라면, 부활한 성도들의 천년 통치도 지상적 상황에서 일어날 사건이다(Johnson, 1981: 582).

[4-6] 본 절은 용이 결박되어 천년 동안 무저갱에 감금되어 있는 동안 부활한 성도들이 그리스도와 더불어 천년 통치에 참여하게 될 것을 묘사한다. 요한은 보좌들과, 그 위에 앉아 심판하는 자들을 보았다. 1-3절의 장면은 천사가 하늘에서 내려와 지상에서 활동하는 용을 붙잡아 쇠사슬로 결박하고 무저갱에 던져 넣어 감금한 장면을 언급한 것이라면, 4-6절의 장면은 첫째 장면이 땅에서 진행되는 동안 요한이 하늘에서 본 장면을 묘사한 것인지 아니면 첫째 장면이 땅에서 진행되는 동안 여전히 땅에서 전개되는 장면을 묘사하는지가 분명하지 않다. 무천년설을 주장하는 학자들은 4-6절의 장면이 첫째 장면이 땅에서 진행되는 동안 부활한 성도들이 하늘에서 누리는 영적인 천년 통치를 가리킨다고 해석한다. 하지만 첫째 장면이 재림 이후 지상에서 전개될 사건을 묘사한 것처럼, 둘째 장면도 같은 기간에 지상에서 전개될 사건을 좀 다른 관점에서 묘사한 것이라고 보는 것이 옳다. 말하자면, 첫째 장면(1-3절)은 천사가 하늘에서 내려와 땅에서 활동하는 용을 "붙잡고" "결박하고" "무저갱에 던지고" "그 뚜껑을 잠그고" "인봉하여" 만국을 더 이상 미혹하지 못하게 한 것을 묘사한다면, 둘째 장면(4-6절)은 용이 무저갱에 감금되어 땅 위에서 미혹 활동을 못하는 천년 동안 부활한 성도들이 지상에서 보좌에 앉아 그리스도와

함께 천년 지상통치에 참여할 것을 묘사한 것이라 할 수 있다(Wall, 1991: 238). '보좌에' 앉는다는 것은 왕적 통치의 권세를 행사한다는 것을 뜻하는 비유적 표현이고, 그러한 통치 권한을 행사하는 자들은 물론 4절에 언급된 순교자들과 성도들이다.

본문 해석의 가장 난해한 점은 보좌들 위에 앉아 심판하는 권세를 행사하는 사람들의 정체를 확인하는 일이다. 4절 문장이 모호하게 연결되어 있기 때문에 요한이 본 사람들이 몇 그룹의 사람들인지 분간하기가 쉽지 않다. 4-6절을 문자적으로 번역하면 다음과 같다. "또 내가 보좌들을 보았고, 그들이 그 위에 앉아 있었으며, 심판의 권세가 그들에게 주어졌고, 또한 예수의 증언과 하나님의 말씀으로 인해 목 베임을 받았고 짐승이나 그 우상에게 경배하지 않았으며 그들의 이마와 손에 표를 받지 아니한 자들의 영혼들을 [내가 보았다]." 얼핏 보면 요한이 본 사람들은 세 그룹의 사람들처럼 보인다(① "보좌에 앉아 있는 자들", ② "목 베임을 받은 자들의 영혼들", ③ "짐승이나 그 우상에게 경배하지 않고 그들의 이마와 손에 표를 받지도 않은 자들"). 요한은 세 그룹의 사람들을 따로 언급하는 것인지 아니면 동일한 사람들을 달리 표현한 것인지 분명하지 않다. 이런 모호성은 접속사 '카이'(kai)가 9회나 등장하면서도 일관되게 사용되지 않은 사실에 기인한다. 두 가지 가능성이 있다. 첫째 가능성은 세 그룹의 사람들이 같은 사람들을 계속 달리 설명하는 것으로 보는 해석이다. 보좌에 앉은 자들은 목 베임을 당한 순교자들인데, 그들은 짐승과 그 우상에게 절하지도 않고 이마나 손에 짐승의 표를 받지도 않은 자들로서 부활 때 살아서 그리스도와 함께 천년 통치에 참여할 자들이다. 천년 통치에 참여할 자들로 순교자들만 언급된 것은 그들이 전체 교회공동체의 대표이기 때문이다(Krodel, 1989: 333f; Osborne, 2002: 705). 둘째 가능성은 요한이 두 그룹의 사람들을 언급한 것으로 보는 해석이다. 한 그룹은 심판의 권세가 주어진 일반 성도들이고, 다른 그룹은 대환난 때 목 베임을 당한 순교자들이다(Ladd, 1972: 263; Wall,

1991: 238). 신약의 저자들은 일반 성도들이 그리스도의 종말론적 통치에 참여할 것으로 내다보기 때문에, 그것을 순교자들에게만 국한된 축복으로 볼 필요가 없다. 두 해석이 다 가능성이 있지만, 본 절에서 요한이 두 그룹의 사람들을 본 것으로 해석하는 것이 더 자연스럽다. 아무리 대표적인 의미를 부여한다고 해도 전체 성도들을 "목 베임을 당한 순교자들"로 묘사하는 것은 부자연스럽다. 전체 교회공동체는 두 종류의 성도들로 구성된다. 하나는 순교자들이고 다른 하나는 순교 당하지는 않았으나 신실하게 살다가 죽은 신자들이다. '영혼들'은 계시록에서 몸을 지닌 생명체를 지칭하는 말로 쓰이기도 하지만(8:9; 12:11; 16:13), 그것이 '목 베임을 당한' 자들의 영혼이기 때문에 몸이 없는 영혼을 가리키는 것이 분명하다. 죽은 성도들을 '영혼들'로 부른 것은 그들이 육신의 몸은 죽었으나 하나님 보시기에 아직 살아있는 자들이란 함축을 갖는다. 이 술어의 사용은 죽은 성도들이 첫째 부활 때 몸으로 다시 살아날 사건을 준비하는 역할을 한다(Johnson, 1981: 582). 무천년설을 주장하는 학자들은 '살아서'(ezesan)란 동사를 회심 이후에 중생한 상태를 가리키는 말로 해석하거나(Augustine; Hughes, 1977: 317) 또는 사후(死後)에 하늘로 올림을 받은 성도들의 중간상태를 가리키는 말로 해석한다(Beale, 1999: 996). 하지만 그것은 5절의 '첫째 부활'과 연결되기 때문에 죽은 영혼들이 몸의 부활로 다시 살아날 것을 시사하는 것이 분명하다. 천년 기간 동안 순교자들과 죽은 성도들은 몸의 부활로 다시 살아나 그리스도와 함께 왕 노릇을 할 것이다. 그들에게 천년 통치에 참여할 자격이 주어진 것은 짐승이나 그 우상에게 경배하지 않고 그들의 이마나 손에 짐승의 표를 받지 않은 자들, 즉 어린 양을 신실하게 좇은 사람들이기 때문이다.

요한은 영혼들이 '살아나는' 것을 왜 첫째 부활로 부르는가? '첫째'란 말은 보통 두 개 이상의 것을 언급할 때 제일 처음에 위치한 것을 뜻한다. 요한은 둘째 부활이란 말을 언급하지는 않았지만, 그것은 첫째 부활로부터 자연스럽게 추론될 수 있다. 순교자들과 죽은 성도들이 살아나서 첫째 부활에 참여하는 반면, "그 나머지 죽은 자들이 천년이 차기까지 살지 못한다"(5절). 그렇다면 천년 기간 동안 살아나지 못한 채 죽은 상태로 있는 자들은 언제 부활하는가? 천년이 다 찬 후에 "그 나머지 죽은 자들"이 살아서 둘째 부활에 동참하게 되지 않겠는가? 어떤 학자는 천년이 다 차면 순교자들 외에 모든 일반 성도들이 전체 불신자들과 함께 둘째 부활에 참여할 것이라고 주장한다(Mounce, 1977: 360). 하지만 요한은 순교자들과 죽은 성도들이 첫째 부활에 참여한다고 말했기 때문에, 둘째 부활에 참여할 "그 나머지 죽은 자들"은 모든 불신자들을 가리키는 것이 분명하다. 첫째 부활에 참여하는 자들은 생명의 부활에, 둘째 부활에 참여하는 자들은 심판의 부활에 들어가게 될 것이다. 이와 같은 이중부활은 역사적 전천년설의 핵심을 구성하는 이론이다.

요한은 "첫째 부활에 참여하는 자들은 복이 있고 거룩하다"고 선언한다. 왜냐하면 "둘째 사망이 그들을 다스리는 권세가 없고 도리어 그들이 하나님과 그리스도의 제사장이 되어 천년 동안 그리스도와 더불어 왕노릇 할 것이기" 때문이다(6절). '둘째 사망'이란 술어는 계시록에서 두 번에 걸쳐 언급된다(2:11; 20:6). 요한이 '둘째 사망'을 언급했기 때문에 그러면 '첫째 사망'은 무엇인가? 첫째 사망은 땅에서 사는 동안 당하는 육신적 죽음을 가리킨다면, 둘째 사망은 영원한 영적 죽음, 즉 유황불 붙는 불 못에 던져져 세세토록 괴로움을 당하는 것을 말한다(20:14-15). 둘째 사망은 첫째 부활에 참여하는 자들을 주관하는 권세를 가질 수 없고 도리어 그들이 "하나님과 그리스도의 제사장이 되어" 그리스도와 함께 천년 통치에 참여하게 될 것이다. 이스라엘 백성이 하나님의 제사장이 되는 것은 출애굽기 19:6에 약속된 말씀이다. 이스라엘은 그들에게 주어진 약속을 성취하는 데 실패했지만, 어린 양 그리스도를 좇는 성도들은 그 약속의 성취자들이다. 그들은 거룩한 제사장 나라가 되어 천년 동안 그리스도와 함께 왕 노릇하게 될 것이다. 승리한 성도들이 하나님의 성전에서 "밤낮 하나님을 섬긴다"는 7:15의 말씀도 그들의 제사장 활동을 함축한다. '되리라'와 '왕 노릇하리라'와 같은 미래시제 동사가 사용된 것은 승리한 성도들이 담당할 제사장 직분이 재림 이후 새 예루살렘 성전에서 실현될 미래의 사건이라는 것을 함축한다. 흥미로운 것은 제사장 직분이 6절하에서 그리스도와 함께 하는 왕적 통치와 연결되어 있다는 사실이다. 그리스도께서 제사장-왕이신 것처럼, 승리한 성도들도 그의 왕 같은 제사장 직분에 참여하게 될 것이다(벧전 2:9). 그들이 그리스도와 더불어 제사장-왕으로 섬기는 일은 천년왕국만 아니라 새 하늘과 새 땅에서도 실현될 사명이다(Osborne, 2002: 709). 그들은 하늘 성전에서 제사장들로서 하나님을 섬기게 될 것이고 왕처럼 그와 함께 다스리게 될 것이다.

> 해설

본 단락은 역사적으로 계시록 해석에서 가장 논란이 분분한 난해 본문이다. 신약성경에서 '천년왕국'을 명시적으로 언급하는 곳은 오직 이곳밖에 없기 때문에 본문을 신약의 다른 저술들의 종말론 신학과 조화시키는 것도 쉽지 않다. 천년왕국을 언급하는 본문은 전통적으로 네 가지 다른 방식으로 해석되어 왔다. 그것이 바로 세대주의 전천년설, 역사적 전천년설, 무천년설, 후천년설이다. 전통적인 개신교회가 취한 견해는 역사적 전천년설과 무천년설이다. 전천년설은 천년왕국이 예수의 재림 이후에 땅에서 세워질 천년 통치를 가리킨다고 보는 반면, 무천년설은 천년왕국이 예수의 재림 이전 교회시대 동안에 성도들이 세상에서 그리스도와 함께 왕 노릇하는 영적인 통치를 가리킨다고 본다. 전자는 본문의 표현들을 대체로 문자적인 의미로 해석하기를 선호하는 반면, 후자는 그것들을 주로 영적인 의미로 해석하기를 선호한다. 전자는 17-20장의 이야기를 시간적인 순서에 따라 진행되는 것으로 보는 반면 후자는 그것을 점진적인 재반복의 방식으로 기술되는 것으로 본다.

필자는 앞선 주석에서 17-20장의 사건들이 시간적인 순서에 따라 진행되고 있다는 사실을 지적한 바 있다. 큰 성 바벨론의 심판과 멸망(17-18장)이 기술된 뒤에 바벨론과 결탁한 두 짐승이 붙잡혀 유황불 붙는 불 못에 던져진다(19:20-21). 요한은 두 짐승의 심판과 멸망을 묘사한 뒤에 그들을 배후에서 조종하던 마지막 악의 우두머리, 즉 용/사탄이 천사에 의해 붙잡혀 결박당하고 천년 동안 무저갱에 던져져 감금되는 사건을 묘사한다(20:1-6). 천년이 찬 후에 사탄이 잠시 무저갱에서 풀려나 만국을 다시 미혹하고 하나님백성의 진영과 싸움을 벌이지만 최종적으로 패배하여 유황불이 붙는 불 못에 던져진다(20:7-10). 흥미로운 것은 사탄이 들어간 불 못에 이미 짐승과 거짓 선지자가 들어가 있었다는 20:10의 진술이다. 이런 식의 사건 진술들은 점진적인 사건진행의 순서를 따라 기술되고 있다는 사실에 대해 의심할 여지가 없다. 무천년설을 주장하는 학자들은 17-19장의 사건들이 점진적인 사건진행의 순서를 따른다는 것을 인정하면서도 유독 20:1-6의 천년왕국만은 다시 뒤로 돌아가 초림 이후 교회시대에 일어난 사건을 재반복한 것으로 주장한다. 이것은 17장 이후에 명시적으로 나타난 연대기적 사건진행 순서를 의도적으로 도외시하는 해석인 것이 분명하다. 그렇다면 계시록 20:1-6에 기술된 천년왕국은 초림 이후의 사건을 묘사한 것이 아니라 재림 이후에 실현될 미래의 사건인 것이 분명하다.

요한은 한 천사가 무저갱의 열쇠와 큰 쇠사슬을 손에 들고 하늘에서 내려와 땅에서 만국을 미혹하는 용/사탄을 붙잡고 결박하고 무저갱에 던져 넣고 그 뚜껑을 닫아 잠그고 인봉하는 장면을 보았다. 물론 이것은 요한이 환상으로 본 장면이기 때문에 영적인 존재인 사탄이 실제로 큰 쇠사슬로 묶여 꼼짝달싹 못하게 되었다는 사실 묘사로 이해하면 안 된다. 요한이 본 환상 장면은 고도의 상징성을 갖고 있기 때문에 환상 장면과 그 상징적 의미를 뒤섞어버리면 안 된다. 천사에 의해 붙잡히고 쇠사슬로 결박당하고 무저갱에 감금되고 더 이상 나오지 못하도록 그 문을 인봉해버리는 대상은 영적인 존재인 사탄이 아니라 물리적 존재인 용이다. 그렇다고 해도 용의 결박과 감금이란 환상 언어는 사탄이 천년 기간 동안 무저갱이란 감옥에 감금되어 절대로 하나님의 주권적 통제를 벗어나 지상에서 다시 만국을 미혹하는 활동을 할 수 없게 되었다는 상징적 함의를 나타낸다. 말하자면 천년 통치 기간은 사람들이 더 이상 사탄의 미혹 활동으로 영향을 받거나 방해를 받지 않는 기간이다. 그런데 이런 천년왕국은 지상에서 실현되는 통치를 말하는가(전천년설) 아니면 하늘에서 실현되는 영적인 통치를 말하는가(무천년설)? 1-3절은 천사가 하늘에서 땅으로 내려와 용/사탄을 잡고 결박하고 감금하는 장면을 그리는 반면, 4-6절은 첫째 장면이 지상에서 나타나는 동안 요한이 시선을 하늘로 옮겨 하늘 보좌에 앉자 심판하는 자들을 본 것인지 아니면 첫째 장면의 연속으로서 여전히 지상에서 이루어질 장면을 묘사하는지 분명하지 않다. 필자가 보기에는 천사가 하늘에서 지상으로 내려와 땅에서 만국을 미혹하던 용/사탄을 결박하고 무저갱에 감금한 것이기 때문에 천년왕국은 사탄이 무저갱에 감금되어 더 이상 미혹 활동을 하지 않는 지상에서 죽은 성도들이 부활하여 그리스도와 더불어 왕처럼 다스리는 나라를 가리키는 것이 분명하다. 예수는 19:11에서 백마를 타고 재림하여 짐승 군대와 마지막 전쟁을 벌이고 그들을 철저하게 응징하고 살육한다. 그렇다면 천년왕국은 초림 이후의 사건이 아니라 재림 이후에 실현된 과도기적 지상 통치를 가리키는 것이 분명하다.

그러면 천년왕국에는 불신자들도 들어가는가, 아니면 구속함을 받은 성도들만 들어가는가? 20:3에서 여전히 '만국'의 존재가 언급되는 것을 보면 그들은 과연 누구인가? 일단 천년 통치에 참여할 자들은 첫째 부활에 참여하는 순교자들과 성도들일 것이다(20:4). "예수의 증언과 하나님의 말씀"으로 인해 짐승 세력의 공격을 받아 목 베임을 당한 순교자들과, 환난을 거치면서 순교를 당하지는 않았으나 끝까지 어린 양을 신실하게 좇다가 죽은 성도들이 첫째 부활에 참여하여 천년 통치에 들어갈 것이다. 예수의 재림 때 죽지 않고 생존한 성도들은 홀연히 변화하여 영원히 죽지 않은 부활의 몸을 입고 천년왕국에 들어가게 될 것이다(고전 15:51-52). 전천년설을 주장하는 학자들 중에는 불신자들이 천년왕국에 들어가지 못할 것이라고 주장하는 학자들이 있다. 만일 이런 주장을 하게 되면 천년 통치 기간 동안에 여전히 '만국'(20:3)이 존재한다는 사실을 어떻게 설명할 수 있는가? 만국으로 불리는 세상 사람들은 천년 통치가 끝난 뒤에 다시 사탄의 미혹을 받아 하나님 백성의 진영과 전쟁을 일으키게 된다(20:7-10). 그렇다면 천년 통치 기간에 등장하는 '만국' 백성은 백마를 탄 그리스도께서 짐승 군대와 마지막 전쟁을 벌일 때 생존한 짐승 추종 세력들일 가능성이 있다. 그들이 천년왕국에 들어가지만 더 이상 지상에서 그들을 미혹할 사탄이 사라진 상태에서 부활한 성도들의 다스림을 받는 사람들일 것이다. 그들이 천년왕국 시간 동안 죽고 사는지, 그들의 지상적인 삶의 조건이 현시대와 어떻게 다른지 요한은 아무런 암시조차 주지 않는다. 부활한 성도들은 다시 죽지 않고 영원히 살 것이 분명하지만, 천년왕국에 들어가 그들의 다스림을 받게 될 만국 백성은 현시대와 동일한 조건 속에서 죽고 살고 번식하는 것에 대해 무천년설을 주장하는 학자들은 두 시대 간의 기괴한 공존이라고 비꼬기도 한다. 사실 우리는 요한이 침묵하는 것에 대해 너무 지나친 추측과 사변을 하는 것에 대해 삼갈 필요가 있다. 천년왕국의 상황과 조건이 현시대와 어떻게 다른지, 어떻게 부활을 통해 시작된 새 창조 질서가 만국 백성들이 살아가는 옛 창조 질서와 공존할 것인지 아무도 알지 못한다. 요한은 다만 첫째 부활에 참여하는 자들만이 재림 이후 천년왕국의 통치에 들어갈 자격이 있으며, 그들은 결코 둘째 사망, 즉 영원한 불 못에 들어가 세세토록 괴로움을 당하는 일을 겪지 않게 될 것이라고 말할 뿐이다. 예수께서 재림하실 때 순교자들과 성도들이 먼저 살아나 첫째 부활에 참여하게 되고, 그들이 천년왕국에 들어가 그리스도와 더불어 왕 노릇하는 동안 "그 나머지 죽은 자들", 즉 역사 이래로 죽은 불신자들이 살아나지 못한 상태로 있다가 천년이 끝난 뒤에 그들도 둘째 부활, 즉 심판을 받기 위한 부활에 참여하여 "크고 흰 보좌" 심판대 앞에 서게 될 것이다(20:11-15).

다. 용의 놓임과 종말(20:7-10)

본문

7 천년이 차매 사탄이 그 옥에서 놓여 8 나와서 땅의 사방 백성 곧 곡과 마곡을 미혹하고 모아 싸움을 붙이리니 그 수가 바다의 모래 같으리라 9 그들이 지면에 널리 퍼져 성도들의 진과 사랑하시는 성을 두르매 하늘에서 불이 내려와 그들을 태워버리고 10 또 그들을 미혹하는 마귀가 불과 유황 못에 던져지니 거기는 그 짐승과 거짓 선지자도 있어 세세토록 밤낮 괴로움을 받으리라.

주해

본 섹션은 천년의 기간이 마친 후에 사탄이 최종적으로 멸망당하는 장면을 그린다. 그것은 두 부분으로 구성되는데, 첫째 부분(7-8절)은 천년이 다 찬 후에 사탄이 잠시 무저갱에서 풀려나와 만국을 다시 미혹하고 전쟁을 일으키는 내용을 담고 있고, 둘째 부분(9-10절)은 사탄이 전쟁을 일으킨 대상과 전쟁의 결과에 대해 묘사한다.

[7-8] "천년이 차매"란 7절의 문구는 "천년이 찰 때까지"란 3절의 문구를 넘겨받고 있다. '차다'란 동사는 구원역사에서 하나님의 정한 시간이 완료되었다는 것을 시사해준다. 천년이 차자 사탄이 잠시 "그 옥에서" 풀

려났다. '옥'은 여기서 사탄의 감옥인 무저갱을 가리키고(3절), '풀려났다'는 말은 그가 무저갱에서 나온 사건이 하나님의 주권적 허용에 따른 것임을 시사해준다. 사탄이 감옥인 무저갱에서 나와 다시 땅 위에서 활동하는 목적은 두 가지다. 하나는 "땅의 사방 백성 곧 곡과 마곡을 미혹하는" 것이고, 다른 하나는 그들을 "모아 싸움을 붙이는" 것이다. 계시록에서 '땅의'란 수식어는 항상 사탄이나 짐승에게 속한 사람들을 지칭하는 부정적 의미로 사용되곤 한다. 3절에서 사탄이 미혹하는 대상은 '만국'으로 불리고 8절에서는 '땅의 사방 백성'으로 불리지만 둘은 사실상 같은 의미를 지닌다. 특이한 것은 본 절에서 사탄이 미혹하는 세상 나라들이 "곡과 마곡"으로 불린다는 사실이다. 이 술어는 에스겔 38-39장의 이야기를 배경으로 한다. 이 구약 구절에서 '곡'은 마곡이란 먼 북방 지역을 다스리는 왕을 가리킨다. 그는 강력한 연합군을 결성하여 포로생활에서 돌아온 이스라엘을 향해 전쟁을 일으키지만, 곡을 중심으로 한 연합군은 회복된 이스라엘과의 전쟁에서 처참한 패배를 당하여 만국은 여호와 하나님만이 진정한 주권자가 되신다는 사실을 알게 된다(겔 38:16, 23; 39:6-7). 물론 에스겔서가 언급한 곡과 마곡 전쟁은 계시록에 언급된 곡과 마곡 전쟁과 여러 면에서 다르다. 전자는 단지 먼 훗날 일어날 전쟁을 모호하게 언급하는 반면, 후자는 인간역사에 종지부를 찍게 될 최종적 사건으로 언급한다. 전자는 회복된 이스라엘과 연관된 국가적 전쟁을 묘사하는 반면, 후자는 사탄 백성의 진영과 하나님백성 진영 간의 우주적 전쟁을 그린다. 전자는 회복된 이스라엘을 공격하는 이방의 적들을 언급하는 반면, 후자는 하나님의 백성을 공격하는 마귀적인 대적들을 언급한다. 또한 전자는 유대 포로들의 민족적 희망을 말하는 반면, 후자는 모든 그리스도인들의 영적인 희망을 말한다(Block, 1998: 492f). 그렇다면 요한은 에스겔 38-39장의 이야기를 배경으로 삼아 천년왕국 이후에 일어날 최후전쟁을 묘사하기는 하지만, 그것을 문자적인 대응방식으로 끌어다 쓰기보다 자신의 종말론적 전망에 맞도록 창의적으로 적용하고 있다고 볼 수 있다. 어떤 학자들은 19:17-21에서 백마 탄 그리스도가 짐승과 벌인 전쟁이 20:7-10에 묘사된 곡과 마곡의 전쟁과 동일한 전쟁이라고 보지만(Beale, 1999: 981), 전자는 그리스도께서 재림하여 지상에 천년왕국을 세우기 전에 그리스도와 짐승 간에 벌어진 종말론적 전쟁을 묘사한 반면, 후자는 천년왕국 기간이 마친 후에 사탄이 잠시 무저갱에서 풀려나 하나님과 그의 백성을 향해 벌인 최종적 전쟁을 묘사한다. 전자의 전쟁 결과는 짐승과 거짓 선지자를 유황불 붙는 못에 던져 넣는 것이지만(19:20), 후자의 전쟁 결과는 사탄을 유황불 못에 던져 넣는 것이다(20:10). 무천년설을 주장하는 사람들은 그리스도의 재림, 짐승과 거짓 선지자의 멸망, 천년왕국의 도래, 사탄의 놓임과 최종적 멸망이라는 이야기의 시간적 순서를 도외시하는 약점이 있다.

역사적 전천년설을 주장하는 학자들은 19-20장의 점진적 이야기 진행순서를 제대로 들여다본 장점을 갖고 있으나, 그들 이론에 내재된 한 가지 난점은 "바다의 모래 같이" 많은 땅의 사방 백성들의 기원과 정체를 설명하기가 쉽지 않다는 사실이다. 짐승과 그의 군대가 19:17-21의 종말론적 전쟁에서 다 멸망했다면, 천년왕국 이후에 하나님을 대적하는 세력으로 다시 등장하는 '만국' 또는 '땅의 사방 백성'은 도대체 어디에서 나온 것인가? 무천년설을 주장하는 사람들은 19:17-21의 전쟁을 20:7-10의 전쟁과 동일한 최후전쟁으로 보기 때문에, 그리스도께서 백마를 타고 재림하여 짐승과 그의 모든 군대와 전쟁하여 그들을 완전히 멸망시키는 것으로 본다(Beale, 1999: 980-981). 이런 본문 해석을 취하는 사람들에게 천년왕국(=교회시대) 이후에 하나님을 대적하는 '만국' 또는 '땅의 사방 백성'의 등장은 아무런 문제가 되지 않는다. 그리스도의 재림으로 그들 모두가 심판받고 멸망당하는 것이 되기 때문이다. 반면에 역사적 전천년설을 주장하는 사람들은 19-20장의 사건들이 그리스도의 재림과 종말론적 전쟁, 짐승과 거짓 선지자의 멸망, 사탄의 무저갱 감금과 천년왕국의 도래, 사탄의 놓임과 최종적 멸망의 순서를 따라 점진적으로 진행되는 것으로 보기 때문에, 19:17-21의 전쟁에서 멸망당한 짐승 세력들이 천년왕국이 끝난 뒤에 20:7-10의 전쟁에서 다시 등장한다는 사실은 그들에게 쉽게 풀리지 않는 난제일 수밖에 없다. 몇 가지 해석들이 가능하다. 첫째 해석은 19:17-21에서 짐승과 그의 군대들이 귀신 세력들을 지칭하는 반면, 20:7-10에서 "땅의 사방 백성 곧 곡과 마곡"은 하나님을 대적하는 불신 세상 사람들을 가리킨다고 보는 것이다(cf. Johnson, 1981: 576). 백마를 탄 그리스도가 짐승 군대와 싸워 이기는 수단은 그의 입에서 나오는 예리한 검, 곧 하나님의 말씀이기 때문에 19장의 전쟁이 영적인 성격의 전쟁일 가능성이 없지 않다. 하지만 이 해석은 짐승의 군대로 동원된 땅의 임금들, 장사들, 자유인들, 종들, 작은 자나 큰 자들이 모두 재림 전쟁에서 무참하게 살육되는 사건을 영적 의미로 해석해야 하는 난점이 있다. 둘째 해석은 세상의 모든 백성들이 짐승 군대에 다 참여한 것이 아니기 때문에, 20:8에 언급된 '땅의 사방 백성'은 짐승 군대에 참여하지 않는 다른 사람들 또는 전쟁의 생존자들을 가리킨다고 보는 것이다(Osborne, 2002: 688). 재림 직후 종말론적 전쟁에서 멸망당한 대상은 짐승의 군대들이지 땅의 모든 백성들이 아니기 때문에, 그들이 사탄의 미혹 활동이 중지된 천년왕국 동안에 성도들의 다스림을 받다가 천년이 찬 후 다시 사탄의 미혹을 받아 그리스도를 떠났다는 것이다. 비일과 같은 무천년설 주장자는 그리스도께서 하나님을 대적하는 나라들에 대해 완전한 승리를 얻었는데(19:21) 어떻게 생존자들이 남아 있을 수 있는가 라는 의문을 제기한다(Beale, 1999: 981). 하지만 19-20장의 사건들이 연대기적 순서를 따라 점진적으로 진행되는 것이 맞는다면, 20:3, 8에서 '만국'과 '땅의 사방 백성'의 등장은 짐승 군대에 참여하지 않은 다른 백성들이 천년왕국 동안이나 그 후에 여전히 존재하고 있었다는 것을 함축할 수밖에 없다.

[9-10] 천년왕국이 끝난 후에 사탄이 불러 모은 연합군대는 "바다의 모래처럼" 수효가 많고 "지면에 널리 퍼진" 범세계적인 세력이었다. 본 절의 장면은 지평선 너머로 헤아릴 수도 없는 군대들이 바다의 모래처럼 몰려들어 성을 에워싸는 모습을 연상하게 만든다. 이것은 최후 전쟁이 역사상 전무후무한 대규모 전쟁이 될 것을 시사해준다. 사탄 진영에 속한 군대들은 포위하는 방식으로 "성도들의 진과 사랑하시는 성"을 에워 쌓다. '진'(camp)이나 '성'(castle)은 모두 하나님의 백성을 가리키는 다른 은유들이다(Johnson, 1981: 587). 신약에서 '진'은 군대의 진영을 지칭할 수도 있고 광야를 여행하던 이스라엘 백성의 진영을 지칭할 수도 있다. 전쟁 문맥을 고려할 때 9절의 '진'은 군사적인 진영을 가리키는 의미로 쓰였을 것이다. "사랑하시는 성"은 성도들의 진영을 가리키는 또 다른 은유이며 구약적인 배경을 지녔다(시 78:68; 렘 11:15; 습 3:17). 유대교 문헌에서 그것은 회복된 예루살렘 성을 가리키는 표현이지만, 요한은 본 절에서 그것을 구속받은 교회공동체를 지칭하는 영적인 의미로 사용한다. 계시록에는 두 개의 성이 존재한다. 하나는 사탄의 성으로서 짐승과 그의 추종자들, 그리고 음녀가 중심을 이루고 있고, 다른 하나는 하나님의 성으로서 하나님과 어린 양, 그리고 어린 양의 신부인 교회공동체가 중심을 이룬다. "하나님이 그의 백성 중에 거하는 곳에는 하나님의 도성이 있다"(Johnson, 1981: 588).

천년 왕이 찬 후에 발생할 최후전쟁은 하나님의 심판으로 신속하게 끝이 난다. 사탄 진영에 속한 연합 군대는 하나님의 백성을 에워싸고 전쟁을 벌이지만, "하늘에서 불이 내려와 그들을 태워버린다"(9절). 불 심판 이미지는 곡을 멸망시킨 에스겔의 환상 장면을 반영하는 것 같다(겔 38:22; 39:6). 사탄 진영과 전쟁하여 승리한 주체는 성도들이 아니고 하나님이다 (19:19 참조). '불'은 계시록에서 하나님의 심판을 상징하는 비유 언어이다. 하나님이 그를 대적하던 사탄 진영의 사람들을 불로 '태워버리는' 심판을 행하지만, 그것은 그들의 존재 자체의 소멸을 뜻하지는 않는다. 20:15에 따르면 하나님의 불 심판은 영원한 불 못에 던져져 고통을 당하는 것을 뜻하기 때문이다. 땅의 백성을 미혹하던 마귀는 최후전쟁에서 패배한 결과로 "불과 유황 못에 던져져서" 그곳에서 영원토록 밤낮 고통을 받게 될 것이다. '불 못'이란 이미지는 유대교 문헌에서도 등장하고(2 Enoch 10:2) 지옥 불에 관한 예수의 교훈과도 관련이 있다(마 5:22; 13:50; 막 9: 48). 사탄이 던져진 "불과 유황 못"에 이미 짐승과 거짓 선지자도 있었다는 10절의 진술은 19-20장의 사건들이 시간순서에 따라 전개되고 있음을 시사해주고, 이점은 역사적 전천년설을 뒷받침하는 중요한 근거 구실을 한다. 주목할 것은 짐승과 거짓 선지자, 그리고 땅의 백성들과 같이 인격적 존재들만 아니라 "사망과 음부"와 같은 비인격적인 존재도 '불 못'에 던져질 것을 말한다는 사실이다(20:14). 그렇다면 '불 못' 이미지는 심판의 영구성을 상징하는 은유일 수 있다(Beasley-Murray, 1970: 1308).

해설

본 섹션은 구원역사 속에서 하나님이 정한 천년 통치 기간이 마친 후에 발생할 최후전쟁 상황을 묘사한다. 어떤 학자들은 19:11-21의 전쟁이 20:7-10의 전쟁과 동일한 전쟁이라고 보지만, 19-20장의 사건들이 점진적 순서를 따라 진행되는 것이 분명하기 때문에 동일한 전쟁이라고 볼 수 없다. 전자의 전쟁 결과는 짐승 군대가 백마를 탄 그리스도를 통해 패배하여 그들을 사주하던 짐승과 거짓 선지자가 유황불 못에 던져지는 것인 반면, 후자의 전쟁 결과는 사탄과 연합한 땅의 사방 백성이 하나님의 백성과 전쟁하다가 하나님의 불 심판을 통해 불태워지고 그들을 사주하던 사탄이 붙잡혀 유황불 못에 던져지는 것이다. 그리스도의 재림과 종말론적 전쟁, 두 짐승의 멸망, 사탄의 무저갱 감금과 천년왕국의 도래, 사탄의 놓임과 최후 멸망이 시간순서를 따라 진행되기 때문에 19:11-21의 전쟁과 20:7-10의 전쟁은 서로 다른 전쟁인 것이 분명하다. 그렇다면 천년이 다 찬 후에 사탄의 미혹을 받아 하나님의 백성을 에워싸고 그들과 최후전쟁을 벌이는 "땅의 사방 백성 곧 곡과 마곡"은 도대체 어디서 나온 사람들인가? 19-20장의 사건들이 점진적 시간순서를 따라 전개된다고 볼 경우에 천년 통치 기간 동안의 '만국'(20:3) 또는 천년이 찬 후에 등장하는 '땅의 사방 백성'(20:8)은 아마도 19:11-21의 전쟁에서 짐승 군대에 참여하지 않은 다른 백성 또는 전쟁의 생존자들을 지칭하는 것으로 보인다. 그들은 하나님의 백성 진영을 포위하고 그들과 마지막 일전을 벌일 것이지만 하늘에서 불이 내려와 그들을 태워버릴 것이다. 사탄에게 속한 대적들을 멸망시키는 것은 성도들이 아니라 하나님 자신이다. 그들뿐만 아니라 그들을 사주하던 사탄도 "불과 유황 못"에 던져져 세세토록 그곳에서 밤낮 고통을 당하게 될 것이다. 사탄이 던져진 불 못에 이미 짐승과 거짓 선지자도 있었다는 것은 19-20장의 사건들이 연대기적 순서를 따라 전개되고 있다는 분명한 증거이다. 그리스도의 재림으로 짐승과 거짓 선지자가 붙잡혀 유황불 못에 던져졌기 때문에, 이제 악의 삼두체제 중 마지막 우두머리인 사탄만 처리가 되면 끝이 난다. 그런데 사탄의 처리는 두 단계에 걸쳐 진행된다. 재림으로 지상에 세워질 천년왕국 동안 사탄은 무저갱이란 감옥에 감금되어 땅의 백성들을 더 이상 미혹하지 못하다가, 천년왕국 기간이 마칠 때 무저갱 감옥에서 잠시 풀려난 사탄은 땅의 사방 백성들을 다시 미혹하고 연합세력을 구축하여 하나님의 백성을 치는 최후전쟁을 일으키다 하나님의 불 심판으로 패배하여 영원한 유황불 못에 최종적으로 던져질 것이다.

라. 크고 흰 보좌 심판(20:11-15)

본문

11 또 내가 크고 흰 보좌와 그 위에 앉으신 이를 보니 땅과 하늘이 그 앞에서 피하

여 간 데 없더라 ¹² 또 내가 보니 죽은 자들이 큰 자나 작은 자나 그 보좌 앞에 서 있는데 책들이 펴 있고 또 다른 책이 펴졌으니 곧 생명책이라 죽은 자들이 자기 행위를 따라 책들에 기록된 대로 심판을 받으니 ¹³ 바다가 그 가운데에서 죽은 자들을 내주고 또 사망과 음부도 그 가운데에서 죽은 자들을 내주매 각 사람이 자기의 행위대로 심판을 받고 ¹⁴ 사망과 음부도 불못에 던져지니 이것은 둘째 사망 곧 불못이라 ¹⁵ 누구든지 생명책에 기록되지 못한 자는 불못에 던져지더라.

주해

본 섹션은 사탄을 추종했던 역사상의 모든 사람들이 하나님의 최종적 심판에 처해져 멸망당하는 장면을 그린다. 그리스도의 재림 직후 종말론적 전쟁에서 짐승과 거짓 선지자가 제일 먼저 유황불 못에 던져지는 심판을 받고(19:20), 천년왕국 기간이 끝난 후에 벌어질 최후 전쟁에서 사탄이 다음으로 유황불 못에 던져지는 심판을 받게 된다(20:10). 본 섹션은 사탄을 추종했던 모든 사람들이 최종적으로 유황불 못에 던져지는 심판 장면을 소개한다(20:15).

[11] 요한은 "크고 흰 보좌와 그 위에 앉으신 이"를 보았다. "또 내가 보니"란 말은 요한이 본 환상 장면의 순서를 나타낸다. 대부분의 학자들은 백보좌 심판이 역사의 종말에 일어날 마지막 사건이라는 데 동의한다. 하나님이 "크고 흰 보좌"에 앉으신 분으로 묘사된 것은 심판주 하나님의 위엄과 순결과 거룩성을 나타낸다. 특히 보좌에 '앉는' 행위는 심판 행위로 집행되는 하나님의 왕적 통치권을 상징한다. 보좌에 앉으신 하나님 환상은 4:2에서 이미 소개된 바 있고, 또한 그것은 다니엘 7:9을 배경으로 한다. 요한이 "크고 흰 보좌"에 앉으신 하나님 환상을 볼 때 "땅과 하늘이 그 앞에서 피하여 간 데 없었다." 이것은 두 가지 함축을 지닐 수 있다. 첫째는 천지가 심판자 하나님의 위엄에 압도되어 마치 피하여 '도망하듯'

제 위치를 찾지 못한다는 것을 뜻할 수 있고, 둘째는 새 하늘과 새 땅으로 대변되는 새 시대가 도래하면서 옛 하늘과 옛 땅으로 대변되는 옛 시대가 중단될 것임을 함축할 수도 있다(Osborne, 2002: 720).

[12] 요한은 죽은 모든 자들이 하나님의 보좌 앞에 '서 있는' 것을 환상 중에 본다. 본 절의 '죽은 자들'이 구원받지 못한 채 죽은 불신자들을 가리키는지 아니면 믿음으로 구원을 받고 죽은 신자들을 가리키는지 결정하기가 쉽지 않다. 어떤 학자들은 승리한 성도들이 하나님의 보좌 앞에 선 것처럼(7:9) 하나님의 보좌 앞에 서 있는 죽은 자들도 구원받은 성도들을 가리킨다고 해석한다(Osborne, 2002: 721). 하지만 20:5은 "나머지 죽은 자들"이 천년이 마칠 때까지 살아나지 못한다고 말했기 때문에, 여기서 두 가지 추론이 가능하다. 첫째는 20:5에서 "나머지 죽은 자들"은 첫째 부활에 참여하여 천년왕국에 들어가지 못한 불신자들을 가리킨다는 사실이고, 둘째는 그들이 천년이 찬 후에 최후심판을 받기 위해 부활하여 하나님의 보좌 앞에 서 있다는 사실이다(Johnson, 1981: 589). 믿지 않고 죽은 자들을 "큰 자나 작은 자"로 부른 것은 세상에서 부귀영화나 권세를 누린 자들과 그런 것들을 누리지 못한 자들을 총망라한 불신 인류 전체를 지칭한다. 그들 앞에 두 종류의 책이 펼쳐있다. 즉 '책들'과 '다른 책들'이 그것이다. 요한은 후자를 '생명책'으로 부르는 반면, 후자는 죽은 자들의 행위를 기록한 책으로 제시한다. 생명책은 구원받은 신자들의 이름이 기록된 책이며(17:8) 그들은 정죄심판의 대상이 아니다. 두 종류의 책이 펼쳐져 있다는 것은 최종구원에 들어갈 자들과 최종심판에 들어갈 자들이 구분되어 있다는 것을 함축한다. 믿지 않고 죽은 사람들이 정죄심판을 받는 기준은 "자기 행위를 따라 책들에 기록된 대로 심판을 받는"것이다. 성경에서 심판은 항상 행위에 기초해서 이루어진다(마 25:41ff; 롬 2:6; 고전 5:10; 히 4:12f). 신약의 다른 저술들을 보면 신자들도 행위심판의 대상으로 언급

된다(롬 14:10-12; 고후 5:10). 구원받은 신자들의 의로운 행실은 십자가 구속을 경험한 결과로 나타나는 열매로서 그들이 구원받을 만한 믿음이 있다는 것을 나타내는 외적 증거 내지 표현이다(7:14; 19:7-8). 하나님은 심판 때 사람의 행위를 보고 그가 예수께 충성한 사람인지 아니면 그를 불신한 사람인지를 구분하여 심판하게 될 것이다. 요한은 본 절에서 신자들도 행위심판의 대상이 되는지 분명하게 말하지 않는다. 오직 요한의 주된 관심은 생명책에 있고, 생명책에 이름이 기록되었는가의 여부를 최종심판의 결정적 기준으로 삼는 것으로 보인다.

[13] 요한은 이 구절에서 심판의 정황에 대해 보다 자세한 설명을 한다. 13a와 13b는 서로 병행관계에 있다. 두 문장 모두 "죽은 자"과 "내어주다"를 공통적으로 사용한다. 다만 차이점이 있다면 전자의 주어는 '바다'이고 후자의 주어는 '사망과 음부'라는 사실이다. 계시록에서 '바다'는 문자적 바다를 가리키기보다 악의 영역을 상징하는 표현이다(Beale, 1999: 1034). 그리고 바다는 '사망과 음부'와 마찬가지로 불신자들이 최종심판을 기다리며 대기하는 장소이기 때문에 이들 세 술어는 동일한 의미를 지닌 환유적인 표현일 것이다. 바다, 사망, 음부가 그 가운데서 그들을 내어준다는 것은 그들이 정죄심판을 받기 위해 부활한다는 것을 말해준다. 요한복음은 그것을 '심판의 부활'로 부른다(요 5:29). 그들은 심판자 되신 하나님의 보좌 앞에 서서 "책들에 기록된 대로"(12절하), 즉 "자기의 행위대로" 심판을 받고 영원한 둘째 사망에 들어가게 될 것이다.

[14] 본 절은 최후심판의 첫 번째 결과를 말해준다. 즉 "사망과 음부도 불못에 던져지니 둘째 사망 곧 불못이다." 계시록에서 불 못에 던져지는 대상은 악의 삼두체제인 짐승, 거짓 선지자, 용(19:20; 20:10), 사망과 음부(20:14), 그리고 생명책에 기록되지 않은 모든 불신자들(20:15)이다. 주목

할 것은 사망과 음부 같은 비인격 실재들도 불 못에 던져진다는 사실이다. '사망과 음부'는 무엇을 가리키는가? 모리스는 그것을 귀신 세력들을 지칭하는 상징들로 보고 '사망과 음부'가 불 못에 던져진다는 것은 귀신의 영역이 힘을 상실했다는 사실을 나타낸다고 해석한다(Morris, 1987: 230; Osborne, 2002: 723). 바울은 사망을 멸해야 할 마지막 원수로 간주한다(고전 15:26). 물론 그가 말하는 사망은 육신적 죽음을 지칭한다. 12-13절에 '죽은 자들'은 믿지 않고 육신적 죽음을 죽은 자들을 가리키기 때문에 14절의 '사망'도 궁극적으로 육신적 죽음을 가리킨다. '음부'는 사망을 가리키는 또 다른 환유적 술어이다. 육신적 죽음이 두 짐승과 사탄처럼 불 못에 던져진다는 것은 그것이 악의 세력으로 간주되고 있음을 시사해준다. '불 못'을 둘째 사망으로 동일시한 것은 "둘째 사망이 그들을 다스릴 권세가 없다"는 20:6의 진술을 해설해주는 역할을 한다. 하나님의 최종심판으로 육신적 죽음이 힘을 상실하여 더 이상 하나님의 백성을 다스리지 못하기 때문에, 새 하늘과 새 땅에는 더 이상 죽음은 없다(21:4).

[15] 하나님이 죄로 물든 현시대에 종지부를 찍는 마지막 단계는 생명책에 기록되지 않는 불신자들을 '불 못'에 던지는 것이다. 그들은 전에 짐승을 경배하고 그 이마와 손에 짐승의 표를 받은 자들이었다(14:9; 19:20). 본 절에서 그들은 단지 생명책에 이름이 기록되지 않은 자들로 언급된다(17:8). 그들은 "책들에 기록된 대로" 각각 자기 행위를 따라 심판을 받게 될 것이다. 생명책에 이름이 기록된 신자들은 영원한 축복의 세계에 들어가게 될 것이고, 생명책에 이름이 기록되지 않은 불신자들은 꺼지지 않는 불 못에 들어가 세세토록 괴로움을 당하게 될 것이다. 전자는 "둘째 사망 곧 불 못"에 던져질 것이다. 둘째 사망은 육신적 사망과 같은 의미의 사망이 아니다. 육신적 죽음은 지상적 생명의 중단을 뜻하지만, 둘째 사망은 존재의 소멸이 아니라 세세토록 괴로움을 당하는 징벌을 뜻하기 때문이

다(Osborne, 2002: 724).

> 해설

천년왕국 기간이 끝난 후 온 인류를 향한 백보좌 심판이 역사의 종말에 베풀어진다. 하나님이 앉은 보좌는 '크고 흰' 보좌이다. 이것은 하나님의 심판이 위엄과 순결과 거룩함으로 집행될 것임을 시사해준다. 요한은 죽은 자들이 보좌에 앉으신 하나님 앞에 서 있는 환상을 보았다. 죽은 자들의 정체가 문맥에서 분명하게 설명되지는 않지만, 그들은 믿지 않고 죽은 자들을 가리킨다. 그들은 천년왕국 동안 살아나지 못하다가 심판을 받기 위해 부활하여 하나님의 보좌 앞에 선 자들이다. 하나님의 보좌 앞에는 두 종류의 책이 펼쳐져 있다. 하나는 생명책이다. 생명책에 이름이 기록된 자들은 둘째 사망에 들어가지 않고 영생의 복을 누리게 될 것이다. 다른 하나는 '다른 책'이다. 그것은 사람들의 행위를 기록한 책으로서 그들은 그 안에 기록된 행위대로 심판을 받게 될 것이다. 사람의 행위는 그의 인격과 신분을 나타내는 징표이다. 선행은 그가 예수에게 충성한 자임을 나타내는 징표이고, 악행은 그가 예수를 믿지 않은 자임을 나타내는 징표이다. 성경은 불신자만 아니라 신자들도 마지막 날에 행위심판을 받게 될 것이라고 가르친다. 다만 그들 간에 차이점이 있다면, 불신자들은 오로지 행위를 따라 긍휼이 없는 심판을 받게 되는 반면, 신자들은 행위를 따라 긍휼이 있는 심판을 받게 된다. 신자의 선행은 그가 구원 얻을 만한 믿음이 있는 사람임을 나타내는 외적 증거이다. 그는 믿음의 외적 증거로서 나타난 선행에 대해 하나님으로부터 합당한 상급을 받게 될 것이다. 물론 요한은 본 단락에서 이점을 명시적으로 교훈하지 않는다. 그의 주된 관심은 생명책에 있는 것 같다. 구원 받을 것인지의 여부는 생명책에 이름이 기록된 사실에 의해 결정된다. 요한은 그것이 신자들의 선행과 어떤 관련이 있는지 구체적으로 해설하지 않는다. 반면에 믿지 않고 죽은 불신자들은 심판의 부활로 살아나서 보좌에 앉으신 심판주 하나님 앞에 서게 될 것이며, 책에 기록된 대로 각 사람의 행위 따라 정죄심판을 받고 "둘째 사망 곧 불 못"에 던져지게 될 것이다. 육신적 죽음은 육신적 생명의 중지를 뜻하지만, 둘째 사망은 존재의 소멸을 뜻하기보다 불 못에 던져져 영원토록 괴로움을 당하는 징벌을 나타낸다. '사망과 음부'도 불 못에 던져진다는 것은 그것들이 귀신적인 세력들이라는 것을 시사해준다. 사망은 육신의 죽음을 가리킨다면 음부도 사망을 지칭하는 또 다른 환유적인 언어이다. 육신의 죽음은 심판 날에 마지막으로 멸해질 원수이며, 새 하늘과 새 땅으로 대변되는 새 창조 질서가 도래하면 사망은 더 이상 존재하지 않게 될 것이다.

4. 결론 메시지: 새 창조와 새 예루살렘(21:1-22:9)

결론적 메시지는 크게 세 단락으로 구성된다. 첫째 단락은 새 하늘과 새 땅이 하늘에서 내려오는 환상 장면을 묘사하고(21:1-8), 둘째 단락은 새 예루살렘을 성취된 지성소로 묘사하며(21:9-27), 셋째 단락은 새 예루살렘을 마지막 에덴동산으로 묘사한다(22:1-5). 천년 동안 성도들이 왕 노릇하는 것은 새 창조 때 세워질 새 예루살렘의 실재를 미리 예시하는 역할을 한다. 새 예루살렘도 하늘에서 땅으로 내려오고, 새 에덴동산도 새 땅에서 세워질 것이다. 이런 것들은 하나님 백성의 오랜 소망들을 최종적으로 완성한 실재이다(Osborne, 2002: 727).

A. 새 하늘과 새 땅의 도래(21:1-8)

본문

¹ 또 내가 새 하늘과 새 땅을 보니 처음 하늘과 처음 땅이 없어졌고 바다도 다시 있지 않더라 ² 또 내가 보매 거룩한 성 새 예루살렘이 하나님께로부터 하늘에서 내려오니 그 준비한 것이 신부가 남편을 위하여 단장한 것 같더라 ³ 내가 들으니 보좌에서 큰 음성이 나서 이르되 보라 하나님의 장막이 사람들과 함께 있으매 하나님이 그들과 함께 계시리니 그들은 하나님의 백성이 되고 하나님은 친히 그들과 함께 계셔서 ⁴ 모든 눈물을 그 눈에서 닦아 주시니 다시는 사망이 없고 애통하는 것이나 곡하는 것이나 아픈 것이 다시 있지 아니하리니 처음 것들이 다 지나갔음이

러라 **5** 보좌에 앉으신 이가 이르시되 보라 내가 만물을 새롭게 하노라 하시고 또 이르시되 이 말은 신실하고 참되니 기록하라 하시고 **6** 또 내게 말씀하시되 이루었도다 나는 알파와 오메가요 처음과 마지막이라 내가 생명수 샘물을 목마른 자에게 값없이 주리니 **7** 이기는 자는 이것들을 상속으로 받으리라 나는 그의 하나님이 되고 그는 내 아들이 되리라 **8** 그러나 두려워하는 자들과 믿지 아니하는 자들과 흉악한 자들과 살인자들과 음행하는 자들과 점술가들과 우상 숭배자들과 거짓말하는 모든 자들은 불과 유황으로 타는 못에 던져지리니 이것이 둘째 사망이라.

주해

본 단락은 죄와 타락과 고통이 지배했던 옛 창조와 바벨론 성이 사라지고 다이아몬드처럼 밝고 빛나는 새 창조와 새 예루살렘 성이 하늘에서 내려오는 환상 장면을 그린다. 21장에 동원된 이미지들은 이사야 60, 65장, 에스겔 40-48, 창세기 1-3장의 언어를 반영한다. 요한은 이사야가 본 새 예루살렘 환상과 에스겔이 본 새 성전 환상, 창세기에 언급된 에덴동산의 이야기를 함께 엮어 그런 것들이 새 창조 세계와 새 예루살렘 성에서 완성될 것으로 내다본다. 더욱이 21-22장의 환상은 아시아 일곱 교회에 보낸 편지들 중에서 이기는 자들에게 약속된 내용과도 깊은 연관성을 갖고 있다. 이기는 자들에게 생명나무에 나아갈 권세를 준다는 약속(2:7; 22:2), 열방을 다스릴 권세를 준다는 약속(2:26; 22:5), 새 예루살렘의 이름을 얻게 하겠다는 약속(3:12; 21:9-27) 등이 그것이다. 새 창조와 새 예루살렘 성은 악의 세력들을 이기고 믿음을 지킨 성도들만 들어갈 수 있는 곳이다.

[1] 요한은 "새 하늘과 새 땅"에 관한 환상을 보았다. 그것은 구약 이사야 선지자에 의해 예언된 것인데(사 65:17) 새롭게 갱신될 예루살렘 환상의 일부를 구성한다. 새 하늘과 새 땅이 나타난 것은 처음 하늘과 처음 땅

이 사라졌기 때문이다. 하나님의 심판과 구원 계획이 완성됨에 따라 죄, 사망, 고통, 소외로 점철된 옛 창조 세계는 새 하늘과 새 땅으로 대체되는 것은 당연한 수순이다. 새 창조 질서의 도래를 말하는 문맥에서 "바다도 다시 있지 않더라"는 말은 좀 생뚱맞게 보인다. 하지만 계시록에서 바다는 짐승이 올라오는 악의 근원지이다(13:1-8). 이런 의미에서 짐승이 나온 근원지로서 바다가 새 하늘과 새 땅에서 자리를 잡을 수 없다는 것은 당연하다. 이사야가 바다를 "끊임없이 물결을 일으켜 진흙과 더러운 것이 솟구쳐 올라오는" 곳으로 그린 것처럼(Mounce, 1998: 370), 다니엘도 바다를 네 짐승들이 올라오는 악의 근원으로 묘사한다(단 7:3). 따라서 완성된 새 창조질서에서 바다가 더 이상 존재하지 않는다는 것은 모든 악의 세력이 불 못에 던져져 완전히 제거될 것을 함축한다. "없어졌다"든가 "다시 있지 않다"는 표현들은 마치 옛 창조질서가 새 창조질서에 의해 완전히 대체되기 때문에 새 창조질서가 옛 창조질서와 아무런 관계가 없는 재창조 세계인 것처럼 생각하게 만들 수 있다. 하지만 하나님은 5절에서 "내가 만물을 새롭게 하노라"고 말씀하기 때문에, 새 하늘과 새 땅은 하나님이 완전히 새로 만든 것이 아니라 이미 존재하던 만물을 새롭게 갱신한 것이라고 할 수 있다(Beasley-Murray, 1974: 307). 만물을 새롭게 한다는 말씀은 옛 하늘과 옛 땅이 완전히 사라지고 없어진 것처럼 보일 정도로 새롭게 한다는 사실을 함축한다. 이런 의미에서 본 절에 언급된 새 하늘과 새 땅은 옛 창조세계를 완전히 갱신한 실재이다(이필찬, 2006: 875).

[2-4] 21-22장을 주도하는 주제는 거룩한 성, 새 예루살렘이다. 이들 장에서 묘사되는 새 예루살렘 성은 황금과 진주로 장식된 문자적인 성처럼 묘사되기는 하지만, 2, 9절에서 어린 양의 신부로 언급되는 것으로 보아 그것은 문자적인 성을 가리키지 않고 하나님백성 공동체인 교회를 지칭하는 것이 분명하다. 음녀로 불리는 큰 성 바벨론은 옛 하늘과 옛 땅에

서 살아가는 불신 인류사회를 가리킨다면, 어린 양의 신부로 불리는 거룩한 성 새 예루살렘은 새 하늘과 새 땅에서 살아갈 새로운 하나님백성 공동체를 가리킨다. 첫 창조질서가 인간의 타락으로 오염된 질서이고 거기에 거하는 인류사회도 더러운 음녀 같은 존재라고 한다면, 새 창조질서가 도래하면 자연히 하나님 백성도 어린 양의 신부처럼 새롭게 변화될 것이다. 요한은 그들의 준비된 모습이 "신부가 남편을 위하여 단장한 것 같다"고 말한다. 이것은 하나님의 백성을 어린 양의 신부 공동체로 묘사하려는 요한의 의도를 보여준다. 2절의 "그 준비한 것"은 19:7-8에서 어린 양의 아내가 "빛나고 깨끗한 세마포 옷"으로 단장하여 "자신을 준비한" 모습을 생각나게 만든다. 요한은 신부가 단장한 "빛나고 깨끗한 세마포 옷"이 "성도들의 옳은 행실"을 상징한다고 해석해준 바 있다. 말하자면, 새 하늘과 새 땅에 거할 주인공은 삶의 거룩한 변화를 나타내는 자들이다. 그리고 새 예루살렘이 "하늘에서" 내려온다는 것은 새 예루살렘이 궁극적으로 하나님에게 기원을 둔 신적 공동체라는 것을 말해준다(10절 참조). 말하자면 새 예루살렘이 하늘에서 내려오기 전까지 천상의 예루살렘으로 존재했었다는 뜻이다. 교회는 본래 천사의 예루살렘으로 존재했지만 지상에 거하는 동안 죄의 유혹과 사탄의 공격에 노출된 공동체이기도 하다. 교회의 이런 이중적 특성은 새 창조질서가 도래하여 새 예루살렘이 하늘에서 내려올 때 사라지게 된다(이필찬, 2006: 879).

새 창조세계의 축복된 환경을 누리며 살아갈 주인공은 어린 양 그리스도의 신부로 불리는 새 예루살렘이다. 만물이 새롭게 되는 과정에서 하나님의 백성도 모종의 중대한 변화를 겪게 된다. 요한은 그 변화를 언약적인 술어로 묘사한다. 구약은 일련의 여러 언약들을 언급한다. 이들 언약이 지향하는 궁극적인 목적은 하나님과 그의 백성 간의 완전한 연합에 있다. "하나님의 장막이 사람들과 함께 있다"는 말은 그러한 연합의 궁극적 실현을 묘사해주는 표현이다. '장막'은 가족이 함께 사는 장소이다. 따라서 상기 진술은 하나님과 그의 백성이 한 가족처럼 함께 장막 안에 거한 다는 뜻이다. 하나님은 언약들을 체결할 때마다 "나는 너희 하나님이 되고 너희는 나의 백성이 되리라"고 말씀하셨다. 하나님과 그의 백성이 아버지와 아들처럼 한 장막에 거하는 가족공동체 비전의 궁극적 실현은 새 창조질서가 완성될 때 이루어진다. 언약체결 형식을 기대한다면, 3절하에 "나는 너희 하나님이 되리라"는 문구가 등장해야 하지만 요한은 그 대신에 "하나님은 친히 그들과 함께 계셔서"란 문구를 삽입하였다. 이런 식의 변형은 언약의 궁극적 목적이 하나님의 함께 하심에 있음을 강조하려는 의도 때문일 것이다.

4절은 새 하늘과 새 땅이 도래할 때 더 이상 존재하지 않는 것들을 언급한다. 4절의 내용은 "바다도 다시 있지 않다"는 1절하의 진술과 연관되어 있다. 악의 근원으로서 바다가 완전히 제거되었다면, 거기서 파생되어 나오는 눈물, 사망, 애통, 곡하는 것, 아픈 것 등이 사라지는 것은 당연하다. 사탄이 하늘에서 쫓겨나 땅으로 내려와 활동했고 두 짐승이 땅과 바다에서 올라와 활동했기 때문에 땅과 바다가 사탄과 짐승에 의해 더럽혀졌을 것은 뻔하다. 하지만 그들이 모두 유황불이 붙는 못에 던져졌고 (19:20; 20:10) 그들을 추종하던 사람들과 사망과 음부조차 다 그곳에 던져졌기 때문에(20:14), 새 하늘과 새 땅에 들어간 하나님의 백성이 옛 창조질서를 특징짓던 환경 조건들로 인해 고통을 당할 이유가 없어진 것이다.

[5] 본 절은 하나님이 말씀하는 주체로 등장하는 두 구절 중 하나이다 (1:8). 하나님은 "보좌에 앉으신 이"로 묘사되는데, 이것은 하나님이 우주적 통치권을 행사하는 주권자가 되신다는 사실을 말해준다. 하나님은 요한에게 두 가지를 말씀한다. 하나는 하늘과 땅을 만드신 이가 만물을 새롭게 하신다는 말씀이고, 다른 하나는 그 말씀이 "신실하고 참되니 기록하라"는 말씀이다. 전자는 새 창조와 새 예루살렘의 도래로 완성될 구원

계획이 하나님의 주권적 의지를 통해 집행, 추진된다는 사실을 말해주고, 후자는 새 창조와 새 예루살렘에 관한 하나님의 말씀들이 참되고 신실하기 때문에 요한에게 그것들을 기록해야 할 이유를 설명해준다. '신실하고 참되다'는 말은 새 창조와 새 예루살렘에 관한 말씀들이 하나님의 주권적 계획에 따라 반드시 이루어지도록 되어 있다는 뜻을 함축한다. 새 창조는 "만물을 새롭게 한다"는 5절의 내용에 비추어 이해되어야 한다. 1절은 "처음 하늘과 처음 땅이 없어졌다"고 했기 때문에 마치 옛 창조세계 자체가 없어지고 질적으로 전혀 다른 새 창조세계가 들어서는 것처럼 비쳐지기도 하지만, 본 절의 진술은 오히려 옛 창조질서를 완전히 새롭게 갱신한다는 사실을 말해준다. 옛 창조질서는 "허무와 썩어짐에 종노릇하는" 상태에 있지만 하나님은 그런 것에서 만물을 자유롭게 하여 완전히 새롭게 하는 일을 하실 것이다(롬 8:21).

[6-8] 이 구절은 앞서 언급된 내용을 보충하고 마무리하는 역할을 한다. 하나님은 만물을 새롭게 하는 그의 새 창조 사역을 다 "이루었다"고 선언한다. 여기에 사용된 동사는 수동태 복수형(γέγοναν)이다. 그것은 새 창조와 관련하여 일어나야 할 모든 사건들을 지칭한다. 새 창조와 새 예루살렘의 도래로 이어지는 구속계획을 이루시는 하나님의 이름은 "알파와 오메가요 처음과 마지막"으로 불린다. 이것은 창조역사를 시작하고 그것을 끝을 맺는 하나님의 절대주권을 강조하는 이름들이다(1:8; 22:13). 그런 하나님은 또한 "생명수 샘물을 목마른 자에게 값없이 주시는" 분이시기도 하다. '생명수'는 요한복음에서 구원이나 신적 지혜 또는 성령을 상징하는 비유적 언어이다(요 4:14; 7:38-39). '값없이'란 말은, 생명수가 어떤 것을 상징하든 간에, 그것들이 은혜의 선물로 주어진다는 것을 함축한다. 또한 그것들은 하나님의 은혜의 선물일지라도 두 가지 조건을 갖춘 사람들에게 주어지는 선물이다. 첫째는 영적 필요를 느끼고 하나님께 나아오

는 자들에게 주어지는 축복이라는 것이고(6절), 둘째는 '이기는 자들'에게 상속되는 축복이라는 것이다(7절). 계시록에서 '이기는 자'는 여러 다양한 의미로 쓰인다. 그것의 기본적 의미는 적대적인 세상에서 악의 세력에 굴복하지 않고 그리스도의 신실한 증인으로 사는 것을 뜻한다. 그러한 삶을 사는 자들은 "이것들을 상속으로 받는," 즉 새 창조와 새 예루살렘에 들어가는 권세를 얻게 될 것이다. 7절하의 말씀은 언약의 목적이 하나님과 그의 백성 간의 연합에 있다는 사실을 말해준다. "나는 그의 하나님이 되고 그는 내 아들이 되리라." 이것은 언약이 체결될 때마다 등장하는 전형적인 문구인데, 다만 차이점이 있다면 "그는 내 백성이 되리라"는 문구가 본절에서 "그는 내 아들이 되리라"는 표현으로 변경되었다는 사실이다. 하나님의 백성이 그의 '아들'로 불리는 것은 이미 구약에서 발견된다(출 4:22; 호 11:1). 이들 구약 구절은 하나님과 이스라엘 백성 간의 언약관계가 아버지와 아들의 가족관계로 이해되었다는 것을 보여준다. 하나님 아버지께서 장막을 치고 그의 자녀들과 함께 거하는 것은 모든 언약이 실현하려는 목적이었는데, 이 목적이 새 하늘과 새 땅이 하늘에서 임할 때 궁극적으로 실현될 것이다. 하나님은 그때 영적 갈증을 느끼고 그에게 오는 자들에게 "영생하도록 솟아나는 생수"를 주실 것이며, 끝까지 믿음을 지키고 그리스도의 신실한 증인으로 산 자들에게 새 창조와 새 예루살렘에 들어가는 축복을 누리게 하실 것이다.

반면에 새 창조와 새 예루살렘에 들어가지 못하고 "불과 유황으로 타는 못에 던져질"(8절하) 자들도 존재한다. 그들은 바로 "두려워하는 자들과 믿지 아니하는 자들과 흉악한 자들과 살인자들과 음행하는 자들과 점술가들과 우상 숭배자들과 거짓말하는 모든 자들"이다. 계시록에는 두 개의 성이 대조된다. 하나는 바벨론 성이고 다른 하나는 새 예루살렘 성이다. 사람들은 이들 두 성 중에 어떤 성에 들어갈 것인지 선택해야 한다(Johnson, 1981: 594). 새 예루살렘 성은 영적 갈증을 느끼고 하나님께 가까이 오는 자들, 그리고 적대적인 세상에서 믿음을 지키고 승리한 자들이 들어가는 곳이고, 바벨론 성은 8절에 나열된 악행들을 행하는 자들이 거주하는 곳으로서 그들은 모두 유황불이 타는 못에 던져져 세세토록 밤낮 괴로움을 당하게 될 것이다. 전자가 '이기는 자들'로 불리기 때문에 후자는 '패배하는 자들'로 불리는 것이 옳다. 영적 패배자의 그룹이 8절에서 나열된다. 악인들의 목록은 기본적으로 불신자들의 타락상을 요약하는 목적을 갖지만(Osborne, 2002: 740), 이차적으로는 황제숭배의 위협에 굴복하려는 신자들을 경고하는 목적도 있는 것 같다. 이를테면, '두려워하는 자들'은 그리스도를 믿는 신앙 때문에 생기는 박해가 두려워 믿음의 길을 저버리는 사람들을 가리킨다. 때문에 그것은 다음에 나오는 '믿지 아니하는 자들'과 내면적으로 연관될 수 있다. 두려워하는 자들은 믿음을 결여한 자들이다. 또한 악인들 목록 중에서 처음에 나오는 '두려워하는 자들'과 마지막에 나오는 '거짓말하는 자들'도 내면적으로 연관된 것일 수 있다. 그들은 황제숭배를 거부함으로 야기되는 박해가 두려워서 거짓말을 하게 되는 신자들을 가리킬 수 있기 때문이다 (Beale, 1999: 1059). 그럼에도 8절의 악인들 목록은 불신자들의 일반적인 죄악상을 묘사하는 데 초점이 있다. 불신앙은 계시록에서 열방이 하나님께 나아와 그들의 죄를 회개하지 못하게 만드는 모든 죄악의 뿌리이다(요 16:9; 계 9:20-21; 14:6-7; 16:8). '흉악한 자들'은 가증하고 부끄러운 행위를 하는 사람들을 가리키는데, 그것은 음녀의 행위를 묘사하는 17:4-5에서 등장한다. '살인하는 자들'은 특히 계시록에서 성도들을 살해한 땅의 거주자들을 지칭하곤 한다(6:9; 9:21; 13:7 등). '음행하는 자들'은 성적인 부도덕을 자행하는 땅의 거주자들을 지칭하기도 하지만, 계시록에서는 종종 우상숭배와 같은 영적인 간음행위를 자행하는 자들을 지칭하기도 한다. '점술가들'은 1세기에 만연한 마술사들을 가리키고(행 8:9-24; 계 9:21), '우상 숭배자들'은 계시록의 중심주제 중의 하나로서 황제숭배나 이교숭배와 관련된 사람들을 가리킨다. '거짓말은 참되고 진실하신 하나님과 그리스도와 반대되는 속성으로서 계시록에서 자주 정죄되곤 한다(2:2; 19:2,11). 마귀가 본래 거짓말을 하는 존재이기 때문에 거짓말을 하는 자들은 마귀에게 속한 자들이라고 할 수 있다. 악인들 목록 맨 뒤에 "거짓말하는 모든 자들에게"란 문구가 위치한 것은 아마도 그것이 앞에 열거된 모든 죄악들을 요약하는 역할하기 때문인 것으로 보인다(Rissi, 1972: 104). 요한은 유황불이 타는 못에 던져지는 것을 "둘째 사망"으로 명명한다. 첫째 사망은 육신적 존재의 중지를 뜻하는 반면, 둘째 사망은 끝없이 밤낮 괴로움을 당하는 영원한 정죄상태를 가리킨다.

해설

본 단락은 죄와 사망, 고통과 소외로 점철된 옛 창조질서가 다이아몬드처럼 영광스럽게 빛나는 새 창조질서에 의해 대체되는 환상 장면을 그린다. 새 창조질서는 마치 처음 하늘과 처음 땅이 완전히 사라지고 없어진 자리에 새롭게 들어서는 질서인 것처럼 묘사되기는 하지만, 그것은 이미 있었던 옛 하늘과 옛 땅을 완전히 새롭게 하는 재창조 질서이다. 따라서 새 창조질서는 옛 창조질서를 대체한 것이라고 보기보다 그것을 완전히 갱신한 질서이다. 처음 하늘과 처음 땅이 이처럼 완전히 새롭게 됨에 따라 그곳에 거주하는 하나님의 백성도 마치 신부가 아름답게 단장하는 것처럼 새롭게 변화될 것이다. 그때가 되면 이전 언약의 모든 비전들이 성취되어 하나님과 그의 백성 간에 진정한 연합이 이루어질 것이다. 모든 언약의 목적은 하나님과 그의 백성이 한 가족이 되어 장막에 함께 거하는 것이다. 하나님이 그의 백성과 영원히 함께 계시는 언약의 비전은 새 하늘과 새 땅이 하늘에서 내려올 때 최종적으로 완성될 것이다. 본 단락에 언급되는 새 예루살렘은 황금 길이 깔린 문자적인 성을 가리키지 않고 어린 양의 신부 공동체인 교회를 가리킨다. 옛 창조질서가 만물을 새롭게 하는 하나님의 역사로 새 창조질서로 변화가 될 때, 전자를 지배하던 눈물, 사망, 고통, 슬픔, 애곡 등은 모두 사라질 것이다. 왜냐하면 악의 근원인 바다가 새 하늘과 새 땅에는 완전히 제거되기 때문이다. 그러면 누가 새 창조와 새 예루살렘에 들어갈 자격이 있는가? 계시록에는 두 다른 성이 존재한다. 하나는 바벨론 성이고, 다른 하나는 새 예루살렘 성이다. 두 성이 존재하는 만큼 두 다른 운명이 존재한다. 사람들은 어느 성에 들어갈 것인지 선택해야만 한다. 새 예루살렘은 어린 양의 신부가 들어가게 되지만, 바벨론은 용과 짐승을 경배하는 자들이 들어가게 된다. 전자는 영적인 갈증 때문에 하나님께 나아오는 자들, 적대적인 세상에서 믿음을 지켜 승리한 자들이 상속받게 되지만, 후자는 두려워하는 자들, 믿지 않는 자들, 가증한 일을 하는 자들, 마술을 행하는 자들, 살인자들, 음행을 행하는 자들, 거짓말을 하는 모든 자들이 들어가게 될 것이다. 이런 악행을 자행하는 모든 자들은 유황불이 영원히 타는 못에 던져져 세세토록 밤낮 괴로움을 당하게 될 것이다. 요한은 이런 고통을 둘째 사망이라고 부른다.

B. 성취된 지성소로서 새 예루살렘 (21:9-27)

본문

9 일곱 대접을 가지고 마지막 일곱 재앙을 담은 일곱 천사 중 하나가 나아와서 내게 말하여 이르되 이리 오라 내가 신부 곧 어린 양의 아내를 네게 보이리라 하고 **10** 성령으로 나를 데리고 크고 높은 산으로 올라가 하나님께로부터 하늘에서 내려오는 거룩한 성 예루살렘을 보이니 **11** 하나님의 영광이 있어 그 성의 빛이 지극히 귀한 보석 같고 벽옥과 수정 같이 맑더라 **12** 크고 높은 성곽이 있고 열두 문이 있는데 문에 열두 천사가 있고 그 문들 위에 이름을 썼으니 이스라엘 자손 열두 지파의 이름들이라 **13** 동쪽에 세 문, 북쪽에 세 문, 남쪽에 세문, 서쪽에 세 문이니 **14** 그 성의 성곽에는 열두 기초석이 있고 그 위에는 어린 양의 열두 사도의 열두 이

름이 있더라 ¹⁵ 내게 말하는 자가 그 성과 그 문들과 성곽을 측량하려고 금 갈대 자를 가졌더라 ¹⁶ 그 성은 네모가 반듯하여 길이와 너비가 같은지라 그 갈대 자로 그 성을 측량하니 만 이천 스다디온이요 길이와 너비와 높이가 같더라 ¹⁷ 그 성곽을 측량하매 백사십사 규빗이니 사람의 측량 곧 천사의 측량이라 ¹⁸ 그 성곽은 벽옥으로 쌓였고 그 성은 정금인데 맑은 유리 같더라 ¹⁹ 그 성의 성곽의 기초석은 각색 보석으로 꾸몄는데 첫째 기초석은 벽옥이요 둘째는 남보석이요 셋째는 옥수요 넷째는 녹보석이요 ²⁰ 다섯째는 홍마노요 여섯째는 홍보석이요 일곱째는 황옥이요 여덟째는 녹옥이요 아홉째는 담황옥이요 열째는 비취옥이요 열한째는 청옥이요 열두째는 자수정이라 ²¹ 그 열두 문은 열두 진주니 각 문마다 한 개의 진주로 되어 있고 성의 길은 맑은 유리 같은 정금이더라 ²² 성 안에서 내가 성전을 보지 못하였으니 이는 주 하나님 곧 전능하신 이와 및 어린 양이 그 성전이심이라 ²³ 그 성은 해나 달의 비침이 쓸 데 없으니 이는 하나님의 영광이 비치고 어린 양이 그 등불이 되심이라 ²⁴ 만국이 그 빛 가운데로 다니고 땅의 왕들이 자기 영광을 가지고 그리로 들어가리라 ²⁵ 낮에 성문들을 도무지 닫지 아니하리니 거기에는 밤이 없음이라 ²⁶ 사람들이 만국의 영광과 존귀를 가지고 그리로 들어가겠고 ²⁷ 무엇이든지 속된 것이나 가증한 일 또는 거짓말하는 자는 결코 그리로 들어가지 못하되 오직 어린 양의 생명책에 기록된 자들만 들어가리라.

주해

본 섹션은 요한이 본 새 예루살렘 성에 관한 환상을 그린다. 환상 장면에 대한 그의 묘사가 구체적이어서 사람들은 역사적으로 그것을 문자적인 성의 모습을 그린 것으로 이해해왔다. 말하자면 새 예루살렘으로 그려진 천국은 가로, 세로, 높이가 같은 정육면체로 되어 있고 성곽과 성으로 건축되었으며 동서남북 네 방향으로 열두 진주 문들이 있고 그 안으로 들어가는 황금 빛 찬란한 길이 놓여 있는 그런 문자적인 성이라는 것이다. 그런데 잊지 말아야 할 것은 요한이 여기에 묘사된 새 예루살렘 성을 어린 양의 신부로 이해한다는 사실이다. 계시록의 상징적 장르를 고려할 때 새 예루살렘에 관한 물리적 묘사들은 어린 양의 신부 공동체가 지닌 영적인 함의들을 드러내는 상징적 장치일 것이다. 본 섹션은 크게 세 부분으로 구성된다. 첫째 부분은 천사가 요한을 데리고 가는 장면을 소개하고(9-10절), 둘째 부분은 새 예루살렘의 모습을 묘사하며(11-21절), 셋째 부분은 새 예루살렘의 조건들에 대해 소개한다(22-27절). 본 섹션의 핵심 메시지는 하늘 전체가 하나님의 임재 장소이기 때문에 새 예루살렘이 성전으로 간주된다는 사실이다.

[9-10] 도입부는 17:1의 내용과 반대 평행을 이룬다. 천사가 요한에게 어린 양의 신부를 보여주듯이, 17:1에서 천사는 그에게 많은 물 위에 앉은 음녀를 보여준다. 음녀가 악한 세상사회를 나타내는 상징이라면, 신부는 어린 양을 따르는 교회 공동체를 나타내는 상징이다(Rowland, 1993: 154). 도입부에서 요한에게 말하는 천사는 일곱 재앙들을 가득 담은 일곱 대접을 가진 일곱 천사들 중의 하나이다. 땅 위에 대접 재앙들을 쏟아 붓는 일곱 천사는 악의 삼두체제와 음녀 바벨론에 대한 심판을 주도한다. 이런 중요한 역할을 담당한 천사가 어린 양의 신부인 새 예루살렘을 요한에게 보여주는 것은 의미가 많다. 새 예루살렘이 영광스러운 모습으로 등장하려면 바벨론 성의 심판과 멸망이 선행되어야 하기 때문이다. 천사는 요한에게 "이리 오라"고 말한다. 이것은 계시록에서 새로운 환상을 도입할 때 사용되는 전형적인 문구이다. 따라서 천사가 '이리 오라'고 말한 것은 요한에게 "신부 곧 어린 양의 아내를 보이기" 위함이다. 흥미로운 것은 천사가 요한에게 어린 양의 신부가 되는 아내를 보여주겠다고 한 다음 그를 크고 높은 산으로 데리고 올라가 "하나님께로부터 하늘에서 내려오는 거룩한 성 예루살렘을 보였다"(10절)는 사실이다. 이것은 천사가 요한에게 소개한 어린 양의 아내가 곧 새 예루살렘 성이라는 것을 뜻한다. 따라서

"거룩한 성 예루살렘"이 본문에서 비록 건축물의 구조를 지닌 것처럼 묘사될지라도 어린 양의 신부인 교회 공동체를 나타내는 상징 이미지인 것이 분명하다(Kovacs and Rowland, 2004: 223; Blount, 2009: 385). 요한은 예루살렘 성을 신부로 비유하기는 하지만 신부 은유는 내려놓고 성의 외양에 초점을 두고 묘사한다.

천사가 요한을 "성령으로 데리고 갔다"는 말은 성령의 감동으로 그가 환상 상태에 들어간 것을 말한다(1:10). 그런데 천사가 그를 광야로 데려가서 큰 음녀 바벨론을 보인 것과 달리(17:3) 이번에는 그를 "크고 높은 산"으로 데려가서 거룩한 성 예루살렘을 보여주었다. 구약에서 '산'은 항상 중요한 의미를 지녔다. 모세가 시내 산에 올라가 십계명을 받았고 느보 산에 올라가 약속의 땅을 보게 되었다. 본문에 언급된 "크고 높은 산"은 에스겔 40:1-2을 배경으로 한다. 이 구절에서 하나님은 에스겔을 아주 높은 산 위로 데리고 가서 새 성전에 관한 환상을 보여주셨는데, 그것은 산 위에 세워진 마지막 종말론적인 성이었다(Osborne, 2002: 748). 14:1에서 144,000명도 어린 양과 함께 시온 산에 선 것으로 묘사된다. 본문에서 '산'은 계시가 주어지는 역할을 담당한다. 왜냐하면 크고 높은 산에 올라가 거룩한 성 예루살렘이 "하나님께로부터 하늘에서 내려오는" 환상 장면을 보게 되었기 때문이다. 이것은 어린 양의 신부 공동체인 새 예루살렘이 하나님에게 기원을 둔 천상 공동체라는 것을 시사해준다. 성도들이 어린 양의 신부가 될 수 있는 것은 하나님이 그들에게 은혜로 주신 선물이다.

[11-14] 요한은 여기서 새 예루살렘의 외양에 대해 묘사한다. 새 예루살렘이 물리적인 구조물로 그려지기 때문에 실제의 문자적인 성을 나타내지 않나 생각되겠지만 계시록의 상징적 장르를 고려할 때 11-14절의 언어 표현들은 상징적으로 해석되는 것이 옳다. 9-10절은 새 예루살렘을

어린 양의 아내로 묘사했다면, 11-14절은 그것이 어떤 영적인 성격들을 지닌 공동체인지를 드러내고자 한다. 첫째로, 새 예루살렘은 '하나님의 영광'을 지녔다. 왜냐하면 하나님이 그 가운데 임재하여 계시기 때문이다. "그 성의 빛"은 앞서 언급된 "하나님의 영광"과 연관된 빛이다. 요한은 그 영광의 광채를 "지극히 귀한 보석"에 비유한다. 이를테면 새 예루살렘이 발하는 영광의 광채는 마치 벽옥이나 수정 같이 맑은 빛을 띠고 있다. 주목할 것은 새 예루살렘에 관한 묘사가 4:3에서 보좌에 앉으신 하나님에 관한 묘사를 많이 닮았다는 사실이다. 새 예루살렘이 하나님을 닮은 것은 그것이 하나님의 영광을 반영하기 때문이다. 종말에 어린 양의 신부로 등장하게 될 교회는 하나님의 영광에 동참한 자들로서 모든 면에서 하나님의 의롭고 거룩한 성격을 반영한 공동체이다. 벽옥은 21장에서만 세 차례나 언급될 정도로(11, 18, 19절) 계시록의 대표적인 보석이다. 그것은 여러 다양한 색깔을 지닌 보석이지만 수정같이 투명하지는 않다. 새 예루살렘의 영광스러운 모습을 지극히 귀한 보석들에 비유한 것은 그것이 "광채나 순결함에 있어서 하나님의 영광을 상징하기"(Osborne, 2002: 749) 때문일 것이다.

둘째로, 새 예루살렘은 건축물 구조를 지녔다. 이를테면 그것은 성곽, 문, 기초석으로 구성된 성이다. 새 예루살렘은 '성곽'과 '열두 문'을 지닌 성이다. 우선 성곽의 치수는 "크고 높다." 고대에 성곽은 외적이 포위를 했을 때 도성을 방어하는데 필수적이었다. 하지만 새 창조세계에는 원수가 존재하지 않기 때문에 방어 목적의 성벽은 아니다. 성벽이 벽옥으로 쌓였다는 17절의 진술은 그것이 하나님의 영광을 발산하는 역할을 한다는 사실을 시사해준다. 성곽이 '크고 높은' 것은 도성의 규모가 거대하기 때문이기도 하겠지만 하나님의 영광을 위대하게 드러내는 목적을 지녔기 때문이기도 하다. 또한 새 예루살렘은 열두 문을 지녔다. 동서남북 네 방향에서 각각 세 문씩 지녔는데(13절), 이것은 에스겔 48:30-35을 반영한다. 두 본문 사이에 차이점이 있다면, 에스겔은 각 문이 이스라엘의 열두 지파의 이름을 따라 지어진 것으로 말한 반면, 요한은 열두 지파의 이름이 문들 위에 기록된 것으로 말한다는 사실이다. 열두 문에 이스라엘의 지파들의 이름이 기록되어 있기는 하지만, 이들 문은 온 인류에게 개방된 문들이다. 왜냐하면 믿음을 지켜 승리한 사람들이 들어가는 문이고 그들만이 새 예루살렘을 상속할 것이기 때문이다(21:7). 성이 열두 문으로 개방되어 있다는 것은 만국 백성이 어디서든지 자유롭게 접근할 수 있다는 영적인 사실을 교훈해준다(Osborne, 2002: 750).

셋째로, 열두 문에 열두 천사가 있다(12절). 천사들이 성문에 있는 것은 그것을 지키기 위함인가? 악의 세력들이 완전히 제거된 새 창조세계에서 성문을 지킬 필요가 없기 때문에 성문을 지킬 목적으로 천사가 있는 것은 아니다. 몇몇 학자들은 요한이 2-3장에서 일곱 교회의 천사들을 언급한 사실에 주목하고 성문에 있는 천사들은 하나님과 그의 백성 간의 새로운 관계를 나타내는 것으로 본다(Beale, 1999: 1069). 이 경우에 천사들은 지상 교회들을 대변하는 천상적 존재들이다.

넷째로, 새 예루살렘은 열두 기초석을 갖고 있다(14절). 모든 건축물은 기초석을 갖고 있지만, 특이한 점은 기초석이 열둘이라는 사실이다. 성경에서 '열둘'이란 숫자는 선택받은 그룹의 사람들을 지칭할 때 종종 사용된다. 열두 문에는 이스라엘 백성을 대표하는 열두 지파의 이름이 기록되어 있는 반면, 성곽의 열두 기초석에는 신약교회를 대표하는 열두 사도의 이름이 기록되어 있다. 이것은 새 예루살렘이 신구약의 백성이 하나의 백성이라는 사실을 함축한다. 특히 열두 사도는 예수 그리스도의 복음이란 터 위에 신약교회를 세운 자들로서 새 예루살렘의 기초석에 그들의 이름이 새겨진다는 것은 자연스럽다. 열두 사도들을 "어린 양의 열두 사도"로 부른 것은 신약교회가 죽임을 당한 어린 양의 피로 형성된 구속 공동체라는 사실과, 또한 열두 사도는 그 사실을 증언하는 말씀을 통해 신약교회를 세운 자들이라는 사실을 시사해준다.

[15-17] 본 절은 천사가 새 예루살렘의 건축물을 측량하는 장면을 묘사한다. 측량하는 행위는 11:1에서 성전 안뜰과 그 예배자들을 성전 바깥 뜰로부터 구분하고 보호하며 그것을 영적인 위험이나 부정으로부터 보존하는 목적을 갖는다(Johnson, 1981: 596). 그렇다면 천사가 "그 성과 그 문들과 성곽"을 측량한다는 것은 새 예루살렘의 소유권이 하나님에게 있으며 그가 그것을 안전하게 보호하실 것임을 상징한다. 새 예루살렘은 영원히 하나님의 임재와 보호를 보장받는 하나님의 도성이다(Osborne, 2002: 752). 천사는 측량하는 도구로 '금 갈대 자'를 가졌다. 갈대가 측량 도구로 등장하는 것은 에스겔 40:3이다. 새 성전이 측량된다는 것은 하나님의 백성을 향한 그의 모든 목적들이 그것을 통해 성취되고 완성될 것임을 시사해준다. 그렇다면 계시록 21-22장은 새 성전에 관한 예언을 담고 있는 에스겔 40-48장을 배경으로 한 것이 분명하다. 아마도 갈대 자가 금으로 된 것은 성곽이 벽옥으로 쌓였고 성곽이 정금으로 장식된 장면과 어울리게 하려는 저자의 의도와 연관된 것 같다. 측량의 대상은 성과 문들과 성곽이라고 했지만 15-17절에서 정작 문들에 대한 측량은 이루어지지 않는다. 아마도 문들이 성벽에 포함된 것이기 때문에 생략된 것일 수도 있다. 천사가 측량한 새 예루살렘의 모양은 길이와 너비와 높이가 같은 정육면체 형태이다. 가로, 세로, 높이는 각각 12,000 스다디온인데, 오늘날의 길이로 환산하면 약 1,500마일 정도이다. 어떤 세대주의 학자들은 본문의 묘사를 문자적으로 해석하여 천국이 마치 정육면체 형태로 된 것처럼 간주한다. 하지만 이것은 어린 양의 신부 공동체인 새 예루살렘의 완전성을 상징할 뿐이다. 열왕기상 6:20에 따르면 솔로몬 성전의 지성소가 이런 정육면체 모양으로 지어졌다는 것을 고려할 때, 새 예루살렘은 성전의 특성을 반영한다는 사실을 알 수 있다(Block, 1998: 570).

성곽을 측량한 길이는 144 규빗인데, 오늘날의 길이로 환산하면 216

피트 정도가 된다. 이것은 12 x 12를 나타낸 숫자로서 계시록에서 신구약의 전체 언약백성을 상징하는 의미를 갖는다. 왜냐하면 열두 지파와 열두 사도가 전체 하나님의 백성을 대변한다고 보는 것은 학자들 간에 널리 받아들여지고 있기 때문이다. 새 예루살렘의 길이와 너비와 높이가 12,000 스다디온이라는 사실과 더불어 성곽의 높이가 144 규빗이라는 사실도 신구약의 전체 언약백성을 나타내는 상징적 의미를 지닌다. 본문은 144 규빗이 성곽의 두께를 말하는지(Aune, 1998b: 1162) 높이를 말하는지 분명히 밝히지 않지만 두께보다 높이를 지칭할 가능성이 더 높다(Beale, 1999: 1076f). 성의 규모에 비해 성곽의 높이가 작은 것이 이상하기는 하지만 그것을 문자적인 의미로 받아들일 필요는 없다. 모든 악의 세력들이 다 제거된 상황에서 온갖 보석으로 장식된 성곽은 방어를 위한 것이 아니고, 하나님의 임재 앞에 있는 성도들의 위대함과 아름다움을 상징한다(Osborne, 2002: 754). 해석상의 문제는 성곽의 높이를 측량한 수치를 "사람의 측량 곧 천사의 측량"이라고 부른다는 데 있다. 어떤 학자는 그것을 천사가 사람의 수치로 측량했다는 뜻으로 해석하기도 하고(Osborne, 2002: 754), 다른 학자는 사람의 수치로 측량된 성곽의 높이가 천상적인 의미를 나타낸다고 해석하기도 한다(Beale, 1999: 1077). 상기 표현은 전자의 의미로 해석하는 것이 본문의 의도에 더 적합한 것으로 보인다.

[18-21] 본 절은 새 예루살렘이 각종 보석으로 장식된 모습을 그린다. 첫째, 성곽은 벽옥으로 장식되어 있다(18절). 이 보석은 새 예루살렘 성 전체의 찬란한 영광을 나타낼 때 이미 언급된 바 있다(11절). 4:3에서 하나님의 보좌가 벽옥과 같다고 했기 때문에, 벽옥으로 장식된 성과 성곽은 새 예루살렘이 하나님의 영광과 임재로 충만한 종말론적 교회공동체라는 사실을 함축한다. 둘째, 성은 맑은 유리 같은 정금으로 장식되었다(18절). 21절은 성의 길도 맑은 유리와 같은 정금으로 되어 있다고 말한다.

이것은 하늘 보좌 앞에 "수정과 같은 유리 바다"가 놓여 있었다고 말하는 4:6의 진술과도 연관된다. 새 예루살렘 성의 영광은 자체적으로 발산하는 것이라기보다 하나님 자신의 측량할 수 없는 영광을 반영한 것이다. 지상의 금은 새 예루살렘 성의 영광을 묘사하기에 부적절하다. 성을 장식한 정금이 맑은 유리처럼 투명한 것은 하나님의 영광이 그것을 관통하기 때문이다(Osborne, 2002: 755).

셋째, 성곽의 기초석은 각양 보석으로 꾸몄다(19절). 성곽은 모두 열두 개의 기초석을 지녔는데, "첫째 기초석은 벽옥이요 둘째는 남보석이요 셋째는 옥수요 넷째는 녹보석이요 다섯째는 홍마노요 여섯째는 홍보석이요 일곱째는 황옥이요 여덟째는 녹옥이요 아홉째는 담황옥이요 열째는 비취옥이요 열한째는 청옥이요 열두째는 자수정"으로 장식되어 있었다. 보석 하나 하나에 영적인 의미를 부여하여 알레고리적으로 해석하는 것은 쓸 데 없는 짓이다. 요한은 4장에서 하늘 보좌에 앉으신 하나님을 빛나는 보석들로 묘사한 바 있는데(4:3), 이것은 음녀 바벨론의 지상적 영광과 사치(17:4; 18:12,16)와 대조적으로 하나님의 위엄과 영광과 아름다움을 나타내준다(Osborne, 2002: 755). 종말론적인 하나님 백성은 모든 면에서 하나님의 신적 속성을 반영한 공동체이며 하나님의 찬란한 영광으로 빛나는 공동체이다. 주목할 만한 또 다른 사실이 있다. 구약성경에는 보석 모티브로 묘사되는 대상은 에덴동산(겔 28:13), 성전과 제사장(출 28:17-20), 새 예루살렘(사 54:11-12)이다. 요한이 새 예루살렘을 묘사할 때 이런 보석 모티브를 끌어다 쓴 것은 에덴동산과 성전이 함축하는 영적 실체가 역사의 종말에 새 예루살렘에서 완성될 것임을 시사해준다. 그렇다면 "새 예루살렘에 의해 상징되는 교회 공동체는 새 창조인 에덴의 회복의 삶을 누리게 될 것이며 성전 되신 하나님께서 그들과 함께 거하게 될 것은 당연하다"(이필찬, 2006: 906f).

[22-27] 본 절은 새 예루살렘의 내부 특징들을 묘사한다. 첫째, 새 예루살렘에는 더 이상 성전이 없다(22절). 왜냐하면 하나님과 그리스도 자신이 친히 성전이 되시기 때문이다. "성전이 없다"는 말은 건물로 지어진 성전이 없다는 뜻이다. 요한은 새 예루살렘을 마치 건축물처럼 묘사하기 때문에 성전이 없다는 말은 1세기 독자들에게 충격적인 발언이었을 것이다. 예루살렘의 지상적 조건을 연상하며 본문의 묘사를 접근하게 되면 그런 혼선은 불가피하다. 하지만 새 예루살렘은 문자적인 의미의 건축물이 아니라 어린 양의 신부 공동체인 교회를 상징한다(21:2,9). 지상의 성전은 하나님의 임재의 장소였다. 하지만 새 창조 때가 되면 하나님이 친히 그의 백성과 함께 거하실 것이기 때문에 건축물로서 성전은 따로 필요가 없게 된다. 하나님 또는 그리스도께서 성전이 되신다는 것은 신약 저자들에게 널리 발견되는 사상이다(막 14:58; 엡 2:20-22).

둘째, 새 예루살렘에는 더 이상 "해나 달의 비침이 쓸 데 없다"(23절). 왜냐하면 하나님의 영광이 새 예루살렘을 비치고 있고, 어린 양의 등불이 새 예루살렘을 밝히기 때문이다. 이것은 하나님과 그리스도의 영광과 임재가 해와 달의 빛을 불필요하게 만들 정도로 새 예루살렘에 충만하게 될 것을 나타내준다.

셋째, "만국이 그 빛 가운데로 다니고 땅의 왕들이 자기 영광을 가지고 그리로 들어가게" 될 것이다(24절). 26절에서 "만국의 영광"이 언급되기 때문에 '만국'과 '땅의 왕들'은 동의어적 의미로 쓰였을 것이다. 다만 차이점이 있다면, 만국이 새 예루살렘이 지닌 영광의 빛 가운데로 들어오는 반면 땅의 왕들은 자기 영광을 가지고 새 예루살렘에 들어온다고 말한다는 사실이다. 왕들의 '자기 영광'은 그들 자신의 부과 존귀를 지칭하기보다 하나님 앞에서 예배자로 선 그들의 모습을 나타낸다(Beale, 1999: 1095). 따라서 26절에서 "만국의 영광과 존귀"는 하나님과 그리스도에 대한 찬양의 내용으로 등장한다. 즉 세상 나라의 사람들이 만국의 영광과 존귀를 가지고 새 예루살렘에 들어와 하나님과 어린 양에게 경배하게 될 것이다. 이것은 이사야 60장에 등장하는 종말론적 순례자의 기대를 반영한다(사 60:1-16). 이 종말론적 순례자 기대에 따르면 하나님의 영광이 회복된 예루살렘에 머물게 될 것이며, 만국과 땅의 왕들이 예루살렘의 빛으로 나아오게 될 것이고, 그들이 온갖 금과 유향과 물품들을 수레에 실어 예루살렘으로 가져오게 될 것을 말한다. 요한은 이사야가 말하는 이 종말론적 순례자의 기대가 새 예루살렘에서 성취될 것으로 생각한 것이 분명하다. 다만 이사야는 만국의 순례자들이 수레에 금과 유향과 각종 물품을 예루살렘으로 가져올 것을 내다본 반면, 요한은 만국이 자기 영광과 존귀를 가지고 새 예루살렘으로 들어오게 될 것으로 생각한다는 점이 서로 다를 뿐이다.

넷째, 성문은 항상 낮에 열려져 있다(25절). 왜냐하면 새 예루살렘에는 밤이란 존재하지 않기 때문이다. 이것은 이사야 60:11을 반영한다. 고대 세계에서 밤에 성문을 닫는 것은 적들이나 원치 않는 방문자들을 들어오지 못하게 하기 위함이었다. 그런데 본문에 성문이 낮에 항상 열려 있다는 것은 좀 이상한 표현인 것처럼 보인다. 성문은 낮에 열고 밤에 닫는 것이기 때문이다. 하지만 '낮에'란 말은 '날마다' 또는 '언제든지'를 뜻하는 관용적 표현일 수도 있다(Osborne, 2002: 764). 이렇게 새 예루살렘 성문이 날이면 날마다 항상 열려 있는 것은 하나님께서 성을 안전하게 지키시기 때문이기도 하고, 또한 악의 세력들이 완전히 제거되었기 때문일 것이다. 또한 새 창조세계에는 밤이 존재하지 않고 낮만 존재하기 때문에 성문이 항상 개방되어 만국 백성이 그리고 자유롭게 들어가게 되고, 또한 거룩한 성에 들어갈 때에 그들의 영광과 존귀를 가지고 들어가 하나님과 그리스도 앞에 나아와 예배하게 될 것이다. 앞에서 말한 것처럼, "만국의 영광과 존귀"(26절)는 거룩한 성에 들어가 하나님께 영광과 존귀를 돌리며 예배하는 것을 나타낸다. 그들은 땅에 있을 때 영광과 존귀를 자신들에게 돌리던 자들이었지만, 이제 구속을 받은 백성이 되어 영광과 존귀를 하나님께 돌리는 자들이 되었다. 그들은 영원토록 하나님을 영화롭게 할 것이다.

다섯째, "무엇이든지 속된 것이나 가능한 일 또는 거짓말하는 자는 결코 그리로 들어가지 못할" 것이다(27절). 영원한 새 예루살렘 성은 깨끗하고 거룩한 도성이다. 그것을 더럽힐 만한 자들은 그리로 들어가지 못한다. 22:14은 자신의 옷을 빠는 자들만 "문들을 통하여 성에 들어갈 권세를 받는다"고 말한다. 이것은 하나님 아버지의 뜻대로 행하는 자(마 7:21) 또는 보다 나은 의를 갖춘 자(마 5:20)가 천국에 들어갈 수 있다는 예수의 교훈과 병행을 이룬다. 본문에는 영원한 도성에 허락되지 않는 세 가지가 언급된다. 첫째는 '속된 것'이다. 이것은 사람보다 물건을 가리킨다. '속된'이란 말은 본래 '부정한'(unclean)을 뜻한다(Aune, 1998b: 1175). 요한은 계시록에서 귀신들을 "개구리 같이 더러운 영들"(16:13)로 부른다. 구약에서 부정하다는 말은 성전이나 하나님의 거룩하심과 반대되는 개념이다. 하나님은 자신이 거룩한 것처럼 그의 백성도 거룩할 것을 요구하신다. 부정한 것들은 하나님께 가증한 것들이기 때문에 새 예루살렘 성에 결코 허용되지 않는다. 둘째는 '가증한' 일을 행하는 자들이다. 구약의 성전제의에서 부정한 것은 하나님께 가증한 것이기 때문에 두 개념은 상호 교환적으로 쓰인다. 계시록에서 '가증한'이란 술어는 우상숭배와 자주 연결되어 사용된다. 17:4-5에서 큰 음녀는 온갖 가증한 물건들로 가득찬 금잔을 들고 있었고, 요한은 그녀를 "땅의 가증한 것들의 어미"라고 부른다. 바벨론은 하나님을 섬기지 않고 자기 탐욕적인 영광과 사치를 추구했기 때문에 영적인 관점에서 하나님 앞에 가증한 음행을 범한 음녀로 불리게 된 것이다. 셋째는 '거짓말을 하는' 자들이다. 성도들을 핍박한 불신 유대인들은 3:9에서 거짓말하는 자들로 불린다. 그리고 개들, 점술가들, 살인자들, 우상숭배자들은 모두 영원한 도성 밖에 있게 될 것이다(22:15). 용과 거짓 선지자는 모두 거짓말로 사람들을 미혹하는 존재들인 것처럼(16:13; 19:20; 20:10), 거짓

말하는 사람들도 본래 마귀에게 속한 자들이기 때문에 새 예루살렘에 들어가지 못한다는 것은 당연한 이치다. 물론 그들은 생명책에 기록되지 못한 불신자들일 것이지만, 몇몇 학자들은 박해자들 앞에서 그들의 믿음을 부인하고 거짓말하는 신자들도 여기에 포함될 수 있다고 주장한다(Beale, 1999: 1101; Osborne, 2002: 765). 반면에 새 예루살렘 성에 들어갈 수 있는 자들은 오직 "어린 양의 생명책에 기록된 자들"뿐이다. 이것은 계시록에서 생명책이 언급된 구절들 중 여섯 번째 본문이다. 마지막 백보좌 심판이 이루어질 때 생명책이 열려질 것이다(20:12). 특별히 생명책이 "어린 양의 생명책"으로 불린 것은 그것이 그의 십자가 죽음으로 만들어진 책이라는 것을 시사해준다. 요한은 다른 곳에서 그것이 "창세전에" 기록된 것이라고 말한다(17:8). 이 책은 구원받은 참 신자들의 이름들을 담고 있는데, 그 안에 이름이 기록된 자들은 영원한 도성에 들어가게 될 것이지만 이름이 기록되지 않은 자들은 영원한 불 못에 던져지게 될 것이다.

해설

본 섹션은 "새 하늘과 새 땅," 즉 새 창조세계가 도래하면서 어린 양의 신부 공동체인 새 예루살렘의 모습을 그린다. 새 창조질서는 처음 하늘과 처음 땅이 완전히 사라져 없어진 것처럼 보일 만큼 재창조된 세계이지만, 그렇다고 그것은 옛 창조질서를 대체한 것이 아니라 완전히 새롭게 갱신한 질서이다. 하나님께서 만물을 새롭게 하실 때 그 안에서 살아갈 그의 백성도 새롭게 변화될 수밖에 없다. 요한은 그들을 '새 예루살렘'으로 부른다. 얼핏 보면 그것이 마치 무슨 건축물처럼 묘사되기 때문에 어떤 사람들은 새 예루살렘이 정육면체로 된 공간적 구조물이라고 주장하기까지 한다. 하지만 새 하늘과 새 땅이 공간적 장소라고 한다면, 새 예루살렘은 그곳에 거주할 어린 양의 신부 공동체를 가리킨다. 본 섹션에서 새 예루살렘을 묘사할 때 사용된 구조물의 언어들은 문자적 의미로 해석되기보다 어린 양의 신부 공동체의 영적인 성격을 상징하는 의미로 해석되어야 한다. 새 예루살렘이 하늘에서 내려온다는 것은 그 천상적 기원을 말해주고, 새 예루살렘이 각종 보석으로 장식되었다는 것은 그것이 하나님의 영광과 임재로 충만한 천상적 공동체라는 것을 말해준다. 성과 성곽, 성곽의 기초석, 그리고 성문들이 모두 12이란 숫자로 표시된 것은 언약백성 된 교회 공동체의 성격을 나타내준다. 그렇다면 새 예루살렘은 신구약의 언약백성으로 구성되며 하나님의 영광과 임재를 충만하게 반영한 어린 양의 종말론적 공동체이다. 새 예루살렘이 길이와 너비와 높이가 동일한 정육면체 형태로 되어 있는 것은 성전 지성소의 모양을 닮았고, 하나님과 어린 양 자신이 성전이 된다는 사실도 그것이 영적인 의미에서 성취된 지성소를 함축한다는 사실을 나타낸다. 하나님이 새 예루살렘을 측량한다는 것은 그것의 소유권이 하나님에게 있으며 하나님이 그것을 안전하게 보호할 것임을 상징한다. 하늘에서 성도들은 제사장으로서 하나님을 섬기며 예배하게 될 것이다(7:15; 22:3). 성문들이 하나의 보석으로 장식되고 성의 길이 유리 같이 맑은 정금으로 된 것은 천상적 공동체의 찬란함과 위엄을 강조해준다.

　새 예루살렘은 새 창조 때 존재하게 될 종말론적 공동체이기 때문에, 그 안에는 없는 것들이 많다. 거기에는 건물로서 성전은 더 이상 존재하지 않는다. 하나님과 그리스도가 친히 성전이 되셔서 그의 백성과 함께 거하시기 때문에 하나님의 임재의 장소로서 성전과 같은 특정한 공간이 필요치 않다. 또한 새 예루살렘 성에는 해와 달의 비침이 쓸 데가 없다. 하나님과 그리스도의 영광이 해와 달의 빛을 무색하게 만들만큼 찬란하게 비치기 때문에 그렇다. 또한 새 예루살렘 성에는 밤이 없고 낮만 지속되기 때문에 성문은 항상 열려져 있고 만국의 왕들과 백성들이 그리로 들어와 하나님께 영광과 존귀를 올리며 예배하게 될 것이다. 새 예루살렘은 하나님의 거룩한 도성이기 때문에 그곳에 허용되지 않는 것들이 있다. 부정한 물건들, 가증한 사람들, 거짓말하는 자들은 결단코 성 안에 허용되지 않는다. 오직 어린 양의 생명책에 이름이 기록된 자들만 열두 진주 문을 통해 성 안으로 들어가 하나님을 영원토록 예배하는 특권을 누리게 될 것이다.

C. 마지막 에덴동산으로서 새 예루살렘(22:1-5)

본문

¹ 또 그가 수정 같이 맑은 생명수의 강을 내게 보이니 하나님과 및 어린 양의 보좌로부터 나와서 ² 길 가운데로 흐르더라 강 좌우에 생명나무가 있어 열두 가지 열매를 맺되 달마다 그 열매를 맺고 그 나무 잎사귀들은 만국을 치료하기 위하여 있더라 ³ 다시 저주가 없으며 하나님과 그 어린 양의 보좌가 그 가운데 있으리니 그의 종들이 그를 섬기며 ⁴ 그의 얼굴을 볼 터이요 그의 이름도 그들의 이마에 있으리라 ⁵ 다시 밤이 없겠고 등불과 햇빛이 쓸 데 없으니 이는 주 하나님이 그들에게 비치심이라 그들은 세세토록 왕 노릇 하리로다.

주해

본 섹션은 창세기 2-3장에 묘사된 에덴동산이 새 창조세계에서 어떻게 회복되고 완성되는가를 묘사한다. 하나님께서 아담과 하와를 위해 에덴동산을 세우신 것은 그들이 에덴동산을 향유하도록 하기 위함만이 아니라 그곳에서 하나님과 교제하고 그를 섬기도록 하기 위함이었다. 에덴동산에서 아담과 하와 부부의 전체 삶은 하나님에게 초점을 두고 그를 섬기는 삶이라고 할 수 있다. 하나님이 그들로 선악을 알게 하는 나무 열매를 먹지 못하게 하고 생명나무 열매만 먹도록 허락하신 것은 자신이나 자신의 지식에 의지하지 않고 하나님만 의존하며 살도록 하셨기 때문이다.

하지만 불행하게도 아담 부부는 하나님의 명령을 불순종하여 선악을 알게 하는 나무의 열매를 먹게 되면서 에덴동산에서 쫓겨나게 되고 죽음의 세계로 들어서게 되었다. 요한은 인류의 조상 아담 부부가 잃어버린 에덴동산이 마지막 새 창조세계에서 회복되고 완성된다는 사실을 묘사한다 (Osborne, 2002: 768).

[1-2] 요한은 이미 21:9에서 건축물 이미지를 동원하여 새 예루살렘 공동체의 영적인 성격을 묘사했다면, 그는 이제 본 섹션에서 새 창조질서 속에서 영위하는 새 예루살렘 공동체의 내적인 삶에 강조점을 두고 묘사한다. 그들이 새 하늘과 새 땅에서 누리는 삶은 간략하지만 매우 아름답게 그려진다. 천사는 우선 요한에게 "수정 같이 맑은 생명수의 강"을 보여주었다. '수정 같이 맑다'는 표현은 생명수의 정결함을 비유하는 표현이고 '강'이란 술어는 신구약에서 충만함을 상징하는 비유 표현이다. 이 생수의 강은 "하나님과 어린 양의 보좌로부터" 흘러나온다. 이 구절의 구약 배경은 에스겔 47장에 언급된 성전 환상이다(47:1-12). 에스겔 본문은 생수가 성전 문지방 밑에서 나오는 것으로 묘사하지만(47:1), 계시록 본문은 생수가 하나님과 어린 양의 보좌로부터 흘러나오는 것으로 묘사한다. 예수는 예루살렘의 군중들 앞에서 행한 초막절 연설에서(요 7:37-39) "나를 믿는 자는 성경에 이름과 같이 그 배에서 생수의 강이 흘러나오리라"(38절)고 외치셨는데, 요한은 이 약속이 "그를 믿는 자들이 받을 성령을 가리켜 말씀하신 것이라"고 해석해주었다. 요한은 부활 이후에 영광을 받으신 예수께서 주시는 성령을 보혜사 성령으로 동일시한다(요 7:39). 보혜사 성령은 에스겔 47:1-12에서 약속된 생수의 강처럼 믿는 자들 안에서 충만하게 역사하는 성령으로서 그는 궁극적으로 하나님 아버지가 주시는 성령이기도 하지만(요 14:26) 또한 영광을 받으신 예수께서 하나님에게서 받아 제자들에게 부어주는 성령이기도 하다(요 14:16). 에스겔 47장에 묘사된 생

수는 성전 문지방 밑에서 흘러나와 나중에는 큰 강을 이루게 되는데, 생수가 흐르는 강 좌우에 각종 열매 나무가 자라고 그 잎이 시들지 않아서 사시사철 새로운 열매를 맺게 된다. 요한복음에서 생수는 종종 '영생' 또는 '구원'을 상징하는 비유 언어로 사용되는 것처럼(요 4:14), 계시록도 생수를 영생을 가리키는 비유 언어로 사용된다(22:17). 새 예루살렘 성을 생수의 강이 흘러넘치는 곳으로 묘사한 것은 새 창조세계에서 에덴동산이 온전한 의미에서 회복되고 완성될 것임을 내다보았음을 의미한다. 요한은 에스겔의 이 예언을 넘겨받아 에덴동산의 회복이 새 예루살렘 공동체 가운데서 실현될 것으로 생각했음이 분명하다(Beale, 1999: 1103).

생명수의 강이 새 예루살렘 성의 "길 가운데로 흐르기" 때문에 생명 나무가 그 성의 큰 길을 따라 자라면서 "열두 가지 열매를 맺되 달마다 그 열매를 맺고 그 나무 잎사귀들은 만국을 치료하기 위해 있다"(2절). 생수의 강이 성의 길 가운데로 흐른다는 것은 마치 새 예루살렘 성 가운데로 운하에 흐르는 것처럼 문자적인 의미로 취해서는 안 된다. 오히려 그것은 단지 성령과 영생이 새 예루살렘 공동체의 삶에서 중심을 이루고 있음을 나타낼 뿐이다(Ladd, 1972: 287). 그리고 생명수 강의 좌우편에 생명 나무가 자라서 사시사철 열매를 맺고 그 잎사귀들은 만국을 치료하기 위해 있다는 진술은 기본적으로 에스겔 47:12의 언어를 배경으로 한다. 에스겔이 예언한 것처럼, 에덴동산이 회복될 새 창조세계에서는 아담 부부가 빼앗기고 그의 후손들이 접근할 수 없었던 모든 축복이 회복될 것이다(Johnson, 1981: 599). 인류는 아담 부부의 범죄로 인해 생명나무에 나아갈 권한을 빼앗겼지만, 새 예루살렘 공동체는 생명나무에 나아갈 권세를 얻게 되고 풍성한 생명을 누리게 될 것이다.(22:14). 어떤 학자들은 생명나무가 복수가 아니라 단수명사인 '크쉴론'(tree)이란 사실에 주목한다. 그들에 따르면, 풍성한 열매와 만국을 치료하는 잎사귀를 내는 '나무'는 나무 형틀로 만든 그리스도의 십자가를 상징한다(Johnson, 1981: 599; Chilton, 1987:

567). 그렇다면 그리스도의 구속적 죽음의 지속적 효과가 새 예루살렘 공동체의 미래의 삶에도 영향을 미친다는 뜻을 갖게 된다. 하지만 나무라는 단수 명사는 집합적인 의미로 쓰일 수 있기 때문에 생명나무를 십자가에 직접 연결시키는 것은 좀 과한 것으로 보인다. 생명나무가 달마다 열두 가지 열매를 맺고 만국을 치료하는 잎사귀를 낸다는 것은 에스겔서의 표현을 넘어선 것이다. 에스겔 47:12은 잎사귀가 '약재료'가 된다고 한 반면, 계시록 본문은 그것이 "만국을 치료하는" 효과가 나타낸다고 말한다. 전자의 본문에서 치료되는 것은 이스라엘이지만 후자의 본문에서 치료되는 것은 만국이다. 만국이 치료된다는 것은 열방이 회심하게 될 것을 상징하는 비유 표현이다(Osborne, 2002: 772). 회개의 요청을 받아들이기를 거부한 자들은 끝내 멸망당 할 것이고 생명나무에 나아갈 권세를 얻지 못하게 되지만, 열방 중에서 회개의 요청을 받아들인 자들은 새 예루살렘 성에 들어가 치료를 받게 될 것이고 충성한 생명을 누리게 될 것이다. 이로써 계시록 본문은 에덴의 회복이 지닌 우주적이며 보편적인 성격을 강조해준다.

[3-4] 본 절은 새 예루살렘 공동체가 하나님과 어린 양과 맺게 될 새로운 관계를 묘사해준다. 1절은 생명수의 강이 "하나님과 어린 양의 보좌로부터" 흘러나온다고 묘사한다면, 3절은 "하나님과 어린 양의 보좌"가 새 예루살렘 성 가운데 있을 것이라고 말한다. 그렇다면 새 예루살렘의 모든 삶은 하나님과 어린 양의 보좌 중심으로 이루어진다는 것을 알 수 있다. 보좌에 앉으신 하나님과 어린 양이 새 창조세계에서 제공하는 모든 축복들, 이를테면 "영생, 넘치는 양식, 완전한 치유, 절대적 안전" 등은 새 예루살렘 공동체에게 주시는 축복들이다(Osborne, 2002: 773). 게다가 보좌 위에서 다스리는 만왕의 왕이 계시기 때문에 "그의 종들이 그를 섬기는" 것은 당연한 것이다. 하나님이 에덴동산에서 아담 부부를 살게 한 것은 에덴동산의 풍성한 삶을 누리게 하는 것일 뿐만 아니라 하나님을 예배하고 섬기

도록 하기 위함이다. 이 이상이 회복될 에덴동산에서 실현된다. 새 예루살렘은 에덴동산의 성취된 형태일 뿐만 아니라 완성된 지성소의 특징을 지녔기 때문에 하나님의 백성이 그와 함께 가족처럼 장막에 거하고(21:3) 제사장들로서 성전에서 그를 예배하고 섬기게 될 것이다(21:22; 22:3).

새 예루살렘의 삶에는 "다시 저주가 없게 될 것이다"(3절상). 요한은 본 섹션에서 에덴동산 모티브를 사용하기 때문에 다시 저주가 없다는 것은 아담 부부의 범죄로 초래된 저주가 회복될 에덴동산에서는 완전히 제거될 것임을 시사해준다. 3절상의 '저주'는 아담 부부의 범죄로 임한 심판의 결과들(창 3:16-19)을 가리킨다. 그들은 하나님의 명령을 어기고 선악을 알게 하는 나무의 열매를 따먹었기 때문에 사망이 그들에게 임하게 되고 땅은 저주를 받아 엉겅퀴를 내는 상황을 맞게 되었다. 새 창조세계에서는 또한 성도들이 날마다 하나님의 얼굴을 보게 될 것이고 "그의 이름도 그들의 이마에 있을"(4절) 것이다. 모세가 하나님의 영광을 보여 달라고 요청했을 때 하나님은 "아무도 나를 보고 살 자가 없다"(출 33:20)고 말씀하셨고, 요한은 "본래 하나님을 본 사람은 없으되 아버지 품속에 있는 독생하신 하나님이 나타내셨다"(요 1:18)고 말하였다. 하지만 4절은 새 창조세계에서 살아갈 새 예루살렘 공동체는 하나님의 얼굴을 볼 수 있다고 말한다. 계시록에서 하나님의 얼굴을 본다는 말은 육신의 눈으로 본다는 문자적 의미를 나타내지 않는다. 그것은 하나님과 올바른 관계를 맺어 그가 어떤 분이신지를 알게 된다는 영적인 의미로 쓰인 것이 분명하다(욥 33:26; 시 17:15)(Aune, 1998b: 1179-80; Osborne, 2002: 774). 하나님과의 친밀한 관계 속에서 그를 온전히 알게 되는 것은 성경이 약속한 위대한 소망이 새 예루살렘 공동체 가운데서 실현될 것임을 시사해준다. 그리고 하나님의 이름이 그들의 이마에 있다는 것은 성도들이 완전한 의미에서 하나님에 의해 소유된 백성이 되어 그와 친밀한 교제를 누리게 되었음을 말해준다.

[5] 본 절에서 요한은 결론적으로 새 창조세계에서 없는 것들과 있는 것들을 언급한다. 없는 것들은 "다시 밤이 없을 것"이고 "등불과 햇빛이 쓸 데가 없을 것"이다. 왜냐하면 주 하나님께서 친히 그들에게 빛을 비추시기 때문이다. 하나님이 빛을 비추신다는 것은 하나님의 영광스러운 임재가 새 예루살렘 공동체와 함께 있을 것임을 상징하는 비유적 언어이다. 그렇다면 하나님이 빛을 비추신다는 본 절의 진술은 4절의 진술, 즉 새 예루살렘 공동체가 하나님의 얼굴을 친히 볼 것이라는 진술과도 같은 맥락에 있다. 하나님의 영광스러운 임재가 늘 성도들과 함께 있어서 그들은 하나님과의 이 임재 속에서 그를 친밀하게 아는 친 백성이 될 것이기 때문이다. 비슷한 이미지 표현이 21:23, 25에서도 발견된다. 새 예루살렘에는 하나님과 어린 양이 친히 빛을 비추어 항상 낮처럼 밝기 때문에 다시는 밤이 없게 될 것이며, 또한 만국의 왕들이 영광을 가지고 그리로 들어가 하나님을 뵙게 될 것이다.

새 예루살렘 공동체인 성도들은 결국 하나님의 영광스러운 빛 속에서 "세세토록 왕 노릇하게 될"(5절하) 것이다. '왕 노릇하다'는 술어는 단순히 왕 같은 존재가 된다는 영적인 의미로 쓰였거나 아니면 만국을 다스리는 실질적인 권세를 나타내는 말로 쓰일 수 있다. 상기 문구는 어떤 의미로 쓰였는가? 2:26-27에서 그리스도는 이기는 자들에게 "만국을 다스리는 권세를 줄" 것이라고 약속한다. 이 약속은 20:4에서 약속된 천년왕국에서 부분적으로 실현되고 있지만 궁극적으로는 영원한 신천신지에서 완성될 것이다(Osborne, 2002: 775). 다만 영원한 신천신지에는 성도들의 다스림을 받는 만국이 더 이상 존재하지 않기 때문에, 왕 노릇한다는 본 절의 표현은 새 창조세계를 지배할 모든 권세가 성도들에게 주어질 것을 함축할 수 있다. 그 때가 되면 성도들은 그리스도와 함께 보좌에 앉아 왕처럼 만물을 다스리게 될 것이며, 에덴동산에서 아담 부부에게 주어졌던 만물을 다스릴 권세가 회복될 에덴동산에서 궁극적으로 실현될 것이다.

해설

요한은 새 예루살렘을 성전 지성소의 성취로 이해할 뿐만 아니라 회복된 에덴동산으로도 이해한다. 인류의 조상 아담 부부는 범죄로 인해 에덴동산에서 주어진 모든 축복들을 빼앗기고 거기서 쫓겨났지만, 어린 양 그리스도는 믿는 모든 성도들을 위해 에덴동산을 궁극적으로 회복하실 분이시다. 새 예루살렘 공동체는 회복된 에덴동산의 모든 삶의 조건들, 이를테면 영생, 풍성한 양식, 완전한 치유, 궁극적인 안전의 축복들을 누리게 될 것이다. 요한은 새 예루살렘을 "수정 같이 맑은 생명수의 강"으로 묘사한다. 이것은 에스겔 47:1-12의 성전 환상을 배경으로 한다. 에스겔은 마지막 완성의 때에 에덴동산의 회복이 이루어질 것을 내다본 것처럼, 요한도 에스겔의 이 예언을 넘겨받아 구속공동체가 거주할 새 창조세계가 되면 에덴의 모든 삶의 모든 조건들이 그들에게 회복될 뿐만 아니라 한층 더 확장되고 심화될 것으로 내다보았다. 무엇보다도 새 예루살렘 공동체는 성령의 충만함과 영원한 생명을 누리는 종말론적인 공동체이다. 하나님과 어린 양의 보좌가 그들과 함께 있기 때문에, 성도들은 세세토록 하나님을 예배하고 섬기는 제사장이 될 것이며, 하나님의 완전한 소유가 되어 그의 특별한 보호를 누리게 될 것이다. 인류의 조상 아담 부부는 범죄로 인해 사망에 처해진 존재가 되어 에덴에서 쫓겨났지만, 어린 양을 좇는 모든 성도들은 회복된 에덴에서 다시는 저주를 겪지 않게 될 것이며 생명나무에 나아가는 축복을 얻게 될 것이다. 그리고 하나님과 어린 양이 친히 빛이 되시기 때문에 그들에게는 다시 밤이 없고 그의 영광스러운 임재 속에서 지내게 될 것이다. 결국 회복될 에덴동산에서 주어질 모든 축복들은 하나님과 어린 양에게서 흘러나오는 축복들이다.

5. 에필로그: 내가 속히 오리라

(22:6-21)

본 섹션은 계시록을 마무리 짓는 부분에 해당한다. 에필로그는 여러 다양한 진술들로 구성되어 있고 또 어떤 화자가 말한 진술들인지 확인하기가 쉽지 않지만 크게 보면 두 개의 주제들이 중심을 이루고 있다. 하나는 계시록에 담긴 예언적 말씀의 권위를 확증하는 것이고, 다른 하나는 인자 되신 그리스도께서 속히 오실 것을 강조하는 것이다. 본 섹션은 크게 세 부분의 말씀들을 담고 있다. 계시록의 권위를 확증하는 도입구(6-9절), 천사의 명령, 그리스도의 말씀, 그리고 요한의 간청을 포함한 중심내용(10-20절), 그리고 마지막 축도(21절)가 그것이다.

A. 도입부(22:6-9)

본문

6 또 그가 내게 말하기를 이 말은 신실하고 참된지라 주 곧 선지자들의 영의 하나님이 그의 종들에게 반드시 속히 되어질 일을 보이시려고 그의 천사를 보내셨도다 7 보라 내가 속히 오리니 이 두루마리의 예언의 말씀을 지키는 자는 복이 있으리라 하더라 8 이것들을 보고 들은 자는 나 요한이니 내가 듣고 볼 때에 이 일을 내게 보이던 천사의 발 앞에 경배하려고 엎드렸더니 9 그가 내게 말하기를 나는 너와 네 형제 선지자들과 또 이 두루마리의 말을 지키는 자들과 함께 된 종이니 그리하지 말고 하나님께 경배하라 하더라.

주해

에필로그의 도입부는 계시록에 담긴 하나님 말씀의 진실성을 확증하고(6절) 예언의 말씀에 대해 성도들이 취해야 할 태도를 말해주고(7절) 앞의 두 절에서 언급된 내용을 부연설명 한다(8-9절).

[6] 본 절은 계시록 전체에 담긴 하나님의 말씀이 "신실하고 참되다"는 사실을 확증하는 천사의 말을 담고 있다. 6절의 진술을 말한 화자는 21-22장에서 요한에게 계시를 말하고 환상을 보여주던 천사를 가리킨다(21:9, 15; 22:1). "이 말"은 좁게는 새 창조와 새 예루살렘에 관한 말씀(21:1-22:5)을 지칭할 수 있지만, 본 절이 계시록을 마무리 짓는 에필로그 문맥에서 등장하기 때문에 그것은 폭넓게 계시록 전체 메시지를 가리키는 것으로 보인다(Morris, 1987: 245). "신실하고 참되다"는 말은 계시록 전체가 신뢰할 만한 예언의 말씀이라는 사실을 강조해준다. 요한은 이 말씀을 주신 분을 "주 곧 선지자들의 영의 하나님"으로 말하는데, 흔치 않은 표현이다. 계시록에서 성령은 특히 '예언의 영'(19:10)으로 불리는 영이고, 하나님은 이 예언의 영을 선지자들에게 부어주시는 주이시다. 그렇다면 요한은 이 특이한 표현을 통해서 성령으로 선지자들을 감동시켜서 예언의 말씀을 하게 하셨던 하나님이 요한과 같은 그의 종들도 성령으로 감동하셔서 계시와 환상을 주셨다는 사실을 말하는 것으로 보인다. 본 절의 '선지자들'은 구약과 신약의 선지자들을 모두 지칭한다(Beale, 1999: 1124). 결국 하나님은 성령의 감동을 받은 선지자들을 통해 "반드시 속히 되어질 일을 보이시려고 그의 천사들을 보내셨다." 이 진술은 1:1에서 이미 등장한 바 있다. 천사들은 장차 속히 일어날 사건들에 관한 말씀들과 환상들을 알려주는 계시 전달자이다. 종말과 관련하여 발생하는 일들은 결코 우발적인 사건들이 아니고 하나님의 뜻 안에서 계획된 일들이고 반드시 속히 일어나야 할 일들이다. '속히'란 말은 계시록에서 종말의 임박성을 강조하는 뜻

으로 사용된다. 물론 요한 시대와 우리 시대 사이에 이천 년이란 시간적 간격이 놓여 있음에도 불구하고 하나님에게 종말은 여전히 '속히' 임할 어떤 것이다(Beale, 1999: 1135; Osborne, 2002: 781).

[7] 예수께서 속히 오실 것이기 때문에 "이 두루마리의 예언의 말씀을 지키는 자는 복이 있을 것이다." 계시록에는 복을 선언하는 말씀이 7회 등장하는데, 본 절의 말씀은 여섯 번째에 해당한다. 첫 번째 말씀처럼(1:3) 여섯 번째 말씀도 예언의 말씀을 지키고 순종하는 자들에게 복을 선언한다. 예언의 말씀을 신실하게 지키는 삶은 재림을 고대하는 성도들의 종말론적 기대와 밀접한 연관성을 갖는다. 왜냐하면 계시록에 담긴 예언의 말씀은 재림에 지향점을 둔 종말론적 메시지이기 때문이다.

[8-9] 본 절은 6-7절과 연속되는 내용을 담고 있다. 화자는 "이것들을 보고 들은 자"를 "나 요한"이라고 동일시한다. '이것들'은 넓게는 계시록 전체 내용을 지칭할 수 있다. 그것은 천사를 통해서 주어진 예언의 말씀이기 때문이다(1:1). 하지만 예언의 말씀을 전하는 '천사'가 복수가 아니라 단수이다. 때문에 '이것들'은 근접문맥에서 거론되는 새 창조와 새 예루살렘에 관한 메시지(21:1-22:5)를 지칭할 수도 있다(이필찬, 2006: 946). 요한은 자신이 듣고 본 환상 계시들에 압도가 되어 그것들을 알려준 천사에게 엎드려 경배하고자 했다. 하지만 천사는 요한의 그러한 행동을 저지하면서 오직 하나님께만 경배할 것을 요구한다. 왜냐하면 천사는 하나님으로부터 계시를 받아 그의 종들에게 알려주는 중개자일 뿐이기 때문이다. 천사는 자신을 "너와 네 형제 선지자들과 또 이 두루마리의 말을 지키는 자들과 함께 된 종"이라고 소개한다. 이 구절에서 요한, 그와 같은 형제 선지자들, 그리고 계시록의 말을 지키는 자들은 다 같은 하나님의 종들이다. 영적인 거장의 자리에 오르면 자칫 하나님이 받아야 할 경배를 받고 싶은

유혹을 받을 수 있지만 그것은 명백한 죄이다.

B. 중심내용(22:10-20)

본문

10 또 내게 말하되 이 두루마리의 예언의 말씀을 인봉하지 말라 때가 가까우니라 11 불의를 행하는 자는 그대로 불의를 행하고 더러운 자는 그대로 더럽고 의로운 자는 그대로 의를 행하고 거룩한 자는 그대로 거룩하게 하라 12 보라 내가 속히 오리니 내가 줄 상이 내게 있어 각 사람에게 그가 행한 대로 갚아 주리라 13 나는 알파와 오메가요 처음과 마지막이요 시작과 마침이라 14 자기 두루마리를 빠는 자들은 복이 있으니 이는 그들이 생명나무에 나아가며 문들을 통하여 성에 들어갈 권세를 받으려 함이라 15 개들과 점술가들과 음행하는 자들과 살인자들과 우상 숭배자들과 및 거짓말을 좋아하며 지어내는 자는 다 성 밖에 있으리라 16 나 예수는 교회들을 위하여 내 사자를 보내어 이것들을 너희에게 증언하게 하였노라 나는 다윗의 뿌리요 자손이니 곧 광명한 새벽 별이라 하시더라 17 성령과 신부가 말씀하시기를 오라 하시는도다 듣는 자도 오라 할 것이요 목마른 자도 올 것이요 또 원하는 자는 값없이 생명수를 받으라 하시더라 18 내가 이 두루마리의 예언의 말씀을 듣는 모든 사람에게 증언하노니 만일 누구든지 이것들 외에 더하면 하나님이 이 두루마리에 기록된 재앙들을 그에게 더하실 것이요 19 만일 누구든지 이 두루마리의 예언의 말씀에서 제하여 버리면 하나님이 이 두루마리에 기록된 생명나무와 및 거룩한 성에 참여함을 제하여 버리시리라 20 이것들을 증언하신 이가 이르시되 내가 진실로 속히 오리라 하시거늘 아멘 주 예수여 오시옵소서.

주해

에필로그의 중심내용은 좀 산만한 내용들로 구성되어 있지만 세상의 심판자로 오실 그리스도의 신분, 예언적 메시지의 신적 권위, 재림 때 의인에 대한 보상과 악인에 대한 보응, 예언의 말씀을 가감하지 말라는 경고, 예수께서 속히 오시리라는 약속, 재림에 대한 성도들의 갈망 등의 내용을 담고 있다.

[10] 천사는 또 다른 명령을 덧붙인다. 때가 가깝기 때문에 이 두루마리 책에 담긴 예언의 말씀을 인봉하지 말라는 명령이 그것이다. 계시록에 담긴 예언의 말씀은 알리기 위해 기록된 말씀이다. 예언의 말씀을 인봉하지 말라는 본 절의 명령은 그것을 인봉하라는 다니엘서의 말씀과 대조를 이룬다(8:26; 12:4,9-10). 다니엘에게 주어진 계시는 아직 감추어진 예언의 말씀이지만, 임박한 종말을 앞두고 있는 요한의 독자들에게 그것은 시급하게 알려야 할 예언의 말씀이 되었다. 두루마리 책이 봉인되었다는 것은 종말이 아직 이르지 않았다는 것을 뜻하는 반면, 그것이 봉인되지 않고 열려진 상태에 있다는 것은 종말이 도래하는 때가 되었다는 것을 뜻한다.

[11] 본 절은 예언의 말씀을 대하는 악인과 의인의 두 다른 반응을 소개한다. 본 절 전반부는 예언의 말씀에 부정적인 반응을 나타내는 자들에 대한 말씀이라면, 후반부는 예언의 말씀에 긍정적인 반응을 나타내는 자들에 대한 말씀이다. 예언의 말씀이 선포되었음에도 불구하고 불의를 행하는 자들은 그대로 불의를 행하고 더러운 자들은 그대로 더러운 자들로 살아간다. 예언의 말씀을 듣고도 아무런 삶의 변화를 나타내지 않고 예전 모습 그대로 살아가는 태도는 그 자체가 하나님의 심판일 수 있다. 바울은 로마서 1:24-28에서도 비슷한 주장을 한다. 그는 여기서 '내버려 두셨다'는 술어를 세 차례나 사용한다. 하나님은 불의한 자들을 "마음의 정욕대로 더러움에 내버려 두셨으며"(24절), "부끄러운 욕심에 내버려 두셨으며"(26절), "그 상실한 마음대로 내버려 두셨다"(28절). 이것은 자신의 불

의를 고집하는 인생들의 태도 자체가 하나님이 그들을 심판에 처하도록 유기하신 행위라는 것을 말해준다. 반면에 예언의 말씀에 긍정적인 반응을 나타내는 의인들은 계속해서 의로운 행위를 하고 거룩한 삶을 살게 된다. 주목할 만한 현상은 불의를 행하는 자와 의로운 자가 대조를 이루고, 더러운 자와 거룩한 자가 대조를 이룬다는 사실이다. 이것은 의와 불의가 상반된 개념들이고, 부정과 거룩함이 상반된 개념들이라는 것을 말해준다. 결국 사탄에게 속한 자들과 하나님께 속한 자들이 구분되는 기준은 예언의 말씀을 듣고 순종하는가 아니면 불순종하는가에 있다. 예언의 말씀을 순종하는 자들은 의롭고 거룩한 삶을 나타내는 하나님의 백성일 것이고, 그것을 불순종하는 자들은 불의와 부정을 자행하는 사탄의 백성일 것이다.

[12-13] 본 절은 예수께서 하신 말씀이다. 11절은 예언의 말씀에 대한 의인과 악인의 태도를 언급했다면, 12절은 예수께서 오실 때 각 사람의 행위에 합당한 상을 베풀게 될 것을 말한다. 또한 각 사람의 행위에 합당한 상을 베풀 것이라는 12절의 말씀은 예언의 말씀을 지키는 자에게 복을 선언하는 7절의 말씀과도 연관되어 있다. 예언의 말씀을 지키는 자가 받을 복은 재림 때 그가 받게 될 상을 내용으로 하기 때문이다. 다만 12절은 "의를 행하고 거룩한 자"가 받게 될 상을 언급하는 반면, "불의를 행하고 더러운 자"가 받게 될 보응은 언급하지 않는다. 행위심판은 신구약 성경의 근본적인 사상이며, 이미 그것은 11:18에서 언급된 바 있다. 심판 때 각 신자가 그의 행위에 따라 받게 될 상은 칭찬, 영광, 생명의 면류관 등을 포함하지만 영생, 구원, 하나님나라의 상속 등도 넓은 의미에서 상에 포함된다. 하나님으로부터 상을 받게 만드는 행위는 신자의 믿음이 산출한 열매이다. 믿음은 하나님과 그의 말씀에 대한 전폭적인 헌신을 뜻하기 때문에 그것은 의롭고 거룩한 삶과 행위를 산출하는 역동적인 요인이다. 마지

막 날에 예수는 그러한 행위를 보고 그가 구원하는 참 믿음이 있는지를 판단하시게 될 것이다. 13절에서 행위심판을 주관하는 예수를 "알파와 오메가요 처음과 마지막"으로 언급한다. 1:8, 17, 2:8, 21:6에 등장한 바 있는 이 문구는 예수께서 하나님과 마찬가지로 역사의 처음과 마지막을 주관하고 심판하는 궁극적 주권자라는 것을 함축한다. 그것이 계시록 첫 부분과 마지막 부분을 장식한다는 것은 계시록의 전체 메시지가 궁극적 주권자인 하나님과 그리스도에게 초점을 두고 있다는 사실을 나타내준다.

[14-15] 11절이 악인과 의인을 구분한 것처럼, 본 절도 새 예루살렘 성에 들어갈 자들과 못 들어갈 자들을 구분한다. 요한은 마치 새 예루살렘을 어떤 물리적 건축물처럼 묘사했기 때문에 문자적 해석을 선호하는 어떤 학자들은 그것을 정육면체의 구조물로 보려고 한다. 하지만 요한은 이미 그것의 정체를 어린 양의 신부 공동체로 동일시했기 때문에(21:9), 새 예루살렘 성에 "들어갈 권세를 얻었다"는 표현은 어린 양의 신부 공동체의 구성원이 될 자격을 얻었다는 뜻으로 해석해야 한다. 그렇다면 어린 양의 신부 공동체의 구성원이 될 자격은 무엇인가? 요한은 이미 19:7-8에서 어린 양의 혼인기약이 이르러 그의 아내가 "빛나고 깨끗한 세마포" 옷으로 자신을 단장한 모습을 그리면서 그것이 곧 "성도들의 옳은 행실"을 가리킨다고 해석한 바 있다. 여기서 성도들의 의로운 행실은 그리스도의 구속을 힘입어 나타난 삶의 거룩한 변화를 가리키며, 요한은 그것을 어린 양의 아내가 혼인잔치에 들어가기 위해 갖추어야 할 자격으로 제시한다. 성도들은 "어린 양의 피에 그 옷을 씻어 희게 된"(7:14) 옷을 입은 자들이지만, 구속의 은혜를 입은 결과로 거룩하고 의로운 삶과 행실을(19:8) 나타내는 자들이기도 하다. 또한 요한은 날마다 "자기 두루마기를 빠는 자들은 복이 있다"고 말한다. 현재시제 동사가 쓰인 것은 자신의 옷을 빨아 항상 깨끗하고 희게 유지해야 한다는 것을 말해준다. 성도들은 세상의 온갖

유혹과 압력을 받아 살면서 쉽게 죄로 오염되고 더러워질 수 있기 때문에 늘 회개하는 삶을 살아야 한다(요일 1:7,9)(Morris, 1987: 248). 예수는 사데 교회 중에서 자신의 옷을 더럽히지 아니한 자들에게 자신과 함께 흰 옷을 입고 다니게 해주겠다고 약속하셨는데(3:4), 이것은 하나님의 의로운 백성 된 신분을 얻게 해주겠다는 약속이다. 계시록에는 이기는 자들에게 복을 선언하는 말씀이 7회 등장하는데, 14절은 그 일곱 번째 말씀에 해당한다. 자신의 옷을 빠는 자에게 주어질 복은 "생명나무에 나아가며 문들을 통하여 성에 들어갈 권세를 받는" 것이다. 문들을 통하여"란 말은 어린 양의 신부 공동체에 속할 수 있는 합법적인 자격이 그들에게 주어졌다는 것을 상징하는 문구이다. 그리고 생명나무에 나아가는 것과 새 예루살렘 성에 들어가는 것은 상호 설명해주는 역할을 한다. 영생을 누리는 것은 어린 양의 신부 공동체의 구성원이 되는 자들에게만 주어지기 때문이다(Ladd, 1972: 293).

14절은 새 예루살렘 성 안에 있는 자들을 묘사했다면, 15절은 성 밖에 있는 자들을 묘사한다. 전자는 하나님의 백성에 속한 자들인 반면 후자는 사탄의 백성에 속한 자들이다. 성 밖에 있는 자들은 "개들과 술객들과 행음자들과 살인자들과 우상 숭배자들과 및 거짓말을 좋아하며 지어내는 자들"이다. 비슷한 악인들의 목록이 21: 8에서 등장한다. 다만 차이점이 있다면 본 절은 "두려워하는 자들과 믿지 아니하는 자들과 흉악한 자들" 대신에 '개들'을 삽입한다. '개들'은 본래 유대인들이 예루살렘 성 밖에 사는 이방인들을 부를 때 사용하던 술어인데(마 15:26), 바울은 그것을 할례를 자랑하는 유대주의 거짓교사들을 비판하면서 사용한다(빌 3:2). 성경에서 개들은 자신의 먹을 것만 게걸스럽게 탐하는 부정한 동물로 자주 등장하는데 때로 불신자들을 상징하는 은유로 쓰이기도 한다(마 7:6; Did. 9:5). 본 절에서 개는 자신의 육신적 탐욕과 지상적 안전만을 추구하는 불신자들을 지칭하며 본래 그것은 짐승의 특징이기도 하다(13:15-18)(Beale, 1999:

1141). 개들은 악인 목록 맨 앞에 위치한 것으로 보아 그것은 후속되는 악인들을 대변하는 것 같고 11절의 "불의한 자들과 더러운 자들"을 통칭한다. 악인의 마지막 목록은 "거짓말을 좋아하고 지어내는 자들"이다. 사탄은 본래 '거짓의 아비'이며(요 8:44) 세상을 속이는 자인 것처럼(12:9; 13:14), 거짓말하기를 좋아하는 자들은 사탄에게 속한 자들이다. 요한은 이미 21:27에서 거짓말하는 자들이 새 예루살렘 성에 결코 들어갈 수 없다고 말한 적이 있다. 진리보다 거짓을 사랑하는 자들은 빛의 자녀들이 아니기 때문에 밤이 없는 빛의 도시에 들어갈 자격이 없다.

[16] 본 절은 화자인 예수께서 요한과 교회들에게 직접 하시는 말씀을 담고 있다. 해석상의 문제는 '교회들'과 '너희'의 관계를 어떻게 볼 것인가에 있다. 한 해석은 둘을 동일한 대상으로 보는 것이고, 다른 해석은 둘을 다른 대상으로 보는 것이다. 문맥상 '교회'와 '너희'를 동일한 대상으로 보는 것이 자연스럽다. 본 절은 1:1의 내용을 재확인한다. 하나님은 예언 계시의 말씀을 예수 그리스도에게 주셨고, 예수 그리스도는 그것을 그의 천사에게 주어 요한에게 알게 했으며, 요한은 그것을 종들에게 보여주었다. 예수께서 그의 말씀을 천사를 통해 아시아 일곱 교회들에게 증언했다는 말씀은 두 가지 사실을 강조해준다. 첫째는 계시록 전체가 신적인 권위를 지닌 계시의 말씀이라는 것이고, 둘째는 그러한 계시의 궁극적 출처가 바로 예수 자신이라는 것이다. 따라서 예수께서 천사를 통해 교회들에게 증언한 '이것들'은 계시록 전체 메시지를 가리킨다. 요한은 계시의 궁극적 출처인 예수를 "다윗의 뿌리요 자손이니 곧 광명한 새벽별"로 부른다. '다윗의 뿌리'와 '다윗의 자손'은 서로 동격관계에 있다. '다윗의 뿌리'는 5:5에서 등장한 바 있는 표현이다. 두 표현 모두 예수를 다윗 계통의 왕적인 메시아라는 사상을 함축한다. 앞의 두 표현들과 병행적 위치에 있는 '광명한 새벽별'도 역시 메시아를 나타내는 한 표현으로서 2:28에서 유사

한 형태로 등장한다. 그것은 메시아 대망을 표현한 민수기 24:17에 배경을 두고 있다(Osborne, 2002: 793).

[17] 본 절은 성령과 어린 양의 신부인 교회가 지닌 초청하는 말씀을 소개한다. 성령과 교회가 초청하는 내용은 '오라'는 것이다. 이 초청은 누구를 향한 초청인지 이해하기 어렵다. 신부는 교회를 가리키는데, 교회가 요한의 독자들, 즉 아시아 일곱 교회의 성도들에게 오라고 초청하는 것이 동어반복처럼 보이기는 한다. 하지만 본래 계시록이 지닌 상징적 장르의 성격은 이런 문체적 자유를 탄력적으로 포용한다(Osborne, 2002: 793). 성령과 신부가 요한의 독자들에게 초청하는 구체적 내용은 이사야 55:1에서 끌어온 것이다. 본 절은 "듣는 자들", "목마른 자들", "원하는 자들"은 다 와서 값없이 생명수를 마시라고 초청한다. 차이점이 있다면 이사야 구절에는 '듣는 자들'과 '원하는 자'가 없는 대신에 '목마른 자'와 '돈 없는 자'가 언급되며, 이사야 구절에는 '포도주와 젖'을 사라는 표현이 들어있는 반면에 본 절에는 '생명수'를 마시라고 한다는 점이다. 이사야 구절은 본래 구원에 대한 초청의 말씀이다. 근접문맥에서 살필 때 생명수는 예수께서 증언한 예언의 말씀을 가리킬 가능성이 높다. 영적인 갈증을 느끼는 자는 언제든지 그리스도에게 와서 값없이 말씀의 생수를 마시고 영생을 얻게 될 것이다(요 4:14). 본 절의 초청은 요한의 독자들에게 주어진 것이기는 하지만 믿지 않는 자들에게도 적용되는 초청이다. 어린 양의 신부 공동체인 교회는 예수의 신실한 증인으로서 세상에 보냄을 받았기 때문에 그들은 세상 사람들에게 와서 말씀의 생수를 마실 것으로 초청해야 한다.

[18-19] 본 절은 계시록에 담긴 예언의 말씀에 무엇을 더하거나 제하지 말 것을 경고한다. 그것을 있는 그대로 신실하게 지키는 자들에게는 복이 선언되지만(1:3), 그것에 임의로 덧붙이거나 제하는 자들에게는 재앙

이 선언된다. 이것은 신명기 4:2의 명령에 기반을 둔 경고이다. 율법은 하나님이 직접 주신 책이기 때문에 그것에서 무엇을 더하거나 제하지 말고 그 전체를 있는 그대로 받아들이고 순종하라는 말씀이다. "내가 증언하노니"란 말은 맹세형식을 띠고 있어서 계시록의 메시지가 그것을 듣는 모든 자들에게 법적 구속력이 있다는 뜻을 함축한다(Aune, 1998b: 1229). 본 절에는 두 가지 경고가 주어진다. 계시록에 담긴 예언의 말씀 이외에 다른 것을 더하는 자에게는 거기에 기록된 재앙들이 임하게 될 것이고, 그 예언의 말씀에서 어떤 것을 제하는 자에게는 "하나님이 이 두루마리에 기록된 생명나무와 및 거룩한 성에 참여함을 제하여 버리게" 될 것이다. 이것은 계시록의 말씀을 인위적으로 왜곡하거나 변질시키지 말 것을 경고하는 말씀이다. 요한은 특별히 아시아 일곱 교회들 중에서 활동하는 니골라당이나(2:6) 이세벨(2:20)과 같은 거짓 교사들이나 거짓 선지자들을 염두에 두었을 것이다. 예언의 말씀을 임의로 '가감하는'(신 4:2; 13:1) 자들은 생명나무와 새 예루살렘 성에 참여할 자격을 얻지 못한다. 이것은 구원의 은총에서 배제 당하게 될 것을 상징하는 비유적 표현이다.

[20] 본 절은 계시록 22장에서 예수의 임박한 재림을 확증하는 세 번째 구절이다(7, 12, 20절). 요한은 예수를 "이것들을 증언하신 이"로 소개한다. '이것들'은 계시록 전체 메시지를 가리킨다. 계시록의 전체 내용은 예수께서 속히 오실 것이라는 약속에 뿌리를 두고 있다. 예수께서 증언하신 말씀의 정당성은 그가 재림하실 때 최종적으로 확증된다. 그가 재림하면 믿는 자들에게는 구원을, 믿지 않는 자들에게는 심판을 베풀기 위해 오실 것이다. 그리고 계시록의 전체 내용은 바로 그러한 구원과 심판에 초점을 두고 있다. 예수께서 "진실로 속히 오리라"고 말씀하시자, 모든 성도들은 "아멘 주 예수여 오시옵소서"라고 응답한다. 이 응답은 예수께서 오심으로 심판과 구원이 완성되기를 고대하는 성도들의 갈망을 반영한다. 교회

는 예수의 재림을 갈망하는 종말론적인 공동체이다.

C. 마지막 축도(22:21)

본문

21 주 예수의 은혜가 모든 자들에게 있을지어다 아멘.

주해

[21] 계시록의 편지 장르에 속한다는 것은 "주 예수의 은혜가 모든 자들에게 있을지어다"라는 마지막 축도로 마감한다는 사실이다. 그것은 '묵시'(1:1)요 '예언'(1:3)이며 또한 '편지'(1:4)이다. 신적인 모든 은혜의 원천은 "주 예수"에게 있다. 요한은 주 예수께서 주시는 하나님의 은혜가 모든 성도들에게 있기를 기원한다. 에필로그 내내 요한은 그리스도께서 속히 오실 것을 내다보면서 성도들이 신실한 삶을 살 것을 촉구하고(7, 9, 11, 14, 17절) 불성실한 자들에게 경고를 발한다(11, 15, 18-19절). 따라서 성도들이 적대적인 세상을 이기고 곧 오실 주님을 맞이하기 위해서는 하나님의 은혜를 필요로 한다(Osborne, 2002: 798).

해설

계시록을 마무리하는 본 섹션은 이 책에 담긴 핵심적 강조점들을 담고 있다. 하나님의 절대적 주권, 그리스도의 임박한 재림, 예언의 말씀의 신적 권위, 그것을 듣고 회개하거나 순종할 책임, 각 사람의 행위대로 이루어지는 심판, 의인에게 약속된 축복과 악인에게 임하는 심판 등이 그것이다(Osborne, 2002: 798). 무엇보다도 요한은 교회들에 침투할 거짓 선지자들과 거짓 교사들을 예견하면서 계시록에 담긴 예언의 말씀이 하나님이 직접 계시이기 때문에 그것을 가감 없이 듣고 순종할 것을 명령한다. 만일 누구든지 이 책에 담긴 예언의 말씀 이외에 어떤 것을 더하는 자들은 이 책에 기록된 재앙들이 임하게 될 것이고, 만일 누구든지 이 책에서 어떤 것을 제하는 사람은 하나님이 주시는 구원의 은혜에서 배제를 당하게 될 것이다. 계시록의 전체 내용은 악인들에 대한 심판과 의인들에 대한 구원을 약속하는 예언의 말씀인데, 그것의 진정성은 구원자요 심판자 되신 그리스도의 재림으로 확증될 것이다. 따라서 그리스도의 재림은 곧 있을 것이기 때문에, 독자들은 하나님과 어린 양 편에 설 것인지 사탄 편에 설 것인지를 선택해야 한다. 결단의 시간은 지금이다. 지금 그리스도는 누구든지 목마르거든 와서 생명수를 마시라고 초청한다. 이 초청에 응하는 사람은 값없이 구원의 은혜를 누리게 될 것이다. 그리고 그리스도는 이 초청에 응하는 모든 사람들에게 그의 은혜가 임하기를 기원한다.

| 참고문헌 |

Aune, D. E., *Revelation 1-5*. WBC 52A. Dallas: Word, 1997.

_____, *Revelation 6-16*. WBC 52B. Nashville: Nelson, 1998a.

_____, *Revelation 17-22*. WBC 52C. Nashville: Nelson, 1998b.

Bauckham, R. J., *The Climax of Prophecy: Studies in the Book of Revelation*. Edinburgh: Clark, 1993a.

_____, *The Theology of the Book of Revelation*. Cambridge: Cambridge University Press, 1993b.

Beale, G. K., *The Book of Revelation. A Commentary on the Greek Text*. Eerdmans: Grand Rapids, Michigan, 1999.

Beasley-Murray, G. R., "The Contribution of the Book of Revelation on the Christian Belief in Immorality." *SJT* 27 (1974), 76-93.

_____, *The Book of Revelation*. revised ed. New Century Biblical Commentary. London: Marshall, Morgan, and Scott, 1978.

_____, "The Revelation." NBC rev. ed. by D. Guthrie, et. al. Grand Rapids: Eerdmans, 1970.

Beckwith, I. T., *The Apocalypse of John*. New York: Macmillan, 1922.

Block, D. I., *The Book of Ezekiel Chapters 25-48*. New International Commentary on the Old Testament. Grand Rapids: Eerdmans, 1998.

Blount, B. K., *Revelation. A Commentary*. Westminster/ John Knox Press, Louisville: Kentucky, 2009.

B?cher, O., "Das beglaubigene Vaticinium ex eventu als Strukurelement der Johaness-Apokalypse." *Revue d'histoire et de philosophie religeuses* 79

(1999), 19-30.

Caird, G. B., *A Commentary on the Revelatio* 29, Waco: Word, 1966.

Charles, R. H., *A Critical and Exegetical Commentary on the Revelation of St. John I-II*. ICC: Edinburgh: Clark, 1920.

Chilton, D. C., *The Days of Vengeance. An Exposition of the Book of Revelation*. Fortworth: Dominion, 1987.

Collins, A. Y., *The Apocalypse. The New Testament Message 22*; Wilmington: Glazier, 1979.

_____, "The 'Son of Man' Tradition and the Book of Revelation." in The Messiah. ed. J. H. Charlesworth, Minneapolis: Fortress, 1992, 536-68, 301?

Davis, D. R., "The Relationship between the Seals, the Trumpets, and the Bowls in the Book of Revelation." *JETS* 16 (1973), 149-58.

du Rand, J. A., "The Song of the Lamb Because of the Victory of the Lamb." *Neotestamentica* 29 (1995), 203-10.

Farrer, A. M., *A Birth of Images*. Boston: Beacon, 1949.

Giesen, H., *Die Offenbarung des Johannes*. Regensburger Neues Testament. Regensburg: Friedrich Pustet, 1997.

Gundry, R. H., *The Church and the Tribulation*. Grand Rapids: Zondervan, 1973.

Harrington, W. J., *Revelation*. Sacra Paina Collegeville: Minn.; Liturgical Press, 1993.

Hendriksen, W., *More Than Conquerors. An Interpretation of the Book of Revelation*. 2nd ed. Grand Rapids: Baker, 1967.

Holwerda, D., "The Church and the Little Scroll (Revelation 10.11)." *Calvin Theological Journal* 34 (1999), 148-61.

Hughes, P. E., "The First Resurrection: Another Interpretation." *WTJ* 39 (1977), 315-18.

Johnson, A. F., "Revelation." in *The Expositor's Bible Commentary with the New International Version*. Zondervan: Grand Rapids, Michigan, 1981.

Keil, C. F., *Biblical Commentary on the Book of Daniel*. Grand Rapids: Eerdmans, 1971 (reprint).

Kiddle, M. with M. K. Ross, *The Revelation of St. John*. The Moffatt New Testament Commentary. London: Hodder & Stoughton, 1940.

Koester, H., *Symbolism in the Fourth Gospel*. Mystery, Community. Fortress Press: Minneapolis, 1995.

Kovac, J. and C. *Rowland, Revelation*. Blackwell Bible Commentaries. Blackwell Pub. Malden, MA., 2004.

Krodel, G. A., *Revelation*. Ausburg Commentary on the New Testament. Minneapolis: Ausburg, 1989.

Ladd, G. E., *A Commentary of the Revelation of John*. Eerdmans: Grand Rapids, Michigan, 1972.

Lenski, R. C. H., *The Interpretation of St. John's Revelation*. Minneapolis: Ausburg, 1963.

Louw, J. P. and E. A. Nida, eds. *Greek-English Lexicon of the New Testament Based on Semantic Domains*. 2 Vols. New York: United Bible Societies, 1988.

Loymeyer, E., *Die Offenbarung des Johaness*. Handbuch zum Neuen Testament 16. Tübingen: Mohr, 1926.

Michaels, J. R., *Interpreting the Book of Revelation*. Grand Rapids: Baker, 1992.

Minear, P. S., "Ontology and Ecclesiology in the Apocalypse." *NTS* 12 (1966), 89-105.

_____, *I Saw a New Earth: An Introduction to the Visions of the Apocalypse*. Washington: Corpus, 1969.

Moffatt, J., "The Revelation of St. John the Divine." in *The Expositor's Greek Testament* V. ed. W. R. Nicoll. Grand Rapids: Eerdmans, 1970 (reprint), 279-494.

Morris, L., *The Book of Revelation*. rev. ed. Tyndal New Testament Commentaries. Grand Rapids: Eerdmans, 1987.

Mounce, R. H., *The Book of Revelation*. NICNT. Grand Rapids: Eerdmans, 1998.

Oakman, D. E., "The Ancient Economy and St. John's Apocalypse." *Listening* 28 (1993), 200-214.

Osborne, G. R., *Revelation*. BECNT; Baker Academic: Grand Rapids, Michigan, 2002.

Patte, D., "Symbolism." in *The Interpreter's Dictionary of the Bible*. Vol. 5: Abingdon Press, 2009.

Porter, S. E., *Idioms of the Greek Testament*. 2nd edition. Sheffield: Sheffield Academic Press, 1994.

Poythress, V. S., "Genre and Hermeneutics in Rev. 20:1-6." *JETS* 36 (1993), 41-54.

Reddish, M. G., *Revelation*. Smyth & Helwys Publishing Co., Macon: Georgia, 2001.

Rissi, M., *The Future of the World: An Exegetical Study of Revelation 19:11-22:15*. Studies in Biblical Theology 2/23. London: SCM, 1972.

Rowland, C., *Revelation*. London: Epworth, 1993.

Seiss, J. A., *The Apocalypse*. Grand Rapids: Zondervan, 1966.

Sweet, J. P. M., *Revelation*. Westminster Pelican Commentaries. Philadelphia: Westminster, 1979.

Swete, H. B., *The Apocalypse of St. John*. New York: Macmillan, 1906.

Thomas, R. L., *Revelation 1-7*. An Exegetical Commentary. Chicago: Moody, 1992.

Thompson, S., "The End of Satan." *Andrews University Seminary Studies* 37 (1999), 257-68.

Trudinger, L. P., "Some Observations Concerning the Text of the Old Testament in the Book of Revelation." *JTS* 17 (1966), 82-88.

Turner, M., *Power from on High: The Spirit in Israel's Restoration and Witness in Luke-Acts*. JTPS 9; Sheffield: Sheffield Academic Press, 1996.

Wall, R. W., *The Revelation*. New International Biblical Commentary on the NewTestament. Peabody, Mass.: Hendrickson, 1991.

Walvoord, J. F., *The Revelation of Jesus Christ*. London: Marshall, Morgan, and Scott, 1966.

Wheelwright, P., "The Archetypal Symbolism." in *Perspectives in Literary Symbolism*. Yearbook of Comparative Criticism 1, ed. by J. Strelka; University Park, PA: Pennsylvannia State University Press, 1968.

Wilcox, M., *I Saw Heaven Opened*. London: Inter-Versity, 1975.

Witherington, B. III, *Revelation*. New Cambridge Bible Commentary. Cambridge: CPU, 2003.

Wong, D. K. K., "The Two Witnesses in Revelation 11." *Bibliotheca Sacra* 154 (1997), 344-54.

김추성, 『하나님과 어린 양의 보좌』, 서울: 이레서원, 2015.

권성수, 『요한계시록』, 서울: 선교횃불, 1999.

이필찬, 『내가 속히 오리라: 요한계시록』, 서울: 이레서원, 2006.

이한수, 『신약성경에 담긴 십자가 영성을 찾아서』, 서울: 솔로몬, 2011.

정훈택, "하나님의 나라와 천년." 한국교회문제연구소 학술세미나집(1999. 10).